Wechselwirkungen:
Geschlecht, Religiosität und Lebenssinn

Friederike Benthaus-Apel, Sabine Grenz,
Veronika Eufinger, Albrecht Schöll, Nicola Bücker

Wechselwirkungen: Geschlecht, Religiosität und Lebenssinn

Qualitative und quantitative Analysen anhand
von lebensgeschichtlichen Interviews und Umfragen

Waxmann 2017
Münster • New York

Bibliografische Informationen der Deutschen Nationalbibliothek
Die Deutsche Nationalbibliothek verzeichnet diese Publikation in
der Deutschen Nationalbibliografie; detaillierte bibliografische
Daten sind im Internet über http://dnb.dnb.de abrufbar.

Print-ISBN 978-3-8309-3410-3
E-Book-ISBN 978-3-8309-8410-8

© Waxmann Verlag GmbH, Münster 2017
Steinfurter Straße 555, 48159 Münster

www.waxmann.com
info@waxmann.com

Umschlaggestaltung: Inna Ponomareva, Düsseldorf
Satz: Sven Solterbeck, Münster

Gedruckt auf alterungsbeständigem Papier,
säurefrei gemäß ISO 9706

Printed in Germany

Danksagung

Die Publikation ist das Ergebnis eines mehrjährigen Kooperationsprojektes zwischen dem Comenius-Institut und der Evangelischen Hochschule Rheinland-Westfalen-Lippe. Wir danken beiden Einrichtungen für ihre vielfältige institutionelle und finanzielle Unterstützung.

Unter anderem ist dem Comenius-Institut zu danken für die Bereitschaft, ein Forschungsprojekt über einen langen Zeitraum nicht nur finanziell, sondern auch räumlich und personell zu unterstützen.

Der EvH ist insbesondere dafür zu danken, dass im Rahmen einer einsemestrigen Forschungsprofessur die zeitlichen Möglichkeiten für Forschung geschaffen wurden, die ebenfalls mit der Bereitstellung der hierfür notwendigen personellen und finanziellen Ressourcen einherging.

Wir möchten darüber hinaus dem Frauenstudien- und Bildungszentrum in der EKD, jetzt Studienzentrum der EKD für Genderfragen danken, das die Projektarbeit in seiner Anfangsphase finanziell unterstützte.

Wir möchten außerdem allen, die teilgenommen haben, sehr herzlich danken. Ohne ihre Bereitschaft, dieser Studie Zeit zur Verfügung zu stellen, hätte sie nicht durchgeführt werden können.

Inhalt

1. Geschlecht, Lebenssinn und Religion: zur Einführung

Ausgangspunkt unserer Überlegungen ist die Beobachtung, dass Religionen, Religiosität und religiöse Praktiken in den letzten zwei Jahrzehnten u. a. durch das Aufkommen verschiedenster neureligiöser Bewegungen, fundamentalistischer Strömungen und ethnischer Bewegungen, der Entwicklung des Internets mit seinen Möglichkeiten translokaler Vernetzungen und der Diversifizierung der religiösen Landschaft der Bundesrepublik, Europas und der globalen Ebene an Sichtbarkeit gewonnen haben (Eisenstadt 2013). Im Zuge dessen wird die Säkularisierungsthese (Casanova 1994), die lange als gültige Beschreibung für die Entwicklung modernisierter Gesellschaften galt, kontrovers diskutiert und weiterentwickelt (vgl. Wolf/Koenig 2013; Willems et al. 2013; Braun/Gräb/Zachhuber 2007).

So wird beispielsweise in Anlehnung an die „multiple modernities" (Eisenstadt 2000) argumentiert, dass eher von „multiple secularities" ausgegangen werden kann, die aus den jeweils spezifischen gesellschaftlichen Aushandlungsprozessen hervorgehen (Wohlrab-Sahr/Burchardt 2012), als von einem linearen und in jeder Gesellschaft immer gleich ablaufenden Prozess der Säkularisierung. In dem Bereich postkolonialer Studien wird diskutiert, inwiefern sich Säkularität und Religion in der Moderne gegenseitig bedingen und es sich bei der Säkularisierung um einen okzidentalen Diskurs handelt, der im Zuge des Kolonialismus eine Hierarchisierung zwischen westlichem (aufgeklärtem, rationalem, fortschrittlichem, säkularem) und nicht-westlichem (irrationalem, religiösem, emotionalem, rückständigem) Denken ermöglichte (Asad 1993, 2003). Zudem konnte beobachtet werden, dass Modernisierung selbst in Europa, dem „Kerngebiet" der Säkularisierung, keineswegs zum Verschwinden von Religion, sondern eher zur Entstehung einer „entbetteten, postkonfessionellen" Religion (Wohlrab-Sahr 2016) und damit zu einem Trend der Deinstitutionalisierung, Globalisierung, Pluralisierung und Individualisierung von Religion geführt hat (vgl. Gebhardt 2013; Aune 2011; Winkel 2010, Aune/Sharma/Vincett 2008).

Diese Debatte, in der – je nach Perspektive – manchmal von der „Wiederkehr des Religiösen" (Koschorke 2013), von einem „religious turn" oder „turning religion" (Garling 2013) oder auch von „Postsäkularität" (Habermas 2001; Rose/Wermke 2016) gesprochen wird, markiert eine Transformation des Verhältnisses zwischen dem Säkularen und dem Religiösen (Göle 2015), in welcher neue Arten der Betrachtung beider Seiten entstehen.[1] Zum einen wird die Genealogie der Begrifflichkeiten aus diskursanalytischer Perspektive untersucht, zum anderen wird Religion in ih-

---

[1] Wie Rose und Wermke (2016, 7) zeigen, wird mit dem Begriff der Postsäkularität auf die bleibende Bedeutung von Religion in pluralistisch-demokratischen Gesellschaften verwiesen. Diese stehe nicht im Gegensatz zu der Tatsache stetiger Kirchenaustritte und geringer werdender Bedeutung religiösen Glaubens, weil „Postsäkularität keinen Wandel religiöser Einstellung, sondern ein (sic) Wandel an Aufmerksamkeit und Erwartung hinsichtlich von Religion bezeichnet" (Rose/Wermke 2016, 8). Postsäkulare Gesellschaften bauen zudem auf der weltanschaulich-religiösen Neutralität des Staates auf.

rem spezifischen Charakter ernster genommen (vgl. Riesebrodt 2007) – wobei der funktionale Begriff von Religion deutlich in den Hintergrund tritt.

In diesem postsäkularen Rahmen ist es das Ziel unseres Forschungsvorhabens, die gegenwärtigen Subjektivierungs- und Fremdzuschreibungsprozesse zu verstehen, die mit der Vergeschlechtlichung von Personen im Hinblick auf Prozesse der Sinnstiftung, Religiosität, Spiritualität und Kirchlichkeit verbunden sind. Mit dieser Zielsetzung greift die Studie ein Desiderat sowohl in der Religionssoziologie als auch in der Geschlechterforschung auf: Die religionssoziologische Forschung hat lange Zeit die Frage, welche Bedeutung der Geschlechterordnung in Bezug auf die Prozesse der Sinnstiftung und religiösen Individualisierung im Kontext der Debatte um fortschreitende Säkularisierung oder Wiederkehr des Religiösen zukommt, vernachlässigt. Bezüglich der Geschlechterforschung fällt auf, dass Religiosität in diesem Kontext nur wenig thematisiert wird – trotz der großen Vielfalt an geschlechterreflektierten und feministischen Studien im Rahmen der Religionsforschung (Aune/Sharma/Vincett 2008; Braun/Mathes 2007; Lukatis/Sommer/Wolf 2000) sowie der nach wie vor höheren Wahrscheinlichkeit der religiösen (oder auch spirituellen) Verortung bei Frauen als bei Männern (Voas/Mc Andrew/Storm 2013; Inglehart/Norris 2003). Man konnte lange Zeit davon sprechen, „daß beide Seiten, die sozialwissenschaftliche Geschlechterforschung ebenso wie die Religionssoziologie, das jeweils andere Feld aus ihren Betrachtungen ausklammern" (Lukatis/Sommer/Wolf 2000, 11; vgl. Avishai/Jafar/Rinaldo 2015).

Im Zuge der gegenwärtigen Aufmerksamkeit, die das Thema Religion im politischen Diskurs über Migration und interkulturelle und interreligiöse Zusammenarbeit genießt, kommt jedoch dem Zusammenhang von Geschlecht und Religion neuerdings größere Aufmerksamkeit zu. In diesen Debatten steht der Islam und in besonderer Weise die Rolle der Frau im Islam im Vordergrund. Hier wird insbesondere die Frage gesellschaftlicher und politischer Partizipationsmöglichkeiten debattiert. So fragte jüngst die Friedrich-Ebert-Stiftung in einer Veranstaltung zum Internationalen Frauentag danach, „welchen Stellenwert Feminismus und Gleichberechtigung in der Einwanderungsdebatte" haben und ob „sich Islam, Emanzipation und Geschlechtergerechtigkeit aus[schließen] oder die längst begonnene Gleichstellungsdebatte im Islam übersehen wird?" (Friedrich-Ebert-Stiftung 2016)

Mahmood (2005) hat die Frage nach den Möglichkeiten politischer Partizipation muslimischer Frauen in Ägypten erforscht. Ihre Studie führte zu der Erkenntnis, dass sich religiöse Subjektivität nicht notwendigerweise von säkular-liberaler unterscheidet. In beiden Fällen hängen bestehende Normen und Identitätsbildung eng miteinander zusammen. Damit widerspricht sie der Annahme, dass insbesondere muslimische Frauen (aufgrund angenommener Unterordnung) politisch nicht handlungsfähig seien, und zeigt im Gegenteil, dass sich Religiosität und politische Handlungsfähigkeit nicht grundsätzlich gegenseitig ausschließen. Dieser Aspekt ist ebenso eine Kernfrage der Kopftuchdebatte wie des Verhältnisses zwischen Feminismus und Religiosität (Göle 2015; Korteweg/Yurdakul 2014; Rosenberger/Sauer 2013; Bracke/Fadil 2012; Aune\Sharma\Vincett 2008; Braun/Mathes 2007). Das vorliegende Forschungsprojekt richtet seine Aufmerksamkeit jedoch nicht auf den Zusammenhang von Religion und Geschlecht in der Migrations- und Einwanderungsdebatte, sondern knüpft an jene Forschungszusammenhänge und Fragestellungen an, die den Transformationsprozess von (christlicher) Religion in den westlichen Industriegesellschaften und insbesondere der Bundesrepublik Deutschland beschreiben (Damberg 2011; Aune\Sharma\Vincett 2008).

Kennzeichnend für die Entwicklung von Religion in Deutschland ist, dass ihre traditionellen christlich-kirchlichen Formen an Bedeutung in der Bevölkerung verlieren (Pickel 2009, 2014; Pollack 2003, 2009, 2013; Wolf 2007). Gleichzeitig lassen sich Prozesse der Transformation von Religion ausmachen, die neue Sozial- und Kommunikationsformen und neue Typen von Religion hervorbringen: So weist Knoblauch darauf hin, dass in modernen Wissensgesellschaften neue Kommunikationsmedien und -formen mit dazu beigetragen haben, dass ein tiefgreifender Wandel der religiösen Kultur im Sinne einer Popularisierung von Religion (Knoblauch 2000, 2009) stattgefunden habe. In Übereinstimmung mit dieser Diagnose ist ein Wandel in der religiösen Kultur zu konstatieren, der mit den Stichworten „Subjektivierung", „Somatisierung", „Orientalisierung" und „Spiritualisierung" der religiösen Kultur zu beschreiben ist (Benthaus-Apel 2010; Eitler 2007; Heelas/Woodhead 2005).

Darüber hinaus haben Bochinger, Engelbrecht und Gebhardt (2009) mit dem Typus des religiösen „Wanderers"[2] eine neue Sozialfigur des sich religiös selbstermächtigenden Individuums herausgearbeitet, der als Prototyp der gesellschaftlichen Transformationsprozesse von Religion angesehen werden kann. „Religiöse Wanderer" zeichnen sich dadurch aus, dass sie die Vielfalt des gesellschaftlichen Reservoirs an religiösen Wissens- und Praxisformen nutzen, ohne sich hierbei an dogmatische oder konfessionelle Vorgaben zu binden; vielmehr folgen sie einer subjektiv plausibilisierten religiösen Welt- und Selbstdeutung (Bochinger/Engelbrecht/Gebhardt 2009, 36). Unter den Bedingungen von Individualisierung kann ein weiterer Modus der Aneignung von (religiösem) Sinn ausgemacht werden, der als ‚okkasionell‘ bezeichnet werden kann. Er steht zwar latent für lebenspraktische Entscheidungen zur Verfügung, wird jedoch intentional erst bei Bedarf in lebenspraktisch zu bewältigenden Aufgaben und Phasen des Übergangs aktiviert. Dabei wird die in traditionell religiösen Überzeugungen vorherrschende Entweder-oder-Logik abgelöst von einer Sowohl-als-auch Logik (Fischer/Schöll 1994; Schöll 1996).

---

2 Die hier männlich geprägte Form des „Wanderers" ist ein Zitat von den drei Autoren. Wir haben uns ansonsten – sofern es nicht eindeutig um männlich oder weiblich identifizierte Personen geht – für eine geschlechterinklusive Schreibweise entschieden. D. h., wir benutzen, wenn möglich, geschlechterinklusive Substantive (z. B. Teilnehmende) oder den Unterstrich (z. B. Teilnehmer_innen), sodass nicht nur Frauen, sondern auch Personen, die sich der Zweigeschlechtlichkeit nicht zuordnen wollen/können, mit gemeint sind. Da sich alle Teilnehmenden der qualitativen Studie selbst als Mann oder Frau identifizierten, wird in diesem Zusammenhang auch der Schrägstrich benutzt (z. B. Teilnehmer/innen).

Die geschlechtertheoretischen Dimensionen dieses Transformationsprozesses von Religion sind bislang jedoch nur in Ansätzen erforscht. Für die Analyse der Entwicklung der religiösen Kultur im 20. Jahrhundert wird auf die These der „Feminisierung des Religiösen" Bezug genommen (Welter 1981; Olenhusen 2000; Scheepers 2016). Empirische Studien zeigen, dass Frauen in christlich geprägten Ländern insgesamt gesehen kirchenverbundener und religiöser sind als Männer, jedoch eine Annäherung der Geschlechter stattfindet: Bei Frauen ist ein Rückgang, bei Männern eine leichte Annäherung an kirchliche Formen des Religiösen zu verzeichnen (vgl. Ahrens/Lukatis 2002; Benthaus-Apel 2006; Francis 1997; Höllinger 2009; Müller/Pollack 2009; Stark 2008; Volz 1996, 2000; Volz/Zulehner 2008; Wohlrab-Sahr 2009; Wolf 2000; Zulehner/Volz 1998). Hinsichtlich neuer Formen des Religiösen, insbesondere im Bereich der Esoterik, fallen die Unterschiede weitaus deutlicher aus: 80 % der Anbieter im Bereich neuer Religiosität und Esoterik sind weiblichen Geschlechts und auch die an neuen religiösen Angeboten Interessierten sind überdurchschnittlich oft Frauen (Hero 2008). Dieser Umstand wird auch in internationalen Studien bestätigt: Heelas und Woodhead (2005) können zeigen, dass Frauen einen wesentlichen Anteil an der Zunahme der New-Age-Spiritualität haben.

Wie aber gestalten sich Prozesse der Sinnstiftung bei in Deutschland lebenden Personen? Deutschland zeichnet sich unter anderem dadurch aus, dass hier nach wie vor zwei unterschiedliche Sozialisationskontexte, nämlich Ost- oder Westdeutschland, bestehen, die erlebt und erfahren werden. Die Bundesrepublik ist bis heute sowohl durch die Traditionen und Sozialformen christlich-kirchlicher Religiosität als auch eines staatlich forcierten Säkularismus geprägt. Bis heute lassen sich darüber hinaus Unterschiede in den Geschlechternormen feststellen. Somit stellt die wiedervereinigte Bundesrepublik ein besonders aufschlussreiches Forschungsfeld dar, weil sie durch zwei unterschiedliche Religions- und Geschlechterkulturen gekennzeichnet ist. Mit der Studie betreten wir insofern Neuland, als wir der Frage nach dem Zusammenhang von Geschlecht und Religion auch vor dem Hintergrund unterschiedlicher Religions- und Geschlechterkulturen in Ost- und Westdeutschland nachgehen.

Die Publikation besteht aus zwei Teilstudien, die sowohl theoretische Ansätze der sozialwissenschaftlichen Geschlechterforschung als auch jene der religionssoziologischen Forschung aufeinander beziehen; sie verbindet zudem quantitative und qualitative Methoden empirischer Sozialforschung. Wir erwarten, dass wir die Subjektivierungs- und Fremdzuschreibungsprozesse, die mit der Vergeschlechtlichung von Personen im Hinblick auf Prozesse der Sinnstiftung, Religiosität und Spiritualität einhergehen, besser verstehen und erklären können, wenn wir sowohl auf erzählte Lebensgeschichten wie auch auf durch Fragebögen erhobene Einstellungen zu Weltsichten, Religion, Spiritualität und Kirchlichkeit zugreifen können. Die zur Auswertung dieser Daten notwendigen unterschiedlichen Methoden der rekonstruktiven und der hypothetisch-deduktiven Verfahren liefern, so unsere Annahme, einen Mehrwert zur Erklärung des Zusammenhangs von Sinnstiftung, Religion und

Geschlecht. Die Studie nutzt somit das Verfahren eines Mixed-Methods-Ansatzes im Sinne eines parallelen qualitativ-quantitativen Designs (Kelle 2008, 287).

Im qualitativen Teil der Publikation werden lebensgeschichtliche Interviews ausgewertet. Zielsetzung dieser Teilstudie ist es, die Prozesse der vergeschlechtlichten Subjektivierung von Lebenssinndiskursen bei Personen herauszuarbeiten, die sich in einem evangelischen Umfeld bewegen. Dieser Fragestellung begegnen wir auf zweierlei Weise. Zum einen in Form einer an Foucault angelehnten Diskursanalyse, zum anderen durch eine an Bourdieu angelehnte Untersuchung homologer Gegensatzpaare. Die Besonderheit der qualitativen Teilstudie liegt damit in ihren innovativen Beiträgen der Rekonstruktion der Bedeutung von Lebenssinn in einer postsäkularen Gesellschaft sowie des sozialen Geschlechts im Hinblick auf die Modi der Sinnstiftung evangelisch sozialisierter oder engagierter Personen. Dabei geht es, erstens, um Aspekte der Binnendifferenzierung (wie das Geschlecht) des Diskurses innerhalb unseres Samples; zweitens, um Mechanismen, durch die der Lebenssinndiskurs reproduziert und damit aktuell gehalten wird; drittens, um die Begrenzungen des Diskurses und damit um die Frage der Sinnlosigkeit und des Umgangs damit. Viertens, um Rekonstruktionen homologer Gegensatzpaare und damit assoziierter Sinnstrukturen in der lebensgeschichtlichen Erzählung.

Im quantitativen Teil der Studie wird eine Sekundäranalyse der Daten der Allgemeinen Bevölkerungsumfrage aus dem Jahr 2012 durchgeführt. Die statistischen Auswertungen zielen darauf, den Gender Gap in Kirchlichkeit, Religiosität, Spiritualität und Weltsichten unter Berücksichtigung der Ost-West-Unterschiede zu beschreiben und zu erklären. Aus der Vielfalt der Erklärungsansätze, die gegenwärtig in der religionssoziologischen und religionspsychologischen Literatur diskutiert werden, nutzen wir drei zentrale Perspektiven der Erklärung: Wir ziehen zur Erklärung des Gender Gaps erstens den Ansatz der Geschlechterrollenorientierung heran. Zweitens nehmen wir die Perspektive der soziostrukturellen Erklärung ein und suchen drittens nach typischen Mustern der Sinnstiftung. Hier liegt das innovative Potenzial der Auswertungen zum einen darin, die Theorienvielfalt in der Konzeption von Geschlecht als Geschlechterrolle (und dies im Ost-West-Vergleich) und Geschlecht als struktureller Differenzkategorie zur Erklärung zu nutzen. Zum anderen finden neben Kirchlichkeit und Religiosität auch Spiritualität und (religiöse) Weltsichten Berücksichtigung.

Im Folgenden stellen wir den theoretisch-konzeptionellen Rahmen der Studie vor.

Kapitel 1.1 informiert über die interdisziplinäre Forschung zum Zusammenhang von Religion und Geschlecht und Kapitel 1.2 über den geschlechtertheoretischen Ansatz der Studie. In Kapitel 1.3 diskutieren wir den Religionsbegriff und erörtern in Kapitel 1.4 den für die Studie zentralen Begriff des Lebenssinns. Unter 1.5 wird abschließend die Struktur unseres Buchs skizziert.

1.1 Zur Entwicklung der Geschlechter- und Religionsforschung

Die Forschung zum Zusammenhang von Religion und Geschlecht ist in der Bundesrepublik Gegenstand unterschiedlichster Fächer: Beispielsweise die Geschichtswissenschaft, katholische und evangelische Theologie, Religionspsychologie, Religionssoziologie, Religionswissenschaft und in transdisziplinärer Perspektive die Frauen- und Geschlechterforschung bearbeiten gegenwärtig diese Thematik mit verschiedenen Erklärungsansätzen und Methoden. Allerdings ist – wie bereits erwähnt – gerade der Zusammenhang von Religion und Geschlecht nicht in allen Disziplinen und zu allen Zeiten gleichermaßen in den fachspezifischen Diskursen präsent (gewesen). Erst in jüngster Zeit wird vermehrt eine gemeinsame Forschung angestrebt, was sich beispielsweise an einer gemeinsamen Tagung zum Thema Religion und Geschlecht der Sektion Religionssoziologie und der Sektion Frauen- und Geschlechterforschung der DGS im Jahr 2011 (Sammet/Benthaus-Apel/Gärtner 2017) und der Gründung der International Association for Religion and Gender (IARG) im Jahr 2015 zeigt.

Aktuelle Fragestellungen der Religionsforschung zum Zusammenhang von Religion und Geschlecht richten die Aufmerksamkeit unter anderem darauf, wie Geschlechterverhältnisse durch Religion reguliert werden und welche Bedeutung diese für den Transformationsprozess von Religion in modernen Gesellschaften haben (und vice versa). Auch der Wandel religions- und geschlechtergeschichtlicher Narrative findet Berücksichtigung (Sammet/Benthaus-Apel/Gärtner 2017). Das Verhältnis von Religion und Moderne wird hierbei differenziert reflektiert. Kritische Beiträge zu Modernisierungstheorien hinterfragen das klassische Narrativ des Gegensatzes von Religion und Moderne und zeigen die religionsproduktiven Momente moderner Gesellschaften auf (Bochinger/Engelbrecht/Gebhardt 2009, Ebertz 1997, Knoblauch 2009). Kritik an der klassischen Modernisierungstheorie kommt auch in Studien zu religiöser Subjektivität und politischer Partizipation (z. B. Mahmood 2005), in Studien zur intellektuellen Auseinandersetzung von religiösen Menschen mit religiösen Inhalten (z. B. Bracke 2008) oder zur Dominanz des Säkularismus beispielsweise in der ehemaligen DDR (Wohlrab-Sahr 2009) zum Ausdruck. Aber auch das klassische Narrativ des negativen Zusammenhangs zwischen Religion und Moderne bleibt ein gewichtiger Teil dieses Diskurses (vgl. Gabriel/Gärtner/Pollack 2014).

Die in dieser Publikation aufgeworfenen Fragen zum Zusammenhang von Religion und Geschlecht können insofern als Teil dieses modernisierungstheoretischen Diskurses verstanden werden, als sie mit unterschiedlichen Geschlechter- und weltanschaulichen Ordnungen in Ost- und Westdeutschland verschiedene Vorstellungen von Modernisierung zur Sprache bringen. Damit richtet sich die Aufmerksamkeit auf jene Argumente Ulrich Becks, der in der reflexiven Moderne die Ambivalenzen von Individualisierungs- und Pluralisierungsprozessen – auch für religiöse Sinn- und Weltdeutungen – hervorgehoben hat (Beck 2008). Dieser gesellschaftliche Wandel kann unter der Perspektive der Feminisierung oder der (Re-) Maskulinisierung des Religiösen in modernen Gesellschaften diskutiert werden.

Wir fragen somit (vor allem im quantitativen Teil des Projektes) auch danach, ob und in welcher Weise von einer Feminisierung des Religiösen – im Sinne einer stärkeren Beteiligung und Religiosität von Frauen in Deutschland tatsächlich gesprochen werden kann. Dabei sind wir uns bewusst, dass mit Feminisierung des Religiösen ein – in der wissenschaftlichen Debatte durchaus kontrovers diskutierter – Prozessbegriff von uns aufgegriffen wird, wir jedoch in dieser Studie keine Ergebnisse zum sozialen Wandel aufzeigen. Vielmehr beziehen wir uns auf den in der Religions- und Geschlechtergeschichte diskutierten Prozess der „Feminisierung des Religiösen" im Sinne der Beschreibung der sich im 18. Jahrhundert entwickelten engen Verbindung zwischen weiblicher traditioneller Geschlechterrolle und christlicher Religion. Wir diskutieren die unterschiedlichen Bedeutungsebenen zur These der Feminisierung des Religiösen und beziehen die Auswertungsergebnisse zum Gender Gap hierauf. Wir fragen somit danach, inwieweit die historisch entstandene enge Verbindung von traditionell weiblicher Geschlechterrolle und Religion den empirisch zu konstatierenden Gender Gap einer höheren Religiosität und Kirchlichkeit von Frauen auch heute noch zu erklären vermag. Zeigt sich der Gender Gap einer höheren Beteiligung von Frauen gleichermaßen bezogen auf Religiosität, Spiritualität, Kirchlichkeit und Sinnstiftung? Ist der Gender Gap in Ost- und Westdeutschland in gleicher Weise zu beobachten? Und durch welche soziostrukturellen und sozialisationsbezogenen Merkmale kann der Gender Gap über die Geschlechterrolle hinaus erklärt werden? Gestalten sich die Interdependenzen zwischen Geschlechterzugehörigkeit als Mann oder Frau und Alter, Bildung, Einkommen sowie Familienstand für die Erklärung von Religiosität, Kirchlichkeit und Spiritualität verschieden? Welche Typen der Sinnstiftung lassen sich in der Bundesrepublik ausmachen und wie stehen diese in Verbindung zu Mustern der Sinnstiftung, wenn man Menschen nach dem Sinn ihres Lebens befragt?

Der qualitative Teil knüpft insofern an Fragen der Modernisierung an, als dass die Frage nach dem Lebenssinn als eine Frage der Moderne, ihren Individualisierungs- und Säkularisierungsprozessen eingeordnet wird. Denn die Frage nach einem jeweils eigenen Lebenssinn kann überhaupt nur vor einem gesellschaftlichen Hintergrund untersucht werden, der die Teilnehmer/innen vor die Aufgabe stellt, einen individuellen Lebenssinn zu finden. Im Fokus der Untersuchung steht hier die Subjektivierung von Lebenssinn. Diese muss ebenso historisch kontextualisiert werden, da die seit dem ausgehenden 18. Jahrhundert entwickelten Geschlechterkonstruktionen aus zwei „Geschlechtscharakteren" (Hausen 1976) bestehen. Während Männlichkeit in diesem Kontext mit Rationalität, Stärke und Härte assoziiert wird, wird Weiblichkeit als emotional, schwach und weich konzipiert. Dadurch wurde auch die als irrational betrachtete religiöse Emotionalität weiblich. Diese Geschlechterkonstruktionen im Ganzen, d. h. inklusive gesellschaftlicher Strukturen und kultureller Repräsentation, haben Auswirkungen auf die Entwicklung von Lebenssinnkonstruktionen, sie sind aber nicht als deterministisch zu verstehen. Vor dem Hintergrund einer quantitativ gesehen stärkeren Hinneigung von Frauen zur Religion stellt sich beispielsweise die Frage, wie sich religiöse Männlichkeit oder areligiöse Weiblichkeit theoretisch fassen lassen. Zudem stellt sich die Frage, wie sich das Begehren nach einem Lebenssinn zeigt, der in guter christlicher Tradition auch sinnvoll für andere, im weitesten Sinne für die Gesellschaft ist? Wie also sind Lebenssinnkonstruktionen in den narrativ-biographischen Erzählungen mit den Geschlechterkonstruktionen verbunden und inwieweit nehmen die Befragten in ihren Konstruktionen von Lebenssinn Bezug auf religiöse oder säkulare Interpretamente?

1.2   Der geschlechtertheoretische Ansatz

Geschlecht wird in beiden Teilstudien als eine Differenzkategorie begriffen, durch die in elementarer Weise gesellschaftliche Ordnung hergestellt wird:

> „[G]ender is a constitutive element of social relationships based on perceived differences between the sexes, and gender is a primary way of signifying relationships of power" (Scott 1986, 1067).

Wesentlich ist hier, dass es um „wahrgenommene" Unterschiede geht. Das bedeutet, dass nicht nur die hierarchische Ordnung der Geschlechter, sondern die wahrgenommenen Differenzierungen, auf denen die Hierarchisierungen beruhen, als sozial konstruiert erkennbar werden. Die Differenzierung in zwei Geschlechter unterliegt dabei ebenso dem historischen und gesellschaftlichen Wandel wie die Bedeutungen, die einem der beiden Geschlechter jeweils zugewiesen werden, sowie die daraus entstehenden Ordnungen. Dass es um vergeschlechtlichte Bedeutungen geht, weist bereits auf Sinnstrukturen hin und gibt erste Hinweise auf die Untersuchung der Wechselwirkung zwischen (religiösen) Lebenssinn- und Geschlechterkonstruktionen.

„Geschlecht stellt", so heben Mommertz und Opitz-Belakhal (2008, 34) die spezifische analytische Leistung dieser Kategorie hervor,

> „tatsächlich ein in verschiedensten Kulturen tragendes, deren unterschiedliche Aspekte organisierendes Ordnungs- und Differenzierungsmoment dar. Es bildet damit eine äußerst aufschlussreiche Kategorie, um Reichweite und Grenzen praktisch aller mit ‚Religion' argumentierenden Forschungsinterpretamente zu überprüfen".

Durch unsere ebenso qualitativ wie quantitativ verortete Herangehensweise können wir uns nicht auf eine der Ebenen beschränken. Vielmehr nehmen wir für die Erforschung des Zusammenhangs von Geschlecht und Religion einen multiperspektivischen Ansatz als Basis, der mindestens auf die im Folgenden skizzierten Ansätze zurückgreift.

Zunächst geht es uns um Geschlecht als soziale Kategorie der Herstellung und Absicherung von Geschlechterordnungen. Wenn Geschlecht als Kategorie sozialer Machtverhältnisse in den Blick genommen wird, dann richtet sich die Aufmerksamkeit auf die Herstellung und Sicherung der Geschlechterordnung durch Geschlechterideologien, die immer auch Sinnorientierungen enthalten. Welche Rolle spielen hier religiöse Interpretamente?

Dabei sind die Prozesse der Vergeschlechtlichung von Personen als Männer und Frauen – sowie deren Widerstand dagegen – nicht eindimensional zu verstehen, sondern als interdependent mit anderen Differenzkategorien wie der Zugehörigkeit zu einer Ethnie, einer Berufs-, Bildungs- und Altersgruppe, der sexuellen und religiösen Orientierungen. Mit Blick auf den Zusammenhang von Religion und Geschlecht ist zudem – wie bereits erwähnt – die historische Entwicklung des Zusammenhangs zwischen (christlicher) Religion, Säkularität und Geschlecht zum Verständnis der vergeschlechtlichten Codierungen von Sinndeutungen, Weltsichten, religiösen Einstellungen und Praxen zentral.

Aus dieser Perspektive wird gefragt, in welcher Weise soziale Differenzierungen wie Alters-, Generationen-, Bildungs- und Einkommensunterschiede zueinander in Beziehung stehen, wenn unterschiedliche Muster der Sinndeutung und Weltsicht, der religiösen Einstellungen und Praxen erklärt werden sollen. Ein Ansatz, der Geschlecht im Kontext verschiedener Ungleichheitskategorien betrachtet, macht vor allem auf die Unterschiede in den Teilhabemöglichkeiten durch asymmetrische soziale Beziehungen aufmerksam, die mit den Geschlechterverhältnissen interdependent sind.

Darüber hinaus geht es uns um Geschlecht als Kategorie der Aneignung von Geschlechternormen. Die Analyse typischer Geschlechterrollenorientierungen zeigt, welche gesellschaftlichen Geschlechternormen sich Männer und Frauen in ihrer Selbstzuschreibung angeeignet haben. Zu untersuchen ist hier, ob und inwiefern die Geschlechterrollenorientierungen religiöse Einstellungen und religiöse Praxisformen erklären können oder ob vice versa religiöse Einstellungen und Praxisformen Unterschiede in den Geschlechterrollenorientierungen erklären.

Aneignungsprozesse weisen auf Subjektivierungsprozesse hin, die zu individualisierten Formen der Geschlechterkonstruktionen führen. Diese zeigen sich in lebensgeschichtlichen Interviews sowohl als Konstruktionen in den erlebten und erzählten Geschichten als auch als Identitätskonstruktionen (Scholz 2004; Dausien 2001). Richtet sich der Blick also auf die Bedeutung von Geschlecht in der Rekonstruktion von Lebensgeschichten, stellt sich die Frage, wie Geschlechterkonstruktionen in lebensgeschichtlichen Erzählungen zu (religiösen) Lebenssinnkonstruktionen in Beziehung stehen. Wie werden diese im Interview entfaltet?

1.3 Die Verwendung des Religionsbegriffes

Religion ist – ebenso wie Gender – eine kulturelle Differenzkategorie und dient der Herstellung und Absicherung sozialer Ordnungen (Borutta 2001, 2011). Religiöse Traditionen sind in spezifischer Weise mit der Kategorie Geschlecht, mit Vorstellungen von Weiblichkeit und Männlichkeit sowie mit Codierungen von Sexualität und

Familie in den jeweiligen Religionen und Konfessionen verbunden (Braun/Mathes 2007).

In der religionssoziologischen Forschung wird seit langem der Begriff der Religion vielfältig diskutiert: „Auch die neuere religionssoziologische Forschung beschäftigt noch immer die Frage, welches Religionsverständnis der empirischen Arbeit zugrunde gelegt werden sollte" (Pollack 2015, 456). Die Debatte zum Religionsbegriff ist bekanntermaßen kontrovers und reicht von einer Weigerung, den Begriff Religion a priori zu definieren (Weber 1980; Asad 1993), über Vorschläge, Religion substanziell zu definieren (Kaufmann 1989) oder funktional zu bestimmen (Luhmann 1977), bis hin zu einem Vorschlag, das substanzielle und funktionale Verständnis von Religion gewinnbringend miteinander zu kombinieren (Pollack 2003).

Im quantitativen ebenso wie im qualitativen Teil der Studie beschränkt sich die Forschung auf den Bereich der christlichen Religion. Während wir im quantitativen Teil auf die Daten der Allgemeinen Bevölkerungsumfrage (ALLBUS 2012) zugreifen und mit Blick auf die Konfessionszugehörigkeit somit mehrheitlich Personen untersuchen, die entweder der katholischen bzw. evangelischen Kirche angehören oder konfessionslos sind,[3] wurden für den qualitativen Teil lebensgeschichtliche Interviews mit Personen geführt, die evangelisch sozialisiert wurden oder sich im Bereich der evangelischen Kirche engagieren.

Beide Teilstudien nutzen, bedingt durch die verschiedenen Methoden und die damit verbundenen jeweils spezifischen Fragestellungen, teilweise übereinstimmende, teilweise aber auch verschiedene Verständnisse von Religion. In beiden Teilen des Forschungsprojektes greifen wir auf den Vorschlag Pollacks zurück, Religion gleichzeitig funktional und substanziell zu bestimmen:

> „Im Anschluss an die funktionale Analyse der Systemtheorie meine ich, dass sich religiöse Phänomene auf ein bestimmtes Problem (etwa Kontingenzbewältigung F.B-A.) beziehen lassen; im Anschluss an substanzielle Religionsdefinitionen, wie sie in der Religionswissenschaft gebräuchlich sind, behaupte ich, dass Religion gleichzeitig eine spezifische Art der Lösung dieses Problems bietet" (Pollack 2003, 46).

Im quantitativen Teil verwenden wir einen Religionsbegriff, der Religion in seiner mehrdimensionalen Bedeutung eines christlich fokussierten und damit substanziellen Verständnisses von Religion konzipiert. Wir beziehen uns somit auf einen Reli-

---

3   Der ALLBUS 2012 erlaubt mit einer Stichprobengröße von 3480 Befragten die Analyse nach Zugehörigkeit zur katholischen (32,6 %) oder evangelischen (33,4 %) Konfession. Der Anteil an Personen mit nicht-christlicher Religion liegt bei 3,8 %. Keiner Religionsgemeinschaft gehören 27 % der Befragten im ALLBUS 2012 an. Der Anteil an Personen mit nicht-christlicher Religion ist somit zu gering, um diese Gruppe gesondert auszuwerten. Da konfessionelle Unterschiede zwischen Katholiken und Protestanten nicht im Vordergrund dieser Untersuchung stehen, sprechen wir im Folgenden von christlicher Religion und Kirchlichkeit. Die Angaben der Befragten zu ihrer Selbsteinstufung als religiöse oder spirituelle Person werden im ALLBUS unabhängig von der Konfessionszugehörigkeit ermittelt.

gionsbegriff, wie er in der Konzeption des ALLBUS (unter anderem in Anlehnung an den Vorschlag von Charles Glock 1972) operationalisiert wurde. Religion wird im ALLBUS 2012 somit anhand verschiedener Dimensionen (christlicher) Religion erfasst: Erhoben werden Einstellungen und Aussagen zu christlichen und alternativ-religiösen Glaubensüberzeugungen und (religiösen) Weltsichten, zur Institution Kirche, zur persönlichen religiösen Erfahrung und zur religiösen Sozialisation, zur religiösen Praxis, etwa des Kirchgangs, der Teilnahme an kirchlichen oder religiösen Gruppen, des Gebets sowie zur Selbstattribuierung als religiöse und/oder spirituelle Person.

Im Hinblick auf die Interpretation von Weltsichten arbeiten wir mit dem Religionsbegriff von Pollack und unterscheiden religiöse von nicht-religiösen Weltsichten. Als religiöse Weltsichten werden von uns solche bezeichnet, die mit Sinndeutungen der Transzendenz operieren. Hierunter fallen explizite oder implizite Anleihen auf historisch-substanzielle Bedeutungen von Religion. Aber auch Konzepte, die diese weiterentwickeln und modifizieren, wie dies etwa gegenwärtig für die synkretistischen Formen des Religiösen zu beobachten ist, werden als religiöse Weltsichten bezeichnet. Als säkulare oder szientistische Weltsichten hingegen bezeichnen wir Deutungen, die allein mit innerweltlichen Bezügen operieren, etwa wenn Lebenssinn einzig durch Aspekte wie die Gesetze der Natur oder unter alleinigem Rekurs auf Selbstbestimmung und Eigenverantwortung erfahren wird.

Im qualitativen Teil des Forschungsprojektes werden aufgrund des explorativen Charakters der Studie unterschiedliche Konzepte von Religion relevant. So wird zum einen mit dem strukturalistischen Religionsbegriff in Anlehnung an das Religionsverständnis von Oevermann (1995) gearbeitet. Zum anderen aber wird auch hier auf Glock (1972) zurückgegriffen. Schließlich wird aus einer diskursanalytischen Perspektive sowie einer Analyse von erzählten Gegensätzen das Religionsverständnis der Teilnehmer/innen aus den Interviews rekonstruiert.

1.4 Interdependenzen von Lebenssinn und Geschlecht

Auch wenn keineswegs davon ausgegangen werden kann, dass nur religiöse Menschen ein sinnerfülltes Leben leben, so steht Religiosität doch nach wie vor in einem engen Verhältnis zur Sinnfindung (Schnell 2016). Doch während die sogenannte Feminisierung der Religion in quantitativer Hinsicht von Bedeutung ist, stellt sich im Zusammenhang mit einer qualitativ-empirischen Studie, in der lebensgeschichtliche Interviews geführt werden, die Frage, wie dieses Verhältnis an einzelnen Fällen rekonstruiert werden kann. Denn hier stehen mehr oder weniger religiös verankerte Frauen und Männer im Vordergrund, die sich an dem Diskurs über die Sinnfindung beteiligen. Es stellt sich daher die Frage, was diesen Diskurs auszeichnet, inwiefern er religiös konnotiert ist und welche vergeschlechtlichten Dimensionen die lebensgeschichtlichen Erzählungen zum Lebenssinn aufweisen.

Die bisherige Forschung zum Sinn in der Soziologie fokussiert auf den sozialen Sinn, den sinnhaften Aufbau der sozialen Welt (z. B. Bongaerts 2012) sowie die latenten und expliziten (religiösen) Sinnstrukturen im Rahmen der eigenen sozialen Bewährung (Oevermann 1995; Fischer 2009). Neben diesen soziologischen Herangehensweisen zum Sinn gibt es Annäherungen aus der Philosophie, der Theologie und der Psychologie, die sich teilweise mit dem sozialen Sinn überschneiden. So wurde der Lebenssinn beispielsweise auch in der Psychologie als unsichtbare Religion erforscht, die an die Stelle der expliziten religiösen Praxis tritt (Schnell 2009). Teilweise weichen diese Überlegungen und Untersuchungen jedoch davon ab, da sie nicht das Soziale, sondern das allgemein Menschliche oder das Individuelle fokussieren. Das individuelle Sinnerleben umfasst beispielsweise das plötzliche Empfinden von Glück (Engelbrecht/Rosowski 2007) oder das simple Genießen von Augenblicken (Grondin 2006). Philosophisch und theologisch gesehen geht es zudem um Sinnperspektiven, die Überlegungen zum Sinn des Daseins allgemein enthalten, die – aus philosophischer und theologischer Perspektive – in allen Epochen gestellt wurden (Gerhardt 2014). Auch wenn diese ebenfalls historisch kontextualisiert werden können und müssen, stehen hier andere Fragestellungen im Vordergrund.

Wir möchten uns dem Lebenssinn aus einer diskursanalytischen Perspektive zuwenden und lebensgeschichtliche Sinnerzählungen von dort aus rekonstruieren. Dabei geht es anhand der lebensgeschichtlichen Erzählungen zum einen darum, zu rekonstruieren, auf welche Weise die gesellschaftliche Wissens- und Wahrheitsproduktion über den Lebenssinn im Alltagswissen bzw. kommunikativen Gedächtnis eingeschrieben ist. Es geht also um die Entwicklung von Wahrheiten und ihre Machtwirkungen. Diese Perspektive legt eine historiographische und genealogische Verortung der Frage nach dem Lebenssinn nahe. Als eine in der Aufklärung neu formulierte Frage ist sie mit Säkularisierungs- und Individualisierungsprozessen sowie dem aufgekommenen Naturalismus als zusammenhängend zu betrachten. Eben diese Prozesse sind nicht geschlechtsneutral. Sie wurden von der Entwicklung jener Geschlechterkonstruktionen begleitet, die wir heute im alltagssprachlichen Sinn als traditionell bezeichnen (Bührmann 2004; Maihofer 1995; Hausen 1976), die sich in ihrer bis heute diversifizierten Ausprägung in den Interviews nachvollziehen lassen. In diesem Sinne begreifen wir „Geschlecht" hier ebenfalls als eine Sinnstruktur, als ein Netz von Wissen, Regulierungen und Normalität, an welchem sich Personen auch für die Entwicklung ihres Lebenssinns orientieren.

1.5   Zum Aufbau des Buchs

Unsere Untersuchungen zu Religiosität, Lebenssinn und Geschlecht sind in zwei Teile, einen qualitativen (2.) und einen quantitativen (3.), geteilt. Für die qualitative Studie wurden insgesamt zwölf unstrukturierte biographische Interviews mit Mitgliedern der evangelischen Kirche bzw. in der evangelischen Kirche engagierten Menschen ausgewertet. Um die Ergebnisse darzustellen, wird zunächst in Kapitel

2.1 in den Diskurs über Sinn und Lebenssinn und seine Beziehung zu Geschlechterkonstruktionen eingeführt. Da es nur wenige empirische Studien gibt, die explizit die Frage nach dem Lebenssinn stellen, werden hier ebenso Arbeiten zum sozialen Sinn wie psychologische, theologische und philosophische Studien zum Lebenssinn herangezogen. Dabei möchten wir zum einen vermitteln, dass die explizite Frage nach dem Lebenssinn eine Frage ist, die in der Aufklärung entstanden ist und in der Postmoderne oder reflexiven Moderne nur an Bedeutung gewinnt. Da die Aufklärung eine neue Geschlechterordnung mit sich brachte, die trotz des gesellschaftlichen Wandels auch heute noch wirksam ist, möchten wir zum anderen zeigen, dass diese Frage nur in ihrer geschlechtlichen Strukturiertheit sinnvoll bearbeitet werden kann.

Daran anschließend werden unter Kapitel 2.2 unsere methodischen Ansätze für die Erhebung der Daten sowie deren Auswertung erläutert. Im Zuge der Auswertung haben sich zwei unterschiedliche aber miteinander sehr kompatible Verfahren als hilfreich erwiesen, eine an Michel Foucault angelehnte Diskursanalyse sowie eine an Pierre Bourdieu angelehnte Untersuchung von Gegensatzpaaren in den Erzählungen.

Das erste Interpretationskapitel 2.3 orientiert sich am praxeologischen Ansatz von Bourdieu und führt anhand von drei Fallbeispielen die Analyse von Gegensatzpaaren durch, die für die Sinnfindung leitend sind. Bourdieu hat in ethnologischen Untersuchungen aufgezeigt, wie über Gegensatzpaare und entsprechende Unterscheidungen sowohl Geschlechterverhältnisse konstituiert als auch Ordnungssysteme etabliert werden, die praktische Orientierung und Sinn ermöglichen, insgesamt die Welt als sinnvoll erleben lassen (Bourdieu 1987b, 2005). Dabei liegt der Fokus auf der Analyse von homologen Gegensatzpaaren im Kontext der Lebensgeschichte. Damit können sowohl die Kontinuität und Stabilität eines Habitus in Abhängigkeit von Lebenslagen und Lebensstilen herausgearbeitet werden als auch die Gegensatzpaaren innewohnende Dynamik, die Prozesse der Transformation und des Wandels zu evozieren in der Lage sind.

Das zweite Interpretationskapitel 2.4 stellt die Ergebnisse der Diskursanalyse vor und untersucht potenzielle Machtwirkungen des Lebenssinn-Diskurses. Zunächst wird die Diskursgruppe beschrieben, die sich aus unterschiedlichen Personen zusammensetzt, die sich im evangelischen religiösen Feld bewegen. Dieses Feld lässt sich anhand verschiedener Kategorien wie Geschlecht und sexueller Orientierung, aber auch anhand des Status der Elternschaft oder aber der Ost-/West-Herkunft binnendifferenzieren. Die Fragen, die sich hier stellen, sind: Welche Facetten von Sinnkonstruktionen weist diese Diskursgruppe auf? Inwiefern lässt sie sich anhand von Sinnkonstruktionen binnendifferenzieren? Oder: welche anderen Sinnkonstruktionen werden hier durch soziale Differenz hervorgebracht? Inwiefern ermächtigen sich die teilnehmenden Subjekte sowohl in religiöser wie säkularer weltanschaulicher Hinsicht als auch bezüglich der in der Moderne tradierten Geschlechterkonstruktionen? Inwiefern ist die Befreiung von hegemonialen Diskursen Bestandteil des Lebenssinns, inwiefern das Verharren im Normativen? Welches Verhältnis entwickeln die Teilnehmenden zu ihrer Konfessionalität? Lässt sich auch bei ihnen eine postsäkulare „entbettete postkonfessionelle Religion" (Wohlrab-Sahr 2016) beobachten? Und stoßen wir auch hier auf Momente der „religiösen Wanderschaft" (Gebhardt 2016)?

Daran anschließend wird untersucht, auf welche Diskursfragmente die Teilnehmer/innen in ihren Erzählungen zurückgreifen und auf welche Weise sie den Lebenssinn-Diskurs reproduzieren. Hier stellt sich insbesondere die Frage, inwiefern sich zugleich eine als evangelisch zu verstehende Auffassung von Lebenssinn durch die lebensgeschichtlichen Erzählungen zieht. Dabei geht es auch um die Bedeutung der „innerweltlichen Askese" (Weber 1920), die für die Jetztzeit als gesellschaftliches Engagement übersetzt werden kann. Schließlich werden auch die Grenzen des Diskurses untersucht, die aus dem bestehen, was in den lebensgeschichtlichen Interviews als dem Lebenssinn entgegenstehend ausgeschlossen wird. Hier geht es vor allem um die Frage nach der Bedeutung des Todes und möglichen Perspektiven darüber hinaus. Das den qualitativen Teil abschließende Kapitel 2.5 fasst die Ergebnisse des qualitativen Teils noch einmal zusammen und spannt einen Bogen zwischen den Ergebnissen der beiden Rekonstruktionsverfahren.

Die quantitative Studie geht von der These der Feminisierung des Religiösen aus und fragt danach, ob und inwieweit der Gender Gap einer häufigeren Kirchlichkeit und Religiosität von Frauen als Ausdruck einer Feminisierung des Religiösen zu beschreiben ist. In Kapitel 3.1 werden die unterschiedlichen Diskursebenen aufgezeigt, die von der These der Feminisierung des Religiösen umfasst werden. Denn die These bezieht sich nicht allein auf die Entwicklung einer zunehmenden Beteiligung von Frauen in der evangelischen Kirche, sondern weist auch auf die im 18. Jahrhundert entstandene enge Verbindung zwischen traditioneller weiblicher Geschlechterrolle und Religion hin, die bis heute spürbar ist. Auch für jene religionssoziologischen Analysen, die auf ein zunehmendes Interesse an Spiritualität hinweisen, scheint die These einer Feminisierung des Religiösen plausibel. Aber ist diese These auch empirisch belastbar, wenn die bundesdeutsche Bevölkerung in den Blick genommen wird? Welche Bedeutung haben Religiosität, Kirchlichkeit und religiöse Deutungen des Lebenssinns für Frauen und Männer in Ost- und Westdeutschland im Jahr 2012? Die empirischen Analysen zeigen, dass die Erklärung des Gender Gaps einer höheren Kirchlichkeit und Religiosität von Frauen in Deutschland differenziert erfolgen muss. Wir stellen in Kapitel 3.2 den von uns verwendeten Datensatz der Allgemeinen Bevölkerungsumfrage (ALLBUS 2012) und unser methodisches Vorgehen vor. Sodann gehen wir auf aktuelle Ergebnisse zum Gender Gap anhand des aktuellen Forschungsstandes ein und geben Auskunft, inwieweit sich der Gender Gap einer höheren Kirchlichkeit und Religiosität anhand der Daten des ALLBUS 2012 in Ost- und Westdeutschland zeigt (Kap. 3.3). Im Unterschied zu vielen anderen Untersuchungen zum Gender Gap in Kirchlichkeit und Religiosität berücksichtigen wir hierbei auch die Dimension der Spiritualität und gehen auf Unterschiede in den Weltsichten ein. Aus der Vielfalt der in religionssoziologischen und -psychologischen Studien diskutierten Erklärungsansätze fokussieren wir un-

sere quantitativen Auswertungen der Daten des ALLBUS 2012 auf drei theoretische
Ansätze der Erklärung. Erstens fragen wir danach, welchen Beitrag der Ansatz der
Geschlechterrollenorientierung zur Analyse und Erklärung der Kirchlichkeit, Religiosität, Spiritualität und (religiösen) Weltsichten liefert. In diesem Zusammenhang gehen wir auf die Unterschiede in den Religions- und Geschlechterkulturen
im Ost-West-Vergleich ein (Kap. 3.4). Zweitens untersuchen wir, welchen Beitrag
sozialisationsbezogene und soziostrukturelle Ansätze der Erklärung wie die im Elternhaus erfahrene religiöse Sozialisation, das Einkommen, die Bildung, das Alter,
die Lebensform und das Leben mit Kindern im Haushalt zur Erklärung des Gender
Gaps in Kirchlichkeit, Religiosität und Spiritualität leisten (Kap. 3.5). Drittens zielen unsere Analysen auf eine Typologie, die die Pluralität in den Sinnstiftungen der
bundesrepublikanischen Bevölkerung verdeutlicht. Gerade die Analyse der Muster
von Weltsichten ermöglicht es, Zusammenhänge zu dem qualitativen Teil, der nach
den Modi der Sinnstiftung fragt, herzustellen (Kap. 3.6). Abschließend fassen wir
in Kapitel 3.7 die Ergebnisse unserer statistischen Auswertungen zusammen und
diskutieren diese im Hinblick auf die Frage nach der Bedeutung, die der sozialen
Kategorie Geschlecht für die Erklärung von Religiosität, Kirchlichkeit, Spiritualität
und Sinnstiftung zukommt. Wir zeigen auf, inwiefern von einer Feminisierung des
Religiösen zu sprechen ist.

Im abschließenden Kapitel (4.) gehen wir auf vier Aspekte ein, unter denen die
Gemeinsamkeiten der beiden Teile diskutiert werden können. Diese sind die These der Feminisierung des Religiösen, die religiöse Sozialisation, die Vereinbarkeit
bzw. die Formen der Vereinbarung von Familie und Beruf sowie die Relevanz eines
christlichen Lebenssinns.

2. Subjektivierungen, Geschlecht und (religiöser) Lebenssinn: Lebensgeschichtliche Interviews im evangelischen religiösen Feld

(Sabine Grenz/Albrecht Schöll)

2.1 Konstruktionen in Wechselwirkung: Religion, Lebenssinn und Geschlecht in lebensgeschichtlichen Interviews

Eine aktuell wichtige quantitative Frage in der Religionssoziologie ergibt sich aus der sogenannten Feminisierung der Religion bzw. dem Gender Gap[4], also aus der Beobachtung, dass sich in Europa mehr Frauen als Männer als religiös betrachten und auch mehr Frauen als Männer einer Religionsgemeinschaft zugehörig sind (z. B. Voas 2013). Wie in der Einleitung zum Buch ausführlich dargestellt wurde, sehen wir dies in Deutschland vor allem in der vergeschlechtlichten historischen Entwicklung von Religiosität und Säkularität begründet und damit als kulturhistorisch und sozial bedingt. Aus diesem quantitativ erhobenen Phänomen ergibt sich die Frage, ob und inwiefern von qualitativen Unterschieden und Übereinstimmungen zwischen der Religiosität bzw. Säkularität von Männern und Frauen gesprochen werden kann. Dieser Frage wird hier zugespitzt auf die Frage nach dem Lebenssinn nachgegangen, der eng mit religiösen und säkularen Einstellungen verbunden ist und als explizite Frage bisher kaum empirisch untersucht wurde (Schnell 2016).

Zugleich haben wir die Fragestellung weiterentwickelt. Uns geht es nicht lediglich darum, Unterschiede und Gemeinsamkeiten in der Konstruktion von Lebenssinn bei Männern und Frauen zu finden. Wir gehen von der geschlechtertheoretisch fundierten Prämisse aus, dass nicht nur die Konstruktionen von Männlichkeit und Weiblichkeit historisch und damit wandelbar sind, sondern die Zweigeschlechtlichkeit selbst und ihre jeweilige gesellschaftliche Ausgestaltung als historisch gewachsen zu betrachten sind (z. B. Voß 2010; Maihofer 1995; Laqueur 1992). Sie wurde und wird ebenso durch gesellschaftliche Strukturen wie durch kulturelle Repräsentationen und Interaktionen beständig erneuert und gewandelt. Zudem muss auch die Frage nach dem Sinn des Lebens historisch kontextualisiert werden. Denn auch, wenn diese Frage in verschiedenen Epochen gestellt wurde, so stellt sie sich in westlichen Gesellschaften im Zuge der Säkularisierung anders als in Zeiten, in denen Staat und Religion weniger voneinander getrennt waren und Religion eine größere Bedeutung für die Rhythmen des Alltags hatte. In beiden Fällen nehmen wir eine genealogische Perspektive ein. Wir sind daran interessiert, wie Konstruktionen von Lebenssinn und Geschlecht diskursiv zusammenwirken bzw. von unseren Teilnehmenden (die sich als Männer und Frauen identifizieren) ineinander verwoben werden.

Dabei fokussieren wir uns in unserer Untersuchung auf ein spezielles Feld. Die Teilnehmenden unserer Studie sind entweder Mitglieder der evangelischen Kirche und/oder engagieren sich in evangelischen Gemeinden. Wir konzentrieren uns also

---

4   Vgl. Kap. 3.3 und 3.4.6.

auf eine Gruppe von Menschen, die sich tendenziell religiös verorten und damit Sinnfragen stellen, die die Hingabe an etwas Höheres oder Umfassenderes und damit Beziehungen zu unterschiedlichen Formen von Selbsttranszendenz beinhalten, sei es nun die Beziehung zu dem, was für sie Gott ist, oder ihr soziales Engagement. Die leitende Fragestellung ist daher: Wie konstituieren Personen, die sich auf die eine oder andere Weise dem Kontext der evangelischen Kirche zuordnen lassen, einen Sinn des Lebens? Wie steht dieser zu der in der Einleitung dargelegten Debatte über Säkularität und Religiosität in Beziehung? Und welche Wechselwirkungen entfalten sich im Hinblick auf die Geschlechterkonstruktion und die damit verbundene Konstruktion von Geschlechtsidentität? Inwiefern also kann davon gesprochen werden, dass sich Machtwirkungen im Diskurs über den Lebenssinn entfalten?

Einleitend werden wir unterschiedlichen Konzepten von Sinn und Lebenssinn nachgehen. Dazu werden wir zunächst auf die etymologischen Bedeutungen von „Sinn" eingehen, die bis heute das Alltagsverständnis des Begriffs prägen (2.1.1). Daran anknüpfend sollen verschiedene soziologische Begriffe sozialen Sinns skizziert werden (2.1.2). Für die qualitativ-empirische Forschung zur Beziehung von Sinnfragen und Religiosität ist insbesondere Oevermanns Strukturmodell von Religiosität und Lebenspraxis von Bedeutung, da mit ihm anhand der in den Interviews erzählten alltäglichen Entscheidungsprozesse auch latente Sinnstrukturen und Deutungsmuster rekonstruiert werden können – weshalb wir es hier ausführlicher darstellen (2.1.3). Die verschiedenen Ebenen des sozialen Sinns, sei dieser nun objektiv, subjektiv oder inkorporiert, sind ebenso wenig geschlechtsneutral wie Oevermanns Strukturmodell. Vielmehr verweist eine Vielzahl von Studien darauf, dass auch die Geschlechterkonstruktionen bzw. die individuelle Zuordnung zu ihnen sinnhaft erscheint. Diese Orientierung findet im Rahmen gesellschaftlicher Normen, Regulierungen, struktureller Verhältnisse und kultureller Repräsentationen statt, die sich auch auf den bewusst gesetzten Lebenssinn auswirken, worauf abschließend eingegangen wird (2.1.4).

Die Teilnehmenden wurden darum gebeten, explizit über das zu sprechen, was für sie der Sinn ihres Lebens ist bzw. ihr Leben für sie sinnhaft sein lässt. Neben den latenten Sinnstrukturen geht es daher insbesondere um bewusste und explizit benannte Dimensionen von Sinn. Dadurch gewinnen auch psychologische, philosophische und ethische Ebenen an Bedeutung. Da auch diese nur diskursiv erschlossen werden können, folgt eine Auseinandersetzung aus einer genealogischen Perspektive auf den Begriff des „Lebenssinns", eines Begriffs, der in seiner Zusammensetzung erst seit dem 19. Jahrhundert existiert (2.1.5). In eben diesem Jahrhundert haben sich die modernen Geschlechterkonstruktionen verdichtet, die mithilfe des Konzepts des Geschlechterdispositivs als sinnhafte Struktur gefasst werden können, die Menschen in ihrem Leben Orientierung bietet (2.1.6). Eben daraus ergibt sich ein grundlegender Zusammenhang von (religiösem) Lebenssinn und der sozialen Kategorie Geschlecht für die Analyse der lebensgeschichtlichen Erzählungen.

Die Einleitung abschließend, werden wir auf den gesellschaftlichen Wandel eingehen, der sich auch in unseren Interviews nachvollziehen lässt. Dabei geht es um das Spannungsverhältnis zwischen hegemonialen Geschlechterkonstruktionen und deren Bedeutungen für den (religiösen) Lebenssinn und vice versa hegemonialen (religiösen) Sinndiskursen und deren Bedeutung für die Geschlechterkonstruktionen. In beiden Fällen führt die Auseinandersetzung zur individuellen Ausgestaltung von Lebenssinn, die in unterschiedlicher Weise sowohl Unterwerfungen als auch „Entunterwerfungen" (Foucault 1992) bezüglich hegemonialer (religiöser) Lebenssinn- und Geschlechterdiskurse rekonstruieren lässt (2.1.7).

Insgesamt gesehen zeigen sich hier durchaus progressive Tendenzen sowohl den Lebenssinn als auch die soziale Kategorie Geschlecht betreffend, die sich im Rahmen jüngerer evangelischer Entwicklungen bewegen, bei denen Lebenssinn – in der Weiterentwicklung der „innerweltlichen Askese" Webers (1920) – mit gesellschaftlichem Engagement unterschiedlichster Art gepaart ist. „Geschlecht" zeigt sich hier in einer Bandbreite, die der gesellschaftlichen Breite der Mitglieder der evangelischen Kirche angemessen scheint. Dabei können die einzelnen Teilnehmenden nicht eindeutig der einen oder anderen Seite auf einem Kontinuum zugewiesen werden. Vielmehr zeigen sich widersprüchliche Tendenzen bei allen Teilnehmenden. Sie sind je nach Themenstellung zumeist beides, konservativ und progressiv.

2.1.1   „Sinn" in seiner etymologischen Bedeutung

In ihrer „Psychologie des Lebenssinns" führt Schnell (2009) eine Definition von Sinn mit einer etymologischen Herleitung des Begriffs „Sinn" aus dem Duden ein (101). „Sinn" rührt demnach von Reisen. Es geht um einen Weg, eine Dynamik und eine Zielrichtung. Laut Kluges etymologischen Wörterbuchs sind „die etymologischen Verhältnisse" bezüglich dieses Begriffs noch vielschichtiger (Kluge 2002, 849). „Sinn" stammt demzufolge aus dem 9. Jahrhundert und steht im Mittelhochdeutschen, Altfriesischen und Altenglischen zum einen für „reisen, sich begeben, wandeln", und zum anderen für „beachten" sowie „trachten nach, sinnen, beabsichtigen". Es gibt also zwei Bedeutungen im Germanischen, die sich auch in außergermanischen Wurzeln zeigen: einerseits den „Weg", andererseits das Beabsichtigen. Hinzu kommt eine dritte Ebene des Begriffs, nämlich „empfinden und wahrnehmen".

Alle drei Bedeutungsebenen sind bis heute im „kommunikativen Gedächtnis" (Assmann 2005; vgl. Halbwachs 1985) erhalten und daher auch in den Interviews zu finden. Die etymologische Bedeutung entspricht sogar dem umgangssprachlichen Gebrauch. Ob etwas sinnvoll ist, wird empfunden, selbst dann, wenn sich dieses Empfinden als Folge logischer Schlüsse einstellt und sich auf gesellschaftliche Diskurse gründet. Etwas wird als sinnvoll empfunden, wenn etwas als befriedigend erlebt wird und wenn es sich in ein größeres Sinngefüge (wie einen Weg oder eine größere Absicht) einfügt. „Sinn" steht zudem auch für eine Orientierung und damit nach wie vor für einen Weg und eine offene Entwicklung.

2.1.2 Sinn in der Soziologie: Subjektiver, objektiver und inkorporierter sozialer Sinn

Unserer Studie zugrunde liegen die verschiedenen Ebenen sozialen Sinns. Hier geht es zum einen grundlegend um die „gesellschaftliche Konstruktion der Wirklichkeit" (Berger/Luckmann 1991), die aus einer objektiven und einer subjektiven Ebene besteht. Da Wirklichkeit immer auch gewusst wird, beinhaltet sie die Etablierung bestimmter Wissensvorräte und damit Diskurse über einen Gegenstand oder soziale Zusammenhänge, die von Individuen individualisiert und subjektiviert werden. Soziologische Sinnkonzeptionen beruhen auf der Prämisse, dass die soziale Welt sinnhaft und damit verstehbar konstruiert sei.[5]

Bezüglich des sozialen Sinns können mindestens drei Begrifflichkeiten unterschieden werden, die sich jeweils aus teilweise unterschiedlichen theoretischen Perspektiven ergeben haben und die wir hier zueinander in Beziehung setzen, um uns dem Thema anzunähern: der subjektive, der objektive und der inkorporierte Sinn (Bongaerts 2012). Der Begriff des „subjektiven Sinns" beinhaltet, dass soziale Phänomene „auf die Sinnorientierung individueller Akteure zurückgeführt" (Bongaerts 2012, 24; vgl. Weber 1972) werden. Die Akteure erfinden den Sinn, an dem sie sich orientieren, jedoch nicht neu, sondern richten sich dabei „auf historisch entstandene Vorstellungen über das Handeln" (Bongaerts 2012, 25; vgl. Weber 1972). Sie internalisieren die objektive gesellschaftliche Wirklichkeit und integrieren ihr Handeln sinnvoll in historisch gewachsene soziale Ordnungen. Dieser „subjektive Sinn" kann durch die Unterscheidung zwischen Bewusstsein und Welt weiterentwickelt werden (Schütz 1993). In der Phänomenologie ist das Bewusstsein ein dauernder ununterbrochener Fluss, während die Welt über zeitliche und räumliche Unterscheidungen verfügt. Diskursiv gewendet muss zudem hinzugefügt werden, dass die Diskurse, die der Orientierung dienen, nicht monolithisch, sondern immer auch pluralistisch, fragmentiert und widersprüchlich sind. Die Sinnfindung auf den verschiedenen Ebenen stellt damit eine kognitive Leistung der Beziehungsfindung und Gestaltbildung dar (Schnell 2016). In diesem Sinne ist Sinnfindung als Bedeutungsüberschuss zu verstehen. Aus dieser Perspektive entsteht subjektiver Sinn daher erst in der Reflexion, durch welche zum einen die Unterscheidungen der sozialen Welt bewusst sowie zum anderen individuell Beziehungen hergestellt werden (Bongaerts 2012). Zugleich ist die Frage nach dem Sinn dadurch untrennbar von Wissensformationen, ihren Elementen und Ordnungen zu verstehen.

Damit zusammenhängend kann zwischen subjektivem und objektivem Sinn unterschieden werden. Während der objektive Sinn die verstehbaren gesellschaftlich vorgegebenen Strukturen und damit auch das Normale, Normative und Hegemoniale beschreibt, bezeichnet der subjektive Sinn die individualisierte und subjektivierte Aneignung der objektiven Strukturen bzw. des Wissens, das diese in sich bergen.

---

5 Wie Keller (2005), der mit der wissenssoziologischen Diskursanalyse (WDA) die Verbindung zwischen Wissenssoziologie und Diskursanalyse maßgeblich ausgearbeitet hat, gehen auch wir davon aus, dass die beiden Perspektiven miteinander kompatibel sind.

Dabei geht es immer sowohl um eine Aneignung bzw. Selbst-Ermächtigung als auch um eine Unterwerfung. In diesem Sinne kann der subjektive Sinn durchaus vom objektiv gegebenen abweichen (z. B. Schütz 1993).

Die Orientierung an objektiven Sinnstrukturen und der durch die Auseinandersetzung entstehende subjektive Sinn kann aus einer genealogischen Perspektive bereits als Effekt der Moderne interpretiert werden, in der sich zunehmend Rationalisierungen entwickelt haben, anhand derer wir unser Leben gestalten (Foucault 1992). Denn die Rationalisierungen gründen sich auf verstehbare – oder als verstehbar empfundene – Sinnzusammenhänge. Das führt zu einem Modus der Regulierungen, der durch einen geringeren Einsatz repressiver Mittel gekennzeichnet ist. Zugleich aber kann den sozialen Sinnkonstitutionen widersprochen werden. Es können sich Gegendiskurse mit anderen Sinninhalten entwickeln. Da dies ein fortdauernder Prozess ist, befinden sich gesellschaftliche Sinnkonstitutionen in einem permanenten Aushandlungsprozess, der ebenso zu einem Wandel wie auch zur Kontinuität jeweils spezifischer Sinninhalte führt.

In unserer Studie geht es nun darum, wie das große Thema des Lebenssinns individualisiert und damit subjektiviert wird. Keller, Schneider und Viehöfer verstehen unter „Subjektivierung" unter anderem die „Bedingungen, unter denen ein verkörpertes Individuum sich als Subjekt bezeichnen und beschreiben kann" (2012, 9). Damit geht es bei dem Zusammenspiel von objektivem und subjektivem Sinn sowohl um die Verkörperung (das konkrete Verhalten, Bewegungsstile und Gesten) als auch um einen inkorporierten Sinn, also Emotionen, Empfindungen und Deutungen. Diesen hat vor allem Bourdieu (1987a, 1987b) mit seinem Habitus-Konzept hervorgehoben und die Integration der beiden Ebenen des subjektiven und objektiven Sinns weiterentwickelt (vgl. Kap. 2.2.4).

2.1.3 Oevermanns Strukturmodell einer sinnhaften Lebenspraxis und Religiosität

Die Frage nach dem Lebenssinn, die den Teilnehmenden der qualitativ-empirischen Studie gestellt wurde, schließt alle Ebenen des sozialen Sinns ein. Dieser bezieht Beziehungen zu übergeordneten Orientierungsmustern und Weltbildern ein, die mal bewusst und mal latent vorhanden sein können. Sie können sich als sehr individuelle Rituale und Mythen zeigen (Schnell 2009). Sie offenbaren sich aber auch in den jeweiligen Orientierungen, anhand derer Menschen in ihrem Leben Entscheidungen treffen (Schnell 2009, 2016). Um die übergeordneten Orientierungsmuster und Weltbilder zu beschreiben, bietet sich Oevermanns (1995, 1996) Strukturmodell von Religiosität an, welches wir hier etwas ausführlicher wiedergeben möchten, da es unsere ersten Annäherungen an die Interviews geprägt hat.

Ausgangspunkt für Oevermann ist die Perspektive auf eine Welt, die sich über Sprache in eine präsente und eine repräsentierte Wirklichkeit aufteilen lässt. Aufgrund dessen lässt sich auch die soziale Praxis – als Sammelbegriff für alle Varianten sozialen Handelns im sozialen Feld – in eine Praxis im Hier und Jetzt und eine weitere Praxis aufteilen, die diese Wirklichkeit überschreitet und eine hypothetisch konstruierte Welt von Möglichkeiten nach sich zieht. Dabei geht es um die Perspektiven und Wünsche einer Person, die mit den objektiven Gegebenheiten übereinstimmen, ihnen aber auch entgegenstehen können. Ein erkennendes Subjekt kann also

> „durch begrifflich vermittelte Repräsentanz von Welt das unmittelbar gegebene Hier und Jetzt seiner Positionalität in der hypothetischen Konstruktion von Welt überschreiten und kontrastiv zum Gegebenen Möglichkeiten konstruieren und das jeweils Gegebene auf der Folie dieser Möglichkeiten kritisch abbilden" (Oevermann 1996, 33).

Dieses kontrastive Wahrnehmen der Möglichkeiten zum jeweils Gegebenen erzeugt Oevermann zufolge im Subjekt zugleich ein Bewusstsein der Endlichkeit des eigenen Lebens (1995, 34 f.). Mit diesem Bewusstsein von Endlichkeit stellt sich zudem grundsätzlich das Bewusstsein begrenzter Zeit ein, sodass sich gegebene Möglichkeiten als unwiederbringlich erweisen können, wenn sich Menschen gegen sie und für eine Alternative entschieden haben. Oevermann geht davon aus, dass der Mensch sich ständig vor einer Fülle konkreter Handlungsalternativen gestellt sieht, bei der er sich jeweils für eine unter mehreren möglichen Handlungsalternativen entscheiden muss. Daher stellt sich auch die Sinnfrage quasi alltäglich. Soziales Handeln wird demzufolge als eine Kette von Entscheidungen gesehen, die innerhalb eines sozialen Raums und einer sozialen Zeit getroffen werden. Auf diese Weise beschreibt Oevermann das beständige Aushandeln zwischen objektivem und subjektivem Sinn.

Der Spielraum der jeweiligen Entscheidung ist dabei weder als unendlich noch als willkürlich zu betrachten. Er wird vielmehr durch geltende Regeln abgesteckt, die eine jeweils unterschiedliche historische und kulturelle Reichweite haben. Für das Individuum ist das Spektrum der Möglichkeiten durch die Lebenspraxis bzw. das soziale Feld vorgegeben. Dies bedeutet jedoch nicht, dass auch die Wahl für die eine oder andere Option festgelegt ist. Die Singularität seines individuellen Menschseins konstituiert sich, indem der Mensch sogenannte letzte Fragen stellt, die über das ‚Hier und Jetzt' hinausgehen: „Wer bin ich? Woher komme ich? Wohin gehe ich?" (Oevermann 1995, 35). Jede Entscheidung schließt zudem andere mögliche Optionen aus und eröffnet zugleich neue Optionen, die bei einer anderen Entscheidung verschlossen geblieben wären. Das Individuum kann sich dieser zukünftigen Optionen jedoch selbst bei routinierten Handlungsverläufen nie ganz sicher sein, sondern muss sich ins Offene hinein entscheiden. Es kann nur hoffen, dass sich die Entscheidung später als sinnvoll erweist.

Im Gegensatz zur Alltagspraxis ist aus methodologischer Sicht also nicht die Routine der Normal- und die Krise der Grenzfall. Den Normalfall bilden die sich *permanent* ereignenden Momente, die Entscheidungen erzwingen: die ‚*Krisen‘*. Die Krise bricht vorhandene Routinen auf und geht neuen voraus. Denn aus der jeweils getroffenen Entscheidung leiten sich neue Handlungsmuster ab, die sich in diesem einen Fall bewährt haben und so sukzessive in das Handlungsrepertoire übernommen werden können. Die Krise erzwingt also eine Öffnung, die durch die neuen Routinen wieder geschlossen wird, bis zur nächsten Krise.

Es sind somit zwei Parameter, die den konkreten sozialen Ablauf strukturieren: a) Die Menge aller Regeln (1), die bei jeder beliebigen Situation/Sequenz erkennen lassen, welche Handlungen regelgerecht angeschlossen werden können und regelgerecht vorausgehen konnten und welche nicht. Die Gesamtmenge dieser Regeln bezeichnet man in der objektiven Hermeneutik als „latente Sinnstruktur", obwohl sonst normalerweise von den Bedingungen des Handelns bzw. vom Kontext gesprochen wird. Die durch die Situation vorgegebenen Regeln bestimmen unsere Entscheidungen, auch und gerade dort, wo sie uns nicht bewusst sind. b) Die Selektionsentscheidung des handelnden Subjekts (2) für eine der insgesamt ihm möglichen Handlungsoptionen (3) bildet die „subjektiv-intentionale Sinnstruktur". Zugleich muss das Subjekt begründen können, warum es sich gerade für diese und nicht für eine andere Handlungsalternative entschieden hat, in anderen Worten: es muss seinen Handlungsentscheidungen einen Sinn bzw. eine Bedeutung zusprechen. Graphisch lässt sich das Modell folgendermaßen darstellen (Fischer/Schöll 1994, 31):

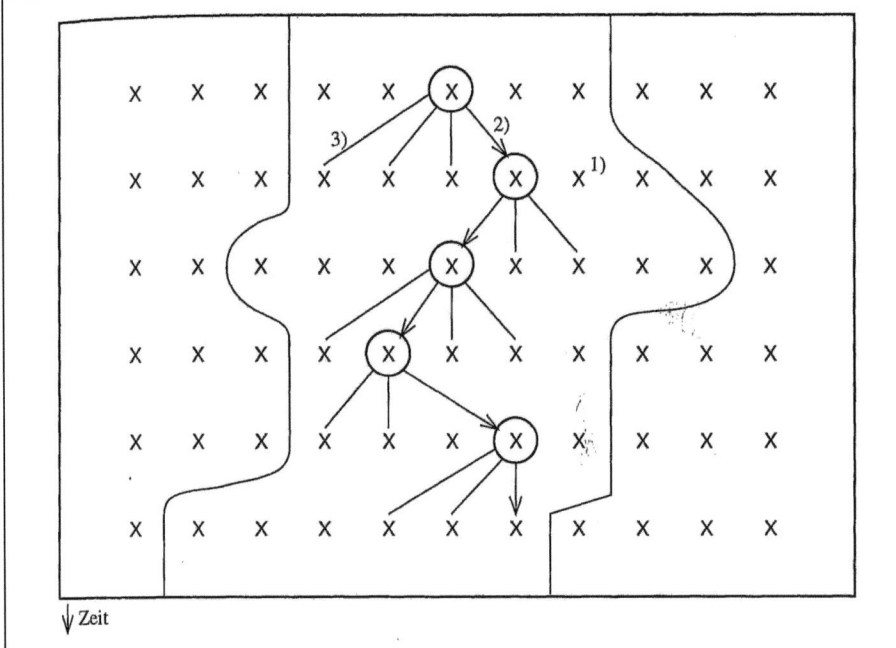

1) Menge aller sinnvoll möglichen Regeln in einer Situation (latente Sinnstruktur)
2) Konkrete Entscheidung
3) Indiviuelles Regelrepertoire

Abbildung 1: Modell von Lebenspraxis

In modernen Gesellschaften mit ihrer sich entfaltenden Dynamik des sozialen Wandels mit seinen forcierten Rationalisierungs- und Individualisierungsprozessen besteht ein erhöhter Druck zur Begründung von Handlungen und Entscheidungen. Das führt einerseits zur Problematisierung von Traditionen (auch der Religion) und andererseits zur Erweiterung von Wahlmöglichkeiten für die individuelle Orientierung und Lebensgestaltung. Man muss also allen seinen Handlungsentscheidungen einen *Sinn*, eine *Bedeutung* unterlegen, oder anders formuliert: eine Begründung. Damit wird die „soziale Praxis" zum Feld einer Dynamik permanenter Entscheidungs*zwänge* und Begründungs*verpflichtungen*. Die in dieser Dynamik aktivierten *Sinn- und Bedeutungszusammenhänge* sind zwar empirisch, aber sie sind nicht konkret *sinnlich* wahrnehmbar. Das bedeutet, dass *Sinnzusammenhänge* empirisch immer uneindeutig bleiben. Sie lassen sich nicht aus einer Art von „Meta-Zusammenhang" ableiten, weil ein solcher in der hier verwendeten Bedeutung des Begriffs ‚sinnhafter Lebenspraxis' nicht existiert. Die Sinnzusammenhänge konstituieren sich vielmehr immer erst in der „sozialen Praxis" im Rahmen der je individuell ablaufenden Entscheidungs-Dynamik.

Die religiöse Dimension von Sinn

Aus den bisherigen Darlegungen wird deutlich, dass „Sinn" in der Gegenwartsgesellschaft auch zur Ressource der Überwindung jener ‚Krisen' wird, die die Folge der Unvermeidlichkeit von potenziell riskanten Entscheidungen in der sozialen Alltagspraxis sind. Das Leben ist eine Verkettung von in eine offene Zukunft hinein getroffenen Entscheidungen, die nie völlig glatt aufgehen und potenzielle Möglichkeiten ausschließen. Zugleich bestimmen unbeabsichtigte Nebenfolgen von Entscheidungen und nicht steuerbare Ereignisse und Widerfahrnisse wie Liebe, Krankheit, Glück und Leid ganz wesentlich den Lauf eines Lebens. Angesichts des bereits erwähnten Bewusstseins der eigenen Endlichkeit und der dialektischen Trias von Gegenwart hier und der Opposition von Vergangenheit und Zukunft dort werden die drei sogenannten letzten Fragen virulent:

> „Wer bin ich – in der Krise, in der ich mich entscheiden muss? Woher komme ich – d.h., welches sind die zunächst unbegriffenen Gründe, die mich der Vernünftigkeit meiner Entscheidung sicher machen? Wohin gehe ich – d.h., was sind die noch nicht absehbaren Folgen, die sich aus der Weichenstellung dieser Entscheidung ergeben werden?" (Oevermann 1995, 62).

Diese Fragen müssen durch an der Vergangenheit orientierte Herkunfts- und/oder auf die Zukunft gerichtete Bewährungsmythen beantwortet werden. Was trägt mich in meiner Lebenspraxis? Worin finde ich eine Lösung in einem Bewährungsproblem? Dieses Problem der *Bewährung* kann vom Individuum auf unterschiedliche Weise bearbeitet werden: durch magische Bemächtigung, durch auf religiöse Heilslehren bezogenes Erlösungsstreben oder durch säkularisiertes Autonomiestreben.

Bewährungsfragen stellen sich jedoch nicht nur angesichts des Todes, sondern, wie bereits ausgeführt, prinzipiell an jeder Stelle der Lebenspraxis eines Menschen. Auch ein der Transzendenz zugewandter Mensch hat für seine Bewährung im Jenseits nur die Bewährung im Diesseits zur Verfügung. Für alle Varianten bleibt bestehen, dass das Problem immer wieder aufs Neue gelöst werden muss.

Die Krise der Bewährung kann der Mensch nur aushalten, wenn ihm positive Kriterien des Gelingens und praktisch wirksame Anzeichen zur Verfügung stehen.

> „Die nicht stillstellbare Bewährungsdynamik erfordert also einen Bewährungsmythos, der grundsätzlich über Herkunft und Zukunft sowie die aktuelle Identität der eigenen Lebenspraxis verbindlich so Auskunft geben kann, daß darin die Unverwechselbarkeit der eigenen Lebenspraxis verbürgt ist" (Oevermann 1995, 64).

Der Bewährungsmythos muss den Entwurf einer möglichen Lösung, eines Gelingens vorgeben und religiös gesehen eine „Instanz der Erlösung und des Heils, dessen Gnade man prinzipiell teilhaftig werden kann" (Oevermann 1996, 35), beinhalten und er muss die mit dem Bewusstsein der Endlichkeit des Lebens einhergehenden ‚letzten' Fragen (zumindest vorläufig) plausibel beantworten.

> „Mit den Antworten auf den Bewährungsmythos ist die Bewährungsdynamik zwar nicht stillgestellt, aber der Umgang mit ihr ist praktisch lebbar gemacht worden" (Oevermann 1995, 65).

Dazu bedarf der Mythos einer *Evidenzsicherung*. Denn die Frage muss beantwortet werden, wie der lebenspraktische Glaube oder der Lebenssinn begründet wird. Dieser ist in der Regel nicht individuell unmittelbar evident, sondern ist auf Gemeinschaftsbezüge, zumindest auf intersubjektive Verständigung angewiesen.

Zusammenfassend lässt sich festhalten: Die Aufgabe der Stabilisierung der individuellen Sinn-Praxis stellt sich jedem Menschen, auch jenen, die sich als säkular bezeichnen. Allerdings kann nach Oevermann

> „von einer Säkularisiertheit im Sinne einer sie (die Bewährungsdynamik, SG, AS) bloß negativ charakterisierenden religiösen Indifferenz (…) keine Rede sein. Im Gegenteil: Mit der Säkularisierung geht eine Zuspitzung einer ursprünglich auch inhaltlich religiös ausgeformten Bewährungsdynamik einher" (Oevermann 1996, 39).

So kann ein Mensch, der keinen (z. B. im Christentum gründenden) Glauben an eine Form von Existenz nach seinem irdischen Tod hat, zu Recht von sich behaupten, er sei nicht religiös. Und zwar nicht, weil für ihn die Bewährungsdynamik obsolet wurde, sondern weil er auf einen ausschließlich säkularen, immanenten Bewährungsmythos bei der Lösung von lebenspraktischen Sinnfragen zugreift. Das schließt nicht aus, dass er bei Bedarf kulturell verankerte und in die Alltagspragmatik eingeflossene christliche Deutungen in Anspruch nimmt. Angesichts dieser Diagnose kann man mit Joachim Matthes Religiosität als ‚diskursiven Tatbestand' kennzeichnen, der sich in einem gesellschaftlichen Diskurs konstituiert. Das Wort

Religion steht dann in diesem Kontext für eine von mehreren in einer Gesellschaft vorfindbaren „kulturellen Programmatiken" (Matthes 1992, 129).

2.1.4 Sinn und Geschlecht

Die Zuordnung zu dem einen oder anderen Geschlecht ist eine ebenso alltägliche Praxis wie die damit verbundenen Hierarchisierungen vergeschlechtlichter Sinninhalte. Für Männer und Frauen gelten in vielen Bereichen unterschiedliche Normen und Regulierungen, die im Rahmen subjektiver Entscheidungsprozesse als Orientierung dienen. Dementsprechend ist sich die Forschung darin einig, dass es sich bei den Geschlechterkonstruktionen um Sinnstrukturen handelt, an denen sich Personen orientieren (z.B. Fegter 2012; Bührmann/Schneider 2008). Dabei geht insbesondere von Männlichkeitskonstruktionen eine normative Kraft aus, sofern diese als das fraglos Gegebene akzeptiert oder allgemein Menschliche vorausgesetzt werden (Meuser 2010).

Empirisch hat eine Vielzahl von Forschung gezeigt, dass auch der im Rückblick hergestellte Sinn (Schütz 1993) in biografischen Erzählungen erheblich durch die soziale Kategorie Geschlecht strukturiert ist (z.B. Fischer 2009; Scholz 2004; Dausien 2000, 2001). Dies zeigt sich zum einen darin, dass die soziale und kulturelle Rahmung, in welcher die von Oevermann zur Grundlage genommenen Entscheidungen getroffen werden, vergeschlechtlicht ist. Das führt dann auch dazu, dass die Entscheidungen und die sich daraus ergebenden Möglichkeiten geschlechtlich strukturiert sind. Dementsprechend zeigen sich in den Interviews mindestens drei Ebenen: die Ebene der individuellen Identifikation, der Identität, die Ebene der sozialstrukturellen Gegebenheiten sowie die Ebene der kulturellen Repräsentation. Da diese durchweg vergeschlechtlicht sind, wird dies auch in den biografischen Erzählungen zum Ausdruck gebracht (Winker/Degele 2010; Dausien 2000, 2001).

Dieser Zusammenhang wurde in seiner Bedeutung für die Sinnstiftung und Subjektkonstitution in der modernen individualisierten Gesellschaft beispielsweise von Fischer (2009) bei jungen Eltern untersucht. Anhand lebensgeschichtlicher Interviews weist Fischer auf, wie junge Mütter und Väter die drei Reproduktionsbereiche, die Familie, das Erwerbsleben und das Gemeinwohl – die zugleich die drei Bereiche für die Bewährung in Oevermanns Strukturmodell darstellen – in Übereinstimmung zu bringen versuchen. Dabei werden je nach Geschlecht verschiedene Kohärenzen und Inkohärenzen erlebt. So stellt die Vereinbarkeit von Familie und Beruf für Frauen eine größere Herausforderung dar als für Männer (was sich auch in unserer Studie erneut bestätigt). Während die teilnehmenden Frauen sich in ihrer beruflichen Laufbahn an der Normalbiografie orientieren, also eine durchgängige Erwerbstätigkeit in Vollzeit anstreben, wird kulturell die Erwartung an sie gestellt, als Mütter den hauptsächlichen Anteil der Erziehungs- und Sorgearbeit zu übernehmen. Zudem ist auch die außerfamiliale Kinderbetreuung noch nicht für alle ausreichend entwickelt. D.h., es werden widersprüchliche Erwartungen an Frauen gerichtet, die die Bewährung in den einzelnen Bereichen erschweren. Männer erleben hingegen Bestätigung als Väter – z. B. wenn sie sich dazu entscheiden, in der Familie die Hauptverantwortlichen zu sein – müssen sich aber gegebenenfalls dafür rechtfertigen, keine Karriere zu machen. Die Inkohärenz erzeugt für die individuellen Mütter und Väter eine Spannung zwischen Progressivität und Konservatismus in Bezug auf die Geschlechterkonstruktionen, von der auch hier in Bezug auf die Konstruktion von Lebenssinn wieder zu sprechen sein wird.

Sommer (2002) hat anhand lebensgeschichtlicher Interviews mit der objektiven Hermeneutik die Beziehung zwischen religiöser Vergesellschaftung und Individuierung untersucht. Dabei stieß auch sie auf eine Ambivalenz: Zum einen machten die Frauen aufgrund der Geschlechterstereotype und der damit verbundenen Abwertung des Weiblichen in der christlichen Theologie und den Gemeinden negative Erfahrungen mit Religion. Zum anderen aber verfügten sie über eigene, positive religiös-spirituelle Erfahrungen, durch welche sie an der Religion festhielten und versuchten, die negativen Erfahrungen abzuschütteln. In ähnlicher Weise untersuchte Söderblöm (2002) die Konflikte, die lesbische Frauen während ihres Coming-out-Prozesses durchlebten. Söderblöm zeigt, dass die Interviews einerseits davon geprägt waren, dass die Frauen der Norm eines heterosexuellen Lebensstils genügen mussten. Andererseits stellten sie selbst den Anspruch auf Ehrlichkeit und Authentizität an sich. Je nachdem, welche religiösen Vorstellungen sie selber hegten und wie ihr konkretes Umfeld reagierte oder sie Nischen finden konnten, erhöhten oder verminderten sich die Spannungen. Beide Aspekte finden auch in unserer Studie bezüglich der Fragestellungen von Ent-/Unterwerfung unter vorgegebene (religiöse) Sinn- und Geschlechterkonstruktionen erneut Berücksichtigung.

Engelbrecht und Rosowski (2007) führten für ihre Studie „Was Männern Sinn gibt …" narrative Interviews mit Männern. In ihrer Auswertung interpretieren sie das, was von den Männern als für sie sinnhaft dargestellt wurde, als männlichen Sinn. Diese Sinngebung stellten sie an unterschiedlichen Stellen implizit (und explizit) einer weiblichen Sinngebung gegenüber, die als weitgehend „anders", der männlichen Perspektive als diametral gegenüberstehend vorausgesetzt wurde. Sie kommen zu dem Schluss, dass sich das, was sie als „männliche Sinnbildung" bezeichnen, sowohl aus aktiven (erarbeiteten) als auch passiven (erfahrenen und erlebten) Inhalten ergibt und auf verschiedenen Ebenen stattfindet, der kosmologischen, anthropo-/soziologischen und der ethischen. Die Leitmotive für die Sinnbildung sind nach dieser Studie die des Kampfes, der Beziehung, des Lernens und des Abenteuers sowie der Kreativität. Dabei muss angemerkt werden, dass die Arbeit nicht geschlechtertheoretisch ausgearbeitet ist, weshalb die Frage von Geschlechterkonstruktionen als Orientierung für eine männliche Identitäts- und Sinnbildung nicht eindeutig beantwortet wird.

Dies unternimmt ansatzweise die Ethnologin Thurnwald in ihrer Studie über „Fromme Männer" (2010), die sie in vier Gruppen einteilt: entschiedene Christen, Traditionelle, Suchende und Genderbewusste. Die Männer orientierten sich an christlichen Werten wie der praktizierten Nächstenliebe, waren allerdings „wenig geneigt, über ihr Mannsein nachzudenken" (327). Dementsprechend lebten sie mit ihren Partnerinnen ein Modell traditionell-bürgerlicher Rollenverteilung. Im Gegensatz zu den überwiegend kirchenfernen Männern in Engelbrecht und Rosowskis (2007) Studie neigten sie weniger zum Theoretisieren, sondern blieben in den Interviews nah an den Geschehnissen. Zudem brachte das ehrenamtliche kirchliche Engagement für sie keinen Konflikt mit den Vorstellungen „hegemonialer Männlichkeit" (Connell 2000) mit sich, da sie dabei ihr Bedürfnis nach Erfolg mit ihrem Bedürfnis nach Geborgenheit und Gemeinschaft verbinden konnten, ohne ‚unmännlich' zu wirken. Thurnwalds (2010) Arbeit zielt daher insgesamt auf eine Kritik der in der Einleitung zum Buch und hier eingangs erwähnten These, die Religion sei feminisiert. Denn diese These lässt die Untersuchung von Geschlechterkonstruktionen der Frömmigkeit in den Hintergrund rücken und legt stattdessen unpassende Vergleiche zwischen religiösen Frauen mit nicht-religiösen Männern nahe. Diesem Problem begegnen wir hier, indem wir Interviews mit Männern und Frauen analysieren, die entweder evangelisch sind und/oder sich in evangelischen Gemeinden engagieren.

2.1.5   Vom Sinn zur Genealogie des Lebenssinns

Psychologische, philosophische und theologische Bedeutungen des Sinns

Ausgehend von den drei sogenannten letzten Fragen stellt sich die Frage nach dem Sinn des Lebens einerseits – wie dargelegt – im Rahmen des Sozialen, der Bewährung und der gesellschaftlichen Integration. Darin inbegriffen sind auch die aus einer philosophischen, theologischen und psychologischen Perspektive vorgenommenen Deutungen. Denn auch diese werden mittels der Sprache sozial vermittelt. Andererseits berühren diese Deutungen aber Dimensionen, die für die Teilnehmenden über das Soziale hinausweisen und die im Rahmen einer Untersuchung zu der Frage nach dem Lebenssinn Berücksichtigung finden müssen.

Wie bereits bei Oevermann (1996) erwähnt, nimmt die Notwendigkeit der Sinnfindung bei säkularen Menschen keineswegs ab, sondern eher zu. Da in der individualisierten säkularisierten Gesellschaft zudem die Anforderung besteht, dass individuelle Entscheidungen begründbar sind, erhöht sich diese Notwendigkeit auch für religiöse Menschen. Denn die religiöse Zugehörigkeit ist in einer Gesellschaft, in der Religionsfreiheit herrscht, von der Notwendigkeit der Begründbarkeit nicht ausgenommen. Die Dynamik der Sinnfrage spitzt sich daher allgemein zu.

Der Philosoph Grondin (2006) entwickelt in seiner „Philosophie des Lebenssinns" eine ähnliche Vielschichtigkeit von „Sinn", wie sie hier bisher benannt wurde, und systematisiert sie in vier Aspekten, die auch für die Ordnung psychologischer und theologischer Bedeutungen dienlich sind. Der erste Aspekt ist der Richtungssinn. Darunter versteht Grondin den Sinn des Lebens, der sich von Geburt bis hin zum Tod entwickelt. Das Leben steuert von seiner Entstehung an auf den Tod zu, weshalb sich die sogenannten letzten Fragen stellen. Hier kann einerseits an Oevermanns Strukturmodell angeschlossen werden. Andererseits können diese letzten

Fragen auch über die Notwendigkeit der sequenziellen Bewährung im Sozialen hinausgehen, wenn es um Fragen der Beschaffenheit des Seins jenseits konkreter Lebensumstände geht. Diese Beschäftigung kann dann aber wiederum zur Ressource eines Engagements für gesellschaftliche Veränderungen werden und so können sie auch wieder für auf die Zukunft gerichtete Bewährung relevant werden, sie müssen es aber nicht.

Der zweite Aspekt ist der Bedeutungssinn. Dieser bezieht sich auf das Phänomen, dass wir für unsere Geburt nicht verantwortlich sind und uns unser Lebenssinn daher zunächst nicht verfügbar und fremd zu sein scheint. Die Zufälligkeit von Geburt und (meistens auch Tod) ruft die Frage nach dem Lebenssinn hervor. Hier stellt das Leben selbst ein Rätsel dar, bzw. sind hier individuelle Mythen und Rituale einzuordnen, die der Erklärung des Lebens an sich dienen (Schnell 2009).

Als dritten Aspekt nennt er einen Sinn für das Leben. Dies ist die Fähigkeit, das Leben zu genießen und sich Zeit dafür zu nehmen. An dieser Stelle fallen die Wahrnehmungsfähigkeit und der Gegenstand der Frage nach dem Sinn in eins, da die Sinnhaftigkeit im Genuss des Lebens unmittelbar erlebt wird. Dieser Aspekt berührt zwei Sinndimensionen aus der Studie von Engelbrecht und Rosowski (2007), die als Grundlage für eine Theologie für Männer durchgeführt wurde: den erlebten und den widerfahrenen Sinn. „Erlebter" Sinn bedeutet, dass ein Ereignis an sich als sinnhaft erfahren wird. Zusätzlich dazu kann es auch nützlich sein und sich in dieser Form bewähren. Doch kann das Empfinden von diesen beiden Aspekten unberührt bleiben. Als „widerfahrenen" Sinn bezeichnen Engelbrecht und Rosowski die Beschreibungen von Glückserlebnissen. Dabei kann es um Sinninhalte wie z. B. Erfahrungen von Transzendenz bzw. Selbsttranszendenz (Schnell 2016; Luckmann 1991) gehen – beispielsweise in „Flow-Erlebnissen" (Csikzentmihalyi 2010), die Erfüllung im Spiel oder in Offenbarungserlebnissen, also in Sinnerfahrungen, die losgelöst von Nützlichkeit empfunden werden.

Der letzte von ihm benannte Aspekt ist die reflektierte Einschätzung des eigenen Lebens, die sich auf die Fähigkeit bezieht, die Sinnhaftigkeit des eigenen Lebens evaluieren zu können. Dieser Punkt knüpft erneut an Oevermanns Strukturmodell und die Betonung der Bewährung des Sinns im Sozialen an, geht aber auch darüber hinaus, wenn der Aspekt des widerfahrenen Sinns im Sinne des Flow-Erlebnisses mit einbezogen wird, der plötzlich erlebt wird und nicht auf Bewährungsmythen beruht, sondern einen augenblicklichen Genuss darstellt. Zudem deutet gerade dieser Punkt darauf hin, dass das Leben in der lebensgeschichtlichen Erzählung – wie bei Schütz (1993) – erst in der Reflexion als sinnhaft (re-)konstruiert wird. In dem Moment der Entscheidungsfindung selber oder auch der ersten Zeit danach, kann die Handlung oder das Erlebnis für eine Person noch sinnlos erscheinen.

Für Grondin ist ein als sinnvoll wahrgenommenes Leben eines, das „von Bedeutung durchdrungen" ist (2006, 42). Es ist ein Leben, das trotz seiner Bedeutsamkeit für ihn bereits prädiskursiv besteht und erst zur Sprache gebracht werden muss. Grondin sieht also einen Sinn, der außerhalb der Sprache liegt. Im Ringen um den richtigen Ausdruck – beispielsweise zur Beschreibung eines Flow-Erlebnisses oder einer anderen Erfahrung von Selbsttranszendenz – werden teilweise neue Worte erfunden, wodurch die Sprache beständig in Entwicklung bleibt. Ganz im Sinne Luckmanns gilt:

> „Worauf die Erfahrungen in diesem Zustand hinweisen, könnte subjektiv erahnt werden. Sofern aber nur ein Mindestangebot an glaubwürdigen sozial vorkonstruierten Deutungsmöglichkeiten zur Verfügung steht, können solche Erfahrungen nicht nur einen flüchtigen, sondern einen bleibenden Anspruch an Wirklichkeit erheben, also einen Wirklichkeitsanspruch, der auch nach der ‚Rückkehr' in den Alltag seinen Vorrang beibehält." (Luckmann 1991, 169 f.)

Im Rahmen einer qualitativ-empirischen Studie ist es nicht möglich, diese Erfahrungen zu diskutieren, da hier nur der sprachlich vermittelte Ausdruck im Interview interpretiert werden kann. Hier geht es also darum, woran die Teilnehmenden in ihren Erzählungen anknüpfen; also um das, was bereits zur Sprache gebracht wurde und damit um Diskurse. Es geht um das, was bereits sozial vermittelt und daher mit sozialem Sinn und damit auch Fragen nach sozialen Beziehungen und Hierarchisierungen ausgestattet wurde, weshalb hier nicht von prädiskursiven Deutungen ausgegangen werden kann. Allerdings sollte die Möglichkeit berücksichtigt werden, dass Teilnehmende etwas zum ersten Mal ausdrücken und für einen „widerfahrenen" Sinninhalt nach ganz neuen oder erweiterten Möglichkeiten des Ausdrucks suchen. Die Suche nach einem neuen Ausdruck deutet auch für Grondin auf die Historizität von Sinn.[6]

Die Teilnehmenden unserer Studie haben – so viel sei vorweggenommen – alle vier Ebenen des Sinns in ihre Erzählungen integriert und eine weitere hinzugefügt: Sie geben ihrem Leben selbst einen Sinn und machen es damit sinnvoll für andere, die Gesellschaft, die Welt oder Gott. Im Sinne der Lebenssinn-Psychologie Schnells (2016) sind diese Lebensinhalte die „stärksten Sinnstifter" (2016, 58). Sie weisen sowohl „vertikale" als auch „horizontale" Selbsttranszendenz auf. Selbsttranszendenz ist gleichbedeutend mit dem „Überwinden von Egozentrizität, Egoismus und Selbstbezogenheit …, bei einer gleichzeitigen Öffnung über das Selbst hinaus" (Schnell 2016, 58). Dabei

> „werden die Bedürfnisse des Individuums weitgehend zurückgestellt, zugunsten eines Diensts an anderen und einer übergeordneten Sache, die als außerhalb des persönlichen Selbst liegend wahrgenommen wird" (Schnell 2016, 58).

---

6   Insgesamt gesehen können alle Aspekte des Sinns mit Transzendenzerfahrungen in Beziehung gesetzt werden, die von Luckmann (1991) als kleine, mittlere und große Transzendenzerfahrungen beschrieben wurden. Während die kleine die alltägliche gedankliche Überwindung von Zeit und Raum bezeichnet (beispielsweise in der Erinnerung daran, wo wir etwas abgelegt haben), beschreibt die mittlere Transzendenz die Erfahrung des Gegenübers, als könne man sein Inneres erkennen und die große das, was die Überschreitung des alltäglichen Bewusstseins beinhaltet. Gerade die letzten beiden beinhalten sinnhafte Erfahrungen.

Vertikale Selbsttranszendenz bezeichnet unter anderem die Beziehung zu Gott, die horizontale Transparenz das soziale Engagement, die beide in Schnells empirischen Studie mit einem „Anstieg des Gefühls der Sinnerfüllung" (2016, 58) einhergingen. Sie stehen damit noch vor den Sinninhalten der Selbstverwirklichung, dem Erleben von Ordnung und einem Wir- und Wohlgefühl.

Die Teilnehmenden führen damit zugleich eine spezifisch christliche Sinn-Dimension ein, die sich bereits in Webers (1947) Ausführungen über die protestantische Ethik finden lässt. Als Ausgangspunkte für seine kritische Analyse und den Begriff der „innerweltlichen Askese" dient Weber zunächst Luthers Berufsethik, die Christen dazu auffordert, die ihnen gestellten Aufgaben so gut als möglich auszuführen (Weber 1947). Im Zuge seiner Analyse geht er dann auf die Entwicklung des Calvinismus und die Beziehungen zwischen Protestantismus und Kapitalismus ein.

> „Arbeit wurde zum Beruf, der seinen Sinn als ethische Verpflichtung in sich trägt, diesen also nicht mehr aus externen Zwecken bezieht. Es handelt sich hierbei um eine ethisch ausgerichtete Maxime der Lebensführung, um eine ‚der Eigenart des Kapitalismus angepasste Art der [rationalen] Lebensführung und Berufsauffassung'" (Röhrich 2013).

Diese wurde von Weber (1947) als „innerweltliche Askese" bezeichnet, die sich insbesondere in einem protestantisch geprägten Arbeitsethos ausdrückt.

Diese Auffassung, die im Kern christliche und säkulare Zielsetzungen miteinander verbindet, hat sich bis heute erhalten und weiterentwickelt, wozu im 20. Jahrhundert laut Ueberschär (2013) vor allem die von der Friedensbewegung geprägten Kirchentage der 1980er Jahre beitrugen. Sie sieht, dass durch diese „eine neue Form von Glauben und politischem Engagement eingeführt" wurde, „das uns heute für kirchliches Engagement normal erscheint. Wer fromm ist, muss politisch sein." (Ueberschär 2013, 399) Dabei geht es ihrer Ansicht nach um ein „Engagement für Gerechtigkeit", eine „engagierte Gestaltung der Lebenswirklichkeit" und darum, als Christ „Verantwortung zu übernehmen für eine lebenswerte Gesellschaft und ihre Institutionen" (Ueberschär 2013, 401). Ähnlich äußert sich auch Gutmann (2011), der sich allerdings auf Veränderungen in den 2000er Jahren bezieht. So schreibt er über das Christsein im 21. Jahrhundert:

> „Sich einsetzen. Sich in überschaubaren Projekten deutlich engagieren und so angreifbar machen. Eigene Lebensenergie einsetzen für andere, die dies brauchen. Sich in Verantwortung rufen lassen durch das offene Angesicht des Mitmenschen, der um seine Lebensmöglichkeiten gebracht wird" (Gutmann 2011, Klappentext).

Zur Genealogie des „Lebenssinns"

Die Überlegungen zur Verschiebung der „innerweltlichen Askese" von Luther bis ins 21. Jahrhundert weisen ebenso auf die Historizität des Lebenssinns hin wie die diskutierten Versuche, neue Sinnerlebnisse zu artikulieren. Es lässt sich vermuten, dass es keine Epoche gab, in der sich die Menschheit nicht nach dem Sinn oder

Zweck ihres Daseins gefragt hat (Gerhardt 2014). Doch haben sich die Parameter verändert. So ist die Frage nach dem Sinn in Kombination mit dem *Leben* erst in einem bestimmten historischen Moment entstanden, nämlich im 18. Jahrhundert (Gerhardt 2014, 116). Das zusammengesetzte Wort „Lebenssinn" ist eine noch jüngere Erscheinung. Laut Grondin, der sich auf Gerhardt (1992) bezieht, wird die Kombination von „Leben" und „Sinn" zum ersten Mal 1875 von Nietzsche gebraucht. Der „Sinn des Lebens" oder der „Lebenssinn" ist also ein Begriff des 19. Jahrhunderts, einer Zeit, in der Materialismus und Naturalismus, die mit dem Säkularismus und Humanismus verbunden waren, zunehmend an Bedeutung gewannen.

Die Frage nach dem Lebenssinn stellte sich also, als das Paradigma der Religion langsam gegen das der Naturwissenschaft ausgetauscht wurde. In der Moderne haben die Gesetze der Natur nach und nach den Platz der göttlichen Gebote eingenommen, wodurch die Frage nach dem Sinn alles Lebendigen, des Lebens der Menschen allgemein und des einzelnen Menschen auf eine neue Weise hervorgebracht wurde. Sie stellt sich daher nicht nur einzelnen säkularen Menschen, sondern stellt eine notwendig zu beantwortende Frage für den Humanismus und den Säkularismus dar, die angesichts der Individualisierung und der Auflösung traditioneller Bindungen umso dringlicher wird. D. h., auch wenn die Frage nach der Sinnhaftigkeit des menschlichen Lebens und Handelns als anthropologische Konstante gelten könnte, so kann von einer spezifisch modernen Notwendigkeit der Frage nach dem Sinn des Lebens gesprochen werden. Wenn zusätzlich dem eigenen Leben aktiv ein Sinn gegeben wird oder gegeben werden muss, dann spricht dies außerdem für ein hohes Maß an Individualisierung. Zudem bedeutet die Notwendigkeit der Plausibilität, dass diese Frage außerhalb von Konflikten und Machtkämpfen um das jeweils richtige Wissen – und damit ohne seinen historischen Kontext – nicht beantwortbar ist.

2.1.6 Zur Genealogie des Geschlechtersinns

Wie bereits dargelegt, sind die verschiedenen Formen des Sinns nicht unabhängig von der sozialen Kategorie „Geschlecht" zu verstehen. Die Vergeschlechtlichung von Sinn beruht auf einer historischen Entwicklung, die parallel zur Geschichte der Säkularisierung und Naturalisierung des Lebenssinns stattgefunden hat. So wurde zwar bereits in der antiken Naturphilosophie diskutiert, ob es einen natürlichen Unterschied zwischen Männern und Frauen gäbe (Voß 2010): Laut der Galenischen Säftelehre galten die Frauen als das feuchtere und kältere Geschlecht, während die Männer wärmer und trockener seien. Doch, obwohl das männliche Geschlecht als das Überlegenere konzipiert und Geschlechterunterschiede durchaus thematisiert wurden, waren noch nicht jene Geschlechterdifferenzen etabliert, die seit dem 18. Jahrhundert eine zunehmende Bedeutung gewinnen sollten (Voß 2010). Der Frühneuzeithistoriker Laqueur (1992) untersuchte Dokumente, die nahelegen, dass bis ins 18. Jahrhundert hinein ein Ein-Geschlechter-Modell dominierte, in welchem das Weibliche nicht als etwas eigenes, sondern als eine minder entwickelte Form des Männlichen konzipiert wurde.

Erst im 18. Jahrhundert entwickelte sich das, was Honegger (1992) als Sonderanthropologie des Weiblichen untersuchte. In dieser Sonderanthropologie wurden Frauen als das sanftmütigere, emotionalere und schwächere Geschlecht sowie Männer als das aggressivere, rationalere und stärkere Geschlecht beschrieben. In dieser Zeit wurden Männern zwar durchaus auch negative Eigenschaften bescheinigt (Kucklick 2008), zugleich aber mehr Rechte als Frauen eingeräumt. So war den (bürgerlichen) Männern das Wahlrecht nach seiner Einführung ebenso vorbehalten wie die höhere Bildung.

Insbesondere das 19. Jahrhundert war davon geprägt, die vermeintlich natürlichen Geschlechterunterschiede wissenschaftlich zu fundieren. Im Zuge dieser unermüdlichen Forschung wurde explosionsartig „Wissen" über die „Natur" von Männern und Frauen etabliert, das sich in der Konstruktion komplementärer Geschlechtscharaktere ausdrückte, bei der den Männern die beherrschende Position zugeteilt wurde, während Frauen sich ihnen unterordnen mussten (Hausen 1976). Der Mann galt „als geschlechtsloser Repräsentant des ‚Allgemein Menschlichen'" (Bührmann 1998, 91), während die Frau „von Natur aus als schwach, sensibel, emotional und als völlig durchdrungen vom Geschlechtlichen" (Bührmann 1998, 91) gesehen wurde. Während der Mann zum Individuum normalisiert wurde (Bührmann 1998), galt die Frau als „potentiell hysterische[s] Gattungswesen" (Bührmann 1998, 90) und wurde für die Geburt, Pflege und Aufzucht des Nachwuchses verantwortlich. Mutterschaft und die mit ihr verbundene „Affenliebe" zum Kind wurden zur Natur der Frauen erklärt (Braun 1999). Durch die Durchsetzung der Drucktechnik und der Alphabetisierung konnte dieses „Wissen" über die Geschlechter verbreitet werden, sodass es auch subjektiviert werden konnte.

Damit verbunden setzte sich die bürgerliche Arbeitsteilung durch, welche Frauen dem Bereich der Reproduktion und Männer der Erwerbsarbeit zuordnete (Hausen 1976). Diese Arbeitsteilung führte zu einer Entdifferenzierung weiblichen Lebens, indem quasi alle Frauen zu Hausfrauen gemacht wurden. Vinken (2007) weist zudem darauf hin, wie sehr reformatorische Ideale in das Bild der „deutschen Mutter" einflossen. Obwohl (oder gerade weil) von Katharina von Bora kaum Dokumente erhalten sind, wurde sie im 19. Jahrhundert zu einer Projektionsfigur,[7] die wohl auch evangelischen Frauen als Vorbild dienen sollte, während evangelische Männer sich darum bemühten, ihre Frömmigkeit mit den Ansprüchen an eine rationale, moderne Männlichkeit zu vereinen (Wernered 2011). Die hier skizzierten Geschlechterkonstruktionen beschränkten sich also nicht auf den säkularen Raum, sondern wurden ebenfalls von christlichen Idealen von Männlichkeit und Weiblichkeit beeinflusst.

Das „Wissen" über die Zweigeschlechtlichkeit, über Männer und Frauen war durchweg als heterosexuell konzipiert, während Homosexualität als abweichende Sexualität etabliert wurde (Foucault 1997). Dieses Wissen über Geschlecht und Sexualität ging mit gesellschaftlichen Veränderungen, mit Regulierungen und Gesetz-

---

7   Diesen Hinweis verdanke ich der Historikerin Gabriele Jancke.

gebungen einher. Diese Regulierungen, Symbole und Identifizierungen trugen und tragen dazu bei, dass sich männliche und weibliche Subjekte mit teilweise komplementären Sinnorientierungen entwickelten. Bührmann (1998; Bührmann/Schneider 2008) spricht daher von einem Geschlechterdispositiv, welches sie im Anschluss an Foucaults (1997) Sexualitätsdispositiv entwickelte (Bührmann 2004). Dispositive beruhen auf der Prämisse, dass Macht in der Moderne nicht ausschließlich repressiv (als *potestas*), sondern vor allem produktiv (als *potentia*) operiert. D.h., auf der Grundlage von ‚Wissen‘ wird etabliert, was als ‚normal‘ und ‚unnormal‘ bzw. als ‚vernünftig‘ und ‚unvernünftig‘ zu gelten habe. Dies führt wiederum dazu, dass entsprechende gesetzliche Regularien eingeführt werden und als Folge Individuen sich damit identifizieren und den im gesamten produzierten Wissen enthaltenen Kategorien zuordnen – gehören diese nun zum ‚Normalen‘ oder ‚Unnormalen‘. Foucault (1997) beschreibt damit den Prozess, wie ein machtvolles Netz von Wissen entwickelt wird, das gemeinsam mit Regularien und gesellschaftlichen Normen zu entsprechenden Subjektivierungs- und damit auch Verkörperungsweisen führt. D.h., das Wissen in seiner immer auch widersprüchlichen Bedeutung dient den Individuen zur Orientierung und damit auch zur Sinnfindung.

Wandel der Geschlechterkonstruktionen

Subjektivierungsprozesse bestehen daher immer aus mindestens zwei Dimensionen. Denn das Subjekt kann den (vergeschlechtlichten und anderen) Normen entweder folgen wollen oder sich dagegen zur Wehr setzen (Bührmann/Schneider 2008). Doch auch, wenn ihnen gefolgt wird, sind sie nie gänzlich vorhersehbar:

> „Das Subjekt wird von den Regeln, durch die es erzeugt wird, nicht determiniert, weil die Bezeichnung kein fundierender Akt, sondern eher ein regulierter Wiederholungsprozeß ist, der sich gerade durch die Produktion substantialisierter Effekte verschleiert und zugleich seine Regeln aufzwingt" (Butler 1991, 213).

Regulierte Wiederholungsprozesse unterliegen der Interpretation des Subjekts. D.h. auch, wenn Geschlechter als „substantialisierte Effekte" in Erscheinung treten, unterliegen diese durch die Interpretationsleistungen immer auch Verschiebungen – selbst dann, wenn die regulierenden Strukturen Kontinuitäten aufweisen. Gesellschaftlicher Wandel ist daher implizit. Zudem gibt es in der Regel nicht nur ein Orientierungsangebot, sondern plurale Angebote. Prozesse, bei denen sich Subjekte bewusst zur Wehr setzen, bezeichnet Foucault (1992) als „Entunterwerfung". Diese stehen der vorangehenden Unterwerfung unter die hegemonialen Diskurse entgegen bzw. im Zuge der Entunterwerfung wird sich von unterwerfenden Strukturen befreit.

Dementsprechend gab es ebenso bezüglich der Geschlechterordnung wie der Hierarchisierung sexueller Lebensstile von Beginn der Moderne an Gegendiskurse zu den skizzierten Geschlechterkonstruktionen. Frauen haben sowohl für ihr Recht auf Bildung, die über die für den Haushalt notwendigen Kenntnisse hinausgeht, als auch für ihr Recht auf eine Berufstätigkeit und ihr Wahlrecht gekämpft (Gerhardt 2012). Es gab daher beispielsweise auch immer Frauen, die sich die zunächst nur für Männer konzipierte autonome Subjektivität zumindest teilweise aneignen, sich mit ihr identifizieren und sie transformieren konnten. Dadurch haben sich sowohl die Diskurse als auch die gesetzlichen Grundlagen, Regulierungen und Praktiken verändert. Dies trifft ebenso für die Rechte von Frauen als auch die Rechte sexueller Minderheiten zu. Dementsprechend wurden die Geschlechterkonstruktionen und ihre Basis der Zweigeschlechtlichkeit zunehmend in Frage gestellt und somit auch die Subjektivierungsweisen flexibilisiert – und zwar nicht nur als Männer und Frauen, sondern auch in Form der Ablehnung eindeutiger geschlechtlicher Identitäten. Zugleich weisen bestimmte Zuordnungen an Frauen, wie beispielsweise die Haus-, Pflege- und sonstige Sorgearbeit, und solche an Männer, wie die hauptsächliche Erwerbstätigkeit, nach wie vor starke Kontinuitäten auf.[8]

Inwieweit sich die Geschlechterordnung pluralisiert hat, ist Gegenstand der Diskussion (z. B. Tolasch 2016; Meuser 2010). So beinhalten die Ergebnisse einiger Studien, dass die „doppelte Vergesellschaftung" (Becker-Schmidt 1987), die zunächst für Arbeiterfrauen bedeutete, dass sie sowohl bezüglich der Erwerbs- als auch der Familienarbeit vergesellschaftet wurden, heute für alle Frauen zur Norm geworden ist (Thiessen/Villa 2008) und sich auch Väter doppelt vergesellschaften (König 2012). Andererseits wird ebenso die „rhetorische Modernisierung" (Wetterer 2003) wie die Illusion der Emanzipation (Koppetsch/Burkart 1999) bei heterosexuellen Paaren beobachtet. Zwischen diesen beiden Tendenzen weisen Studienergebnisse auf, dass die „egalitären Ideen im Haushaltsbereich" (Kaufmann 2005, 177) zwar nicht immer praktiziert, aber immer thematisiert werden. D. h., die Verteilung produktiver und reproduktiver Arbeit hat zumindest im Denken seine Selbstverständlichkeit verloren und ist zu einem Thema der Aushandlung avanciert (Fischer 2009). Zugleich wird eine Pluralisierung von Geschlechterkonstruktionen und seit den 1960er Jahren ein wachsendes Infragestellen hegemonialer Männlichkeit beobachtet (Meuser 2010),[9] das sich ebenso aus der Frauen- und Schwulenbewegung wie auch den veränderten Verhältnissen der Arbeitsgesellschaft speist und die Suche nach neuen Orientierungen für die Geschlechterordnung bewirkt. So findet beispielsweise Meuser (2010) verschiedene Formen von Männlichkeitsdiskursen: solche, in denen Männer und die komplementären Geschlechterkonstruktionen als fraglos gegeben angenommen

---

8   Vgl. Erster Gleichstellungsbericht des Bundesministeriums für Familie, Senioren, Frauen und Jugend (2011).

9   Das Konzept „hegemonialer Männlichkeit" stammt von Rawyn (Robert) Connell (2000). Es beinhaltet die Erkenntnis, dass Männlichkeit auf der Basis einer Abgrenzung alles Weiblichen hergestellt wird. Dementsprechend wird unter Männern hierarchisiert, etwa, indem schwule Männer mit Weiblichkeit assoziiert werden. In seiner Weiterentwicklung wird nicht mehr von einer hegemonialen Männlichkeit ausgegangen, sondern von mehreren nebeneinander bestehenden Ausdrucksformen. Beispielsweise können Männer der Hooliganszene sich in dieser Form organisieren, selbst aber eine marginalisierte Männlichkeit darstellen (vgl. Fegter 2012; Scholz 2012; 2004).

werden; andere, in denen Männer als defizitär wahrgenommen werden; und solche, in denen Männlichkeit reflektiert und nach authentischer Männlichkeit gesucht wird. Modernisierung stellt er ähnlich wie Koppetsch und Speck (2015) im Angestellten- oder familistischen Milieu fest. Diese beruht aber nicht auf einer gewollt progressiven Einstellung bezüglich der Geschlechter, sondern ist eine Reaktion auf modernisierte gesellschaftliche Entwicklung, die den Männern und den heterosexuellen Paaren (zumal mit Aufstiegsorientierung) eine größere Flexibilisierung abverlangt. Bezüglich der Geschlechterkonstruktionen und der Zuschreibungen von außen beobachtete Tolasch bei ihrer Studie staatsanwaltschaftlicher Kindstötungsakten entsprechend eine „flexibilisierte Restabilisierung der Geschlechterordnung" (2016, 234), da von Müttern nach wie vor ein größerer Einsatz erwartet wird als von Vätern.

2.1.7 Das Zusammenwirken von Geschlecht und (religiösem) Lebenssinn: Zum Aufbau der qualitativ-empirischen Studie

Rückgebunden an die drei Ebenen sozialen Sinns dienen sowohl das vergeschlechtlichte Wissen als auch die damit verbundenen objektiven Sinnstrukturen den Subjekten als Sinnorientierungen für die eigene Entwicklung und die Inkorporierung von Sinn. Übertragen auf Oevermanns Strukturmodell beeinflussen sie daher sowohl die Entscheidungen als auch Begründungen. Denn das, was der Entscheidung als Sinnorientierung dient, wird vom Subjekt in einer historischen Situation vorgefunden, die von einer jeweils spezifischen Pluralität von Diskursen und institutionalisierten Praktiken durchwoben ist. Ausgehend von der erwähnten Prämisse der Produktivität von Machtverhältnissen kann in Bezug auf die Sinnorientierung ein Werdeprozess beschrieben werden, der die Veränderung des Subjekts und die Subjektivierung objektiver Sinninhalte mit einbezieht. Das Zusammenspiel beider Dimensionen bei der Konstruktion von Lebenssinn in den lebensgeschichtlichen Erzählungen zu untersuchen, ist ein wesentlicher Bestandteil unserer Studie.

In den hier untersuchten Interviews wurden die Teilnehmenden dazu aufgefordert, die Genese dessen zu erzählen, was für sie den Sinn ihres Lebens ausmacht. Indem explizit nach dem Lebenssinn gefragt wurde, hebt sich dieser Sinn von den Überlegungen zum sozialen Sinn insofern ab, als dass die Teilnehmenden ihrem Leben selbst Sinn geben, was ihr eigenes und das Leben der anderen bereichert, ihm einen Mehrwert verleiht und somit zur Verbesserung der Welt beizutragen intendiert ist.

Bei der Frage nach dem (religiösen) Lebenssinn geht es zusätzlich um die Frage, inwiefern die Teilnehmenden in ihren lebensgeschichtlichen Erzählungen diesen Geschlechterkonstruktionen folgen und inwiefern sie sich davon lösen, Alternativen entwerfen bzw. alternativen Entwürfen folgen. Zudem stellt sich die Frage, inwiefern der Lebenssinn selbst als eine vergeschlechtlichte Kategorie verstanden werden kann. Wie also verbinden sich Religion, Lebenssinn und Geschlechterkonstruktionen? Inwiefern zeigen sich hier eventuell Umgangsformen, die progressiv auf Gleichberechtigung zielen und inwiefern halten die Teilnehmenden an etablierten

Glaubensinhalten und auf Geschlechterungleichheit zielenden Umgangsformen fest? In welchem Verhältnis stehen ihre religiösen Praxen daher zu weniger determinierten Geschlechterkonstruktionen? Ausgehend von der Prämisse, dass insbesondere das westliche Denken von Dualismen geprägt ist, soll untersucht werden, inwiefern sich spezifische Gegensatzpaare durch die gesamte lebensgeschichtliche Erzählung ziehen können. Darüber hinaus soll es darum gehen, welcher Ordnung der Sinndiskurs folgt. Wie stehen die sprechenden (vergeschlechtlichten) Subjekte zu den Diskursinhalten und Ausschlüssen in Beziehung? Wie tragen sie zur Reproduktion bestimmter Inhalte bei? Die Ergebnisse dieser Analyse werden jeweils an die Frage nach ihrer vergeschlechtlichten Strukturiertheit zurückgebunden.

Im nächsten Kapitel 2.2 werden wir die methodischen Grundlagen skizzieren. Dabei erläutern wir sowohl das Auswahlverfahren als auch unser Erhebungsinstrument und die analytischen Herangehensweisen.

2.2 Praxeologie und Diskursanalyse: Zu den methodischen Überlegungen der qualitativ-empirischen Lebenssinnstudie

2.2.1 Die Diskursgruppe: Evangelische und in evangelischen Gemeinden Engagierte

Das Sampling

Für den qualitativ-empirischen Teil des Projekts wurden in dem Zeitraum von Mai 2012 bis Dezember 2014 bundesweit insgesamt 16 unstrukturierte lebensgeschichtliche Interviews von eineinhalb bis zwei Stunden geführt, von denen zwölf für die Auswertung ausgewählt wurden. Die Untersuchungsgruppe bestand aus sechs Männern und sechs Frauen.[10] Der Auswahl liegen Grundsätze des *theoretical sampling* (Strauss 1991) zugrunde, bei welchem üblicherweise die aus der Analyse eines ersten Falls gewonnenen Ergebnisse leitend für die Auswahl der nächsten Fälle sind. Es werden nach dem Prinzip der minimalen und maximalen Kontrastierung ähnliche und sehr unterschiedliche Fälle gesucht, um das Forschungsfeld möglichst breit zu erfassen. So waren beispielsweise die ersten beiden Teilnehmenden in der DDR sozialisiert und bereits vor der Wende kirchlich engagiert. Diese Interviews konnten zum einen mit einem ebenfalls in der DDR sozialisierten Teilnehmer kontrastiert werden, der sich erst kurz vor dem Interview hatte taufen lassen. Zum anderen ergaben sich Kontraste zu kirchlich engagierten Teilnehmenden aus der alten Bundesrepublik. Diese Unterschiede und Übereinstimmungen bezogen sich zudem auf weitere Dimensionen wie Elternschaft und Berufstätigkeit.

Eine „theoretische Sättigung" (Strauss 1991, 21) ist dann erreicht, wenn neu hinzukommende Fälle keine neuen Erkenntnisse mehr bringen. Da dieses Verfahren in

---

10 Bei der geschlechtlichen Zuordnung handelt es sich in allen Fällen um Selbstidentifikationen.

seinem synchronen Ablauf von Datenerhebung und -analyse sehr zeitaufwändig ist, haben wir uns für eine Kombination mit dem *selective sampling* entschieden. Dabei wurden die Interviewpartner/innen nach den Merkmalen der Mitgliedschaft und/ oder dem Engagement in der evangelischen Kirche/evangelischen Gemeinden, dem Geschlecht, Alter und der Region ausgewählt. Ziel war es auch hier, das Untersuchungsfeld in seinen Ausprägungen möglichst breit abzubilden.

Um dies zu gewährleisten, wurden die Teilnehmenden auf dreierlei Weise gesucht: durch gezielte Anfrage bei Multiplikator/innen, durch zwei öffentliche Aufrufe über kirchliche Mailinglisten sowie einen Aushang an einer Hochschule, der jedoch unbeantwortet blieb. Warum er unbeantwortet blieb, lässt sich nicht abschließend ermitteln. Es lässt sich nur vermuten, dass die Frage nach dem Lebenssinn erst virulent wird, wenn sich Menschen der zweiten Lebenshälfte annähern oder diese bereits überschritten haben. In dieser Lebensphase setzen i. d. R. Reflexionen über den bisherigen Lebensweg ein und darüber, wie der kleiner werdende „Rest" des Lebens gestaltet werden kann. Hinzu kommt, dass beide, die horizontale und die vertikale Selbsttranszendenz mit dem Alter wahrscheinlicher werden.[11]

Das bedeutet nicht, dass sich jüngere Menschen die Frage nach dem Lebenssinn nicht stellten. Es bedeutet aber, dass das Bedürfnis, über das bisherige Leben nachzudenken, dann zunimmt, wenn die Endlichkeit des eigenen Lebens bewusster wahrgenommen wird und die als besonders sinnerfüllend empfundene Selbsttransparenz an Bedeutung gewinnt. Doch ist dies nur eine Vermutung. Ungeachtet dessen hat der Umstand, dass sich die Teilnehmenden selbst gewählt haben, dazu geführt, dass das Sample auf Teilnehmende ab einem Alter von 39 Jahren begrenzt ist, wobei die älteste Teilnehmerin zur Zeit des Interviews 74 Jahre alt war.

Die (Post-)Konfessionalität der Teilnehmenden

Die Teilnehmenden der qualitativen Studie unterscheiden sich insofern von den für die quantitative Studie Befragten, als dass sie entweder evangelisch sozialisiert sind und/oder Angebote evangelischer Gemeinden wahrnehmen bzw. sich in diesen engagieren. Sie bewegen sich daher alle im evangelischen Feld, während sich die ALLBUS-Studie unabhängig von Konfessionen Fragestellungen der Religiosität der Bevölkerung zuwendet. Diese Zuspitzung, die sich aus der Zielrichtung des Projekts als Grundlagenforschung für die evangelische Erwachsenenbildung ergibt, lässt sich dadurch rechtfertigen, dass hier eine möglichst große Vielfalt innerhalb dieses religiösen Feldes gesucht wurde. Diese Vielfalt beinhaltet auch unterschiedliche Konfessionen, sodass das Sample in dieser Hinsicht veranschaulicht, dass in der alltäglichen religiösen Praxis ebenso Mitglieder verschiedener christlicher Konfessionen als auch konfessionslose Personen miteinander agieren. Trotz der Fokussierung ist es also gelungen, eine Übereinstimmung mit den quantitativen Daten herbeizufüh-

---

11 Vgl. Kap. 2.1.5.

ren, die zudem Nuancen religiöser Praxis sichtbar werden lassen, die zu weiterer Forschung anregen könnten.

So sind von den zwölf Teilnehmenden nur sieben tatsächlich Mitglieder in der evangelischen Kirche, während fünf katholisch getauft waren, sich aber in einer evangelischen Gemeinde engagieren bzw. ausschließlich Angebote einer evangelischen Gemeinde wahrnehmen. Bis auf einen Teilnehmer waren diese aus der katholischen Kirche ausgetreten. Indem sie sich über konfessionelle Vorgaben hinwegsetzen, partizipieren einige der Teilnehmenden an dem von Wohlrab-Sahr (2016) beschriebenen postsäkularen Trend der „entbetteten" Postkonfessionalität. Somit teilen sie Eigenschaften des Idealtypus des „religiösen Wanderers" (Bochinger/Engelbrecht/ Gebhardt 2009), die – so fasst Gebhardt (2016) die Ergebnisse zusammen – in spiritueller Hinsicht aus drei Grundsätzen bestehen: 1. gibt es mehr als einen Weg zur Wahrheit; 2. beanspruchen sie Deutungshoheit über die eigene Religiosität/Spiritualität und 3. nehmen sie ein „dem Menschen positiv und unbedingt zugewandt[es] Absolut[es]" (Gebhardt 2016, 151) an.

Allerdings beschränkt sich ihre Wanderschaft formal gesehen auf die christliche Religion. Dass nicht nur diese einer religiösen Welt- und Selbstdeutung folgen, die ihnen subjektiv plausibel erscheint, sondern auch andere Teilnehmende sich als religiös selbstermächtigte Subjekte definieren (Gebhardt 2013), wird im Laufe der Untersuchung deutlich werden.

Die soziale Zusammensetzung der Teilnehmenden: Interdependenzen

Es ist insofern gelungen, eine größtmögliche soziale Diversität zu repräsentieren, als zusätzlich zur sozialen Kategorie Geschlecht noch weitere soziale Kategorien bei der Analyse (religiösen) Lebenssinns berücksichtigt werden konnten: die sexuelle Orientierung, die geopolitische und die soziale Herkunft. Zwei der Teilnehmenden waren homosexuell, zehn waren heterosexuell. Drei Teilnehmende erlebten ihre Sozialisation in der DDR, acht in der alten Bundesrepublik und eine in West-Berlin. Die Hälfte der Teilnehmenden erarbeitete sich im Laufe ihres Berufslebens sozialen Aufstieg, bei der anderen Hälfte wird dies entweder nicht deutlich oder aber ihr sozialer Hintergrund hat sich nicht geändert. Obwohl der Fokus der Analyse der Konstruktion (religiösen) Lebenssinns auf den Geschlechterkonstruktionen liegt, werden diese hier nicht isoliert, sondern in ihrer Interdependenz mit anderen sozialen Formen der Differenzierung untersucht (Walgenbach et al. 2007).

Aufgrund der geschlechtlich strukturierten Arbeitsteilung ist außerdem die Frage nach den ausgeübten Berufen und den Vollzeitäquivalenten weiblicher Erwerbsarbeit bedeutsam. Bemerkenswert ist, dass alle Frauen berufstätig sind bzw. waren. Das trifft bis auf eine Ausnahme auch auf die Partnerinnen der teilnehmenden Männer zu. Die teilnehmenden Frauen waren: Krankenschwester, Erzieherin, Beraterin von Kindertagesstätten (zuvor Erzieherin, später Bachelorstudium Soziale Arbeit), im NRO-Bereich tätige Politikwissenschaftlerin (promoviert), Beraterin von behinderten Menschen und deren Angehörigen (Diplom-Sozialpädagogin), Rentnerin (zuvor Schneiderin, Hausfrau und stundenweise Aushilfe, später Weiterbildung zur Muster-Schneiderin und Betriebsrätin). Alle Teilnehmerinnen waren sozialversicherungspflichtig beschäftigt, vier von ihnen in Vollzeit, eine mit 75% und eine mit 50%, wodurch sich ihre Erwerbstätigkeit deutlich von der durchschnittlichen Erwerbstätigkeit von Frauen in der Bundesrepublik abhebt. So entsprach die Erwerbstätigenquote von Frauen in Vollzeitäquivalenten 2010 nur 50,7%. (Bundesministerium für Familie, Senioren, Frauen und Jugend 2011, 111 ff.) Obwohl inzwischen 66,2 % der 15- bis 64-jährigen Frauen erwerbstätig sind, hat sich das Gesamtarbeitsvolumen von Frauen seit den 1990er Jahren daher kaum verändert. Beispielsweise in Nordrhein-Westfalen hat die Vollzeitbeschäftigung für „Frauen in der Lebensmitte" zwischen 1997 und 2005 sogar um 10,8 % abgenommen, während die „Minijobs" insgesamt zugenommen haben (und damit die nicht-sozialversicherungspflichtige Erwerbstätigkeit) (Bundesministerium für Familie, Senioren, Frauen und Jugend 2011, 112). In der Vergangenheit haben jedoch alle teilnehmenden Mütter ihre Berufstätigkeit aufgrund der Kinder zeitweise unterbrochen bzw. reduziert.

Die teilnehmenden Männer waren: zwei Rentner (einer war zuvor Diplom-Landwirt, später Bürgermeister, der andere war früher Büromaschinenmechaniker, später Gesamtschwerbehindertenbeauftragter und damit freigestelltes Betriebsratsmitglied), Schulleiter (zuvor Lehrer, promoviert), Taxifahrer (zuvor Straßenbauer), Versicherungskaufmann (Bürokaufmann und Versicherungsfachwirt), technischer Redakteur (Dipl.-Ing. Maschinenbau). Keiner der Teilnehmer hat thematisiert, je in Teilzeit gearbeitet zu haben.

Die sozialen Kategorien – zuallererst das Geschlecht, aber auch die sexuelle Orientierung sowie die geopolitische und soziale Herkunft – beziehen sich auf soziale Gruppen und markieren Unterschiede in der gesellschaftlichen Aneignung von Geschlecht, Lebenssinn und Religiosität. Sie beschreiben jeweils eigene Problemlagen, die sich auch auf die Beziehung zum Lebenssinn, zur Säkularität und Religion und insbesondere zur Kirche auswirken. So zeigt sich beispielsweise ein deutlicher Unterschied bezüglich der Erwerbs- und der Sorgearbeit zwischen den teilnehmenden Männern und Frauen. Bei den Frauen sind überwiegend soziale Berufe vertreten, die sich in ihrer Entstehung weitgehend an einem Ideal geistiger Mutterschaft orientiert haben, während die Berufe der Männer breiter gestreut sind.[12] Zudem ist nur eine der Frauen in einer Führungsposition (gewesen), aber drei der sechs Männer. Einer der anderen drei war selbständiger Unternehmer Daher spiegelt sich sowohl die horizontale als auch vertikale Segregation des Arbeitsmarkts in dieser Studie wider.

Die sozialen Kategorien sind wie bereits erwähnt nicht als voneinander isoliert, sondern als miteinander interdependent zu betrachten. Sie wirken in den jeweils erzählten Themen zusammen. So steht beispielsweise Elternschaft in den Erzählungen sowohl zum Geschlecht und zur sexuellen Orientierung als auch zum politischen System in enger Beziehung, da die Kinderbetreuung und die Erwerbstätigkeit von

---

12 Vgl. z. B. Gause (2003) für eine Darstellung der Entstehung des Berufs der Diakonisse, der sowohl Krankenschwester- als auch Erzieherinnen- und sonstige Fürsorgeaufgaben beinhalten konnte.

Eltern in der DDR anders reguliert wurde als in der alten Bundesrepublik. Des Weiteren gestaltet sich die Entwicklung des Lebenssinns oder der Bezug zu christlichen Kirchen in Abhängigkeit von der gelebten Sexualität, was mit den Repressionen verbunden ist, die mit der staatlichen und gesellschaftlichen Privilegierung von Heterosexualität sowie der Ablehnung von Homosexualität in den Kirchen einhergehen.

2.2.2 Die Datenerhebung: qualitativ-empirische Interviews

Die Interviews wurden in Anlehnung an das narrative Interview Schützes (1983) durchgeführt, das dazu dient, Stehgreiferzählungen zu generieren. Bei einem Thema wie der Frage nach dem Lebenssinn wird allerdings ein hoher Grad an Selbstreflexion vorausgesetzt, der keine Stegreiferzählungen induziert. Aus dem Stehgreif heraus besteht sogar die Gefahr von Oberflächlichkeit in Bezug auf den Lebenssinn (Schnell 2016). Deshalb wurden – sofern möglich – Vorgespräche mit den Teilnehmenden geführt. In diesen Gesprächen wurden sie darauf vorbereitet, dass sie darum gebeten werden, Ereignisse aus ihrem Leben zu erzählen, die für sie in Bezug auf die Entwicklung ihres ‚Lebenssinns‘ in irgendeiner Weise relevant gewesen sind. Obwohl es in dem Projekt darum geht, die Interdependenz zwischen Lebenssinn- und Geschlechterkonstruktionen zu untersuchen, wurde bewusst nicht danach gefragt, wie sie dies zu ihrem Geschlecht in Beziehung setzen. Vielmehr wollten wir durch die offene Fragestellung herausfinden, inwiefern das Geschlecht im Zusammenhang mit dem Lebenssinn explizit thematisiert wird und inwiefern das Geschlechterwissen implizit eingebracht wird.

Bei den erzählten Erfahrungen konnte es sich ebenso um positive wie negative Ereignisse, um Krisen und Wendepunkte im Leben der Teilnehmenden handeln. Die Teilnehmenden wurden in diesem Zusammenhang ausdrücklich gebeten, die Frage nach dem Lebenssinn nicht abstrakt abzuhandeln, sondern Geschichten aus ihrem Leben zu erzählen. Sie hatten sich auf das Interview auf sehr unterschiedliche Weise vorbereitet, aber alle ganz offensichtlich zuvor darüber nachgedacht, was ihr Leben für sie sinnhaft sein lässt. Dennoch gelang es nicht in allen Fällen, die klassische Dreiteilung eines lebensgeschichtlichen Interviews in Erzählphase, Phase inhaltlicher Rückfragen und Phase reflektierender Rückfragen einzuhalten. Denn nicht alle Teilnehmenden erzählten von sich aus einen großen Bogen. Es wurden dann weitere Fragen gestellt, um den Erzählvorgang zu unterstützen.

2.2.3 Zur Interpretationsmethodik

Nachdem die Interviews als Transkripte[13] vorlagen, wurden zunächst die Eingangssequenzen analysiert. Dabei wurden in Anlehnung an Oevermanns objektive

---

13 Die Transkripte sollten außer den Pausen keine nicht-verbalen Äußerungen wie Lachen, Seufzen oder Weinen enthalten. Für die Veröffentlichung haben wir die jeweiligen Pas-

Hermeneutik (Oevermann 1979, Wernet 2000) Sequenzanalysen durchgeführt. Bei Sequenzanalysen werden individuell getroffene Entscheidungen und damit der Prozess der Lebenspraxis und Sinnstiftung, wie er unter 2.1.3 und 2.1.4 dargelegt wurde, anhand des Interviewtranskripts rekonstruiert. Auf diese Weise wurden insbesondere latente Bedeutungen und Sinngefüge der Sequenzen herausgearbeitet und so Strukturhypothesen generiert, die anschließend anhand des jeweils gesamten Interviews überprüft, ausdifferenziert und modifiziert wurden. Im Laufe unserer Untersuchungen der Zusammenhänge von Lebenssinnkonstitution und Geschlechterkonstruktionen in den Interviews entwickelten sich unsere Forschungsinteressen weiter.

Zunächst wurde uns unter anderem durch die Beschäftigung mit Bourdieu auf der Ebene sozialer Praxen – wie beispielsweise eines Interviews – erneut deutlich, dass die Orientierung an Gegensätzen Rückschlüsse auf die Identitätskonstruktionen ermöglicht. So markieren die Geschlechterkonstruktionen nach wie vor ein wesentliches, das soziale Leben bestimmendes Gegensatzpaar, das aus zwei sich komplementär gegenüberstehenden Geschlechtscharakteren konzipiert ist. Neben dem Geschlecht gibt es unzählige in der Praxis angesiedelte Gegensatzpaare, die es Menschen über Vergleich und Unterscheidung ermöglichen, sich in den sozialen Feldern, in denen sie sich bewegen, und in der Gesellschaft insgesamt zu verorten, sich Gruppen, Milieus und Klassen zuzuordnen und zugleich sich voneinander zu unterscheiden. Zusätzlich bestimmen Gegensatzpaare das Handeln der Menschen und lassen es als sinnvoll erscheinen. Menschen folgen im praktischen Handeln einer Logik, die einer den Gegensatzpaaren innewohnenden Dynamik folgt. Wer sich aus Abhängigkeiten befreien will, wird den gegensätzlichen Pol der Unabhängigkeit anstreben und entsprechende Handlungsstrategien entwickeln, um den angestrebten Zustand zu erreichen.

Dieser in Kapitel 2.2.4 vorgestellte Ansatz erschien uns daher besonders geeignet, weitere detaillierte Fallanalysen durchzuführen. In Kapitel 2.3[14] wird an drei Fällen gezeigt, wie über die Analyse von Gegensatzpaaren und entsprechende Unterscheidungen Geschlechterverhältnisse konstituiert und Ordnungssysteme etabliert werden (Bourdieu 1987b; 2005). Bei der Analyse von Gegensatzpaaren im Verlauf von Lebensgeschichten eignet sich die Methode der objektiven Hermeneutik wiederum sehr gut als Auswertungsverfahren von biografischen Erzählungen.

Anschließend beschäftigen wir uns in den Kapiteln 2.2.5 und 2.4[15] in Anlehnung an Foucault (1994) intensiv mit der ordnenden Struktur des Lebenssinn-Diskurses. Diese Diskurs-Strukturen – die ebenso in einer Vorstellung der Diskursgruppe selbst wie in den diskursiven Ein- und Ausschlüssen des Sinn-Diskurses bestehen – in diesem abschließenden Bericht deutlich zu machen, drängte sich auch deshalb auf, weil

---

sagen im Sinne der Lesbarkeit etwas gekürzt, indem wir Ähs und Ehs sowie Wiederholungen weitgehend entfernt haben (sofern sie sich als nicht ausschlaggebend für unsere Interpretation erwiesen haben).

14 Kapitel 2.2.4 und 2.3 wurden von Albrecht Schöll erarbeitet.

15 Kapitel 2.2.5 und 2.4 wurden von Sabine Grenz verfasst.

wir erkannten, dass wir als Wissenschaftler/innen ebenso in den Forschungsgegenstand involviert waren wie unsere Gesprächspartner/innen. Dies zeigt sich bereits ganz grundlegend daran, dass wir dieses Projekt als Beschäftigte des Comenius-Instituts (der evangelischen Arbeitsstätte für Erziehungswissenschaft e. V.) und der evangelischen Hochschule Rheinland, Westfalen, Lippe durchführten. Die an dem Projekt teilnehmenden Personen beteiligten sich also mit uns als Forscher/innen gemeinsam an einem Diskurs, der jetzt und hier, also in einer spezifischen historischen, geographischen, gesellschaftlichen und politischen Situation stattfand. Die strukturierende Ordnung des Diskurses in Anlehnung an Foucault (1994) wird dazu genutzt, in einer ebenso spannungsvollen wie detailreichen Darstellung der vorfindlichen Ordnung des Diskurses das gesamte Interviewmaterial einzubringen. Dabei geht es zunächst um die Frage, wie sich die Gruppe der Teilnehmenden binnendifferenzieren lässt. Es geht also darum, herauszufinden, wer die sprechenden Subjekte sind und wie sie sich in Bezug auf die Interdependenz von Geschlecht und Lebenssinn positionieren. In weiteren Schritten wird dann sowohl erarbeitet, auf welche Diskursinhalte sie affirmativ zurückgreifen und somit reproduzieren als auch, welche Diskursinhalte sie in Frage stellen. Es geht also zum einen um das, was in den Diskurs integriert und zum anderen um das, was als sinnlos ausgeschlossen wird. In diesem Rahmen wird auf das gesamte Interviewmaterial zurückgegriffen, um die Struktur des Sinn-Diskurses zu rekonstruieren, in welchem sich diese Studie bewegt.

Im Folgenden möchten wir die diesbezüglichen epistemologischen und methodologischen Grundlagen kurz vorstellen.

2.2.4 Gegensatzpaare als Strukturierungsprinzipien von Sinn und Geschlechterverhältnis in Anlehnung an Bourdieu

Bourdieu hat in ethnologischen Untersuchungen aufgezeigt, wie über Gegensatzpaare und entsprechende Unterscheidungen sowohl Geschlechterverhältnisse konstituiert als auch Ordnungssysteme etabliert werden. Sie ermöglichen praktische Orientierung und Sinn, und lassen die Welt als sinnvoll erleben (Bourdieu 1987b, 2005). Dabei liegt der Fokus auf der Analyse von homologen Gegensatzpaaren im Kontext der Lebensgeschichte. Zunächst wird das Konzept der homologen Gegensatzpaare dargestellt. In Folge wird in Kapitel 2.3 am Beispiel von drei Lebensgeschichten die Kontinuität und Stabilität eines Habitus in Abhängigkeit von Lebenslagen und Lebensstilen herausgearbeitet. Zugleich wird die den Gegensatzpaaren innewohnende Dynamik rekonstruiert, die Prozesse der Transformation und des Wandels zu evozieren in der Lage ist.

Habituskonzept

Die Schemata von Wahrnehmung und sinnhaften Handlungsorientierungen hat Bourdieu am Konzept des ‚Habitus‘, entwickelt. Es bietet einen Beschreibungs- und

Erklärungsansatz für den Zusammenhang zwischen den vorfindlichen gesellschaftlichen Strukturen und den jeweiligen kulturellen und sozialen Praxen der Individuen. Der Habitus fungiert als Verbindungsglied zwischen den Erfahrungshintergründen des Individuums – das sind je spezifische Lebensbedingungen bzw. Lebenslagen, etwa differenziert nach Geschlecht, Generation, Milieu und Herkunft – und den Lebensstilen, die als Handlungsmodi, Lebensführungskonzepte und Orientierungsmuster identifiziert werden können. Der Habitus als ‚geronnene Erfahrung eines Individuums‘ ist also verbunden mit den gesellschaftlichen Bedingungen seines Werdens. Bourdieu geht es darum, die ‚soziale Logik‘ bzw. die ‚Logik der Praxis‘ herauszufiltern, die hinter den Handlungen steht.

Wichtig für unseren Zusammenhang ist dabei: Als ein ‚inkorporiertes‘, inneres Substrat, welches das Handeln, Denken, Fühlen und Wahrnehmen bestimmt und organisiert, kann man den Habitus von Individuen erschließen, denn er äußert sich in deren Praxen. Der Habitus ist zugleich als „strukturierte Struktur" (opus operatum) und „strukturierende Struktur" (modus operandi) zu verstehen. Er wird durch die sozialen Strukturen strukturiert und ist zugleich das Erzeugungsprinzip der sozialen Praxis, beide Ebenen sind miteinander verschränkt. Er ist ein System von Dispositionen, das in den Wahrnehmungs-, Denk- und Wertungsschemata der Individuen zum Ausdruck kommt (Bourdieu 1987b, 98).

Diese Dispositionen ermöglichen ‚vernünftige Verhaltensweisen‘, die durch den ‚Alltagsverstand‘ vorgegeben sind und als selbstverständlich betrachtet werden. Die Verhaltensweisen passen sich der Logik an, die für ein bestimmtes soziales Feld typisch ist und haben deshalb Aussicht auf Erfolg. Sie schließen Verhaltensweisen aus, die sanktioniert werden müssten, weil sie mit den objektiven Bedingungen des Feldes nicht vereinbar sind (‚So etwas tut man nicht‘) (Bourdieu 1987, 104). Diese Art symbolischer Gewalt ist der Grund, warum Menschen in einem sozialen Feld bzw. Milieu in der Regel ‚funktionieren‘. Denn „beherrschen kann diese Logik nur, wer von ihr vollständig beherrscht wird" (Bourdieu 1987, 31).

Das Habituskonzept ist in der Lage, zu erfassen, was eine Biografie in historisch spezifischen Lebenslagen kennzeichnet. Die zu untersuchenden Bezüge werden zur Verdeutlichung in der folgenden Abbildung dargestellt:

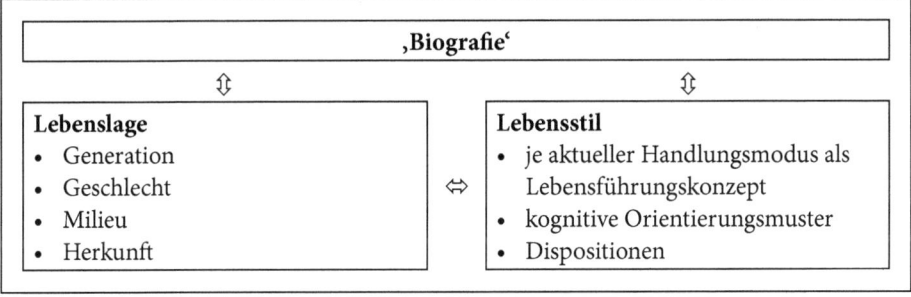

Abbildung 2: Habituskonzept

Das soziale Feld bildet für Bourdieu das Gegenstück zum Habitus. Es beschreibt die Gesamtheit der Interaktionen und Konstellationen in einem gesellschaftlichen Milieu, das sich von anderen Milieus absetzt und in denen je eigene Regeln gelten.

> „Eben weil die angeborene Zugehörigkeit zu einem Feld den Sinn für das Spiel als die Kunst der praktischen Vorwegnahme der in der Gegenwart enthaltenen Zukunft mit enthält, erscheint alles, was dort vorgeht, sinnvoll, d. h. sinnerfüllt und objektiv in eine vernünftige Richtung weisend" (Bourdieu 1987b, 122 f.).

Am Beispiel des Spiels können die Funktionsweisen eines sozialen Feldes sehr treffend und anschaulich dargestellt werden. Es muss ein ‚Sinn für das Spiel‘ erworben werden, das in einem Zusammentreffen von Habitus und Feld, von einverleibter und objektivierter Geschichte gründet (Bourdieu 1987b, 122). Beim Spiel zeigt sich das Feld über seinen Spielraum, die Spielregeln und die Einsätze, die den ‚Sinn‘ des Spiels ausmachen. Die umfassenden Kenntnisse über und das reibungslose Funktionieren im Feld ermöglichen ein Miteinander der Spieler genauso wie überraschende ‚Schachzüge‘ und Strategien, die erst den Erfolg der Spieler in Aussicht stellen. Die Akteure im Feld haben zwar handlungsleitende Strategien, doch sind diese in der Regel nicht auf bewusst kalkulierte Entscheidungen zurückzuführen, sondern auf den langfristig im sozialen Feld erworbenen ‚einverleibten‘ Habitus. Neulinge müssen Regeln und Einsätze (Investitionen) des Feldes anerkennen, Spielverderber werden sanktioniert. Die Etablierten in einem Feld haben gute Chancen, ihre Dominanz und Herrschaft zu schützen, insbesondere wenn das Feld geschlossen und institutionalisiert ist. Werden ‚Neulinge‘ in das Feld hineingeboren (Familie), investieren sie mit den unzähligen Akten der Anerkennung zusammen mit den Etablierten in „das kollektive Unternehmen der Bildung symbolischen Kapitals, das nur gelingen kann, wenn unerkannt bleibt, wie die Logik des Feldes überhaupt funktioniert" (Bourdieu 1987b, 125). Das führt dazu, dass die Akteure nie genau wissen, was sie tun. Insofern hat ihr Handeln mehr Sinn, als ihnen selbst bewusst ist (Bourdieu 1987b, 127). Für das erfolgreiche Spiel im Feld müssen die Spieler mit entsprechenden habituellen Dispositionen in einem langfristig angelegten Lernprozess ausgestattet werden.

Dieses scheinbar zwanglose Spiel in einem sozialen Feld hat Bourdieu am Beispiel der Erbschaftsfolge und der Heiratsregeln in bäuerlichen Gesellschaften dargestellt. In diesen Gesellschaften muss eine ‚standesgemäße‘ Heirat in den wenigsten Fällen erzwungen werden, vielmehr finden sich die geeigneten Paare ohne Zwang und aus ‚Liebe‘ zusammen. Bei jeder Heirat ging es immer auch um eine ‚gute Partie‘, mit der der Erhalt des Erbhofes gesichert und im besten Fall vergrößert wurde. Es mussten also die ‚richtigen‘ Paare zusammenfinden, normalerweise der Älteste eines großen Hofes und die ‚reiche Erbin‘ des Nachbarhofes. Dass das System in der überwältigenden Mehrheit ohne Zwang und Arrangement der Eltern funktionierte, liegt nach Bourdieu an der Erziehung in den Familien, die eine enge Korrelation zwischen den Notwendigkeiten des Systems und den sich entwickelnden *Vorlieben und Dispositionen* der Kinder gewährleistete. Dadurch wurden Missheiraten ohne soziale und ökonomische Berechnung i. d. R. verhindert.

> „Die sozial gebilligte, daher erfolgsträchtige Liebe ist nichts anderes als jene Liebe zur eigenen gesellschaftlichen Bestimmung, welche gesellschaftlich vorbestimmte Partner auf den scheinbar zufälligen und willkürlichen Wegen der freien Gattenwahl zusammenführt" (Bourdieu 1987b, 285).

Es gibt sehr wohl Fälle, in denen die Autorität offen durchgesetzt wurde, diese bleiben aber die Ausnahme. Zumeist kann die Norm stumm bleiben, „weil die Dispositionen der Handelnden objektiv den objektiven Strukturen angepaßt sind, jenem spontanen ‚Standesbewußtsein', das jede Mahnung an das Standesbewußtsein überflüssig macht" (Bourdieu 1987b, 285 f.).

Logik der Praxis

Was veranlasst die Akteure eines sozialen Feldes, ihre Entscheidungen im Vorhinein an der sozialen Lage auszurichten, aus der sie hervorgegangen sind? Nach Bourdieu ist es der „Geschmack", die Unterscheidung und Bewertung der Formen und Produkte des je eigenen Lebensstils, der bewirkt, „daß man hat, was man mag, weil man mag, was man hat, nämlich die Eigenschaften und Merkmale, die einem de facto zugeteilt und durch Klassifikation de jure zugewiesen werden" (Bourdieu 1987a, 285 f.). Praktisches Handeln folgt einem Ordnungsprinzip, das Handeln zugleich unbewusst und systematisch zu lenken vermag durch die im Habitus ‚einverleibten' Dispositionen (Bourdieu 1987b, 24). Die Logik der Praxis folgt Schemata, die in sich weder widerspruchsfrei noch selten völlig schlüssig, aber auch nicht völlig zusammenhanglos sind. Praktiken folgen eben nicht dem, was gewöhnlich mit Reflexion, Logik und Theorie zusammenhängt, schließen diese aber auch nicht aus. Würden sie sich ausschließlich an diesem gemeinhin wissenschaftlichen Vorgehen orientieren, gingen sie „der Ungewißheit und der Unschärfe verlustig, die daher rühren, daß sie nicht etwa auf bewußten und konstanten Regeln beruhen, sondern auf praktischen Schemata, die für sich selbst undurchsichtig und je nach der Logik der Situation und dem von dieser geforderten, fast stets voreingenommenen Standpunkt Schwankungen unterworfen sind. Daher geht die praktische Logik selten völlig schlüssig und selten völlig zusammenhanglos vor" (Bourdieu 1987b, 28 f.). Die Schwankungen und Widersprüchlichkeiten rühren daher, dass die Handelnden – in je unterschiedlichen Situationen – dieselben Handlungsschemata anwenden oder dieselben ritualisierten Abfolgen von der einen auf die andere Situation übertragen (Bourdieu 1987b, 31).

Man kann zwar die Regeln, die praktisches Handeln ausmachen, rekonstruieren, diese aber nicht in ein widerspruchsfreies System überführen. Die Logik des praktischen Handelns ist unbestimmt und folgt Schemata, insbesondere Beurteilungsschemata, die zumeist auf Gegensätzen aufbauen.

Akteure einer je historisch spezifischen Gesellschaft verfügen über gemeinsame Wahrnehmungsmuster, die in allgemein verwendeten Gegensatzpaaren vorliegen, mit denen Menschen und Dinge der verschiedenen Bereiche der Praxis klassifiziert und qualifiziert werden. Die Schemata von Wahrnehmung und Handlungsorientierungen liegen in Gegensatzpaaren und Dichotomien vor und werden dadurch erst wirksam. Sie etablieren die Ordnungssysteme, die Menschen die Welt als sinnvoll erleben lassen. Praktisches Denken verläuft in unzähligen Begriffspaaren wie oben/unten, hoch/niedrig, innen/außen, hart/weich, spirituell/materiell, grob/fein, einzigartig/gewöhnlich, leicht/schwer, frei/gezwungen, weit/eng aber auch abhängig/unabhängig, reich/arm etc. Die Gegensatzpaare sind in ihrem je einzelnen Gebrauch gesehen bedeutungsarm und unbestimmt, seine volle Bedeutung gewinnt das einzelne Begriffspaar aber stets in einem spezifischen Verwendungsbereich und dem entsprechenden Kontext. Zugleich steht jedes durch einen Verwendungszusammenhang spezifizierte Begriffspaar aufgrund der Homologie der Felder mit anderen Gegensatzpaaren in einer Austauschbeziehung (Bourdieu 1987a, 733).

Das den Gegensatzpaaren innewohnende Vermögen zu unterscheiden wird als Habitus erworben und ‚einverleibt‘:

> „Wenn sie von Kindesbeinen an als selbstverständlich anerkannt und erworben werden, erlangen die Dispositionen des Unterscheidens allen Anschein einer selbstverständlich ranggestuften Natur, eines in sich selbst begründeten Unterschieds“ (Bourdieu 1987b, 254).

Gegensatzpaare ermöglichen zum einen das Unterscheiden von Lebensstilen in unterschiedlichen sozialen Lagen. Denn unterschiedliche Existenzbedingungen bringen unterschiedliche Formen des Habitus hervor (Bourdieu 1987a, 278).

> „Die fundamentalen Gegensatzpaare der Struktur der Existenzbedingungen (oben/unten, reich/arm, etc.) setzen sich tendenziell als grundlegende Strukturierungsprinzipien der Praxisformen wie deren Wahrnehmung durch“ (Bourdieu 1987a, 279).

Dem System von Unterscheidungsmerkmalen liegt ein Ausdruck einer je besonderen Lage von sozialen Klassen zugrunde, die von jedem wahrgenommen wird, „der über die Beziehung zwischen den Unterscheidungszeichen und den Positionen innerhalb der Verteilungen … praktisch Bescheid weiß“ (Bourdieu 1987a, 285). Für Bourdieu liegt letztlich allen Gegensatzpaaren die primäre Dichotomie zwischen der ‚Elite der Beherrschenden‘ und der ‚Masse der Beherrschten‘ zugrunde (Bourdieu 1987a, 730 f.).

Zum anderen bewirken Gegensatzpaare in einem sozialen Feld eine Dynamik zwischen den Akteuren. Etablierte beherrschen das Spiel und beziehen daraus Vorteile in Form von symbolischem Kapital. Sie sind bestrebt, an diesem Zustand nichts zu verändern. Die Benachteiligten und Verlierer des Spiels werden versuchen, die Bedingungen und Regeln zu ändern und sofern nicht möglich, das Spiel zu verlassen und ein neues Spiel zu beginnen. Gegensatzpaare erzeugen in Bezug auf Interessen ein Spannungsverhältnis, die als Vor- und Nachteile wahrgenommen werden. Und Gegensatzpaare werden danach bewertet, zu wessen Gunsten und zu wessen Ungunsten ein Spiel verläuft. In einem sozialen Feld gibt es Akteure, die aktiv agieren und andere, die das Geschehen im Feld passiv erleiden.

In seinem Buch ‚Die männliche Herrschaft' (2005) versucht Bourdieu zu erklären, wie es zu einer Einteilung der Welt in männlich und weiblich kam. Er beschreibt Praktiken, die Frauen die Selbstverständlichkeit von männlicher Herrschaft suggerieren. Sie werden als naturgemäß und legitim angesehen und in der Regel weder von Frauen noch von Männern hinterfragt.

Die Geschlechterordnung ist in Dichotomien gegliedert. In ihnen liegt der Ursprung der geschlechtlichen Zuweisung. Aufgrund der körperlichen Unterschiede wirken die Zuweisungen naturgemäß und normal. Das Strukturprinzip Geschlecht wird mittels des Habitus inkorporiert, die als unbewusste vergeschlechtliche Schemata wirken (Bourdieu 2005, 180). Ihren Ausdruck finden sie in vergeschlechtlichten Körpern, Haltungen, Empfindungen, Wahrnehmungen usw. Den entscheidenden Mechanismus der männlichen Herrschaft findet Bourdieu in der Verkörperung bzw. „Somatisierung der gesellschaftlichen Herrschaftsverhältnisse" (Bourdieu 2005, 45). Erst durch den Prozess der Somatisierung wird die Geschichte in Natur, das kulturell Willkürliche in scheinbar Natürliches verwandelt (Heitzmann 2015). Diese Dichotomien sind tief in den Strukturen und den Körpern verankert und nicht aus einem bloßen Benennungseffekt hervorgegangen (Bourdieu 2005, 178). Deshalb können die Bewertungs- und Wahrnehmungsmuster dieser Dualismen auch nicht einfach über Reflexion und Selbstbewusstwerdung verändert und aufgehoben werden.

Die Verhältnisbestimmung der Geschlechter und der Sinn sozialer Ordnung sind historisch gewachsen. Auf welche Ressourcen des Bedeutungsreservoirs eines kulturellen Gedächtnisses ein Individuum ‚zugreift', ist u. a. abhängig vom Milieu, von Status, Bildung und Geschlecht und davon, welche Ressourcen eine Gesellschaft insgesamt zur Verfügung stellt.

Die praxeologische Methode und die objektive Hermeneutik

Im Konzept des Habitus werden die Macht und die Kontinuität des Bestehenden herausgearbeitet. Bei allen prinzipiellen Wandlungsmöglichkeiten deutet der Begriff des Habitus auf eine gewisse Stabilität und Trägheit in Bezug auf den Wandel von Strukturen hin. (Burzan 2005, 172).Von einigen Autoren wird das Modell als zu deterministisch und zu statisch kritisiert. Die Gestaltungskraft des Individuums würde zu sehr vernachlässigt ebenso wie die Entstehung neuer Milieus (Hradil 2001, 90 f.).

Das von Oevermann entwickelte Modell von Lebenspraxis ist anschlussfähig an das Habituskonzept insofern, als die Logik praktischen Handelns im Zusammenspiel von Lebensstil und sozialer Lage spezifiziert werden kann (Oevermann 1991, vgl. das Modell in Kap. 2.1.3). Auch Oevermann fasst ähnlich wie Bourdieu unter dem Begriff der Habitusformation

„jene tiefliegenden, als Automatismus außerhalb der bewußten Kontrollierbarkeit operierenden und ablaufenden Handlungsprogrammierungen zusammen, die wie eine Charakterformation das Verhalten und Handeln von Individuen kennzeichnen und bestimmen. ... So werden lebenspraxisbestimmende Habitusformationen vor allem in den ontogenetischen Krisen der milieugebundenen Sozialisation erworben und tief im Verhaltensrepertoire verankert, so tief, daß eine vollständige Abkehr von ihnen so gut wie unmöglich ist" (Oevermann 2001, 46).

Das mit dem Modell der Lebenspraxis eng korrespondierende Verfahren der objektiven Hermeneutik ermöglicht, die Schemata und Strukturen des Habitus und das ihm zugrunde liegende soziale Feld empirisch zu rekonstruieren. Oevermanns Modell basiert auf Regeln der sozialen Praxis und ist ‚rationalistischer' angelegt als die soziale Logik von Bourdieu. Es ist darüber hinaus in der Lage, Transformationsprozesse und die Genese des Neuen unter den Bedingungen der Dominanz des Bestehenden nachzuvollziehen. Dabei darf man nicht übersehen, dass die Rationalität des Modells ihre regelgeleitete Logik aus der Praxis bezieht und nicht aus einer wie auch immer plausiblen wissenschaftlichen Theorie.

In den biografischen Interviews wurden den Fall bestimmende Gegensatzpaare und Dichotomien im Kontext der erzählten Praxis rekonstruiert. Damit kann die Dynamik der Gegensatzpaare und die von den Akteuren vorgenommene Bewertung herausgearbeitet werden. Das Verständnis von Geschlecht und Lebenssinn erschließt sich in den narrativen Interviews nicht nur in Erzählungen sozialen Auf- und Abstiegs, Bildungsverläufen, Krisen etc., sondern auch im Verweis auf Gegensatzpaare und Unterscheidungen im Kontext der Einbettung in die Erzählungen.

Um hier einen deskriptiven Überblick zu verschaffen, wurden die Gegensatzpaare in den verschiedenen Gegenstandsbereichen eines sozialen Feldes in einem ersten Schritt graphisch mittels einer Baumstruktur dargestellt. Will man darüber hinaus Muster und die den Gegensatzpaaren innewohnende Dynamik als auch deren Beharrungsvermögen analysieren, bedarf es der verstehenden Kontextualisierung der erzählten sozialen Praxis mit Hilfe der analytischen Vertiefung mit der Methode der objektiven Hermeneutik. Diese ermöglicht es, von der Ebene des intentional verfügbaren ‚*manifesten* Sinns' auf die Ebene der ‚*latenten* Sinnstrukturen' vorzustoßen, also auf jene Sinnmuster, die den Interviewten selbst gar nicht ohne weiteres zugänglich sind. Insofern ermöglicht die Kombination der Fokussierung auf Gegensatzpaare einerseits und der Sequenzanalyse der objektiven Hermeneutik andererseits ein vertieftes Verständnis des Zusammenhangs zwischen der Kontinuität des Bestehenden und dem Wandel von Strukturen in einem Lebenslauf. Das Habituskonzept bedarf zur empirischen Aufschlüsselung der habituellen Dispositionen einer strukturalen Analyse. Diese lässt sich im Rahmen von Fallrekonstruktionen realisieren. Fallrekonstruktionen zielen auf die strukturelle Eigenlogik eines Falles in seiner Besonderheit. Ist die Fallstruktur gefunden, kann auf den *modus operandi* des Habitus auf der Folie des *modus operatum* geschlossen werden.

2.2.5 Das diskursive Archiv und das diskursanalytische Verfahren

In unserem zweiten Interpretationskapitel 2.4 steht eine Analyse des Lebenssinndiskurses im Vordergrund. Die diskursanalytische Perspektive auf Interviews anzuwenden, beinhaltet, dass das Interviewmaterial aller Teilnehmenden zusammen als ein zusammenhängendes *diskursives Archiv* in den Blick genommen wird. In diesem Archiv finden sich im Falle der Forschung zur Wechselwirkung von Geschlechter- und (religiösen) Sinnkonstruktionen verschiedene diskursive Elemente – beispielsweise aus „Spezial-" und „Elementardiskursen" (Link 2013), die entweder von theologischem Wissen oder von Alltagswissen über (religiösen) Lebenssinn und Geschlecht geprägt sind. Diese werden in den jeweiligen Interviews auf je unterschiedliche Weise ineinander verwoben.

Dieses *diskursive Archiv* ist nicht isoliert von gesellschaftlichen Entwicklungen, sondern darin eingebettet. Da alle Teilnehmenden entweder am Gemeindeleben unterschiedlicher evangelischer Kirchengemeinden teilnehmen und/oder in einem evangelischen Umfeld sozialisiert wurden und die evangelische Kirche als Gesamtgebilde ein wichtige zivilgesellschaftliche Akteurin und damit integraler Bestandteil der deutschen säkularisierten Gesellschaft ist, ist davon auszugehen, dass die Teilnehmenden mit den entsprechenden Diskursen zum Lebenssinn, zur Religion und Religiosität bzw. Säkularität vertraut sind. Diese Diskurse sind aufgrund der Geschlechtersegregation geschlechtlich strukturiert. (Religiöser) Lebenssinn und Geschlecht werden hier als Diskurse, also als historisch bedingte Phänomene aufgefasst, die zu anderen Zeitpunkten entweder bedeutungslos sein könnten oder denen eine grundsätzlich andere Bedeutung zukommen könnte. Die Teilnehmenden haben sich dieser Diskurse bedient, um ihre Interpretation ihres Lebenssinns darzustellen. D. h., sie haben sich in diesen wiedererkannt aber auch verloren (vgl. Foucault 1978, 109).

Das *diskursive Archiv* der Studie besteht aus transkribierten Interviews, also aus Texten, anhand derer die Diskurse zum Lebenssinn rekonstruiert werden. Diskurse bestehen aber nicht nur aus dem gesprochenen oder geschriebenen Wort, sondern beziehen sich auf Praktiken, auf Regulierungen, Normalisierungen und Rituale (Bührmann/Schneider 2008). Diese werden auch im Rahmen einer lebensgeschichtlichen Erzählung für die Forschung reproduziert. Denn sie bilden sowohl den Inhalt der Erzählungen als auch die Erzählrituale. Damit wird das lebensgeschichtliche Erzählen im Interview über den Lebenssinn zu einer Tätigkeit, durch welche soziale Identität erst konstruiert wird – was auch für die Biografieforschung ausgearbeitet wurde (vgl. Scholz 2004). Daran anknüpfend werden die lebensgeschichtlichen Erzählungen in den Interviews „gerade nicht als Repräsentationen eines gelebten, erlebten und erzählten Lebens [begriffen], dessen Spuren, Gewissheiten und Wahrheiten rekonstruiert werden könnten" (Bührmann/Schneider 2008, 101). Es soll also nicht rekonstruiert werden, welche Inhalte *wirklich* den Lebenssinn der Teilnehmenden ausmachen. „Vielmehr geht es darum, dass Interviewte sich im Sinne von

Biografizität als Subjektformierung präsentieren, wie sie sich" – und damit ihren Lebenssinn – „erleben, deuten und wahrnehmen" (Bührmann/Schneider 2008, 101).

Unter anderem deshalb, weil über Diskurse immer wieder neu soziale Identität hergestellt werden kann, erwecken Diskurse das Begehren, an ihnen teilzunehmen. Da die Teilnahme an diesem Forschungsprojekt freiwillig war, kann davon ausgegangen werden, dass der Aufruf, sich über den Lebenssinn interviewen zu lassen, eben dieses Begehren bei den Interviewten angesprochen hat. Es handelt sich also um Menschen, denen etwas am Lebenssinn liegt, die sich damit beschäftigen, ihn pflegen und weiterentwickeln.

Dieses Begehren nach einem Lebenssinn erscheint angesichts der in der Einleitung skizzierten Entwicklung Weberscher „innerweltlicher Askese" hin zu gesellschaftlichem Engagement sowie der Modernisierungs- und Säkularisierungsprozesse nur eine logische Konsequenz zu sein. Letztere beinhalten die Loslösung traditioneller Gemeinschaften und die Auflösung religiöser und weltanschaulicher Vorgaben. Hier greifen nun zwei Diskurse ineinander: Zum einen das Paradigma der Säkularität, welches gemeinsam mit den klassischen Theorien der Säkularisierung moderner Gesellschaften, mit der Aufklärung und der Betonung des Humanismus entstand. Zum anderen das Paradigma religiöser Pluralität, das während des Kolonialismus unter anderem durch die Missionare und ihre minutiösen Beschreibungen anderer religiöser Praktiken nach Europa importiert wurde (Habermas 2010). Die Frage ist also, wie sich diese beiden Diskurse neben dem Naturalismus und Materialismus auf die Subjektivierung auswirken und damit, wie die Individualisierung von Religion oder der Anspruch einer „Selbstermächtigung religiöser Subjekte" (Gebhardt 2013) in dem Interviewmaterial nachvollzogen werden kann und wie dies mit der sozialen Kategorie Geschlecht bzw. den einleitend skizzierten modernen westlichen Geschlechterdispositiven in Wechselwirkung steht.[16]

Seit den 2000er Jahren gibt es diverse Ansätze, die Diskursanalyse Foucaults für die qualitative Sozialforschung zu nutzen (z. B. Viehöfer/Keller/Schneider 2013; Keller/Schneider/Viehöfer 2012; Bührmann/Schneider 2008; Bührmann et al. 2007; Keller 2005). Im Falle der hier vorliegenden Fragestellung zur Wechselwirkung von Lebenssinn- und Geschlechterkonstruktionen erwies sie sich als ebenso nützlich wie inspirierend für die Strukturierung der aus den Fallanalysen gewonnenen Erkenntnisse. Um die Ordnung des Diskurses basierend auf den erzählten Lebensgeschichten zu rekonstruieren, werden hier Foucaults (1994) Parameter herangezogen, die von ihm im Rahmen seiner Untersuchung von wissens- und wissenschaftsgeschichtlichen Archiven als Struktur von Wahrheitsdiskursen identifiziert wurden. Dieser Ansatz wird hier auf die Frage nach dem Lebenssinn übertragen. Es geht darum, die Machtwirkungen im Rahmen der sinnvollen Lebensgestaltung zu verstehen. Woraus besteht das Netz an Bedeutungen, durch welches die Sinnstiftung als historisches und kulturelles Phänomen erkannt werden kann, das einer ahistorischen Perspektive entgegensteht? Wie wird Lebenssinn subjektiviert und damit individua-

---

16 Vgl. Kap. 2.1.6.

lisiert? Inwiefern sind diese Prozesse vergeschlechtlicht und in welcher Weise setzen sich die Individuen mit Machteffekten auseinander? Als strukturelle Grundlage der Analyse dient Foucaults (1994) *Ordnung des Diskurses*, deren Machtbegriff jedoch von einem negativen, restriktiven in einen produktiven gewendet wird.[17]

Die von Foucault erarbeitete Struktur besteht aus drei Gruppen diskursiver Prozeduren, den Prozeduren der Ausschließung, der Reproduktion und der Limitierung. Im Sinne eines veränderten Verständnisses von Macht werden die Kategorien der Ausschließung und der Limitierung mit alternativen Bedeutungen versehen. Statt um Ausschließung geht es hier um Verwerfung und die Integration des Verworfenen in das Produktive, und statt um Limitierung geht es um Verbindlichkeiten und die Binnendifferenzierung der Gruppe bzw. um das Folgen eines Dispositivs oder das Sich-Anpassen daran. Ebenso wie bei der Sexualität handelt es sich bei der Frage nach dem Lebenssinn um ein „historisches und kulturelles Phänomen, innerhalb dessen wir uns gleichzeitig wiedererkennen und verlieren" (Foucault 1978, 109). Das Netz, in welchem die Frage nach dem Lebenssinn als eine Frage entsteht, die individuell zu beantworten ist, entsteht aus der Verbindung des modernen säkularen Naturalismus mit der Individualisierung als Strukturprinzip.

Die Prozeduren der Limitierung

In der Ordnung des Diskurses beschrieb Foucault (1994) die Prozeduren der Limitierung noch als dazu dienend, den Diskurs zu begrenzen und den Zugang zum Diskurs zu kontrollieren. Aus der Perspektive auf Macht – als weniger restriktiven als vielmehr produktiven Faktor – dienen die hier aufgeführten Prozeduren des *Rituals*, der *Diskursgruppe*, der *Doktrin* und der *sozialen Aneignung* jedoch zum einen der Verbindlichkeit und zum anderen der Binnendifferenzierung einer Gruppe (Foucault 1994). D.h., diese Mechanismen dienen dazu, die Zusammensetzung der Gruppe und ihre jeweiligen Zugänge zum (religiösen) Lebenssinn zu beschreiben. Es geht also darum, die Gruppe und die darin entstehenden Formen subjektivierten Lebenssinns zu umgrenzen.

Da sich das Projekt auf Personen aus dem evangelischen Feld beschränkt, gibt es – auch, wenn nicht alle Teilnehmenden evangelisch sind – ein *Ritual*, das alle vollzogen haben: die christliche Taufe. Die Grenzen der Gruppe sind jedoch durchlässig genug, um Personen zuzulassen, die nicht evangelisch, sondern katholisch getauft wurden, sich aber jetzt in evangelischen Gemeinden engagieren. Daher kann davon ausgegangen werden, dass die Beteiligten mit den in der evangelischen Kirche praktizierten re-

---

17 Foucault kritisierte seine *Ordnung des Diskurses* (1994) später insofern, als sie seiner Ansicht nach zu sehr von einer „traditionelle[n] Konzeption von Macht" (Foucault 1978, 104) geprägt war, die die repressiven Wirkungen von Macht, wie beispielsweise die Verknappung oder die Ausschließung betonte. Stattdessen ging es ihm darum, Macht als eine „positive Technologie" darzustellen und bezüglich der Sexualität das „Netz von Bio-Macht, von somatischer Macht" zu verstehen (Foucault 1978, 109).

ligiösen Ritualen und auch religiösen und ethischen Diskursen (*Doktrinen*) vertraut sind und diese ihnen als Referenzpunkte dienen. Ausgewählte Aspekte werden in den Interviews auch artikuliert, z. B. wenn eine Teilnehmerin erzählt, dass sie sich mit der Frage beschäftigt hat, ob und wie weit sie sich als Evangelische auf Yoga einlassen darf. Mit dieser Verbindlichkeit innerhalb eines Personenkreises ist zugleich auch die *Diskursgruppe* benannt: Evangelische und/oder in evangelischen Gemeinden Tätige und Engagierte oder Personen, die Angebote einer Gemeinde in Anspruch nehmen.

Diese Zugehörigkeit trifft – wie zuvor erwähnt – gleichermaßen auf die beteiligten Wissenschaftler/innen zu. Auch diese bewegen sich im Rahmen des Comenius-Instituts in der Diskursgruppe der Evangelischen. Es ist daher keine Studie, in der von „außen" auf Evangelische geblickt wird. Dadurch waren wir in besonderem Maße dazu aufgefordert, den Forschungsprozess selber reflexiv mit einzubeziehen. Dieser „epistemologische Bruch" (Diaz-Bone 2007), der sich zusätzlich zu dem in der interpretativen Sozialforschung üblichen epistemischen Bruch im Umgang mit dem Material ergibt, geht mit der Erkenntnis einher, dass die an dem Projekt beteiligten Wissenschaftler/innen selber in den Diskurs verwoben sind, den sie untersuchen wollen. Es geht hier also nicht nur um die Erforschung der Sinnkonstruktionen anderer, sondern um eine intensive Beschäftigung mit der Notwendigkeit von Sinnkonstruktionen. An dieser Stelle muss der interaktive Charakter von Interviews berücksichtigt werden, der an anderer Stelle bereits ausführlich behandelt wurde (Grenz 2014b). Interviews stellen so eine jeweils „situationsspezifische interaktive Produktion von Subjektivität" (Bührmann/Schneider 2008, 101) dar.

Die Diskursgruppe lässt sich wie bereits eingangs beschrieben durch die *soziale Aneignung* (Foucault 1994) in verschiedene Gruppen untergliedern, z. B.: Männer/ Frauen, Ost/West, homo-/heterosexuell, Eltern, Großeltern, Arbeiterschicht/Mittelschicht. Dabei können die Interviewten jeweils mehreren Gruppen zugeordnet werden. Bei der Einteilung der Menschen in Gruppen entsteht die Problematik, dass Identitäten festgelegt werden. D. h., es könnte von der Zugehörigkeit zu einer Gruppe auf eine bestimmte Identität geschlossen werden. Für diese Arbeit wird jedoch ein anderes Verständnis zugrunde gelegt. Es ist nicht das Geschlecht oder die sexuelle Orientierung an sich, durch welche/s eine Identität konstituiert wird. Vielmehr sind vergeschlechtlichte Zuordnungen von Menschen mit jeweils spezifischen gesellschaftlichen Diskursen, Anforderungen und Erwartungen sowie Ausgrenzungserfahrungen verbunden, die zur Identitätskonstitution beitragen. Die Identität eines Menschen erschöpft sich jedoch nicht in einem Merkmal. Vielmehr muss davon ausgegangen werden, dass Menschen aufgrund verschiedener Position(ierung)en sowie unterschiedlicher persönlicher Interessen komplexe Identitäten entwickeln. Hinzu kommt, dass bestehende Diskurse nicht monolithisch, sondern heterogen sind: Es gibt immer verschiedene, gleichzeitig bestehende Diskurse, die zwar unterschiedlich gesellschaftlich positioniert sind, jedoch gleichermaßen der Orientierung dienen können.

Die soziale Aneignung stellt die Leitfrage für die weitere Analyse dar, da es hier um die Wechselwirkung von Geschlecht und Lebenssinn geht. Das Geschlecht steht im Vordergrund der Diskussion der jeweiligen Ergebnisse: Es bestimmte auch die

Art und Weise, in der sich die Interviewten in die Diskursgruppe der Evangelischen integrierten. Zugleich wurde das Geschlecht durch andere Gruppen wie Ost/West, homo-/heterosexuell oder Alter durchkreuzt, d. h. soziale Kategorien waren nicht isoliert voneinander, sondern immer mit anderen interdependent präsent.

Die Prozeduren der Reproduktion

Bei den Prozeduren der Reproduktion geht es um jene Mechanismen, durch die sich der Diskurs erhält und entwickelt. Hier werden also die Einschlüsse in den Diskurs untersucht. Foucault (1994) benennt den *Autor*, die *Disziplin* und den *Kommentar*. Auch hier müssen die Konzepte für die Anwendung auf qualitativ-empirische Interviews angepasst werden. So bestimmen die Interviewten selbst, was sie in ihre Lebensgeschichte aufnehmen. Denn sie erinnern sich und nehmen zu ihrer Lebensgeschichte eine rückblickende Perspektive ein. Sie wählen aus der Erinnerung das Ereignis aus, das ihnen im Augenblick des Erzählens als am geeignetsten erscheint, um ihre Sichtweise erklären, Kohärenz herstellen und so Identität konstruieren zu können. In den hier untersuchten Interviews wurde die Autor_innenschaft von manchen bewusst beansprucht, indem sie eingangs deutlich machten, dass es um ihre Perspektive auf ihr Leben gehe oder sie fragten, wie viel Zeit ihnen zu Verfügung stünde. So rekonstruierten die Interviewten auf einer ersten Ebene ihr Leben im Hinblick auf die Fragestellung. Sie sahen bestimmte Themen als sinnstiftend für ihr Leben an und stellten dann mehr oder weniger in sich kohärente und damit sinnerfüllte Erzählungen her (vgl. Schnell 2016; Scholz 2004). Hierbei muss das bereits erwähnte Moment der Biografizität Berücksichtigung finden. In den jeweiligen Interviews wurden durch die Reflexion beim Erzählen Identität bzw. Subjektivität produziert (vgl. Bührmann/Schneider 2008; Scholz 2004). Zu einem anderen Zeitpunkt oder in einer anderen Situation hätten die Teilnehmenden andere Deutungen ihres Lebens entwickeln können und dabei womöglich ganz andere Ereignisse in den Vordergrund gestellt. Dieser Prozess kann durch die zuhörende Person, also die Interviewerin beeinflusst worden sein. So könnte ebenso das Geschlecht wie auch die soziale Herkunft einen Eindruck bei den Teilnehmenden erweckt haben, der ihre Erzählung in eine bestimmte Richtung gelenkt hat (vgl. Grenz 2014b; Bührmann/Schneider 2008).

Wir als Wissenschaftler/innen fertigten mit der Analyse eine Rekonstruktion zweiter Ordnung an. Dabei wurden besonders Passagen aus der lebensgeschichtlichen Erzählung ausgewählt, die sich im Rahmen unserer Untersuchung als relevant erwiesen. Hier wurden von uns als Autor/innen zwar fundierte, aber nicht allein gültige Entscheidungen getroffen. Auf diese Weise selektierten wir im Laufe des Prozesses, was zum Werk eine/r *Autor/in* und damit in das hier zu untersuchende diskursive Archiv gehört, wodurch die jeweilige Biografie der Interviewten in unseren Ausführungen auf eine spezifische Weise hervorgebracht wird.

Bei der Erzählung folgten die Teilnehmenden, indem sie sich an die üblichen Erzähllogiken hielten, auch einer *Erzähl-Disziplin*. So wurde in den Interviews häufig die Struktur gewählt, dem eigenen Sinn des Lebens einen *Ursprung* zu verleihen und seine Entwicklung zu erzählen. Diejenigen, die chronologisch erzählten, folgten damit auch dem Erzählimpuls der Interviewerin. Denn dieser beinhaltete die Frage danach, durch welche Ereignisse, seien es positive oder negative, sich der Lebenssinn entwickelt hat. Der Erzählimpuls impliziert daher sowohl den Ursprung als auch die Entwicklung des Lebenssinns. Er impliziert die Sequenzialität, die in der objektiven Hermeneutik dann untersucht wird. Dadurch wird erneut deutlich, wie sehr Forscher_innen und Forschungsteilnehmende an demselben diskursiven Rahmen partizipieren und dass dieser Rahmen das Forschungsprojekt strukturiert. D. h., sowohl der Erzählimpuls als auch die Geschichten basieren auf bestimmten westlichen Erzählroutinen.

Der *Kommentar* (Foucault 1994) oder die Kommentare stehen hier für die konkreten Äußerungen zu Lebenssinn, Ethik und Religion. Besonders deutlich wird dies bei einem Teilnehmer, der in seinem Leben ein biblisches Motto erkannte.

Die Prozeduren der Ausschließung

Die Prozeduren der Ausschließung bestehen aus dem *Verbot*, der *Verwerfung* sowie dem *Willen zur Wahrheit* (Foucault 1994). Dabei existieren jeweils unterschiedliche Aspekte, die diskursiv nicht gestattet sind. D. h., die Binnendifferenzierung der Diskursgruppe spielt hier eine nicht unerhebliche Rolle. Zum Beispiel erzählten die beiden älteren Männer – abgesehen von ihrer Kindheit – von sich aus überwiegend in öffentlicher (beruflicher und politischer) Hinsicht, wohingegen sich jüngere Männer als aktive Väter darstellten und daher ihre Familien stärker einbezogen. Bei den älteren Männern war es in erster Linie der berufliche Werdegang, der den Lebenssinn in der ersten Erzählung spendete, während sowohl die Familie als auch die Religiosität in dem halböffentlichen Rahmen des Interviews eine untergeordnete Rolle spielten. Frauen gaben dem Privaten hingegen mehr Raum und brachten die Wichtigkeit der Familie und der inneren Auseinandersetzung zumindest als Verpflichtung zum Ausdruck. Damit spiegelt sich auch hier die Konstruktion einer männlichen Identität wider, die rational und in der Öffentlichkeit präsent ist, und einer weiblichen Identität, die eher im privaten, emotionalen Raum zu Hause ist. Zugleich aber zeigen sich auf der Ebene der Religiosität selbst große Übereinstimmungen zwischen Männern und Frauen. So erzählten beispielsweise zwar beide Teilnehmende, die in der DDR als Evangelische aufgewachsen sind, eine Widerstandsgeschichte, doch in der Art und Weise des Erzählens offenbaren sich jeweils andere Geschlechterkonstruktionen.

Bei Foucault (1994) ist es der Wahnsinn, der *verworfen* wird. Dieser steht der rationalen Suche nach Wahrheit diametral gegenüber. Im Falle von Interviews, die sich mit dem Lebenssinn befassten, war es das Sinnlose, das verworfen wurde. Das Sinnlose in den Interviews enthielt so verschiedene Momente wie einerseits Erlebnisse von Repressionen, gegen die Widerstand geleistet wurde oder von denen man sich später befreite und andererseits der Tod nahestehender Personen. Sinnlosigkeit wurde in den Interviews rückblickend regelmäßig in etwas Sinnvolles umgedeutet, in etwas, dass zur Entwicklung der eigenen Persönlichkeit beigetragen hat. D. h., negative Erfahrungen wie der frühe Tod des Vaters, schwere Erkrankungen und erzwungene ökonomische Abhängigkeit wurden in sinngebende Erfahrungen verarbeitet. Auf diese Weise wurde die Sinnlosigkeit der Ereignisse verworfen.

Der *Wille zur Wahrheit* (Foucault 1994) schließlich beschreibt die Stringenz, im Falle der Interviews die Stringenz der Erzählung. In den Interviews ist eine jeweilige Zielsetzung der Erzählung zu erkennen. Auf diese hin wurde die eigene Lebensgeschichte aufgerollt. Die Interviews unterscheiden sich allerdings in der Deutlichkeit, in der dies geschah. Am deutlichsten trat dies bei den älteren Teilnehmenden in Erscheinung. Unter anderem deswegen werden drei dieser Lebensgeschichten zunächst ausführlicher behandelt.

2.3 Lebenssinn, Geschlecht und Engagement in der Evangelischen Kirche: Die praxeologische Perspektive

In diesem ersten Interpretationskapitel sollen nun aus einer praxeologischen Perspektive drei lebensgeschichtliche Erzählungen detailliert untersucht werden. In allen drei Fallanalysen wird die gesamte erzählte Lebensgeschichte dargestellt. Die Auswertung orientiert sich an dem praxeologischen Ansatz von Pierre Bourdieu (vgl. Kap. 2.2.4). Die in einer Lebensgeschichte wirkenden Gegensatzpaare werden in Bezug auf Ort, Situation und Dispositionen dargestellt. Es wurde bereits darauf verwiesen, dass die Gegensatzpaare, in ihrem je einzelnen Gebrauch betrachtet, bedeutungsarm und unbestimmt sind. Ihre volle Bedeutung gewinnen Begriffspaare stets in einem spezifischen Verwendungsbereich und dem entsprechenden Kontext in der Lebensgeschichte.

Alle drei Interviewpartner/innen blicken auf eine längere Lebensstrecke zurück. Frau und Herr Matzner sind bereits aus dem Berufsleben ausgeschieden und unterziehen ihr Leben in den Interviews auch einer Bewertung. Der dritten Teilnehmerin Frau Inthorn steht der Ausstieg aus dem Berufsleben noch bevor, doch sind ihre Kinder bereits seit längerer Zeit aus dem gemeinsamen Haushalt ausgezogen.

2.3.1 Frau Matzner: Sich selbst befreien und bei Ungerechtigkeit eingreifen

Frau Matzner ist mit 74 Jahren die älteste Teilnehmerin. Sie wuchs in West-Berlin auf, hat drei Kinder und mehrere Enkel. Sie ist zum zweiten Mal verheiratet. Im Folgenden wird ihre Lebensgeschichte anhand der in ihrer Erzählung vorfindlichen Gegensatzpaare rekonstruiert, die unter 2.3.1.1 zunächst im Überblick dargestellt werden. In 2.3.1.2 steht die Erzählung über ihre Herkunftsfamilie und in 2.3.1.3 über ihre erste Ehe im Zentrum. 2.3.1.4 beinhaltet die Ergebnisse der Interpretation ihrer Erzählung des beruflichen Werdegangs und 2.3.1.5 ihrer zweiten Ehe. In Kapitel 2.3.1.6 werden die langfristigen Dichotomien rekonstruiert, während 2.3.1.7 ihren Modus zur Lösung von Differenzerfahrungen zusammenfasst.

2.3.1.1 Die Gegensatzpaare im Überblick

Abbildung 3: Gegensatzpaare im Interview mit Frau Matzner

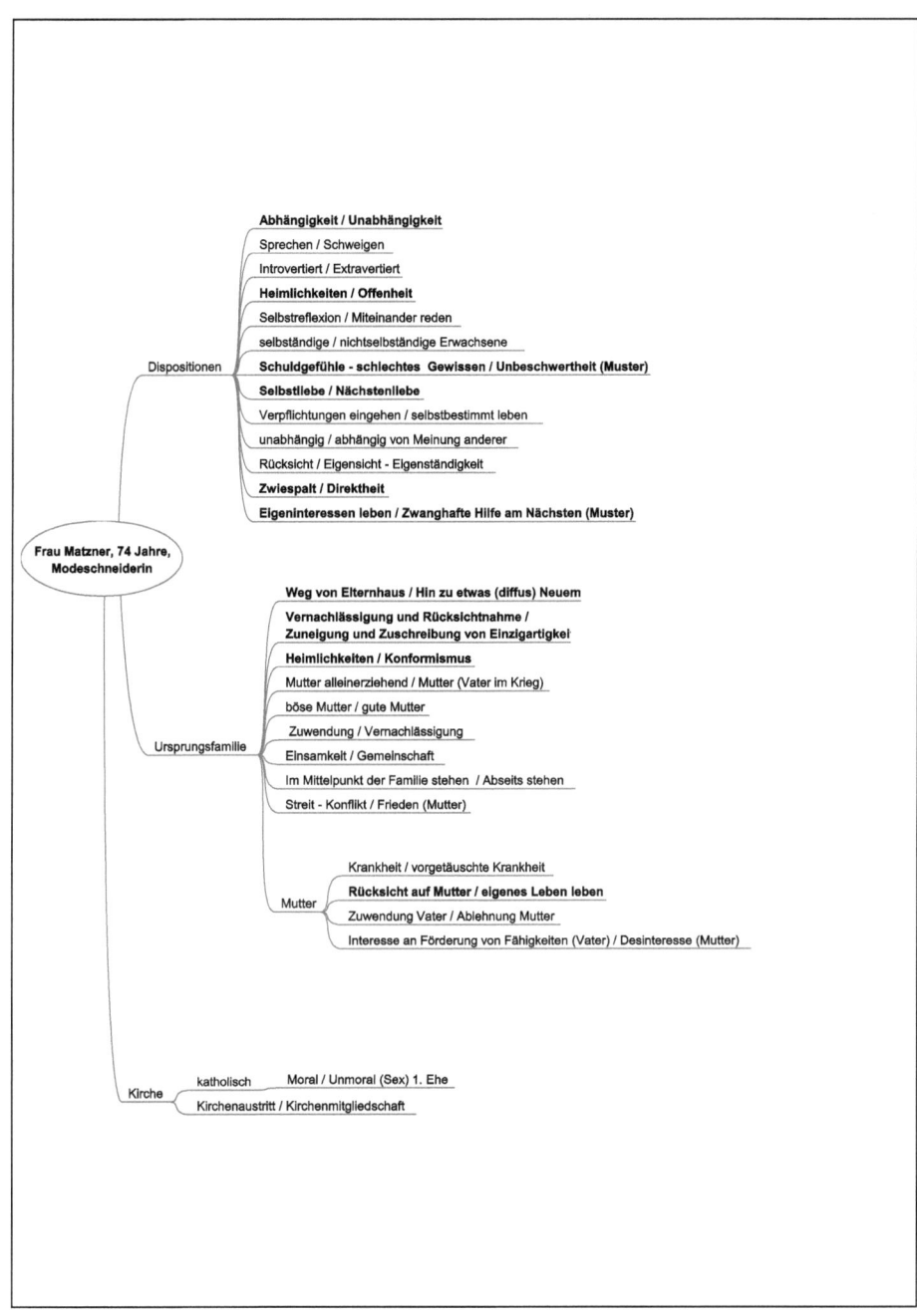

Fortsetzung Abbildung 3

67

2.3.1.2 Die Herkunftsfamilie

Frau Matzner beginnt ihre lebensgeschichtliche Erzählung mit der Schilderung ihres ersten Umbruchs durch die erste Ehe:

> *Ich war 21 Jahre verheiratet, da sind die Kinder draus entstanden. Und ich bin dann mit mit 19 habe ich geheiratet und ich bin da eigentlich rein gestolpert in die Ehe. Völlig unbedarft und ohne Vorstellung, was ich eigentlich will im Leben (00:00:41).*

Sie hat früh mit 19 Jahren geheiratet und war 21 Jahre lang verheiratet. Dabei hatte sie nicht unbedingt den Wunsch zu heiraten oder Kinder zu bekommen. Dass die Ehe so lange gehalten hat, war wahrscheinlich dem Umstand geschuldet, dass *Kinder draus entstanden* sind. Das scheint sie auszudrücken, indem sie die Dauer der Ehe und die Geburt der Kinder als ein passives Geschehen in einen Zusammenhang bringt. Die Zeit der Ehe wird gerahmt durch zwei Umbrüche. Der erste große Umbruch begann mit der Ehe, der zweite Umbruch ist am Ende der Ehe angesiedelt. Ob durch Trennung, Scheidung oder Tod des Partners, bleibt vorerst offen.

Dass sie in die Ehe *rein gestolpert* ist, deutet auf keine bewusste Entscheidung hin, sondern darauf, dass sie ihr eher zufällig widerfahren ist. Normalerweise stolpert man über ein Hindernis und landet dann recht unsanft auf dem Boden oder kann sich bestenfalls noch im letzten Augenblick fangen und einen Sturz verhindern. Ein Sturz wird i. d. R. nicht absichtlich herbeigeführt, sondern ereignet sich unabsichtlich. Dieses unabsichtliche Moment wird von Frau Matzner weiter ausgeführt: Sie sei *unbedarft* in die Ehe gestolpert. Grund dafür könnte eine unabsichtliche Schwangerschaft sein. Ende der 1950er Jahren war es durchaus noch üblich, dass bei einer Schwangerschaft geheiratet werden musste. Das war bei ihr jedoch nicht der Fall, sie ließ sich aus anderen Gründen auf die Ehe ein. Es scheint so, als hätte sie damals ein Hindernis überwinden müssen und sich dann im ‚Hafen der Ehe' wiedergefunden. Zumindest im Rückblick gehört für Frau Matzner die Entwicklung eines Plans im Sinne einer längerfristigen Lebensperspektive dazu, bevor man sich in einer langfristigen Partnerschaft bindet. Diesen Schritt hat sie damals nicht vollzogen.

> *Sondern einfach nur aus dem Bedürfnis raus, von zu Hause rauszukommen und etwas für mich alleine zu haben. Also, etwas, was was nur mich betrifft, was was wie soll ich das sagen? Ja, das ist schwer schwierig zu sagen (00:00:41).*

Nun kommt sie zum für sie bestimmenden Motiv, was die Umstände ihrer ersten Ehe ausmachen: Sie wollte weg von zu Hause. Für dieses Ziel war sie bereit, minderjährig (damals wurde man erst mit 21 Jahren volljährig) mit 19 Jahren zu heiraten. Sie landete in einer neuen Familie mit Mann und zu erwartenden Kindern. Die Heirat war Mittel zum Zweck und nicht ihr primäres Ziel, insbesondere weil die Vorstellungen, was sie *eigentlich will im Leben*, wie sie ihr Leben zu gestalten gedachte, nicht klar waren. Einzig klar schien ihr nur: etwas *Eigenes* haben zu wollen. Was das konkret war und wie es zu beschreiben sei, kann sie bis heute noch nicht ausdrücken, zumindest macht es ihr Schwierigkeiten. Das ‚Hineinstolpern' in die Ehe war damals für sie die einzige Option, um aus dem Elternhaus herauszukommen auf dem Weg, *etwas ganz alleine für [sich] selbst zu haben* und damit auch Grenzen gegenüber ihrer Herkunftsfamilie ziehen zu können. Die erste Wende in ihrem Leben resultierte aus einer Dichotomie: Weg vom Elternhaus versus Hin zu etwas (diffus) Eigenem.

In der nächsten Sequenz erzählt Frau Matzner zunächst ihre Beweggründe, warum sie noch minderjährig unbedingt von zu Hause weg wollte.

> *Ne, das lag wahrscheinlich daran, dass ich das jüngste Kind bin. Ich bin 1940 geboren, erst mal im Krieg geboren. Und wenn ich jetzt so drüber nachdenke, was das für meine Mutter bedeutet hat– Mein Vater war zwar noch zu Hause, der war noch nicht eingezogen, aber er ist dann ganz schnell, musste er los, ne? Musste er in den Krieg. Und meine Mutter stand dann da mit drei Kindern. Mit den ganzen Geschichten in Berlin, war bestimmt nicht einfach, ne? Und ich bin meiner Mutter lange Zeit sehr böse gewesen, weil ich das Gefühl hatte, sie hat sich nicht genügend um mich gekümmert (00:02:25).*

Der Vater musste bald nach ihrer Geburt in den Krieg und die Mutter hatte in Berlin drei Kinder allein zu versorgen. Aus nicht genannten oder auch latent bleibenden Gründen hatte Frau Matzner als Kind das Gefühl, dass sich ihre Mutter nicht genügend um sie kümmerte. Das wäre während des Krieges noch nachvollziehbar gewesen, denn für eine alleinerziehende Mutter mit drei Kindern war das damals eine gewiss nicht leichte Situation. Aber das Gefühl der Vernachlässigung setzte sich auch nach dem Krieg fort.

> *Also, ich war alleine. Ich war sehr alleine. Später später speziell so in der Pubertät, so dieses Alter zwischen 13, 15, 16, hatte ich das Gefühl also, ich komme überhaupt nicht vor in der Familie. Ich bin, ja, ich lauf da so mit, ne? Ja, jetzt, das regt mich jetzt auf. (00:02:25).*

Sie war allein und hatte das Gefühl, in der Familie nicht vorzukommen, war einsam und fühlte sich im Familiengeschehen ins Abseits gedrängt. Sie war zwar Teil der Familie – *lauf so mit* –, wurde aber in ihrer Besonderheit und Einzigartigkeit nicht wahrgenommen. Darauf war sie lange Zeit ihrer Mutter *sehr böse*. Ob das bei ihren Geschwistern auch der Fall war oder ob nur sie sich in der Familie als *so mitgelaufen* fühlte, bleibt unerwähnt.

Aufgrund dieser Erzählsequenz kann man den spannungsgeladenen Gegensatz weiter präzisieren: Die Gründe für das Verlassen des Elternhauses sind einerseits in einer zumindest gefühlten Vernachlässigung zu suchen, dem die Suche nach Verstehen und Akzeptanz gegenübersteht. Andererseits nimmt sie sich in ihrer Herkunftsfamilie wahr als austauschbares und mitlaufendes Teil, das im System der Familie nicht wahrgenommen wird. Es fehlt die Anerkennung ihrer Person in ihrer Einzigartigkeit und Besonderheit. In dieser familialen Konstellation fiel es ihr schwer, eine eigene Identität auszubilden.

Der Versuch der Herausbildung einer eigenen Identität, die einen Bezug herstellte zu etwas äußerem *Eigenen*, war der Grund, das Elternhaus zu verlassen und noch minderjährig zu heiraten. Sie löste das Problem, indem sie in ein gleichgeartetes

System wechselte, von der Herkunftsfamilie zur Gründung einer eigenen Familie. Beide waren – wie noch nachzuweisen ist – homolog strukturiert.

Erst im Nachfrageteil des Interviews werden die Gründe für das frühe und überstürzte Verlassen der Herkunftsfamilie weiter verdeutlicht: Nach dem Krieg war die Mutter ständig krank – Herzschwäche, Nierensteine und Gallengeschichten – und musste vom Vater und den Kindern versorgt werden. Dadurch wurden die Rollen und Aufgabenzuschreibungen zwischen Mutter und Kind vertauscht:

> *Ich habe das Gefühl gehabt, die hätte sich mehr um mich kümmern müssen. Sie war die Hilfsbedürftige immer. Sie war die, die immer krank war. Also in meinen Augen war sie immer krank, ja? Ich hab ihr eigentlich ihre Krankheit übel genommen. Also, ich glaub, dass sie ihre Krankheit auch genutzt hat (00:33:58).*

Der Vater hatte Schichtdienst, er konnte seine Frau am Vormittag betreuen und den Haushalt besorgen. Diese Aufgabe kam der Tochter nach der Schule am Nachmittag zu. Hinzu kommt, dass die Tochter ihren Vater liebte und zu ihm eine intensive Beziehung aufbaute. Er war es, der die Fähigkeiten der Tochter förderte und kritisch-konstruktiv begleitete, während die Mutter diese nur teilnahmslos wahrnahm. In der Wahrnehmung der Tochter hatte jedoch auch der Vater zu wenig Zeit für sie. Das geht so weit, dass sie mit dem Schicksal haderte, als der Vater vor der Mutter starb.

> *Das hört sich so brutal an, aber eigentlich, weiß ich nicht, wäre ich lieber meine Mutter losgeworden und hätte meinen Vater behalten. Also, ich hab sehr an meinem Vater gehangen. Der hat der war warmherzig und und liebevoll. Und meine Mutter war eigentlich mehr, ja, war nicht, war keine böse Frau, aber die hatte immer, ich war eifersüchtig auf sie und dass sie meinen Vater für sich hatte und das auch so genutzt hat (00:33:58).*

Die Mutter durfte sich aufgrund der Krankheiten nicht aufregen und es musste auf ihre Befindlichkeiten Rücksicht genommen werden. Von der Tochter wurden Anpassungsleistungen im Sinne von regelkonformem Verhalten verlangt, da ansonsten die Gesundheit der Mutter gefährdet wurde.

> *Der Tenor war immer: Was tust du der Mama damit an? Was, was, das kannst du doch der Mutti nicht, der Mutti nicht antun. Das kannst du ihr doch nicht antun Die hat sich so aufgeregt. Ja, also ich war … alles, was ich irgendwie schlecht gemacht hab, hab ich meiner Mutter angetan (00:43:52).*

Auch hier zeigt sich die Zuschreibung von als selbstverständlich angenommenen traditionellen Geschlechterrollen. In diesem Fall schützt der Mann seine Frau, und die Tochter hat sich konform, also ‚gut erzogen‘ zu verhalten und die Mutter zu versorgen. Diese gegenderte Rollenzuschreibung gerät allerdings in Konflikt mit der ebenso gültigen, dass die Mutter die Kinder zu versorgen und den Haushalt zu führen hat. Der Mann ist demgegenüber für die Existenzsicherung durch berufliche Arbeit zuständig. Diese als ‚natürlich‘ betrachtete Geschlechterordnung und familiale Aufgabenteilung wurde in der Familie von Frau Matzner in Bezug auf die Tochter-Mutter-Beziehung auf den Kopf gestellt.

Aus dem Zwiespalt eines regelkonformen Verhaltens in der Familie und der Verfolgung eigener Interessen und Neigungen wurde sie zum *Heimlichtuer* (vgl. auch Kap. 2.3.1.6).

Das heißt, [...] dass ich alles, was ich machen wollte, schon gemacht hab, aber dann heimlich gemacht hab und dann ge geschlingelt hab, weil ich gelogen hab, ne? Geschichten erzählt hab, was, was, wenn ich irgendwo hingehen wollte, weil, weil, weil ich abends irgendwie durch die Straßen streifen wollte. Wenn sie es gewusst hätten, hätten sie gesagt, ich treib mich rum, ja? Ich treib mich rum, wäre es gewesen. Das macht man doch nicht. Das tut man nicht als Mädchen. Aber ich bin eigentlich auf der Suche gewesen irgendwie damals. Und dann hab ich Geschichten erfunden, dass ich bei irgendeiner Freundin bin oder oder irgendwann in einer Gruppe. Die Kirchengruppe unternimmt irgendetwas. Das war immer toll. Das war ein guter Grund. Also, das funktionierte immer. Weil Kirche ist gut gewesen. Dass ich also nichts nichts hab aufkommen lassen irgendwie (00:45:41).

Sie beschreibt die Erwartungen und Anforderungen an Mädchen und junge Frauen in den 1950er Jahren. Abends durch die *Straßen streifen* verstieß gegen das Anstandsgebot der damaligen Zeit, auch wenn sie damit etwas ganz anderes beabsichtigte, als ihr moralisch vordergründig hätte unterschoben werden können. Heimlichkeiten wurden noch verstärkt durch eine streng katholische Erziehung, die klare moralische Regeln vorgab und Zwänge gegen Freiheiten auszuspielen in der Lage war. Als Folge des Zwiespalts tat sie alles Verbotene heimlich. *Also ich bin zum Heimlichtuer geworden dann damals. Aber total* (00:45:41).

Ich hatte das Gefühl, ich will alleine leben, und ich will mein Leben leben, irgendwie, ne? Und ich wollte da raus. So, da habe ich mir gesagt: ‚Kämpf‘, obwohl das gar nicht so einfach war damals. Ich war erst 19, das heißt, 18, als ich meinen Mann kennengelernt habe und mit 21 war man ja erst volljährig. Und mein erster Mann war evangelisch. Ich bin katholisch erzogen und katholisch, in einem katholischen Elternhaus mit allen Zwängen, die es da so gibt. Mit regelmäßig zur Kirche gehen und zur Beichte gehen und keinen Kat, Evangelischen heiraten. Da gibt es so was nicht. Das kommt nicht vor. Und Sex vor der Ehe sowieso nicht. Um Gottes Willen. ‚Komm mir bloß nicht mit ’nem Kind nach Hause. Das geht nicht. Das tut man nicht.‘ Also mit diesen ganzen Auflagen bin ich also groß geworden und hab mich eigentlich auch nicht großartig dagegen gewehrt, sondern nur heimlich. Dass ich dann halt zur Kirche gegangen bin und nicht in die Kirche, sondern um die Kirche rum, wenn ich alleine zum Gottesdienst gegangen bin. Hab mich aber nicht so gewehrt. Wenn meine Eltern mit dabei waren, bin ich halt hingegangen, ne? Also, ich war nicht der Rebell, dass ich mich da so aufgelehnt hätte, sondern ich habe es heimlich gemacht (00:04:32).

Frau Matzner tat alles Verbotene heimlich. Sie lehnte sich innerlich und heimlich gegen die Strenge auf, die sie heute mit dem Katholizismus verbindet. Diesem System entfloh sie durch ein geschlechtskonformes Verhalten, indem sie heiratete. Eine in ihrem katholischen Elternhaus geltende Regel hat sie allerdings missachtet: Ihr Mann war evangelisch.

Betrachten wir die Gegensatzbeziehungen in ihrer Herkunftsfamilie, so wirkten sie in der Summe zu Ungunsten der Tochter und zu Gunsten der Mutter. Von der

Tochter wurde Selbstaufgabe, Rücksicht und Verzicht gefordert, die die Entwicklung des Selbst und einer eigenen Identität verhinderte oder zumindest erschwerte. Das konforme Verhalten in der Herkunftsfamilie bedingte, dass eigenen Interessen und Vorlieben nur heimlich und konspirativ nachgegangen werden konnte. Mit der ersten Heirat hat sie sich aus Zwängen der Herkunftsfamilie befreit, jedoch dort erworbene habituelle Dispositionen beibehalten, die zu neuen Zwängen und Abhängigkeiten führten.

2.3.1.3 Erste Ehe

Es ist deutlich geworden, dass eine nicht erfüllte Normalitätserwartung Frau Matzner aus ihrer Ursprungsfamilie herausgetrieben hat. Sie fühlte sich vernachlässigt, weil sich die Mutter (aufgrund ihrer Krankheiten) nicht um ihre Tochter kümmern konnte und – quasi in Rollenumkehr – die Tochter sich beständig um die Mutter kümmern musste. Die Tochter fühlte sich gefangen in dieser familialen Konstellation und hatte den Wunsch, möglichst frühzeitig ein von der Herkunftsfamilie unabhängiges Leben zu führen.

Sie wollte nicht unbedingt heiraten, aber unabhängig von der Herkunftsfamilie ein eigenständiges Leben führen. Eine naheliegende Option wäre eine Berufsausbildung mit anschließender Berufsarbeit gewesen als Grundlage sowohl für die Existenzsicherung als auch für ein unabhängiges Leben. Da sie ihre Ausbildung als Schneiderin vor Beginn der Ehe beendet hatte, wäre dies durchaus möglich gewesen, allerdings verbunden mit einer längerfristigen Planung. Eine sofortige Abwendung vom Elternhaus wäre nicht ohne weiteres machbar gewesen. Sie hätte mit Widerständen und Konflikten rechnen müssen, denn damals war es üblich, dass eine nichtverheiratete junge Frau auch als Berufstätige zu Hause wohnte und die Herkunftsfamilie finanziell unterstützte.

Mit der frühen Ehe konnte sie das Problem der Ablösung vom Elternhaus in Übereinstimmung mit den damaligen Normalitätserwartungen an eine junge Frau mit sofortiger Wirkung lösen. Außerdem versprach die Ehe die Lösung eines weiteren Problems. Ihr Mann gab ihr die Zuwendung, die sie bei ihrer Mutter vermisste. Er verstand sie und bestätigte sie in ihrer Einzigartigkeit und Individualität.

Dann hab ich also meinen Mann kennengelernt und der hat mir also das Gefühl gegeben, dass ich die Einzige bin, die ihm wichtig ist. Und das ist das, was mir damals gefehlt hat, ne? Das jemand so total sagt, also: ,Dich will ich. Nur Dich', ne? Das ist ja nicht, nicht irgendjemand, sondern nicht irgendeine Frau, sondern Dich. Und das war das war eigentlich das Ausschlaggebende damals (00:04:32).

Mit der Ehe schlug das Pendel der Gegensatzpaare gleich zweimal zu ihren Gunsten aus. Sie konnte zum einen sofort ihr Elternhaus verlassen, unter dem Mantel eines von allen Akteuren anerkannten Normalitätsverständnisses sogar ohne Konflikte. Zum anderen wurden ihr von ihrem Mann die Zuwendung und die Anerkennung von Einzigartigkeit zugesprochen, die sie im Elternhaus vermisste.

Ja, und dann ging das Schlag auf Schlag. Dann hab ich also mit 20 das erste Kind, mit 21 das zweite Kind, das war die [Name der Tochter]. Und mit 23 war ich dann Mutter von drei Kindern. War toll, war klasse. Aber natürlich auch fürchterlich schwierig. Ich war total überfordert, weil ich alleine damit gestanden bin, praktisch, ne? (00:04:32).

Mit 23 Jahren war sie Mutter von drei Kindern, eingebunden in ein Familiensystem mit klar geschlechterorientierter Aufgabenteilung. Sie war für die reproduktive Arbeit, die Erziehung und Pflege der Kinder sowie den Haushalt zuständig. Mutter von drei Kindern zu sein und die alleinige Verantwortung für einen Haushalt zu übernehmen, fand sie einerseits *toll* und *klasse*, andererseits war sie mit den ihr zugeteilten Aufgaben *total überfordert*.

Ihr Mann übernahm die Aufgabe des Ernährers und widmete sich ausschließlich seinem Beruf. Die Aufgabenteilung wurde durch zwei Faktoren zusätzlich 'zementiert':

Für meinen Mann war das auch nicht so einfach. Sondern der hatte auch seine Hintergründe gehabt, warum er jetzt heiraten wollte, und warum er eine Familie gründen,– er wollte eigentlich keine Familie, er wollte eine Frau. Er wollte mich. Aber er wollte nicht unbedingt Familie, ne? Das war mir aber nicht bewusst, das war mir nicht klar. Ich wollte Familie, klar. Kinder, die die waren total auf mich fixiert, das ist ja das, was ich brauchte, ne? (00:06:46).

Ihr Mann hatte kein Interesse an den Kindern, er wollte seine Frau ausschließlich als Geliebte. Das war zwar auch für Frau Matzner ein wesentlicher Grund für die Ehe, doch zugleich war ihr Interesse auf die Gründung einer Familie gerichtet. Sie wollte – wie bereits weiter oben ausgeführt – etwas *Eigenes*. Das *Eigene* waren die Kinder und die Familie und dieses wurde zum Problem, weil Frau Matzner in der Versorgung der Familie von ihrem Mann in keiner Weise unterstützt wurde. Davon erzählt sie in der nächsten Sequenz.

Und überfordert deswegen, weil mein Mann im Grunde genommen an den Kindern nicht nicht besonders Interesse hatte. Und ich also ständig im im im Clinch lag, wie wie ich wie ich allen gerecht werde. Wie ich ihm gerecht werde und wie ich den Kindern gerecht werde. Wie ich da den Ausgleich schaffe. Ja, ich war immer irgendwo dazwischen, ne? Ja, das sich dann gesteigert hat, bis bis die Kinder dann größer wurden, dass ich mich ständig auf die Seite der Kinder schlagen musste, um sie zu verteidigen. Was natürlich dann in der Ehe Reibereien gegeben hat und was dann zum Bruch irgendwann geführt hat, ne? Und da ist mir irgendwann mal klargeworden, wenn– das war so [...] auslösende Geschichte, wie dass die Kinder drei Kreuze gemacht haben, wenn der Vater nicht zu Hause war, ne? Dass sie sich auf die Nachmittage gefreut haben, wenn er Spätdienst hatte oder er hatte einen ständigen Wechseldienst. War also dann auch irgendwie nicht ansprechbar immer. Also, entweder musste er schlafen also, man musste ständig Rücksicht nehmen. Entweder musste er schlafen oder er brauchte Ruhe oder er war nicht da, ne? Sodass die Kinder immer dankbar waren, wenn er Spätdienst hatte, wenn wir alleine waren. Dann dann kamen die Freunde und dann wurde, war Trubel in der Wohnung (00:08:07).

Frau Matzner musste zwischen Partnerschaft und Familie vermitteln. Ihr Mann war ausschließlich an der Partnerschaft interessiert und sorgte für seine Familie allein finanziell. Weder an der Erziehung der Kinder noch an der Hausarbeit beteiligte er sich. Verstärkt hat sich dieses Problem durch den Schichtdienst ihres Mannes. Die Folge war von Seiten der Kinder eine Fixierung auf die Mutter und eine Abwendung vom Vater.

Die Ehe und die Gründung einer eigenen Familie hat für Frau Matzner die als ,natürlich' betrachtete Geschlechterordnung wieder auf ,die Füße' gestellt. Die Frau ist ,drinnen' im Haus für den Haushalt und die Versorgung und Erziehung der Kinder zuständig. Der Mann geht ,draußen' seinem Beruf nach und sichert dadurch die Existenz der Familie. Das fand Frau Matzner zunächst *toll*. Sie konnte ein eigenständiges Leben führen und war für eine Familie mit drei Kindern verantwortlich. Weil sich ihr Mann aus der Hausarbeit und den entsprechenden Aufgaben eines ,Familienvaters' völlig heraushielt, war sie mit den ihr zugeschriebenen Aufgaben allerdings überfordert.

An dieser Stelle kommt erneut ihre Mutter ins Spiel. Sie kümmerte sich als Großmutter intensiv um ihre Enkel. Der Umstand, dass die Enkel ihre Oma *über alles liebten,* erzeugte bei Frau Matzner einen sie verletzenden Gegensatz: *Die hat den Kindern die Aufmerksamkeit gegeben, die ich bei ihr vermisst habe (00:06:46).* Hier schlug das Pendel wiederum in doppelter Hinsicht zu ihren Ungunsten aus: Als Kind hatte sie ihre Mutter versorgen müssen, genauso wie sie jetzt ihre eigenen Kinder versorgte. Den Lohn allerdings heimste in beiden Fällen ihre Mutter ein.

Ihre erste Ehe war von einer Dichotomie in Bezug auf die geschlechtsspezifische Aufgabenteilung in der Familie beherrscht. Indem sie quasi als ,alleinerziehende' Mutter für den Haushalt und die Kinder zuständig war und ihr Mann ausschließlich für den Beruf, wurden die Verhältnisse und eingespielten Muster der traditionellen Aufgabenteilung noch gesteigert in Richtung einer strikten Aufgabentrennung. Die sie ganz in Anspruch nehmenden Aufgaben als Mutter ließen keine Zeit und Kraft für die Entwicklung einer eigenen Lebensperspektive und Identität. Und als bestimmender Faktor ihrer Existenz kam hinzu, dass sie finanziell abhängig war vom ,Familienvorstand', dem Ernährer der Familie. Die Unabhängigkeit von der Herkunftsfamilie war erkauft worden durch eine neue Abhängigkeit von ihrem Mann und den Zwängen in ihrer eigenen Familie. Das führte unweigerlich zu Konflikten mit ihrem Mann. Sie war abhängig von ihm, war überfordert und unzufrieden mit der familialen Situation und musste ständig einen Ausgleich schaffen zwischen den Ansprüchen ihres Mannes und den Interessen ihrer Kinder.

Nachdem ihre Kinder volljährig waren, versuchte sie, sich von ihrem Mann zu trennen. Sie wurde darin auch von den Kindern unterstützt. Ihr Mann erpresste sie mit einem Selbstmordversuch. Ihr schlechtes Gewissen veranlasste sie, noch vier weitere Jahre bei ihm zu bleiben. Mit der weiteren Unterwerfung unter die Ehe erkaufte sie sich ein gutes Gewissen.

Interessant ist, dass der Trennungsversuch erst nach dem Tode ihrer Mutter stattgefunden hat. Das war zwar keine bewusste Entscheidung, doch sie hätte sich von ihrem Mann nicht getrennt, solange ihre Mutter noch lebte: *Hätte ich mir nicht getraut, ihr zuzumuten, ne?* Hier kommt wiederum ein Muster aus ihrer Kindheit zum Tragen. Nichtkonformes Verhalten der Tochter kann das Leben der Mutter beeinträchtigen. Der habituelle ‚Nachhall‘ dieser Disposition war so stark, dass sie die für sie unerträgliche Situation in der Ehe noch bis zum Tod ihrer Mutter ertrug. Nach 21 Jahren zog Frau Matzner aus der gemeinsamen Wohnung aus. Es war für sie eine zeitlich befristete Trennung. Schuldgefühle und ein latent schlechtes Gewissen ließen sie vor einer Scheidung zurückschrecken.

Aber ich hab ihn auch eigentlich immer in dem Glauben gelassen, dass das eine räumliche Trennung ist. Also, ich hab jetzt nicht von Scheidung geredet, ne? Sondern ich hab gesagt: ‚Lass uns doch mal räumlich trennen.‘ Und hab eigentlich immer noch im Hinterkopf so gehabt: Naja, muss ja nicht für ewig sein, ne? Vielleicht finden wir noch mal einen Weg zusammen (00:17:24).

Dieser Kompromiss ging allerdings auf Kosten der eigenen Unbeschwertheit des Lebens und der Verfolgung eigener Lebensziele.

Und dann ist er zur Kur gefahren, hat da eine Frau kennengelernt und ich hatte- bin mit [Name der Tochter] zusammen hingefahren in die Wohnung und habe die Wohnung hergerichtet, was zu Essen bevor er nach Hause kam, ne? Und versucht, ihm das ein bisschen schön zu machen, wenn er nach Hause kommt, damit er sich freut. Und dann kam er also: ‚Ich weiß gar nicht, was ihr hier wollt. Ich will das gar nicht.‘ Ne? Und: ‚Ihr könnt gleich wieder gehen‘. Und er hätte da eine Frau kennengelernt (00:17:24).

Frau Matzner und ihre Tochter wollten ihrem Mann und Vater bei der Rückkehr von der Kur eine Freude bereiten. Das wurde von ihm brüsk zurückgewiesen und sie wurden der Wohnung verwiesen. Er hatte während der Kur eine Frau kennengelernt. Ihr Mann war es, der die Scheidung einreichte. Auch hier ein starkes Zeichen der Schemata, die ihre Ehe bestimmt hatten: Auf der einen Seite die bestimmende Außenseite des Familiensystems mit dem dominanten Mann, und auf der anderen Seite die Innenseite mit der passiv erleidenden und auf Fürsorge, Rücksicht und Harmonie ‚disponierten‘ Frau.

Die Zurückweisung ihres Mannes löste bei Frau Matzner nicht nur ein passives Moment des Rückzugs aus, sondern in Reaktion darauf ergriff sie Initiative und beantragte selbst eine Kur.

Und das war dann eigentlich dann irgendwie so ein so ein Knacks. ‚Verdammt noch mal, zur Kur kann ich auch fahren‘, ne? Ich muss zwar keinen Mann kennenlernen, aber ich fahr auch mal zur Kur. Und hab dann auch ’ne Kur gekriegt (00:17:24).

2.4.1.4 Beruflicher Werdegang

Während der ersten Jahre ihrer Ehe ging Frau Matzner keiner beruflichen Tätigkeit nach. Das war mit drei kleinen Kindern und ohne Unterstützung ihres Mannes auch kaum zu realisieren. Danach begann sie, als gelernte Schneiderin in Heimarbeit Brautkleider zu nähen. Sie arbeitete nachts, weil sie tagsüber die Kinder und den Haushalt versorgte. Es war ihr erklärtes Ziel, sich finanziell von ihrem Mann zumindest ein Stück weit unabhängig zu machen, obwohl sich die Arbeit finanziell kaum lohnte. Als die Kinder in die Schule gingen, begann sie, als Zimmermädchen halbtags in einem Hotel ihrer Heimatstadt zu arbeiten. Aus gesundheitlichen Gründen musste sie nach einigen Jahren die Arbeit wieder aufgeben.

> *Als die Kinder in der Schule waren, da ging das eigentlich los, dass ich gedacht hab: ‚Ich muss jetzt, ich muss irgendwie eigenes Geld verdienen, ne? Ich muss mich unabhängig machen finanziell. Ich kann nicht wegen wie soll ich denn jemals gehen?‘ Da war im Hinterkopf schon der Gedanke ‚Wie soll ich jemals gehen, wenn ich kein Geld hab?‘, ne? Und hab dann auch mein erstes Konto, erstes eigenes Konto gehabt (00:39:59).*

Das Einrichten eines eigenen Kontos war zwar nur ein kleiner, aber zugleich der erste und nachhaltige Schritt auf dem langen Weg in die Unabhängigkeit. Ihr Mann akzeptierte die Heimarbeit seiner Frau und ein eigenes Bankkonto[18] unter der Bedingung, dass die Arbeitsteilung im Haushalt davon nicht tangiert würde.

> *Wenn alles zu Hause weiter läuft wie bisher, ne? Dann war das, ja, dann war ihm das egal. Hauptsache der Haushalt läuft so weiter, wie er es gewöhnt ist, und er muss da jetzt nicht irgendwie zusätzlich was machen, ne? Also, es war nicht so, dass er faul war oder sowas. Aber Haushalt war eben nicht sein Ding (00:40:53).*

Frau Matzner versucht auch heute noch, ihren Ex-Mann in Bezug auf die Verweigerung häuslicher Pflichten zu verstehen. Sie bringt damit unbewusst jene Selbstverständlichkeit zum Ausdruck, die in diesem Fall das Geschlechterverhältnis in Bezug auf Aufgabenteilung und -zuordnungen ausmacht.

Nach der Trennung begann sie eine Umschulung zur Musterschneiderin bei einem Modemacher und besuchte einen vom Arbeitsamt bezahlten halbjährigen Lehrgang in einer Modeschule in einer anderen Stadt. Dazu war sie – zwar mit schlechtem Gewissen – bereit, ihren 18-jährigen Sohn allein zurückzulassen.

> *Also es gab den den Zeitpunkt, wo ich dann gegangen bin. Da habe ich das Gefühl gehabt, ich ich hab da nur in dem Moment nur an mich gedacht. Ich hab den [Name des Sohns], der war ja gerade mal 18, ja, gerade mal 18 geworden, den hab ich dann allein gelassen in [Stadt 1], bin das halbe Jahr nach [Stadt 2] gegangen. Weil, eigentlich – hätte ich vielleicht nicht machen dürfen. Weil für den war es nicht besonders gut. Ich hab den in der Wohnung dann allein gelassen (00:54:53).*

Damals verschob sie aktiv – wahrscheinlich zum ersten Mal in ihrem Leben – die Gewichtung der Gegensatzbeziehungen zu ihren Gunsten. Das Entkommen aus der

---

18 Bis 1958 hatte der Ehemann auch das alleinige Bestimmungsrecht über Frau und Kinder inne. Auch wenn er seiner Frau erlaubte zu arbeiten, verwaltete er ihren Lohn. Noch bis 1962 durfte eine Frau ohne Zustimmung des Mannes kein eigenes Bankkonto eröffnen. Erst nach 1969 wurde eine verheiratete Frau als geschäftsfähig angesehen. http://www.focus.de/wissen/mensch/geschichte/tid-21578/zum-weltfrauentag-meilensteine-der-frauenemanzipation-in-deutschland-die-erste-frau-die-ohne-erlaubnis-ihres-ehemannes-arbeiten-darf_aid_605621.html (abgerufen am 29.07.2017)

finanziellen Abhängigkeit und das Erreichen der finanziellen Unabhängigkeit war für sie so bedeutsam, dass sie die Verpflichtungen gegenüber ihren Kindern – zwar mit schlechtem Gewissen und nur temporär – einschränkte, zugunsten eines zu erstrebenden selbstbestimmten und unabhängigen Lebens.

Die Entscheidung für den Lehrgang kann als die entscheidende Wende in ihrem Leben betrachtet werden, von der sie zu Beginn des Interviews spricht. Die Herkunftsfamilie und ihre erste Ehe hatten sie in einem System von Erwartungen, über Sozialisation erworbenen und als natürlich betrachteten ‚selbstverständlichen‘ Dispositionen gefangen gehalten, aus denen sie sich mit Hilfe beruflicher Weiterbildung und Arbeit ‚herausgearbeitet‘ hat. Sie wechselte radikal das System und drang in eine ‚Domäne‘ (Berufsarbeit) ein, die in ihrer Herkunftsfamilie und in ihrer eigenen Familie ausschließlich den Männern vorbehalten war und von diesen beherrscht wurde.

2.4.1.5 Zweite Partnerschaft/Ehe

Auch das Eindringen in die Männerdomäne Berufsarbeit hat Frau Matzner mit einem Verlust erkauft. Sie verlor das feste Gefüge ihrer Familie (nicht jedoch die Kinder als Individuen, die zu ihr hielten). Da sie den anspruchsvollen Beruf einer Musterschneiderin bei einem Modemacher wählte, hätte sie durchaus auch noch mit 40 Jahren eine erfolgreiche, von den Zumutungen einer Partnerschaft und den Anforderungen einer Familie unabhängige berufliche Karriere starten können. Sie hätte das verwirklichen können, was ihr bisher an Lebensperspektiven fehlte, nämlich jene langfristig verfolgten Vorstellungen, was sie *eigentlich will im Leben*. Das wäre eine Alternative gewesen zu ihren bisherigen ‚Erfolgen‘ im häuslichen Bereich, welche sie mit einem Verzicht auf eine berufliche Karriere erkaufte.

Letztlich hat sie sich für einen dritten Weg mit Partnerschaft und Beruf entschieden. Während der bereits erwähnten Kur lernte sie ihren zukünftigen zweiten Mann kennen. Sie hatte beabsichtigt, zunächst allein zu leben und den begonnenen *Entwicklungsprozess* weiter zu verfolgen, konkret sich über ihre Lebensziele klar zu werden und ihre berufliche Karriere auszubauen. Letztlich hat sie sich auf ihren neuen Partner eingelassen, da sie damit das Gegensatzpaar ‚Alleinsein versus Gemeinschaft‘ in Richtung eines gemeinsamen Lebens auflösen konnte., allerdings ohne auf eine berufliche Karriere ganz zu verzichten.

Und auf dieser Kur hab ich dann den [Name des Ehemanns] kennengelernt. Was ich eigentlich gar nicht wollte. Das ist im Grunde genommen, ich hab mich dagegen gewehrt. Ich wollte das nicht. Ich wollte eigentlich noch länger alleine leben und hab mich aber ziemlich schnell darauf eingelassen, weil er hat mir ja gut gefallen. Er hat mir zugehört, ist auf mich eingegangen. Und das, was ich brauchte immer, ne? Er hat mir das gegeben, was ich brauchte damals. Und insofern habe ich mich natürlich halbherzig dagegen bloß gewehrt. Weil andererseits hat es mir ja gut getan. Und aber irgendwie ist das, der Entwicklungsprozess ein bisschen abgebrochen damals (00:17:24).

Wieder musste sie sich den Vorteil der Zuwendung und Gemeinsamkeit mit einem Partner gegenüber gelebter Einsamkeit mit einer Anpassungsleistung erkaufen:

Also, mein Bedürfnis war eigentlich damals gewesen, mich ... mich weiter zu entwickeln und erst mal zu erforschen, was ich eigentlich will. Wo ich eigentlich hin will (00:24:02).

Einzig an ihrer Entscheidung der finanziellen Unabhängigkeit hielt sie aufgrund der in der Vergangenheit erfahrenen finanziellen Abhängigkeit fest. Die Kosten wären für sie zu hoch gewesen, als dass sie zugunsten der neuen Partnerschaft auf berufliche Arbeit verzichtet hätte. Beide wollten aus der Großstadt weg und aufs Land ziehen. Sie beschlossen, wer zuerst eine Arbeitsstelle in Süddeutschland findet, legt den Wohnort fest. *Und dann hat's bei mir als erstes geklappt hier in der Nähe 'ne Firma zu finden, wo ich meine, meinen neuen Beruf starten konnte (00:29:54).*

Frau Matzner hat mit ihrer Entscheidung der finanziellen Unabhängigkeit durch berufliche Arbeit die Zwänge und Abhängigkeiten in ihrer ersten Ehe und in der Herkunftsfamilie überwunden. Nur unter dieser Bedingung konnte sie sich auf die neue Partnerschaft einlassen. Die Machtverhältnisse in Bezug auf Existenzsicherung waren dadurch ausgeglichen. Dafür nahm sie in Kauf, sich in anderen Bereichen der Beziehung anzupassen. In die zweite Ehe ist sie nicht mehr wie in die erste *hinein gestolpert.* Sie lebte zunächst zehn Jahre auf *Probe* mit ihrem Partner zusammen, bevor sie sich auf dessen Wunsch auf eine neue Verbindlichkeit einließ und ihn heiratete.

Und dann hab ich aber noch ja, eigentlich zehn Jahre gebraucht, wir haben zehn Jahre Probezeit gemacht, sozusagen, bis wir dann tatsächlich geheiratet haben. [Ihr Partner] hat immer gesagt, er möchte heiraten, weil er war vorher noch nicht verheiratet. Er möchte einmal im Leben verheiratet sein. Dann hab ich gesagt: ‚Ja, schön. Aber ich war's schon.' Und das hat also zehn Jahre gedauert. Genau an dem Tag, wo wir uns kennengelernt haben, zehn Jahre danach haben wir geheiratet. Und das ist ok so (00:29:54).

2.3.1.6 Langfristig wirkende Dispositionen und Gegensatzpaare

Die in der Fallanalyse rekonstruierten langfristig wirkenden habituellen Dispositionen und Gegensatzpaare werden nun nochmals zusammenfassend dargestellt.

Vernachlässigung und Rücksichtnahme/Zuneigung und Zuschreibung von Einzigartigkeit

Eine die Lebensentscheidungen von Frau Matzner bestimmende Disposition gründet sich auf dem Gegensatzpaar Vernachlässigung versus Zuneigung und Einzigartigkeit. Die erfahrene Vernachlässigung durch und Rücksichtnahme auf die Mutter führte zu der Entwicklung und Wertschätzung einer langfristig angelegten Disposition der Zuneigung und der Zuschreibung von Einzigartigkeit. Der Wunsch nach Erfüllung war der Grund für die Entscheidung sowohl zur ersten als auch zur zweiten Ehe. Auch die Entscheidung für die zweite Partnerschaft wurde von dieser Disposition bestimmt, trotz andersartiger Ziele. Frau Matzner beabsichtigte zu dieser Zeit, eigene Lebensziele, die auf einem unabhängigen Lebensstil basierten, zu verwirklichen. Dass sie sich auf eine weitere Partnerschaft einließ, trotz massiver Kritik von Seiten ihrer Kinder, deutet auf die Wirkmacht dieser Disposition. Zuneigung und Einzigartigkeit findet sie stets unter der Voraussetzung eines gemeinsamen Lebens in einer Partnerschaft.

Abhängigkeit/Unabhängigkeit

Das zentrale Gegensatzpaar in der Lebensgeschichte von Frau Matzner ist die Erfahrung von Abhängigkeit und das Streben nach Unabhängigkeit. Sie musste sich in einem Entweder-oder-Modus stets für eine der beiden Dispositionen entscheiden. Zuneigung wurde erkauft mit Abhängigkeit, während Unabhängigkeit zu geringerer Zuneigung führte. Insofern war das Gegensatzpaar als Dichotomie angelegt.

Als Kind und Jugendliche war für sie das Moment der Selbstaufopferung bestimmend, Eigeninteressen kamen nicht zum Zug. Ebenso war Rücksichtnahme angesagt und die Eigenständigkeit blieb auf der Strecke. Ihre eigenen Interessen und Vorlieben unabhängig verfolgen konnte sie als Jugendliche allein im heimlichen Tun.

Die für sie nicht mehr aufzugebende Disposition eines unabhängigen Lebens entwickelte sich bereits in ihrer ersten Ehe. Die Erfahrung der Abhängigkeit von ihrem Mann hat sie zum Einstieg in eine berufliche Arbeit nicht nur motiviert, sondern geradezu gedrängt und zum sukzessiven Aufbau einer unabhängigeren Existenz geführt. Die finanzielle Unabhängigkeit durch berufliche Arbeit war für sie Bedingung, sich auf die zweite Partnerschaft einzulassen.

Die Disposition zur Unabhängigkeit findet sich in ihrem Alltag an vielen Stellen, etwa in dem Wunsch, von der Meinung anderer unabhängig zu werden.

> *Also, es ist mir bewusst dass ich vieles mache, um ein gutes Bild bei irgendjemandem zu haben. Und da möchte ich mich eigentlich freimachen davon. Das ist eine Entwicklung, die ich noch machen … möchte (01:03:49).*

Das Streben nach Unabhängigkeit wird auf alle jene Bereiche ihres Lebens bezogen, in denen jene Schemata wirken, die sie in ihrer Kindheit und im weiteren Verlauf ihres Lebens belasteten. Hier zeigt sich, dass dieselben Handlungsschemata in Form von Gegensatzpaaren auf je unterschiedliche Situationen im Leben angewendet werden. Sei es die berufliche Unabhängigkeit oder die Unabhängigkeit von der Meinung der Freunde und Nachbarn.

Romantische Liebe/Partnerschaftliche Beziehung

Frau Matzners erste Ehe war bestimmt vom Bild der romantischen Liebe. Ihr Mann wollte sie als Geliebte und er erfüllte damit ihren Wunsch nach Liebe und Anerkennung von Einzigartigkeit. Der Preis für die Erfüllung dieses Wunsches war allerdings erneute Abhängigkeit in einem familialen System mit starren Rollen, in dem die Entscheidungen der Frau abhängig waren vom Mann als ‚Familienvorstand‘ und ‚Ernährer‘ der Familie. Diese Machtstruktur hat sich in der zweiten Ehe gewandelt. Frau Matzner ging mit ihrem Partner eine partnerschaftliche Beziehung ein, in der Entscheidungen gemeinsam gefällt werden und über Beziehungsarbeit die eigenen Bedürfnisse mit denen des Partners ausgehandelt werden. Das zeigt sich zum Beispiel in der Abmachung, dass sie dort wohnen werden, wo eine/r der beiden zuerst eine Arbeitsstelle findet. Bedingung und Voraussetzung für diese Art der Partnerschaft war die eigenständige berufliche Tätigkeit von Frau Matzner. Anthony Giddens hat darauf verwiesen, dass Rationalität und Individualisierung nicht nur die gesamte Gesellschaft verändern, sondern auch die Paarbeziehungen ihrer Mitglieder. Er spricht vom Übergang von der ‚romantischen‘ zur ‚partnerschaftlichen‘ Liebe (Giddens 1992).

Heimliche/offene Diskurse

In der Lebenserzählung von Frau Matzner gibt es zahlreiche Beispiele, wie sie aufgrund von äußeren Zwängen zu Heimlichkeiten gezwungen war, sofern sie eigene Interessen verfolgen wollte. So erforderte die Rücksicht gegenüber der Mutter ein regelkonformes Verhalten. Offene Rebellion wäre mit dem Preis der Gefährdung der labilen Gesundheit der Mutter erkauft worden. Unter diesem moralischen Druck flüchtete sich das Kind und die Jugendliche in Heimlichkeiten. Auch in ihrer ersten Ehe waren ein offener Diskurs über eigene Interessen und die Interessen ihrer Kinder nicht angesagt. Wiederum aus Rücksicht auf die Bedürfnisse ihres Mannes (er arbeitete im Schichtdienst und musste tagsüber schlafen) war in der Familie manches nicht erlaubt. Nur dann, wenn der Mann bei der Arbeit war, kamen die Freunde der Kinder und es wurde nachgeholt, was tagsüber zu kurz kam. Wie stark das Moment der Rücksichtnahme nachwirkte, zeigt sich auch daran, dass sie sich erst nach dem Tod der Mutter (man kann sagen heimlich in Bezug auf die Mutter) von ihrem ersten Mann trennte. Heimlichkeiten bestimmen auch noch ihr heutiges Leben. Vor ihren Mitmenschen verheimlicht sie bestimmte Gewohnheiten. Einem offenen Diskurs fühlt sie sich nicht gewachsen. Dieser langfristig angelegten Disposition entspricht, dass sie sich als nicht sehr gesprächig und wenig mitteilungsbedürftig bezeichnet. Sie kann Erfahrungen und Erlebnisse für sich behalten und selbst verarbeiten und ist dazu nur bedingt auf die Kommunikation mit anderen angewiesen. Das zeigt sich ganz unbeabsichtigt in der ersten Sequenz zu Beginn des Interviews. Die Interviewerin bittet Frau Matzner, irgendetwas zu sagen, um die Qualität des Aufnahmegeräts zu testen. Darauf antwortet sie:

> *Das ist … das ist nicht so meine Sache, dass ich einfach mal mein Leben erzähle. Bin nicht so gesprächig. Nicht so mitteilungsbedürftig (00:00:20).*

Das *nicht so gesprächig* wird von Frau Matzner präzisiert in *nicht so mitteilungsbedürftig*. Damit verweist sie auf eine für sie bedeutsame Disposition: Etwas, das für sie wichtig ist, ihre erlebte Geschichte, Erfahrungen und Ereignisse, kann sie für sich behalten und selbst verarbeiten, ohne dass sie diese Geschichte anderen weitererzählen muss, zumindest nicht spontan und unter einem unmittelbaren Mitteilungsbedürfnis. Sie ist nur bedingt auf die Kommunikation mit anderen angewiesen und bedarf keiner Vertrauensperson, der sie ihre Geschichten und Geheimnisse anvertrauen kann. Trotz dieser für sie wichtigen Disposition hat sie sich zu dem Interview bereit erklärt. Sie hat demnach ein Interesse, ihre Lebensgeschichte zu erzählen, sie in einem bestimmten Rahmen öffentlich zu machen. Es ist eine Spannung und ein Zwiespalt, den sie mit dieser Äußerung zum Ausdruck bringt. Frau Matzner will ihre Geschichte zurückhalten und vor den Augen einer Öffentlichkeit verbergen und die Geschichte zugleich dieser Öffentlichkeit in Person der Interviewerin erzählen.

Eine Ausnahme bildet die gewerkschaftliche Arbeit in ihrem Beruf. Hier kann sie gemeinsam mit ihrem Mann zum ‚Rebellen‘ werden, etwas, das ihr im privaten Bereich nicht gelungen ist.

> *Wo wir beide so ein bisschen Rebellen sind und so ein bisschen, bisschen versuchen, das aufzumischen hier. Und dagegen zu wirken. Und ich wollte SPD-Mitglied werden, weil es eigentlich immer schon so war: Entweder, entweder war Gewerkschaft oder, oder SPD. Dass ich gesagt hab: ‚Wenn ich jetzt schon sowieso die Richtung (gehe), die mich überzeugt, dann kann ich es aktiv machen.‘ Gewerkschaft genauso. Dass ich gesagt hab: ‚Wenn ich schon zu Gewerkschaft gehe, dann möchte ich auch aktiv mitmachen. Also, nicht bloß mitlaufen und mit zahlen, sondern aktiv mitmachen‘ (01:05:54).*

Diese Erfahrung eines ‚rebellischen‘ Verhaltens, das Gegenteil von *Mitläufertum*, möchte sie an ihre Kinder weitergeben.

> *Wobei ich also dieses Mitläufertum, das ist so etwas, was ich eigentlich immer versucht habe, meinen Kindern beizubringen, dass das genau das ist, was sie nicht tun sollen. Sie sollen nicht mitlaufen bloß weil alle das tun, sondern sie sollen überlegen, was sie was sie mit ihrem Leben machen, ne? Das ist das, was ich und was auch am allerbesten rübergekommen ist komischerweise. Wahrscheinlich war das am überzeugendsten. Das ist bei allen drei Kindern gut angekommen. Das machen sie alle Drei. Keiner keiner ist irgendwie so ein Mitläufer, sondern jeder macht wirklich was ganz eigenständiges, eigenständiges. Was natürlich auch nicht immer bequem ist (01:11:26).*

Es ist ihr Lebensthema, das sie in überzeugender Weise an ihre Kinder vermittelt. Frau Matzner hat ihr halbes Leben damit verbracht, sich aus den Zwängen eines für sie zu begrenzten Verständnisses von Normalität zu befreien, weil sie zunächst das getan hat, was alle taten und sich erst später eine Lebensperspektive aufbaute, die Unabhängigkeit und Selbstständigkeit erlaubte.

2.3.1.7 Modus der Lösung von Differenzerfahrungen

> *Ja, weil ich mich immer irgendwo verpflichtet fühle. Ich bin immer in irgendwelchen Verpflichtungen, entweder in Verpflichtung meinen Eltern gegenüber oder der Kirche gegenüber*

oder meinen Kindern gegenüber. Oder jetzt dem [Name ihres Ehemanns] gegenüber. Das ist schon richtig. Manchmal habe ich versucht, mich davon bewusst frei zu machen und jetzt aber nicht so durchgehend. Nicht so so, dass es dass ich mich verändere damit so stark, ne? Sondern dieser Zwiespalt ist immer da. Ich bin ein sehr zwiespältiger Mensch, merke ich gerade beim Erzählen (01:00:36).

Frau Matzner bezeichnet sich als ‚zwiespältiger Mensch'. Aufgrund der strukturellen Vorgaben in ihrer Herkunftsfamilie und ersten Ehe war sie lange Zeit gefangen in einem dichotomen Modus des Entweder-oder. Die Anforderungen der einen Seite werden gegen die der anderen Seite ausgespielt. In diesem Modus können die jeweiligen Anforderungen nur partiell und temporär erfüllt werden. Gegensätze kommen nicht in Form einer widersprüchlichen Einheit in ein dynamisches und komplementäres Gleichgewicht. Wird der Druck zu stark, kann man diesem System nur durch Flucht bzw. Aussteigen entkommen.

Erst als sie über Berufsarbeit eine von ihrem Partner unabhängige Existenzgrundlage schafft, kann sie diesen Modus des Entweder-oder sukzessive überwinden. In ihrer zweiten Partnerschaft macht sie die Erfahrung, dass sich (finanzielle) Unabhängigkeit und Gemeinsamkeit sowie Zuneigung nicht ausschließen. Sie ist jetzt in der Lage, einen Ausgleich zu schaffen in einem in ihrer Person selbst repräsentierten Sowohl-als-auch, das unabhängig agiert von den jeweiligen scheinbar objektiven Ansprüchen und Erwartungen gegensätzlicher Optionen. Diese Erfahrung scheint von außen betrachtet als banal, denn berufliche Tätigkeit ist unter heutigen Bedingungen eine naheliegende Option. Für Frau Matzner war es ein langfristig angelegter Prozess mit vielen kleinen Entscheidungen, der schließlich zu einem Mehr an Lebenszufriedenheit und Lebenssinn führte.

Die in der Kindheit angelegte und in den ersten 40 Jahren ihres Lebens massiv wirkende Disposition des Zwiespalts hat sie bis heute nicht völlig überwunden. Das zeigt die folgende Sequenz:

… bis heute nicht, ne. Und ich tue auch immer irgendwas dafür, dass ich immer wieder ein Schuldgefühl habe. Dass ich mal wochenlang nicht anrufe zum Beispiel. Dass ich immer denke: Was bist Du für eine Mutter. Andere sind ja, hängen ständig mit ihren Kindern zusammen und ich kann sechs Wochen hier leben und wenn ich von meinen Kindern nichts höre, heißt es: ‚Ok, wenn sie anrufen, ist es toll. Aber wenn sie nicht anrufen, ist es auch ok. Es ist ihr Leben.' Und dann einerseits sage ich mir immer: ‚Das ist ihr Leben, das ist in Ordnung so.' Und andererseits denke ich immer: ‚Mann, das müsste doch eigentlich, wenn ich müsste doch ich müsste doch als Mutter immer mal wieder nachfragen.' Andererseits das ist immer so ein Zwiespalt. Andererseits ist genau das, was mir, was mich bei meiner Mutter gestört hat, dass sie manchmal zweimal, dreimal am Tag angerufen hat. In der Zeit, wo sie dann allein war, wo mein Vater schon tot war. Bei mir angerufen hat: ‚Stell Dir vor, der [Name], mein Bruder der hat sich schon so ewig nicht gemeldet bei mir. Und meine Schwester, die die [Name der Schwester], die ruft überhaupt nicht an.' Das hat sie mir dann am Telefon erzählt, ja? Mir. Immer wieder mir. Das hätte sie mit denen doch abmachen können. Warum erzählt sie mir das? Und das so wollte ich nicht sein. Ich wollte mich nicht bei meinen Kindern beschweren und nicht aufdrängen bei meinen Kindern, ja? Da dach-

te ich: ‚Ich muss da nicht andauernd anrufen.' Ja? Aber immer wieder denke ich: ‚Meine Güte, du müsstest doch eigentlich. Andere machen das doch auch.' Wieder diese zwei Seiten (00:58:42).

Einesteils möchte Frau Matzner Anteil nehmen am Leben ihrer Kinder und damit ihre Zuneigung ausdrücken, andererseits meint sie Rücksicht nehmen zu müssen. Ihre Kinder sollen sich von ihren Anrufen nicht belästigt fühlen. Diese zwei gegensätzlichen Seiten wägt sie im erzählten Selbstgespräch ab und vergleicht ihr Verhalten mit demjenigen ihrer Mutter. Dabei zeigt sich ein kleiner, aber bedeutsamer Unterschied. Frau Matzner möchte am Leben ihrer Kinder Anteil haben und sie begleiten. Ihre Mutter hat demgegenüber ihre Tochter an ihren Sorgen und ihrem Ärger teilnehmen lassen und sie – in anderen Worten – damit belästigt.

Frau Matzners Lebensgeschichte zeigt die doppelte Vergesellschaftung in Erwerbs- und Reproduktionsarbeit (vgl. Becker-Schmidt 2004). Zugleich setzt sie sich gegen die Restriktionen, die sie als Frau erlebt, zu Wehr. Einerseits zeigt die Geschichte eine Frau in verschiedenen familialen Positionen als Tochter, Ehefrau und Mutter; andererseits als Frau im Beruf, die sich ehrenamtlich als Betriebsrätin für andere einsetzt, der es aber schwer fällt, für sich selber einen höheren Lohn zu fordern, und die sich mit dem Argument abspeisen lassen musste, dass *ihr Freund* doch auch arbeite.

Der Beruf spielte eine bedeutsame Rolle, da er zum Gelderwerb, als Voraussetzung für ein unabhängiges Leben notwendig war. Ihr Werdeprozess als Mutter und Ehefrau und das Sich-Befreien von Restriktionen nahm jedoch einen größeren Raum in ihrem Leben ein. Dementsprechend ist sie – im Gegensatz zu den an der Studie teilnehmenden Männern – noch nicht am Ende ihrer Geschichte angelangt. Es sind zwei Sinnstränge, die ihre Biografie bestimmen: zum einen gegen Ungerechtigkeit vorzugehen und zum anderen sich von Zwängen zu befreien.

2.3.2 Herr Matzner: Anderen helfen

Herr Matzner ist zum Zeitpunkt des Interviews 68 Jahre alt. Er wuchs nach dem Krieg zusammen mit einem älteren Bruder und sieben Schwestern in sehr ärmlichen Verhältnissen auf. Lange Zeit lebte er in prekären Verhältnissen. Erst im Alter von 38 Jahren beendete er eine Berufsausbildung. Danach begann der berufliche und soziale Aufstieg. Im Folgenden wird seine Lebensgeschichte anhand der in der Erzählung vorfindlichen Gegensatzpaare rekonstruiert, die unter 2.3.2.1 zunächst im Überblick dargestellt werden. In 2.3.2.2 steht die Herkunftsfamilie im Fokus und in 2.3.2.3 die Beziehung zu seinen Schwestern. Danach folgen in 2.3.2.4 die Beschreibung des sozialen Abstiegs und in 2.3.2.5 die Stationen des sozialen Aufstiegs und der Beginn einer langfristig angelegten Partnerschaft. In 2.3.2.6 wird das ehrenamtliche Engagement beschrieben, bevor in 2.3.2.7 die langfristig wirkenden Dispositionen und Gegensatzpaare zusammenfassend rekonstruiert werden.

2.3.2.1 Die Gegensatzpaare im Überblick

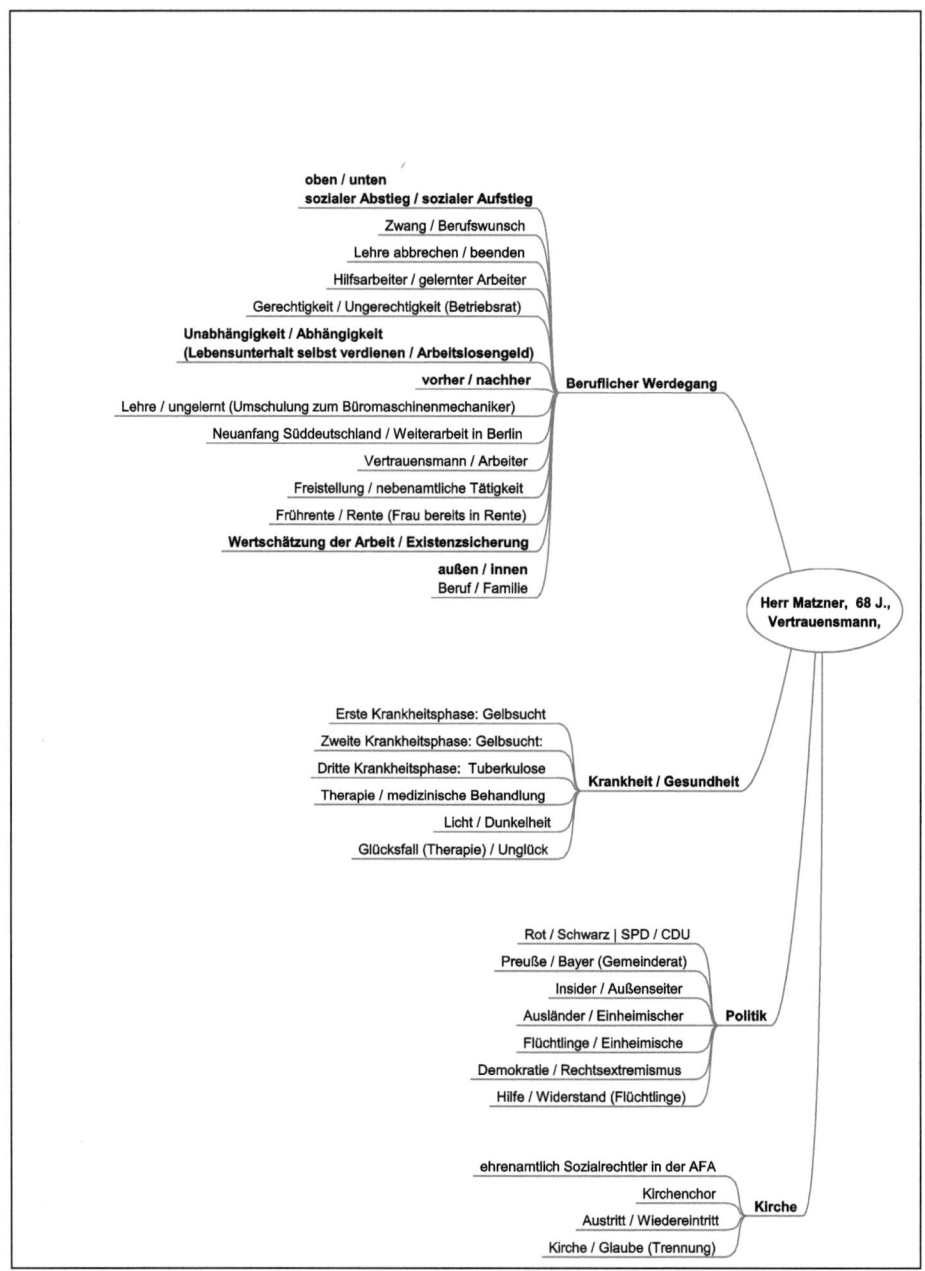

Abbildung 4: Gegensatzpaare im Interview mit Herrn Matzner

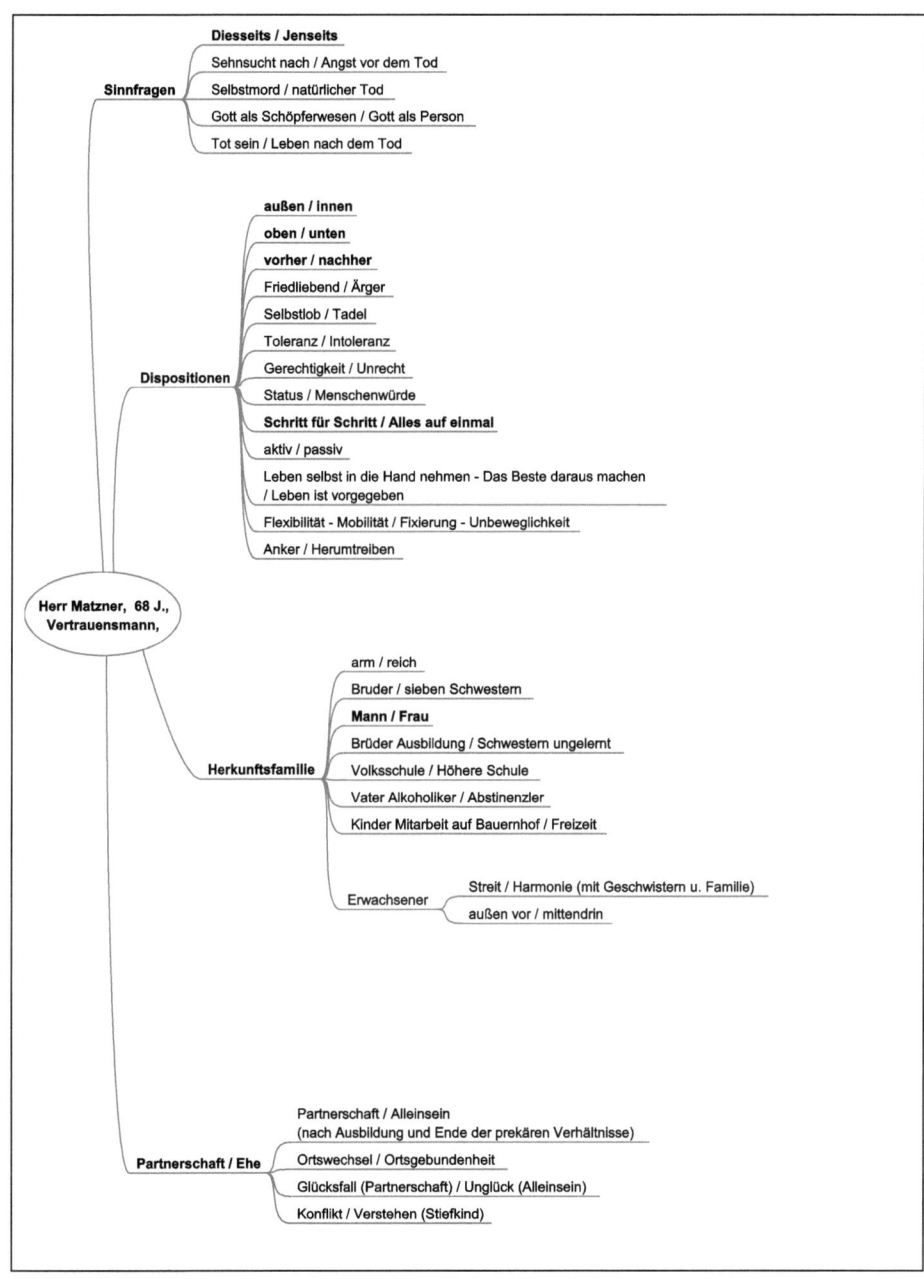

Fortsetzung Abbildung 4

2.3.2.2 Die soziale Situation der Herkunftsfamilie

Herr Matzner beginnt die Erzählung seiner Lebensgeschichte mit der Geburt:

> *Geboren '45, nach Kriegsende, als achtes Kind in der Familie, in ziemlich ärmlichen Verhältnissen. Dann im Gemeindehaus gewohnt. Weil, das war auf dem Dorf in [Bundesland], ein kleines Dorf. 1300 Einwohner, ein Bauerndorf. Und da hat es sehr viele arme Familien gegeben. Nach dem Krieg hat ja eh keiner was gehabt. Wir haben ja nicht mal – Wir haben zwar fließend Wasser gehabt, aber keinen Strom. Wir sind noch aufgewachsen mit Petroleumlampen. Ich weiß nicht, ob Sie das noch kennen. Aber da waren wir nicht die Einzigen im Ort. Aus dem Haus mussten wir raus zum Plumpsklo, was zweimal im Jahr aus ausgefahren werden musste (00:02:36).*

Politisch und gesellschaftlich bedeutete das Kriegsende eine massive historische Zäsur. In dieser Zeit des Umbruchs wurde er geboren. Danach spricht er seine familiäre Situation an, die mit neun Kindern auch in den 1940er Jahren eher die Ausnahme war. Er wuchs unter *ziemlich ärmlichen Verhältnissen* auf, was nach dem Krieg keine Seltenheit war. So weist er selbst darauf hin, dass *ja eh keiner was gehabt* hat. Seine Familie wohnte im *Gemeindehaus*, einem von der Gemeinde aufgekauften Haus, das besonders armen Familien zur Verfügung gestellt wurde. Die beengten Wohnverhältnisse drückten sich darin aus, dass mehrere Kinder in einem Bett schlafen mussten.

> *Mein Vater war Schuhmacher, meine Mutter Schneiderin. Da ging das noch einigermaßen, dass wir vernünftige Kleidung hatten. Das Geld war ja nicht da. Verdient haben die Leute auch nix (00:02:36).*

Beide Eltern absolvierten eine handwerkliche Ausbildung, was der Familie in der damaligen Situation zugutekam. Die Mutter war Schneiderin. Das konnte für eine Frau ihrer Generation nicht als Normalverlauf einer Biografie betrachtet werden. Sein Vater verdiente – wie die Leute überhaupt in strukturschwachen Gebieten – nicht sehr viel Geld. Seine Mutter war außerdem noch stundenweise bei einem Bauern tätig – eine Arbeit, bei der auch die Kinder mithelfen mussten – und kümmerte sich ansonsten um die Familie.

Aufgrund der Berufe der Eltern hatten die Kinder im Vergleich zu anderen ebenso armen Familien einen Vorteil. Der „kleine" Statusunterschied wird in der Erzählung mit dem Hinweis auf die *vernünftige Kleidung* deutlich gemacht. Zudem waren seine Eltern nicht nur bezüglich der Bekleidung autark. An anderer Stelle erzählt Herr Matzner, dass es der Familie durch zwei Gärten ermöglicht wurde, sich weitgehend selbst zu versorgen. Da die Großeltern Ziegen hielten, war selbst Fleisch ab und zu auf dem Speiseplan.

Der soziale Status ist für Herrn Matzner nicht bedeutungslos, wie seine Erzählung über die Herkunftsfamilie seines Vaters zeigt. Dieser stammt aus einer Beamtenfamilie, sein Großvater war *Bundesbahner*, und sein Vater hatte die Realschule besucht. Zudem war dieser vor dem Krieg selbstständiger Schuhmacher. Der soziale

Abstieg begann erst nach dem Krieg, als sein Vater die Selbstständigkeit aufgab. In dieser Zeit begann er anscheinend zu trinken und hat sich – wie Herr Matzner andeutet – mit dem Großvater überworfen. Diesem objektiven sozialen Abstieg der Familie stellt sich Herr Matzner in der Erzählung entgegen, indem er davon spricht, dass trotz großer Armut in der Familie geordnete Verhältnisse herrschten, alle *ordentlich* gekleidet waren und die Familie genug zu essen hatte, sodass er im weiteren Verlauf des Interviews sagen kann:

Mein Gott, ich schäme mich deswegen nicht (00:34:07).

2.3.2.3 Herrn Matzners gegenderte Beziehung zur Herkunftsfamilie

Mein Bruder ist 14 Jahre älter, das ist der Erstgeborene. Dann kamen sieben Schwestern. Hab ich was mitgemacht, mit sieben Frauen, mit acht Frauen zu Hause. Ich sag deswegen acht Frauen, weil, wenn mein Vater auf Arbeit war. Mein Bruder war nicht mehr da, der ist mit 18 Jahren in die Fremdenlegion gegangen (00:02:36).

Gleich zu Beginn des Interviews, im Anschluss an die soziale Situation, stellt Herr Matzner auch sein Geschlecht heraus. Zwar sagt er nicht direkt, dass er ein Mann ist, aber er habe etwas *mitgemacht mit sieben Frauen*, die zusammen mit seiner Mutter trotz eines Bruders bei insgesamt acht Geschwistern – sogar zu *acht* werden. Seine Schwestern stellen für ihn eine Gruppe dar, der er allein gegenübersteht. Dass dieser Gegensatz von singulärem männlichen Individuum gegenüber vielen Frauen im Haushalt in seiner Erinnerung auch heute noch dominant für ihn zu sein scheint, drückt sich darin aus, dass er den Vater nicht mitzählt, obwohl er nach der Arbeit sehr wohl zu Hause vertreten war.

Er identifiziert sich mit den weitgehend abwesenden Männern, seinem älteren Bruder und seinem Vater. Durch die Formulierung, dass er *etwas mitgemacht* habe mit seinen Schwestern, deutet er zudem darauf hin, dass diese sich für ihn unverständlich verhalten haben, zumal er die Schwierigkeiten und Probleme mit ihnen nicht spezifiziert. Vielmehr setzt er die Kenntnis des Inhalts voraus: Mit Frauen, ‚den Anderen‘ ist es aus vorausgesetzten Gründen nicht leicht, wodurch sich Herr Matzner eines stereotypen Diskurses über Weiblichkeit bedient. Es ist eine Floskel, die zum Ausdruck bringt, dass etwas nicht ganz ‚normal‘ verlaufen zu sein scheint. Demgegenüber stellt die Abwesenheit des Vaters und des Bruders keine Unklarheit für ihn dar, sondern lässt sich mit Arbeit und Fremdenlegion einfach begründen.

Gelernt haben die Mädchen, bis auf die Letzte alle nix. Früher war das so Gang und Gäbe, dass man die Leute in den Haushalt gesteckt hat. Und später sind die in Fabriken gegangen oder haben selbst eine Lehre gemacht noch in späten Jahren. Zum Beispiel die älteste Schwester, die hat einen Metzger geheiratet, die haben sich selbstständig gemacht. Die ist dann, hat eine Verkäuferlehre gemacht (00:04:04).

Die Familie folgt bei der Erziehung der Töchter dem damals gängigen Muster eines weiblichen Lebenslaufs. Im Gegensatz zur Mutter erlernten die Mädchen – bis auf die jüngste Schwester – zunächst keinen Beruf, sondern arbeiteten als Vorbereitung auf die Ehe als Haushaltshilfe in einem anderen Haushalt und anschließend als Hilfsarbeiterinnen in einer Fabrik. Herr Matzner betrachtet dies wie von außen und stellt so wieder die Andersheit seiner Schwestern her. Erst danach individualisiert er zunächst seine älteste Schwester, die im Zuge der Heirat mit einem Metzger eine entsprechende Ausbildung absolvierte, und anschließend seine jüngste Schwester, bei der sich die gesellschaftlichen Verhältnisse bereits gewandelt hatten und es selbstverständlicher wurde, dass auch Mädchen eine Berufsausbildung begannen.

Insgesamt wird seine Geburtssituation von ihm nicht als sinnvoll dargestellt. Er schildert vielmehr eine Situation, in die er hineingeworfen wurde: Armut und ihm unverständliche Weiblichkeit. Diese Situation dient maßgeblich dazu, seine Lebensgeschichte zu begründen. Seine von ihm nicht gewollte, sich zufällig ereignende Geburtssituation dient ihm als Hintergrundfolie zur Interpretation seiner Lebensgeschichte. Durch diesen Auftakt begründet er seinen in der folgenden Erzählung deutlich werdenden Willen, seine eigene Existenz durch Arbeit sichern zu können. Zudem eignet sich die Erzählung der ärmlichen Herkunft als Begründung dafür, dass er erst spät zu der beruflichen Aufgabe gefunden hat, die er als die richtige für sich empfunden hat und die er als Rentner ehrenamtlich weiterführt. Zugleich stellt diese Erzählung den Kontrast für die Erzählung des eigenen sozialen Aufstiegs dar. Er musste sich diesen Beruf mühsam erarbeiten und hat auf dem Weg dahin einige Ungerechtigkeiten erlebt.

2.3.2.4 Stationen des sozialen Abstiegs: Schule und beruflicher Werdegang – Krankheiten[19]

Die Armut führte dazu, dass Herr Matzner nur die Dorfschule besuchen konnte. Das war damals der Normalverlauf für Kinder aus der unteren Unterschicht. Er betont, dass für die höhere Schule kein Geld zur Verfügung stand. Dieser Hinweis zeigt, dass in der Familie sehr wohl ein Bewusstsein für eine höhere Schulbildung vorhanden war, schließlich hatte der Vater die Realschule besucht. Fehlende finanzielle Ressourcen verhinderten jedoch den Besuch einer höheren Schule. Nach der Schule hatte er den Wunsch, eine Lehre als Metzger zu beginnen. Dabei orientierte er sich an seinem Schwager, der zusammen mit seiner Frau (der ältesten Schwester von M.) einen Metzgerbetrieb führte. Man könnte das Interesse für diesen Beruf so interpretieren, dass er darin eine Chance für einen sozialen Aufstieg erblickte, da ihm diese Ausbildung ermöglicht hätte, später einen eigenen Betrieb zu gründen.

---

19 In der Erzählung der Lebensgeschichte stehen Arbeit und Krankheiten in einem so engen Zusammenhang, dass sie ein gemeinsames Thema bilden und in der Falldarstellung nicht getrennt, sondern in ihrem gegenseitigen Bezug analysiert werden.

Seine Eltern entschieden sich dagegen und er musste eine Lehre als Stahlverbauer in einer neu gegründeten Gießerei in seinem Heimatort beginnen.

> *Da durfte ich dann in die Lehre gehen. Nun ist das schief gegangen, mit der Lehre. Die Lehre ist abgebrochen worden. Da hat es einen Vorfall gegeben und, da bin ich von irgendeinem Gesellen geschlagen worden und dann ist die Lehre abgebrochen worden. Ob es richtig war, weiß ich nicht. Ich hab da nix zu sagen gehabt (00:05:17).*

Es bleibt nebulös, warum die Lehre abgebrochen wurde. Schließlich war er vom Gesellen geschlagen worden und hatte sich selbst nichts zuschulden kommen lassen. Herr Matzner stellt sich in dieser Sequenz dar als Akteur, der passiv die Geschehnisse erduldet bzw. über sich ergehen lässt. Sowohl der Beginn der Lehre als auch der Abbruch stellten damit erneut eine Situation dar, in der sich die Ohnmacht des Hineingeworfen-Seins, die Armut und das Nicht-Verstehen kreuzten. Diesen für ihn damals sicher sehr bedeutsamen Vorfall erwähnt er in der Form eines sachlichen Berichts. Emotional scheint er davon heute nicht mehr betroffen zu sein. Nicht begründet wird von ihm auch die etwas erstaunliche Tatsache, dass er nach Abbruch der Lehre als ungelernter Hilfsarbeiter in dem Betrieb weiterarbeitete. Als er von der Interviewerin nach den Gründen befragt wird, kann er sich nicht mehr erinnern.

> *Das weiß ich selber nicht mehr. An- anschließend bin ich mit dem (Gesellen) sogar gut ausgekommen. Ich weiß auch nicht mehr, was da war (01:10:53).*

Mit seiner begonnenen Ausbildung zeichnet er erneut einen Gegensatz zwischen sich und seinen Schwestern, die bis auf eine keine Ausbildung begonnen hatten, sondern als Hausmädchen oder ungelernte Fabrikarbeiterinnen tätig wurden. Da seine Lehre abgebrochen wurde, ereilte ihn nun zunächst dasselbe Schicksal wie seine Schwestern: Er wurde ungelernter Fabrikarbeiter in einer Kofferfabrik, bis er zur Bundeswehr einberufen wurde. Er verpflichtete sich *des Geldes wegen* für zwei Jahre als Zeitsoldat und trat dabei ansatzweise in die Fußstapfen seines Bruders. Die Zeit bei der Bundeswehr, einer durchweg männlichen Institution, war *eine schöne Zeit, die er nicht missen möchte* (00:05:17), über die er aber nichts Weiteres erzählt[20].

Danach kehrte er nach Hause zurück und arbeitete als Betriebsschlosser erneut in der Kofferfabrik. Seine Eltern waren zwischenzeitlich umgezogen, da nur noch seine jüngste Schwester bei den Eltern wohnte. Er hatte in der neuen Wohnung kein

---

20 Hier zeigt sich ein auffälliger Unterschied zu den von Sylka Scholz (2004) interviewten ostdeutschen Männern, in deren lebensgeschichtlichen Erzählungen die Zeit bei der NVA einen wesentlich größeren Raum einnimmt. Der Unterschied lässt sich jedoch nicht durch eine Ost/West-Differenz erklären, da im Rahmen dieser Studie auch die beiden in der DDR sozialisierten Männer entweder ausdrücklich gar nicht bei der NVA waren (Herr Schuster) oder es nicht thematisieren (Herr Emmich). Auch die Bundeswehrzeit der in der Bundesrepublik aufgewachsenen Männer wird nicht weiter thematisiert. Sie scheint daher für diese Klientel keine größere Bedeutung für die Konstruktion von Lebenssinn zu spielen.

eigenes Zimmer und musste im Wohnzimmer schlafen. Bald darauf – wahrscheinlich wegen der beengten Wohnverhältnisse und Konflikten mit der Familie – ist er nach Hamburg *abgehauen* (00:05:17). Dort begann er, in einer *Großmetzgerei* zu arbeiten.

> *Dann habe ich das gemacht, was ich immer machen wollte mal, ich habe in einer Metzgerei gearbeitet, in einer Großmetzgerei, habe Schinken hergestellt. Das habe ich dann über ja, eineinhalb Jahre gemacht. Und dann bin ich dann doch wieder zu meinen Wurzeln zurückgegangen und habe in Container Baucontainerreparaturen gemacht. Das waren alles Versicherungssachen in Hamburg (00:05:17).*

Interessant ist, dass er die erzwungene und abgebrochene Lehre als seine beruflichen Wurzeln betrachtet und nicht den ursprünglichen Wunsch, Metzger zu werden. Bei der Reparatur der Container erkrankte er an Gelbsucht. Wahrscheinlich steckte er sich durch dort gelagerte infektiöse Felle an. Lange Zeit war er krank, danach ging er wieder in die Kofferfabrik zurück. In dieser Zeit begann sein Engagement für die Gewerkschaft. Er war inzwischen Gewerkschaftsmitglied, gründete einen Betriebsrat und nahm in kurzer Zeit *über 200 Leute* in die Gewerkschaft auf.

> *Aber zu dieser Versammlung ist auch der Produktionsleiter, der Produktionschef und noch so ein ein paar Meister erschienen. Bloß, ich hab schon immer gesagt, was ich gedacht habe und habe dann darauf aufmerksam gemacht, dass diese Leute bei dieser Versammlung nichts zu suchen haben. Und andern Morgens standen sie vor der Tür und dann durfte ich nach Hause gehen. Das war der nächste Schlag (00:10:11).*

Da er zu dem Zeitpunkt anscheinend nicht wusste, dass er als Betriebsrat unkündbar war und die Gewerkschaftsfunktionäre sich zurückzogen, erkannte er die Kündigung an und half vorübergehend bei einem Freund in dessen Gaststätte aus. Danach verließ er seine Heimat endgültig. Als Gründe nennt er den Konflikt mit seiner Familie und dass der *Gewerkschaftsboss ihn hat fallen lassen* und nicht gegen die Kündigung einschritt (00:56:25). Seine Lebensverhältnisse wurden prekär. Er hatte keine eigene Wohnung und kam zwischenzeitlich bei seinem Freund unter, dem er in seiner Freizeit in der Gaststätte aushalf. Danach ging Herr Matzner in die Niederlande, um dort auf Montage zu arbeiten.

> *Ich bin dann auf Montage gefahren mit so einem Zugunternehmen nach Holland und hab Rohrleitungsbau gemacht. Und dann war das auch aus (00:10:11).*

Trotz aller Bemühungen erlebte er einen sozialen Abstieg, gab aber nicht auf. Er ging in eine deutsche Großstadt und arbeitete in einem Kabelwerk. Dort erkrankte er erneut. Anschließend war er wieder mit der Unterstützung eines Freundes in einer Pappefabrik tätig und wechselte schließlich zu einem Bestattungsunternehmen. Der Umgang mit den Leichen führte ihn in eine Krise. Durch die Nähe zu den Toten war er versucht, eine ‚Todessehnsucht' in sich wecken zu lassen.

Eigentlich sahen die Leute alle friedlich aus. Naja, das ist da muss man wahrscheinlich aufpassen, dass man nicht selber die Sehnsucht danach kriegt. Das kann schon passieren (00:37:13).

Die prekäre Lebenslage trieb ihn nicht in den Selbstmord, daran hatte er *nie gedacht*. Aber der Umgang mit den Toten erzeugte eine Sehnsucht nach einem belastungsfrei(er)en Leben jenseits der prekären Lebenssituation, in der er sich befand. Er merkte bald, dass dies für ihn der *verkehrte Beruf* (00:38:00) war.

Herr Matzner erzählt die Geschichte eines sozialen Abstiegs. Dagegen kämpfte er an, trotz Rückschlägen durch Abbruch der Ausbildung, Entlassungen, drohender Obdachlosigkeit und Krankheiten. Er ließ sich nicht unterkriegen, wurde nie arbeitslos und ist stolz, dass er trotz der prekären Bedingungen durch Arbeit jeglicher Art für seinen Lebensunterhalt selbst sorgen konnte. Er resümiert diesen Lebensabschnitts mit den Worten: *Ich bin nie zum Arbeitsamt gegangen. Ich habe immer mein Geld verdient* (00:12:25–2). Er hat sich also, trotz prekärer Lebenslage, erfolgreich an einer Normalbiografie orientiert (Kohli 1988).

2.3.2.5 Stationen des sozialen Aufstiegs von Herr Matzner

Therapie, Berufsausbildung und Liebesbeziehung

Die Wende in seinem Leben begann mit einer neuen Krise. Er erkrankte noch während seiner Tätigkeit in dem Bestattungsunternehmen an Tuberkulose und musste eineinhalb Jahre zuerst im Krankenhaus und dann zu Hause verbringen. Die Erkrankung bringt er in einen Zusammenhang mit seiner Lebenssituation: *Vielleicht war ich auch nicht mehr stabil genug* (00:38:34) und *Ich war ganz schön down, ne? Zu der Zeit, ne?* (00:43:54) Das sind einige der wenigen Hinweise im Interview, in der Herr Matzner explizit darauf verweist, dass seine Lebenssituation in dieser Lebensphase prekär und perspektivlos war.

In der Klinik traf er auf einen Internisten, der sich aufgrund der Behinderung seiner Tochter psychotherapeutisch weitergebildet hatte und in der Klinik eine Männergruppe führte, der Herr Matzner nach einigem Zögern beitrat. Er besuchte insgesamt vier Jahre lang die Gruppentherapie, zunächst im Krankenhaus, danach im Privathaus des Arztes. Nur indirekt nennt er als Grund seine prekäre Lebenslage und schlechte psychische Verfassung aufgrund der aussichtslosen Situation und nicht verarbeiteter Konflikte mit seiner Herkunftsfamilie. Er ,zitiert' die Auffassung des Arztes, dass organische Krankheiten einen psychischen Hintergrund hätten: *Da spielt die Seele auch mit* (00:12:57). Diese Äußerung deutet darauf hin, dass Herr Matzner in der Männergruppe auch seine Vorstellungen männlicher Identität hinterfragte sowie die an ihn als Mann gerichteten Anforderungen und sein Scheitern daran thematisierte. Während dieser Zeit ging es ihm auch materiell gesehen sehr schlecht. Er musste befürchten, erneut seine Wohnung zu verlieren, und fand schließlich Unterkunft in einer Wohnanlage, in der Behinderte und Nicht-Behinderte zusammenlebten.

Die Krise, die Gruppentherapie und die Unterstützung des Therapeuten führten zu einem Wendepunkt in seinem Leben, sodass er eine neue Perspektive für sein Leben aufbauen konnte: *Ja, ich habe wieder Licht am Horizont gesehen (00:45:46).* Der Arzt setzte sich dafür ein, dass Herr Matzner noch während der Therapie eine Umschulung und Ausbildung als Büromaschinenmechaniker in einem Berufsbildungswerk beginnen konnte. Als Voraussetzung musste er innerhalb eines Monats den Führerschein machen. Dass ihm das gelang, verdeutlicht seine Motivation, eine abgeschlossene Berufsausbildung vorweisen zu können.

> *Dann habe ich diesen Abschluss gemacht, habe meinen Gesellenbrief gekriegt, den ich immer haben wollte. Zwar spät, aber ich habe ihn (00:14:03).*

Zum ersten Mal in seinem Leben war er nicht mehr ein ungelernter Arbeiter, sondern konnte von nun an einen qualifizierten Beruf vorweisen. Da der Beruf, insbesondere bei Männern, einen wichtigen Teil der Identität ausmacht und entsprechend das Selbstbewusstsein stärkt, muss das Erreichen dieses Ziels für Herrn Matzner eine sehr hohe Bedeutung gehabt haben. Er war zum Zeitpunkt des Abschlusses der Berufsausbildung 38 Jahre alt. Nach der Ausbildung fand er in einer Großstadt eine Anstellung als Kundendiensttechniker in seinem neuen Beruf.

Gegen Ende der Ausbildung wurde er auf eine vierzehntägige Kur geschickt, in der er seine spätere Frau kennenlernte, zu der er ein partnerschaftliches Verhältnis entwickelte (vgl. Kap. 2.3.1).

> *Und dann hab ich die Kur gemacht. Dann hab ich die [Name seiner Frau] kennengelernt Und dann hab ich dann auch ihre Kinder kennengelernt. Das war nicht immer alles Sonnenschein am Anfang. Die [Name der Tochter] hat immer gesagt, sie braucht keinen neuen Vater. Womit sie ja auch Recht hatte (00:14:03).*

Dies ist die erste Passage in dem Interview, in der er sich affirmativ auf Frauen bezieht. Auch hier gab es Konflikte, aber er gibt der Tochter seiner Frau Recht. Bis zu diesem Zeitpunkt wird alles Weibliche von ihm als ‚das Andere' dargestellt, seine Schwestern und seine Mutter ebenso wie die behinderte Tochter des Internisten. Ansonsten werden Frauen nicht erwähnt. Es waren immer Männer, die ihm ein Vorbild waren, die ihn unterstützt und ihm weitergeholfen haben. Er ist stolz darauf, trotz der widrigen Umstände bis zu seiner Wende eine berufliche Normalbiografie mit durchgehender Erwerbstätigkeit und ohne Arbeitslosigkeit gelebt zu haben. Seine Sinnstrukturen haben sich demnach zu einer stark geschlechtersegregierten Weltsicht entwickelt. Dazu passt, dass er als prekär Beschäftigter keine Familie gründete und erst eine Partnerschaft mit späterer Heirat einging, nachdem er eine solide Berufsausbildung absolviert hatte.[21]

---

21 Vgl. Scholz 2004.

Seine Frau hatte wie er auch gerade eine Ausbildung absolviert und wollte ebenfalls ein neues Leben beginnen. Sie wollte aus der Großstadt wegziehen, er wollte nach Süddeutschland. Sie entschieden sich, dorthin zu ziehen, wo eine/r von beiden zuerst eine Arbeitsstelle fand. Da sie zuerst fündig wurde, musste er ihr nachziehen und nahm dafür zum ersten Mal in seinem Leben in Kauf, arbeitslos zu werden. Damit machte er einen sehr außergewöhnlichen Schritt, was den Ergebnissen von Koppetsch und Speck widerspricht, die Paare interviewt haben, bei denen die Frau die hauptsächliche Ernährerin ist. Ihnen zufolge ist

„ein Rollentausch oder die Unterordnung der Erwerbstätigkeit des Mannes unter den beruflichen Werdegang der Frau […] im Arbeitermilieu einfach nicht vorgesehen" (Koppetsch/ Speck 2015, 99).

Allerdings hatte er die berechtigte Hoffnung, mit einem qualifizierten Beruf bald eine neue Stelle zu finden. Er wollte weiter im Kundendienst seines erlernten Berufs arbeiten, musste aber zur Kenntnis nehmen,

dass dieser Beruf des Büromaschinenmechanikers ausgestorben war. Dass da Schluss war. Nur noch 'ne Platine auswechseln und auf 'nen Knopf drücken. Da bin ich mir zu schade (00:17:38).

Erneut erlitt er einen Rückschlag in seiner beruflichen Laufbahn. Er war bereit, auch wieder eine andere Arbeit zu übernehmen und fand über *Kontakte* in männlichen Netzwerken, die er bewusst aufsuchte, nach dreieinhalb Monaten eine Arbeit in einer Fräserei.

Und dann bin ich habe ich Fußball gespielt bei den Alten Herren. Ich hab gesagt: Irgendwie musst Du Kontakt kriegen hier. Und dann hab ich gehört, dass es eine Firma K. da gibt, da wusste ich nichts mit anzufangen. Und ich wusste auch nicht, dass der Betriebsleiter mit mir Fußball spielt. Und ein paar Meister von denen auch. Die haben mich aber nicht eingestellt. Ich hab mich dann da beworben und die haben mir dann eine Chance gegeben in einer Fräserei (00:17:38).

Für Herrn Matzner ist es wichtig, dass er nicht über informelle Kontakte die Arbeitsstelle erhielt, sondern über eine offizielle Bewerbung, in der er sich als Mann mit einem qualifizierten Beruf ausweisen konnte.

Und da war ich ein dreiviertel Jahr und dann bin ich in den Aggregatebau gekommen, als sie gemerkt haben, dass ich doch ein bisschen mehr kann, nicht nur fräsen. Und dann hab ich die Sonderaggregate gebaut. Das hab ich auch ganz gerne gemacht, weil das war immer mal was Neues (00:17:38).

In der Firma bewährte er sich durch die Qualität seiner Arbeit und stieg auf vom einfachen Fräser zum anspruchsvollen Aggregatebauer.

Gewerkschaftliches Engagement

Die feste Anstellung ermöglichte es ihm, das gewerkschaftliche Engagement wieder aufzunehmen.

> *Und ich war ja immer gewerkschaftlich aktiv und war auch eine Zeit auch mal Betriebsrat. Aber kein freigestellter. Da hatten wir nur einen zu der Zeit. Zwei nachher. Heute haben sie zehn. Und dann wurde ich mal gefragt, ob ich nicht [...] einen Vertrauensmann machen will in der Firma. Zur Wahl. Erst wollte ich nicht. Und dann habe ich mir gedacht: ‚Ja, ok. Mache ich es mal.‘ Habe denen aber gleich gesagt: ‚Wenn, dann mit allen Konsequenzen.‘ Habe denen aber nicht gesagt, was das heißt, wenn ich es mache. Weil unser Betriebsrat hat gemeint: Ja, der macht das. Und der macht das neben der Arbeit. Und dann haben die mich auch gewählt und dann habe ich diese Konsequenzen eingefordert (00:19:57).*

Er wurde zunächst als nicht freigestelltes Mitglied des Betriebsrats Vertrauensmann für Behinderte und später freigestellter Gesamtschwerbehindertenvertreter für die gesamte Firma mit insgesamt 4.000 Mitarbeitenden. Jetzt war er am Ziel seiner beruflichen Karriere. Er wurde vom Arbeiter zum Vertrauensmann. Um sich in diesem Bereich zu qualifizieren, besuchte er mehrmals jährlich Lehrgänge in Gewerkschaftshäusern. Für ihn war es *nochmal eine neue Ausbildung* (00:23:51). Die Freistellung und der bessere Verdienst waren für ihn sekundär. Vorrangig für ihn war der Einsatz für Behinderte. Diese für ihn erfüllende Arbeit, die in der Firma auch mit Anerkennung verbunden war, machte er insgesamt siebeneinhalb Jahre, die letzten dreieinhalb Jahre war er dafür freigestellt.

> *Und ich meine schon, dass ich zum Schluss- eigentlich war das- das hätte man früher – wenn man jung ist, weiß man so etwas gar nicht. Eigentlich wäre das mein Traum gewesen. Da habe ich gedacht: Das hättest du schon immer machen müssen. Leuten versuchen zu helfen (00:23:51).*

Er fand damit zum Schluss seiner Laufbahn eine sinnvolle Aufgabe, in der er beruflich dazu beitragen konnte, anderen Menschen zu helfen. Das Helfen bezieht sich allerdings nicht nur auf die schwerbehinderten Menschen, sondern auch auf die Firmenleitung:

> *Es ist ja heute so, gerade im Schwerbehindertenbereich in diesen großen Firmen. Es heißt immer: ‚Die wollen das nicht.‘ Das stimmt einfach nicht. Man muss als Schwerbehindertenvertrauensmann der Geschäftsleitung oder der mittleren Etage das auch einmal vernünftig rüberbringen, dass sie ja im Grunde genommen auch davon profitieren. Dass da ... Haufen Gelder in den Ämtern sind, die nicht abgerufen werden, weil sich keiner auskennt (00:23:51).*

In dieser Passage deutet sich seine Kompromissfähigkeit und politische Geschicklichkeit an, die er bis zum Interview auch ehrenamtlich auf der Ebene der Gemeindepolitik praktiziert.

,Heim gehen'

Als seine Frau in Rente ging, war er 57 Jahre alt. Ein Jahr später beschloss er, seine aktive Berufsarbeit ebenfalls zu beenden.

> *Und dann habe ich gesagt: ,Nein, ich habe das jetzt aufgebaut, ich möchte das schon ver-*
> *nünftig übergeben.' Und dann bin ich mit 58 1/2 habe ich dann doch gesagt: ,Schluss.' Dann*
> *bin ich dann heimgegangen (00:19:57).*

Nachdem er seine beruflichen Ziele erreicht hatte, war ihm das gemeinsame Leben mit seiner Frau so wichtig, dass er vorzeitig das Berufsleben beendete und – wie er sich ausdrückt – *heimgegangen* ist zu seiner Frau. Herr Matzner erzählt nur wenig von seinem privaten Lebensbereich. Wichtig ist ihm die Darstellung seines berufli-chen Werdegangs. Die Verwendung des Begriffs ,heimgehen' ist aber ein deutliches Indiz dafür, dass Partnerschaft, Ehe und Familie einen wichtigen Platz in seinem Leben einnehmen.

2.3.2.6 Ehrenamtliches Engagement

Herr Matzner war während seiner gesamten beruflichen Tätigkeit ehrenamtlich en-gagiert. Auf die gewerkschaftliche Arbeit wurde bereits eingegangen. Hier werden seine parteipolitischen und kirchlichen Engagements dargestellt.

Parteipolitisches Engagement

> *Dann haben wir zur Gemeinderatswahl eine Liste aufgestellt. Da ist einer reingekommen.*
> *Und das war ich. In einem Bauerndorf in [Name des Dorfs] als Preuße. Das war in diesem*
> *Gemeinderat. Zwischen lauter Schwarzen. Und dann ok, es war nicht so schlimm. Die ha-*
> *ben haben mich schon einigermaßen akzeptiert. Machen konnte ich sowieso nicht so viel.*
> *Anregungen konnte ich höchstens geben. Bloß auf dem Dorf ist das ja auch ein bisschen*
> *anders, nicht? Da gibt's ja eine Opposition, das ist ja– Durch die durch die Gebietsreform*
> *sind ja mehrere Orte zusammen, nicht? Und dann gibt es ja auch Opposition schon von*
> *einem Ort zum anderen. Von daher brauchen wir nicht so viel (00:26:53).*

In Bayern angekommen, trat er der SPD bei. *Da sind so viele Schwarze in Bayern,* *da müssen Rote her. Dann bin ich in die SPD eingetreten (00:26:36).* Er hat als SPD-Mitglied einen Ortsverein gegründet und wurde für mindestens eine Legislatur-periode als einziger Abgeordneter der SPD Mitglied im Gemeinderat. In dieser Position konnte er wenig bestimmen, aber Anregungen geben. Zudem verliefen die Oppositionslinien auf Gemeindeebene nicht immer gemäß den Parteien, sodass er sich Verhandlungsspielräume erarbeiten konnte. Nach einem weiteren Umzug in ein anderes Dorf wurde er stellvertretender SPD-Ortsvorsitzender. Dieses Amt hat er zur Zeit des Interviews – 18 Jahre später – immer noch inne.

Als Rentner setzt er seine beratende Tätigkeit als Betriebsrat ehrenamtlich in der Aktionsgemeinschaft für Arbeitnehmerfragen (AfA) der evangelischen Kirche fort:

> *Ehrenamtlich arbeite ich noch in der evangelischen Kirche mit, in der AfA: Aktionsge-meinschaft für Arbeitnehmerfragen. Und jetzt seit Neuestem, seit zwei Jahren, singe ich im Kirchenchor in der evangelischen Kirche. Und ehrenamtlich, Sozialrechtler mache ich (00:29:38).*

In seinem ehrenamtlichen Engagement folgt er seinem Wunsch, anderen zu helfen und Unrecht zu beseitigen:

> *Also, wenn ich Unrecht sehe, dann bin ich der Meinung, wenn ich eine Möglichkeit sehe, dort zu helfen dann bin ich eigentlich dazu verpflichtet (00:30:41).*

Damit knüpft er an das Verständnis an, dass gegen Ungerechtigkeiten anzukämpfen und anderen zu helfen mehr ist als individuelle Sinnstiftung. Er deutet damit auf die ethisch-philosophische Bedeutung von Sinn als einen Mehrwert für sich und die anderen hin. Dieser Sinn ist für ihn von den Institutionen unabhängig. Darauf deutet hin, dass Herr Matzner zwischenzeitlich aus der Kirche ausgetreten war, weil er mit ihrer Politik nicht einverstanden war. Er betont, dass der Austritt

> *nichts mit Geld zu tun gehabt (hat). Ich kann sehr wohl Kirche und Glauben trennen. Aber dass ich da ausgetreten bin, warum, weil die Kirche so immer rumgeeiert, tun sie zum Teil auch heute noch. […] die hat mir dann gesagt: ‚Naja, Unternehmer sind auch Christen.' Ich sag: ‚Das sind schon Christen. Aber das müsste man denen mal sagen' (01:05:37).*

Er trennt seine Religiosität von der Kirche als Institution. Er bezeichnet sich als *gläubiger Mensch* (01:05:09), ohne seinen Glauben näher zu spezifizieren. Wichtig ist ihm an dieser Stelle allein das Motiv für den Austritt, nämlich eine unterneh-mensfreundliche und nicht gerechte Politik der Kirche, die er ablehnt. Auch hier ein deutlicher Hinweis, welche Bedeutung für ihn das soziale Engagement für mehr Gerechtigkeit in der Welt hat. In die Kirche trat er erst wieder ein, als seine Frau lebensgefährlich erkrankte.

> *Sie wurde ins Koma versetzt und da habe ich mir geschworen, dann trete ich wieder in die Kirche ein (01:05:37).*

Über die Krise gewann Herr Matzner erneut Zugang zur Institution Kirche, nicht zur Religion. Andere Menschen hätten in dieser Krise Gott um Hilfe angefleht, um das Leben eines geliebten Menschen zu retten. Zumindest hätten sie im Nachhinein die Krise als einen Moment der Bewährung ihres Glaubens gedeutet. ‚Not lehrt beten', dieses Motto ist Herrn Matzner fremd. Aufgrund seiner habituellen Disposition, die auf praktisches Handeln und tatkräftige Hilfe ausgerichtet ist, geht er eine Rezipro-zitätsverpflichtung ein. Unabhängig von dem Glauben an die Existenz eines Gottes wird er Mitglied der Kirche, die den Glauben an diesen Gott zelebriert. Seinen Teil der Erfüllung der Reziprozitätsverpflichtung sieht er in einem sozialen Engagement in dieser Institution. Dadurch erschließt sich ihm die Kirche als Raum und Feld für sein Engagement nach mehr Gerechtigkeit. Es ist die praktische Ausrichtung, nach Charles Y. Glock (1972) die rituelle und nicht die ideologische Dimension, die für die Religiosität von Herrn Matzner bestimmend ist. Mit dem Wiedereintritt in die Kirche macht er eine für ihn überraschende Erfahrung.

> Und wenn ich jetzt sehe, was die hier in der Kirchengemeinde machen, dann finde ich es eigentlich schade, dass ich es nicht schon vorher gemacht habe. Die haben ja früher, früher einen Pastor hier, der ist ja gar nicht auf die Leute zugegangen. Jetzt haben sie zwei Frauen hier, zwei Pastorinnen. Die, und ist, eine Frauenwirtschaft. Eine Diakonin ist auch noch da. Und die machen das recht gut. Wir haben unwahrscheinlich viele Gruppen hier und dann macht das auch Spaß in der Kirche (01:05:37).

Bereits als Kind hat er gerne gesungen. Das hat er inzwischen wieder aufgegriffen und singt nun *seit zwei Jahren im Kirchenchor.* Auch das sein Leben bestimmende sozialpolitische Engagement kann er in der Kirche verwirklichen. Er ist ehrenamtlich als *Sozialrechtler* aktiv in der Aktionsgemeinschaft für Arbeitnehmerfragen (00:29:38). Er macht sich stark dafür, dass auch kritische Themen öffentlich diskutiert werden und kritisiert die ungerechte Verteilung der Flüchtlinge in den einzelnen Orten. Gegen den Widerstand des katholischen Pfarrers organisiert er in der evangelischen Ortsgemeinde Hilfsleistungen für Flüchtlinge (00:58:48).

Auch hier stellt er die Pastorinnen und die Diakonin als eine Gruppe dar, der er sich als männliches Individuum – so wie bei seinen Schwestern – gegenüberstellt. Aber er bewertet die Arbeit dieser *Frauenwirtschaft* positiv im Gegensatz zu der des männlichen Vorgängers. Daran lässt sich eine deutliche Wende in seinem Verhältnis zu Frauen nachvollziehen: Bei seinen Schwestern besteht das Verhältnis noch in einem starken Gegenüber, mit dem er *viel mitgemacht* hat. Doch nach seiner Therapie spricht er bereits bei der Tochter seiner Frau davon, dass sie *Recht* habe. Zu seiner Frau pflegt er ein partnerschaftlich ausgerichtetes Verhältnis: Sie ist älter als er und er zieht ihr nach, gibt also ihretwegen zum ersten Mal seinen Stolz auf, immer in Arbeit gewesen zu sein. In der Gemeinde hebt er die Tätigkeit der Frauen nun hervor.

2.3.2.7 Langfristig wirkende Dispositionen und Gegensatzpaare

Herr Matzner repräsentiert eine für seine Generation und Schichtzugehörigkeit typisch männliche Biografie. Sein Leben wird bestimmt von den zentralen Gegensatzpaaren Außen und Innen, Oben und Unten, Vorher und Nachher sowie Diesseits und Jenseits, die hier zusammenfassend dargestellt werden.

Oben/Unten

Oben/Unten realisiert sich in der ersten Lebensphase im Kampf gegen den sozialen Abstieg. Im Gegensatz zum sozialen Abstieg seiner Eltern versuchte er, durch existenzsichernde Arbeit und eine späte Berufsausbildung seine prekäre Lebenssituation Schritt für Schritt zu überwinden. Es ist eine Geschichte von Rückschlägen, die er immer wieder erneut zu überwinden versuchte. Nach dem Abbruch der Lehre verdingte er sich als ungelernter Arbeiter in verschiedensten Arbeitsstellen. Jahrelange Krankheiten brachten ihn in eine Lebenssituation, die man als prekär bezeichnen kann. Eine Endstation in Arbeitslosigkeit ohne Perspektive kam für ihn jedoch nicht in Frage. Bereits in dieser für ihn prekären Lebensphase hielt er an einer sein Leben bestimmenden Perspektive in Gestalt eines sozialpolitischen Engagements für Gerechtigkeit in der Welt fest. Diese drückte sich aus in einem gewerkschaftlichen Engagement. Nach jedem Rückschlag suchte er aktiv nach neuen Arbeitsmöglichkeiten, um seinen Lebensunterhalt ohne fremde Hilfe zu finanzieren. Resümierend fasst er diese Lebensphase zusammen: *Ich habe ja eigentlich immer Pech gehabt im Leben, früher (01:07:09).*

Vorher/Nachher

Mit dem Verweis auf *früher* wird eine Zäsur eingeleitet, es gibt ein Vorher und ein Nachher. Die entscheidende Wende begann mit einer weiteren Krise in Gestalt einer eineinhalbjährigen Krankheit. Über eine langfristige Therapie, in deren Verlauf er eine Ausbildung mit einem Gesellenbrief abschloss, fing der soziale Aufstieg an. Denn mit dem Abschluss der Ausbildung waren die Voraussetzungen geschaffen für eine gesicherte Existenz. Er fand eine unbefristete Stelle in seinem neuen Beruf als Büromaschinenmechaniker. Zugleich ging er erstmals in seinem Leben eine langfristige Partnerschaft ein, die auf seinen Wunsch hin in eine Ehe mündete. Er gründete eine Familie, indem er eine Frau mit erwachsenen Kindern liierte und heiratete.

Für den Eintritt in den Erwachsenenstatus wurden bis in die 1970er Jahre die folgenden beiden Übergänge als zentral betrachtet: Abschluss der Berufsausbildung und Beginn der Berufstätigkeit sowie Eheschließung und Familiengründung (Neidhardt 1970). Männer erlernen einen qualifizierten Beruf, der in eine unbefristete Arbeitsstelle mündet, und gründen danach eine Familie. Der Beruf ist der Garant, um als ‚Ernährer' die Existenz der Familie zu sichern. Mit Beruf und Familie hat man die Jugendphase beendet und wird zu einem ‚erwachsenen Mann' mit entsprechenden Verpflichtungen und der einem männlichen ‚Familienvorstand' zugesprochenen Verantwortung. Dieser Vorstellung eines als „Normalbiographie" (Kohli 1988) bezeichneten Lebensverlaufs ist auch die Lebensgeschichte Herrn Matzners gefolgt. Doch Männer aus prekären Verhältnissen gründen auch heute noch oft keine Familie oder erst, wenn diese Phase überwunden ist (vgl. Scholz 2012). Die verbindliche Richtlinie kann formelhaft so ausgedrückt werden: Ohne existenzsichernde Berufsarbeit keine Familiengründung. Beides waren Bedingungen für einen ‚geordneten Lebenslauf' und Chancen für einen sozialen Aufstieg. Fehlte eine von beiden, drohte dem Mann in dieser Generation der soziale Abstieg. Dadurch verschob sich bei Herrn Matzner der Zeitpunkt in ein höheres Lebensalter. Denn aufgrund seiner prekären Lebensverhältnisse begann für ihn diese Phase eines Erwachsenen nicht bereits im Alter von normalerweise 20 bis 24 Jahren, sondern erst mit 38 Jahren.

Ein deutliches Indiz dafür, dass sich Herr Matzner an diesem Muster angesichts der für seine Generation spezifischen Lebenslage orientiert, sind die resümierenden Äußerungen zu ,zwei Glücksfällen' in seinem Leben. Der erste war die Therapie und der Beginn der Ausbildung zum Büromaschinenmechaniker.

> *Also, ich bereue nichts. So, wie es gelaufen ist, ist es richtig gelaufen. Das war, sollte wahrscheinlich mein Werdegang so sein. Und ich hab auch immer gesagt: ,Ich brauche keinen Lottogewinn. Ich habe meinen Lottogewinn schon gehabt. Ich war bis zur Rente in Arbeit. Das ist mehr wert, wie ein Lottogewinn' (01:11:07).*

> *Und der zweite Glücksfall, dass ich die [Name seiner Frau] dann kennengelernt habe (00:47:04).*

Außen/Innen

Die dominanten Themen im Interview sind Arbeit und Beruf sowie soziales und politisches Engagement. Es sind zugleich männlich konnotierte Themen, die sich in der Welt abspielen und sich deutlich abgrenzen vom ,innerhäuslichen' und familialen Bereich. Hier kommen die für ihn zentralen Dispositionen zum Ausdruck. Die Ziele des sozialen Aufstiegs verfolgt er Schritt für Schritt und nicht in dem einen großen Übergang. Er ist weder auf eine Tätigkeit noch einen festen Arbeitsort fixiert. Vielmehr ist es aus seiner Sicht die Flexibilität und Mobilität, die den Erfolg von Arbeit ausmacht. Herr Matzner macht jede Arbeit, die zur Existenzsicherung beiträgt. Zugleich sucht er aber auch nach einer ihn erfüllenden und sinnvollen Aufgabe.

Es waren immer Männer, die ihm ein Vorbild waren, die ihn unterstützt und ihm weitergeholfen haben. Er ist stolz darauf, trotz der widrigen Umstände bis zu seiner lebensgeschichtlichen Wende eine berufliche Normalbiografie mit durchgehender Erwerbstätigkeit und ohne Arbeitslosigkeit gelebt zu haben. Seine Sinnstrukturen haben sich demnach – wahrscheinlich auch aufgrund der empfundenen Dominanz der Frauen in seiner Herkunftsfamilie – zu einer stark geschlechtersegregierten Weltsicht entwickelt.

Diese Weltsicht änderte sich vermutlich durch seine Therapie und entfaltete sich sukzessive mit dem Kennenlernen seiner späteren Frau. Familie und Partnerschaft bekamen für Herrn Matzner einen größeren Stellenwert. Dafür gibt es im Interview einige Hinweise: Zuerst der bereits erwähnte Glücksfall, dass er seine jetzige Partnerin kennengelernt hat. Der Konflikt mit ihrer Tochter führt bei ihm zu neuen Einsichten über die Selbstständigkeit von Frauen. Ein weiterer Indikator ist der Wiedereintritt in die Kirche, nachdem seine Frau lebensgefährlich erkrankte und wieder gesund wurde. Als deutlichster Beleg der Bedeutung von Familie und Partnerschaft ist schließlich sein vorzeitiger Rentenbeginn zu betrachten. Nachdem seine Frau nicht mehr berufstätig war und in Rente ging, wollte auch er seine gesamte Zeit zu Hause mit ihr verbringen.

Diesseits/Jenseits

Herr Matzner bezeichnet sich als gläubiger Mensch: *Ich bin ein gläubiger Christ. Das hat aber nichts mit der Kirche zu tun (01:05:09)*. Nach seinen Worten ist *ein Mensch gar nicht lebensfähig, wenn er nicht irgendwie einen, einen Anker hat, irgendwann an irgendwas glaubt. Mir geht es jedenfalls so (01:07:09)*. Auf was sich der Glaube richtet, bleibt in seinem Fall unbestimmt. Er weiß nicht, ob er an Gott glaubt, *aber da muss ja irgendwas sein, dass alles da ist (01:06:48)*. Ein Leben nach dem Tod ist für ihn nicht vorstellbar. *Wenn ich tot bin, bin ich tot (01:08:57)*. Lebenssinn findet er nicht in der Hoffnung auf ein jenseitiges Leben. Auch zu Zeiten der prekären Lebenssituation hat er nicht auf den Trost der Religion zurückgegriffen. Er war stets auf das Diesseits und die Bewältigung seiner jeweiligen Lebenssituation ausgerichtet. Lebenssinn und damit Glück hat er im Beruf, im gewerkschaftlichen, politischen und kirchlichen Engagement für Gerechtigkeit gefunden sowie in der späteren Lebensphase in der erfüllenden Beziehung zu seiner Partnerin.

2.3.3 Die berufliche Karriere der Frau Inthorn: „Also wenn Sie meine Frau wären, das würde ich Ihnen verbieten".

Frau Inthorn ist zum Zeitpunkt des Interviews 59 Jahre alt. Sie stammt aus einer Familie, in der die Mutter bereits als Lehrerin berufstätig war. Das erleichtert ihr in einer Krise den Rollentausch mit ihrem Mann. Er wird Hausmann und sie wechselt von der Hausfrau in eine vollzeitliche Stelle als Leiterin einer Kindertagesstätte. Nach dem Überblick der Gegensatzpaare werden in 2.3.3.2 die im Vergleich zu den vorhergehenden Fallanalysen gänzlich anders gelagerte Situation der Herkunftsfamilie und die dort erworbenen habituellen Dispositionen dargestellt. Es folgt in 2.3.3.3 der berufliche Werdegang und in 2.3.3.4 die spezifische Partnerbeziehung von Frau Inthorn. Auch bei ihr ist die ehrenamtliche Tätigkeit ein wichtiger Bestandteil ihrer Biografie (2.3.3.5). Im Kapitel 2.3.3.6 werden die wesentlichen Elemente ihrer Religiosität und das, was ihren Lebenssinn ausmacht, dargestellt. Abschließend in 2.3.3.7 folgen die langfristig wirkenden Dispositionen und Gegensatzpaare.

2.3.3.1 Die Gegensatzpaare im Überblick

Zur Übersicht der Gegensatzpaare von Frau Inthorn siehe Abbildung 5 auf der folgenden Doppelseite.

2.3.3.2 Die Herkunftsfamilie

Die Mutter von Frau Inthorn

> *Also ich fange mal ganz vorne an. Ich hatte, obwohl ich in diesem Jahr sechzig werde, eine revolutionäre, bodenständige und ihrer Zeit vorausseiende Mutter (00:01:34).*

Frau Inthorn beginnt ihre Lebensgeschichte mit der Mutter. Dass sie diesen Kontext als Einstieg für die Geschichte ihres Lebenssinns auswählt, deutet auf eine besondere Beziehung hin. Ihre Mutter beschreibt sie als *revolutionär, bodenständig und ihrer Zeit vorausseiend*. Damit wird sie charakterisiert als eine Frau, die bestehende Verhältnisse radikal veränderte bzw. diese verändern wollte. Zugleich war sie *bodenständig*, d. h., die Veränderungen hatten einen realen Bezug und bewährten sich lebenspraktisch. Schließlich wird sie als eine Frau bezeichnet, die ihrer *Zeit weit voraus* war. Sie lebte aus der Perspektive ihrer Tochter einen Lebensstil, der auch sechzig Jahre später noch Gültigkeit beanspruchen kann und sich noch in der heutigen Zeit bewährt. Man kann aufgrund dieser ersten Sequenz bereits mit hoher Wahrscheinlichkeit davon ausgehen, dass sich Frau Inthorn an diesem Lebensstil orientierte und in einem ähnlichen Modus ihr Leben gestaltete.

> *Die also auch dafür gesorgt hat, dass wir alle, auch meine Geschwister, bodenständig, weltoffen und ja, also so erzogen worden sind, dass du mit der Lebenswelt zurechtkommst. Das war meiner Mutter ganz wichtig. Außerdem hatte die einen sehr starken Gerechtigkeitssinn, den die uns auch so– Die konnte sich über Ungerechtigkeit furchtbar aufregen (00:01:34).*

Die Mutter hat die Kinder entsprechend ihren eigenen Lebensmaximen erzogen. Bei der Beschreibung der Erziehung wählt Frau Inthorn das Gegensatzpaar bodenständig/weltoffen, aus ihrer Sicht eine Voraussetzung für die Bewältigung von Lebenspraxis. Besonders hervorgehoben wird der *starke Gerechtigkeitssinn* der Mutter, der sich darin ausdrückt, dass sie sich über Ungerechtigkeiten *furchtbar aufregen* konnte. Diesen hat sie an die Kinder weitergegeben.

> *Also wir sind irgendwie alle auch, trotz Krisen oder so, sind wir immer gut durch das Leben gekommen (00:01:34).*

Im Rückblick wird bestätigt, dass sich die Erziehung der Mutter im Leben aller Kinder bewährt hat. Die von der Mutter vermittelten Orientierungsmuster und Handlungsschemata haben es ihnen ermöglicht, die Herausforderungen und Krisen des Lebens zu bewältigen.

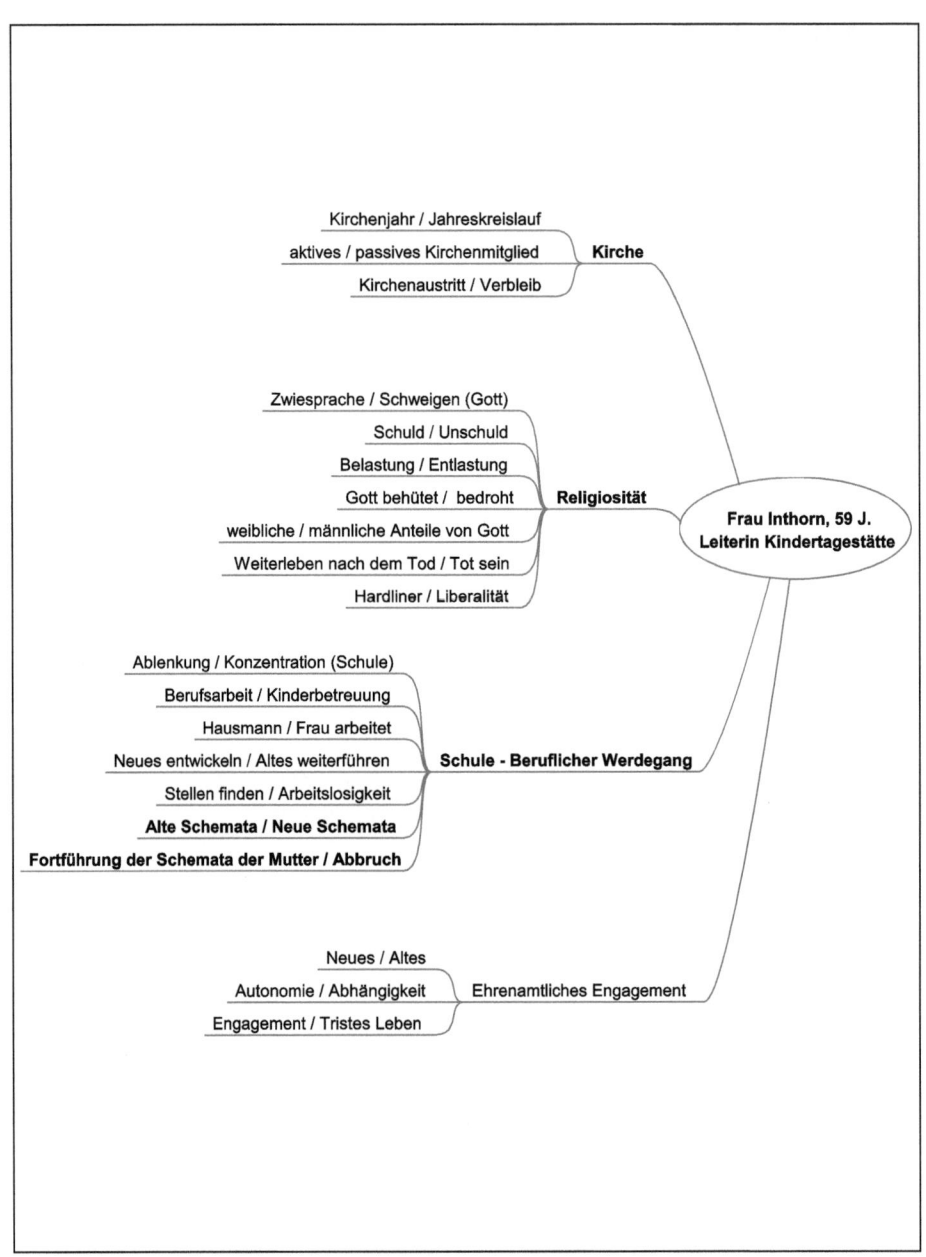

Kirchenjahr / Jahreskreislauf
aktives / passives Kirchenmitglied   **Kirche**
Kirchenaustritt / Verbleib

Zwiesprache / Schweigen (Gott)
Schuld / Unschuld
Belastung / Entlastung
Gott behütet / bedroht   **Religiosität**
weibliche / männliche Anteile von Gott
Weiterleben nach dem Tod / Tot sein
Hardliner / Liberalität

Ablenkung / Konzentration (Schule)
Berufsarbeit / Kinderbetreuung
Hausmann / Frau arbeitet
Neues entwickeln / Altes weiterführen   **Schule - Beruflicher Werdegang**
Stellen finden / Arbeitslosigkeit
Alte Schemata / Neue Schemata
Fortführung der Schemata der Mutter / Abbruch

Neues / Altes
Autonomie / Abhängigkeit   Ehrenamtliches Engagement
Engagement / Tristes Leben

Frau Inthorn, 59 J. Leiterin Kindertagestätte

Abbildung 5:   Gegensatzpaare im Interview mit Frau Inthorn

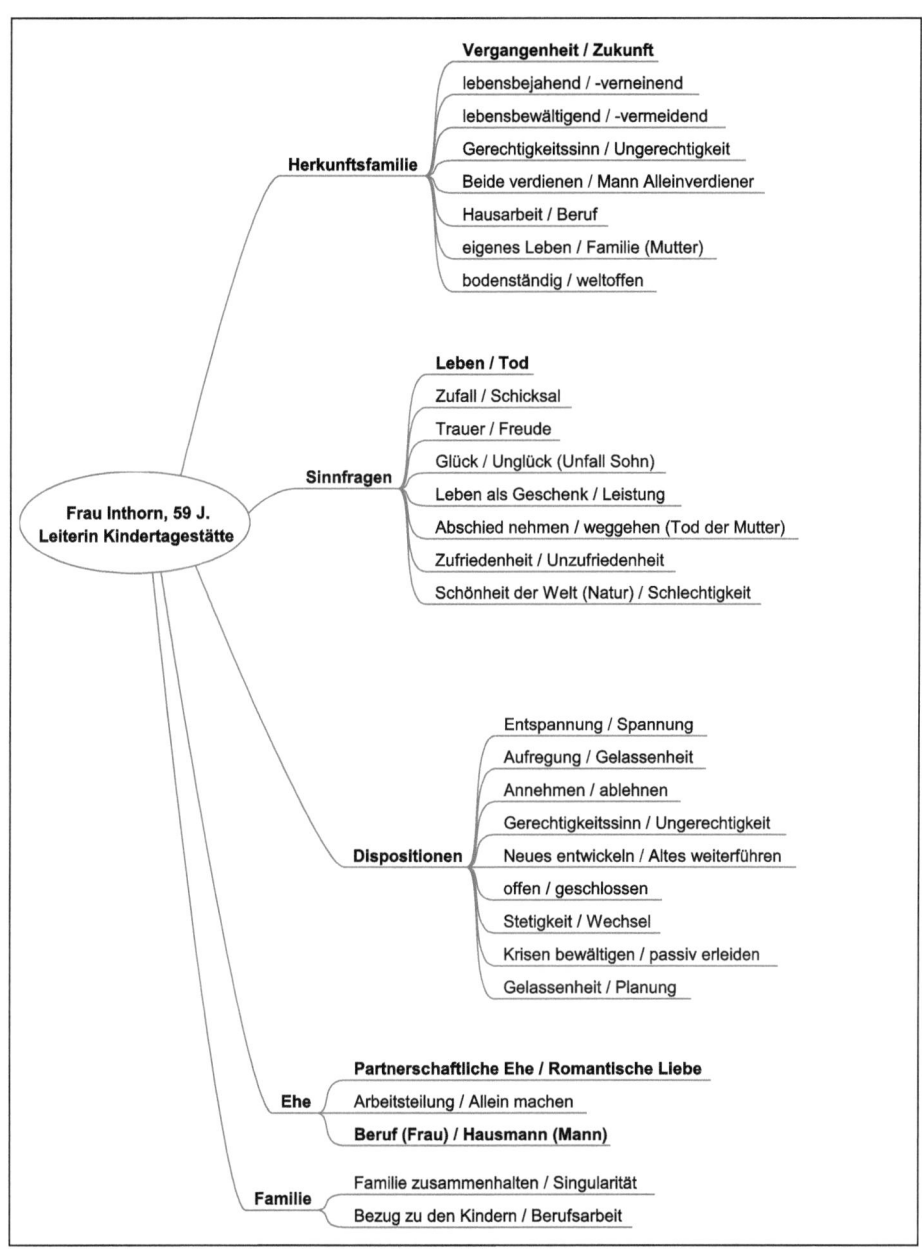

Fortsetzung Abbildung 5

Der Vater war Banker, später Prokurist und Geschäftsführer einer Firma, die Mutter Lehrerin. Da die Mutter in den Anfangsjahren ihrer Ehe ein höheres Einkommen hatte als ihr Mann, arbeitet sie in ihrem Beruf weiter. Auch später, als ihr Mann genügend verdiente, um die Familie alleine zu ernähren, gab sie ihre Berufstätigkeit nicht auf.

> *Die haben gesagt: ‚Mein Gott, kannst du nicht mal zuhause bleiben. Dein Mann verdient doch genug' und so. Meine Mutter: ‚Mein Gott, lasst mich doch' (00:45:55).*

Vor sechzig Jahren war es alles andere als selbstverständlich, dass eine verheiratete Frau ihren Beruf weiter ausübte. Weniger als 10 % der Frauen waren 1960 erwerbstätig.[22] Nach dem Gesetz waren verheiratete Frauen nur dann zur Erwerbstätigkeit berechtigt, „soweit dies mit ihren Pflichten in Ehe und Familie vereinbar" war (BGB § 1356 Absatz 1). Ob diese Pflichten eingehalten wurden, lag im Ermessen des Ehemanns. Der Mutter von Frau Inthorn war die Vereinbarkeit von Familie und Beruf möglich, da sie durch einen glücklichen Umstand von der Hausarbeit entbunden war:

> *Die Freundin von meiner Oma war Lehrerin an einem Berufskolleg, die Kinderpflegerinnen ausgebildet hat. Und die mussten damals ja noch ein Jahr immer in die Familie. Und da hat sie immer die Nettesten ausgesucht und uns zugeschustert und sagte meiner Mutter: ‚Du hast schon mal ein ganz schön gutes Leben.' Und dann hat die Kinderpflegerin sich um uns gekümmert, hat gekocht, gebügelt, gewaschen. Wenn die nach Hause kam, hat sie sich an den Tisch gesetzt mit uns und dann hat sie nur noch schöne Sachen mit uns gemacht. Jeden Tag in den Park. Und Schlittschuhlaufen im Winter. Und weiß ich nicht. Und eine Dauerkarte für den Zoo hatten wir und so. Ach, ne. Weil mit dem anderen Kram hatte sie ja nichts mehr an der Backe (00:45:55).*

Der Familie wurden jeweils für ein Jahr Praktikantinnen zugewiesen, die selbstständig den Haushalt führten und damit die Mutter in einer Weise entlasteten, die sich andere Familien in einer ähnlichen finanziellen Situation vermutlich nicht hätten leisten können. In der Erinnerung von Frau Inthorn hat ihre Mutter nach der Arbeit die Freizeitgestaltung der Kinder organisiert. Der allgemeinen gesellschaftlichen Erwartung, dass eine Mutter für ihre Kinder da ist, ist sie in dieser Hinsicht gerecht geworden. Die Tätigkeit als Lehrerin gab sie erst auf, als ihr Mann deutlich intervenierte.

> *Da hat mein Vater dann auch gesagt: ‚So weißt du was [Name seiner Frau], jetzt ist mal gut. Jetzt hast du genug andere Kinder unterrichtet. Jetzt passt du mal auf, dass unsere hier den richtigen Weg gehen und jetzt verdiene ich ja auch genug und jetzt ist das auch nicht mehr nötig. Jetzt bleibst du mal ein bisschen zuhause' (00:48:35).*

---

22 http://www.bpb.de/politik/innenpolitik/arbeitsmarktpolitik/155234/angebot-und-nachfrage?p=all (aufgerufen am 09.03.2017).

Trotz der in Bezug auf die Berufstätigkeit zunächst partnerschaftlichen Ehe war es der Vater, der als Familienvorstand fungierte und die Richtlinien vorgab. Diesen fügte sich die Mutter, wenn auch widerwillig. Für den Vater reichte es nicht aus, dass die Mutter für die Freizeitgestaltung der Kinder zuständig war. Die Kinder sollten ,richtig' erzogen werden. Dazu bedurfte es einer Mutter, die den ganzen Tag mit ihrer ,ganzen Person' zu Hause und für die Kinder da war. Das entspricht den damaligen Vorstellungen von Mutterschaft, die der Vater – zumindest in der Wiedergabe durch Frau Inthorn – direktiv von seiner Frau einforderte.

> *Aber meine Mutter hat immer was gemacht. Die hat dann noch an der Volkshochschule Deutsch für ausländische Mitbürger unterrichtet und dann war selber- hat noch immer Französisch gemacht und ist dann immer mit denen weggefahren mit dem Französischkurs. Die hat auch immer noch geguckt, dass sie für sich selber immer noch auch ein eigenes Leben hatte so neben der Familie (00:48:35).*

Der Direktive ihres Mannes und dem allgemeinen Druck der damaligen Öffentlichkeit konnte sie sich auf Dauer nicht widersetzen. Die Berufstätigkeit als Lehrerin gab sie auf. Sie fand aber Wege, zumindest in Teilzeit ihre berufliche Arbeit fortzusetzen und sich den Verpflichtungen gegenüber ihrem Mann und der Familie temporär zu entziehen. Ein selbst- und eigenständig geführtes Leben neben der Familie war für sie konstitutiver Teil ihrer Lebensplanung.

Ein religiöser Lebensstil war in der Familie nicht besonders ausgeprägt. Er wird im Interview nur am Rande erwähnt. Die Familienmitglieder besuchten gelegentlich den Gottesdienst und alle Kinder der Familie wurden getauft und konfirmiert. Es war ein Grundwissen über die christliche Religion vorhanden, das sich z. B. darin ausdrückte, dass die Kinder den christlichen Bezug des Kirchenjahres zum Jahreskreislauf herstellen konnten (00:01:34).

In der Herkunftsfamilie erworbene habituelle Dispositionen

Auffallend ist, wie stark der Anteil ist, der der Mutter beim Erwerb von Dispositionen zugesprochen wird. Es war weder der Vater noch werden eigene Anteile bei der Entwicklung von Dispositionen in Erwägung gezogen, es ist ausschließlich die Mutter, die die Kinder mit jenen Fähigkeiten, Handlungs- und Orientierungsmustern ,ausgestattet' hat, mit denen sie letztlich *gut durch das Leben gekommen* sind.

> *Also weil meine Mutter, die war auch meine beste Freundin und ich hätte mir so auch für unsere Kinder gewünscht so eine, sodass die noch etwas von ihr gehabt hätten so (00:01:34).*

Sie hätte gewünscht, dass ihre Mutter dasselbe auch an ihre eigenen Kinder hätte weitergeben können. Bereits genannt wurden die bodenständige, auf die realen Gegebenheiten bezogene Sichtweise und Handlungspraxis, gepaart mit einer weltoffenen Perspektive. Hinzu kam ein ausgeprägter Gerechtigkeitssinn. Es ist anzunehmen, dass Frau Inthorn in ihrem Leben die von der Mutter vorgelebte Unabhängigkeit übernahm, die unter anderem durch eine qualifizierte Berufsausbildung und berufliche Tätigkeit garantiert wurde.

2.3.3.3 Beruflicher Werdegang

In den 1960er Jahren besuchten nur ca. 11 % der Mädchen ein Gymnasium (Faulstich-Wieland 1998, 4). Frau Inthorn gehörte zu den wenigen Mädchen, denen von den Eltern ein Besuch des Gymnasiums ermöglicht wurde. Ein Grund war sicher, dass bereits ihre Mutter ein Lehramtsstudium absolviert hatte. Zunächst scheint es so, als ob sich Frau Inthorn nicht am beruflichen Erfolg der Mutter und der damit einhergehenden Unabhängigkeit orientierte. Sie brach das Gymnasium aufgrund von Konzentrationsschwierigkeiten ab und begann eine Ausbildung zur Erzieherin. Anschließend arbeitete sie in diesem Beruf.

Nach ihrer Heirat und mit der Geburt des ersten Kindes kündigte sie die Stelle als Erzieherin. Vermutlich waren es die allgemeinen gesellschaftlichen Erwartungen, dass eine Mutter ihre Kinder versorgt (z. B. vgl. Tolasch 2016; Vinken 2007), und die damals nicht ausreichenden Betreuungsmöglichkeiten für Kinder, die sie zu diesem Schritt bewogen. Beruf und Familie waren in ihrem Fall nicht zu vereinbaren, da ihr eine entsprechende Entlastung im Haushalt fehlte. Allerdings nahm sie bereits nach vier Monaten ein Pflegekind auf, das sieben Jahre in der Familie blieb. Das sicherte ihr einen Nebenverdienst.

Nach sieben Jahren Kinderpause bewarb sie sich um eine Stelle als Erzieherin und wurde sofort eingestellt. Dort arbeitete sie elf Monate und wechselte danach als Leiterin in eine neu eröffnete Kindertagesstätte. Dass sie nach der Kinderpause und einer kurzen Tätigkeit als Erzieherin die Leitung einer Kindertagesstätte übernahm, deutet auf eine hohe Kompetenz und Qualifikation in ihrem Beruf. Es war sicher nicht nur das höhere Einkommen, sondern auch die Aussicht auf eine anspruchsvolle Tätigkeit, die sie zu diesem Wechsel motivierte. Es reizte sie die Entwicklung einer Konzeption für das Haus und insgesamt die Gestaltung und Erprobung des Neuen. Altes in bewährten Strukturen einfach weiterzuführen, war für sie weniger erstrebenswert.

> *Also so mit einem– So ein ganz neues Team einstellen und also so ein Haus aufbauen und zusammen so eine Marschrichtung in der Pädagogikentwicklung entwickeln und so weiter also. Und wir hatten eine kleine altersgemischte Gruppe, also Kinder ab vier Monaten ne. Das war schon eine spannende Zeit (00:33:46).*

Auf eine dritte Stelle bewarb sie sich als Leiterin, als es Finanzierungsschwierigkeiten in der bisherigen Kindertagesstätte gab.

> *Und dann stand hier die Viergruppige in der Zeitung und dann habe ich mich hier beworben und die haben mich auch sofort genommen. Und da hatte ich dann noch dann, nach dem Vorstellungsgespräch sage ich: ,Nein, boah, also das geht mir hier aber jetzt zu schnell.' Ich habe mich ja von meinem Kind, Baby da in [Stadt] noch gar nicht richtig verabschiedet.*

Ich wollte einfach nur mal gucken, ob das einfach noch geht so alles. Und dann: ‚Ja, wie lange brauchen Sie Bedenkzeit? Wir rufen Sie dann an.' Und dann, Samstagsmorgens rief der sofort an der Pfarrer und sagte: ‚So, was ist denn jetzt? Kommen Sie jetzt zu uns oder nicht? Wir wollen Sie unbedingt haben.' Habe ich gesagt: ‚Ja gut.' Es schadet ja auch nichts, wenn man mal alle zehn Jahre was anderes macht. So. Ja. Und dann habe ich mich, dann habe ich gesagt: ‚Okay, Viergruppig ist auch noch mal neu.' Dann hatte ich hier die Ent-wicklung zum Familienzentrum und die ganze Sache. Das war auch eine spannende Zeit und auch nochmal eine Herausforderung; nochmal mit ganz vielen Kooperationspartnern zu verhandeln. Die alle jetzt hier an das Haus angedockt sind. Sprechstunden von der Er-ziehungsberatungsstelle, eine Logopädin und ein Kinderarzt und solche ganzen Sachen. Ich hatte auch nochmal dafür gesorgt, dass ich mich noch weiterentwickeln konnte (00:37:37).

Die Einrichtung war ein Familienzentrum, das einen umfassenderen Service als eine Kindertagesstätte anbot, und den sie koordinieren musste. Auch an dieser Stelle reizte sie die anspruchsvolle Tätigkeit, die Herausforderung des Neuen und insbe-sondere auch die Möglichkeit der beruflichen Weiterentwicklung.

2.3.3.4 Die Partnerbeziehung und die Familie von Frau Inthorn

Ein weiteres wichtiges Thema im Interview mit Frau Inthorn ist das Familienleben und das damit verbundene partnerschaftliche Arrangement mit ihrem Mann.

Rollentausch der Ehepartner/innen

Die Ehe von Frau Inthorn ist partnerschaftlich angelegt. Ihr Mann übernahm die Rolle der ersten Bezugsperson für die Kinder und wurde zum Hausmann. Doch ist weder sie ganz aus der Hausarbeit entlassen noch er ganz aus der Erwerbsarbeit. Während er immer noch etwas dazu verdient und bei der Hausarbeit das Putzen der Böden wie der Fenster erledigt, überlässt er ihr das Bad. In diesem Punkt bleibt das Paar der vergeschlechtlichten Struktur von Hausarbeit noch verhaftet, die beinhal-tet, dass die feuchteren Regionen von Frauen übernommen werden, wie die Studie von Koppetsch und Burkart (1999) ergab. Das Paar teilt sich jedoch die wöchentlich anfallende Hausarbeit und ihr Mann hat neben der Erziehungsarbeit das Kochen komplett übernommen, was auf eine partnerschaftliche Ausrichtung der Beziehung deuten lässt:

Dann haben wir eben im Haus, einer fängt oben an, einer unten und pum haben wir uns in der Mitte getroffen, da waren wir ja auch in zwei Stunden fertig. (00:59:15).

Es war selbstverständlich, dass nach der Heirat zunächst beide Partner einer beruf-lichen Tätigkeit nachgingen. Ihr Mann war Unternehmer und hatte eine Firma für Büroeinrichtungen. Eine berufliche Tätigkeit aus Gründen der Existenzsicherung wäre für Frau Inthorn nicht notwendig gewesen. Warum sie mit der Geburt ihres ersten Sohnes den Beruf aufgab, wird im Interview nicht begründet, war vermutlich durch die in der Zeit üblichen mangelhaften Betreuungsbedingungen bedingt. Eventuell waren ihr auch die Versorgung der Familie und die ungeteilte Zuwendung zu ihrem Sohn wichtiger, als eine fortdauernde Berufstätigkeit neben der Familie. Beruf und Familie wollte oder konnte sie unter diesen Bedingungen nicht in Einklang bringen. Im Vergleich zum Haushalt ihrer Mutter stand ihr keine Praktikantin als Haushaltshilfe zur Verfügung.

Sieben Jahre nach der Geburt ihres ersten Kindes wurde die Firma des Mannes insolvent. Ihr Mann schlug vor, dass er den Haushalt und die Betreuung ihrer beiden Kinder (das Pflegekind hat die Familie nach sieben Jahren verlassen) übernähme und sie arbeiten ginge. Nebenher übernahm ihr Mann verschiedene kleinere und überschaubare Nebentätigkeiten. Dieser Vorschlag war für die damalige Zeit ungewöhnlich. „Hausmänner" waren in den 1980er Jahren – und bis heute – noch selten anzutreffen.

> *Und dann stand eine Anzeige in der Zeitung, sie suchen eine Erzieherin und dann sagte er: ‚Was hältst du denn davon, wenn ich die Kinder nehme und du gehst erst einmal das so für die festen Kosten. Und gucke da was ich noch nebenbei mache'. Und dann haben wir das gemacht (00:33:46).*

Ihr Mann machte einen Vorschlag, den sie annehmen konnte, aber nicht annehmen musste. Als sie erzählt, dass ihr Vater der Mutter damals vorschrieb, dass sie nun endlich mit der Berufstätigkeit aufhören sollte, wählt Frau Inthorn in der wörtlichen Rede einen direktiven Stil: *Jetzt bleibst du mal ein bisschen zuhause.* Dieser Anweisung konnte sich ihre Mutter nicht entziehen. Hier zeigen sich deutlich die unterschiedlichen Partnerschaftsbeziehungen, die Frau Inthorn ihrer eigenen Ehe und derjenigen ihrer Eltern zuweist. Die eigene Ehe wird als partnerschaftlich mit der Möglichkeit zu Aushandlungsprozessen betrachtet, die ihrer Eltern ist bestimmt von einer gewissen Dominanz des Vaters als Haushaltsvorstand.

Frau Inthorn ist seitdem vollzeitlich berufstätig und wurde zur Haupternährerin der Familie. Ihr Mann wurde erste Bezugsperson der Kinder. Damit folgen sie der „Idee der arbeitsteiligen Ergänzung" (Koppetsch/Speck 2015, 138). Doch dass sie nicht erklärt, warum sie als Mutter zunächst zu Hause geblieben ist, wohl aber erzählt, wie es zu dem umgekehrten Arrangement kam, in welchem ihr Mann zum Hausmann wurde, deutet darauf hin, dass es sich bei Letzterem um etwas handelt, das erklärungsbedürftig ist (vgl. Koppetsch/Speck 2015). Diese auch für sie zunächst ungewöhnliche Konstellation galt es erst mal zu verkraften, wie die folgende Sequenz zeigt:

> *Also ich meine, ich musste auch schon so, manche Dinge habe ich schon mal geschluckt. Wenn dann einer, wenn der [Name eines Sohnes] zum Beispiel hingefallen war, der war so ein Kind, das ewig irgendwie Loch im Kopf oder irgendwas hatte. Und dann stehe ich da und sage: ‚Komm her Mäxe'. Dann läuft er an mir vorbei zu meinem Mann. So. Ne? Aber doch das hat der ganz gut hingekriegt. Ich meine, der hat ja immer ein bisschen noch nebenbei gemacht, so seine Sachen (00:58:22).*

Die ungewöhnliche Konstellation, dass die Frau arbeitet und der Mann den Haushalt und die Kinder versorgt, ist auch für Frau Inthorn nicht ganz unproblematisch, da sie wiederholt sagt, dass ihr Mann *ein bisschen nebenbei gemacht* hat. Er fällt also nicht ganz aus seiner ökonomischen Rolle heraus. Eventuell dient dies aber auch der Rechtfertigung nach außen. Denn das Arrangement wird auch in der Öffentlichkeit kritisch betrachtet. Gegen Kritik, die insbesondere von kirchlicher Seite kommt, wehrt sie sich ganz entschieden, etwa als eine Pfarrersfrau zu ihr sagte:

> ,*Ja, was haben Sie denn gemacht mit Ihren Kindern. Sie sind doch nur arbeiten gegangen. Sie haben die doch gar nicht groß werden sehen.'* Häh, was wollen sie denn jetzt von dir? So (01:13:08).

Oder, nachdem ein Pfarrer sie nach der Wahl ins Presbyterium rüde anmachte:

> ,*Also wenn Sie meine Frau wären ja, das würde ich Ihnen verbieten. Jetzt gehen Sie schon den ganzen Tag arbeiten und dann tun Sie sich das auch noch mit dem Presbyterium an. Ja wann kümmern Sie sich denn mal um zuhause?'* Solche Botschaften habe ich auch gekriegt. Klar (01:13:39).

Sie betont, dass sie trotz ihres Berufs nie den Bezug zu den Kindern verloren und mit ihnen so viel als möglich zusammen gemacht hat.

> *Ich bin natürlich arbeiten gegangen, aber wenn ich nicht arbeiten war, dann gab es immer eine gemeinsame Mahlzeit, wenn ich nach Hause gekommen bin, wo jeder erzählen konnte, was und wie sein Tag war und was ihm passiert ist und so weiter. Wir haben immer mit den Kindern was zusammen unternommen und also so (klatscht)* (01:13:02).

Sie praktiziert also ein ähnliches Modell wie ihre Mutter, indem sie die Zeit mit den Kindern qualitativ hochwertig verbringt: Sie hat ein Ohr für sie.

Parallelen zum Lebensstil der Mutter

Frau Inthorn verdeutlicht im Interview, dass sie sich gegen die kirchliche Öffentlichkeit wirksam zur Wehr setzen konnte. Dabei orientierte sie sich an der Praxis ihrer Mutter, deren Schemata sie unter veränderten Lebensbedingungen übernahm. Hier kommen die von ihrem Zuhause übernommenen Dispositionen zum Tragen, einerseits eine ausgeprägte Bodenständigkeit, die auf die realen Anforderungen eingeht und dem Druck eines öffentlichen Normalitätsverständnisses nicht nachgibt. Zugleich half ihr ihre Weltoffenheit, sich vor der Kritik nicht abzuschotten, sondern trotz des öffentlichen Unverständnisses den als Ehepaar vollzogenen Rollentausch offen weiterzuführen. In ihrer Generation war es alles andere als selbstverständlich, dass die Frau zur Haupternährerin wurde und der Mann sich als Hausmann nur nebenher ,verdingte'. In gewissem Sinn war diese Praxis zur damaligen Zeit revolutionär. Ohne diese Praxis explizit so zu benennen, führte sie in ihrer Familie eine

Disposition fort, die sie bereits ihrer Mutter in der vorhergehenden Generation zugeschrieben hatte. Dementsprechend endet das Interview mit der Erinnerung an die Mutter und daran, was Frau Inthorn von ihrer Mutter an Lebenseinstellungen und Orientierungsmustern übernommen hat.

Ja das hätte ich so gerne meiner Mutter erzählt. So ne? Die hätte sich auch gefreut. Weil die war ja auch schon eigentlich der Vorreiter. Sie ist ja auch erst mal arbeiten gegangen. Und hat, und trotzdem kann ich mich an keine Situation erinnern, wo ich kein gutes Verhältnis zu meiner Mutter hatte. So. Also die hat das auch super hingekriegt (01:19:40).

2.3.3.5 Ehrenamtliche Tätigkeiten als konstitutiver Teil des Lebensstils von Frau Inthorn

Beide Ehepartner sind ehrenamtlich aktiv. In der Kirchengemeinde waren und sind sie im Presbyterium und seit zwölf Jahren in der Jugendarbeit engagiert. Im Zentrum ihres ehrenamtlichen Engagements steht ein Kulturverein. Nachdem die Kirchengemeinde das Gemeindezentrum aus finanziellen Gründen schließen musste und im Ort auch andere kulturelle Angebote zurückgingen, gründeten sie einen Kulturverein, der vielfältige musikalische, thematische und kulinarische Angebote in seinem Programm hat. Es entstand ein Kreis von befreundeten Ehepaaren, die sich noch zum Zeitpunkt des Interviews im Verein engagieren. Frau Inthorn ist die erste Vorsitzende. Wie sehr sie sich mit der Arbeit dieses Vereins identifiziert und wie viel Arbeit sie investiert (*das ist so schweineviel Arbeit*), zeigt sich an der langen und detaillierten Erzählweise zu diesem Bereich. Die Sequenz dauert neun Minuten.

Ehrenamtliches Engagement ist für sie bereichernd aufgrund der Kontakte zu den Menschen, denen sie begegnet. Es sind aber auch die Gespräche und die Auseinandersetzungen, die zur Bereicherung beitragen. Und es ist die Möglichkeit, einen Raum gemeinsam mit anderen Menschen in eigener Regie zu gestalten, der unabhängig ist von den Vorgaben bereits bestehender Institutionen und deren Regeln.

Trotz der erfolgreichen Arbeit und der investierten Zeit lassen die verantwortlichen Mitglieder den Verein im *nächsten Sommer* auslaufen. Es finden sich keine Jüngeren, die den Verein weiterführen. Als Grund gibt sie an: *Einfach weil wir uns jetzt auch mal wieder nach zehn Jahren auch mal wieder umorientieren (00:54:33).* Es ist der Gegensatz zwischen Altem und Neuem, der sie zu diesem Schritt veranlasst. Altes und Bewährtes kann sie aufgeben zugunsten von etwas Neuem und Unbekanntem, das es erst noch zu gestalten gilt.

2.3.3.6 Religiosität und Lebenssinn

Im Gegensatz zu Herr und Frau Matzner sind für Frau Inthorn religiöse Fragen wichtige Themen in ihrer Lebenserzählung und sie reflektiert diese im Kontext existenzieller Krisen.

Die Frage nach Leben und Tod wird im Interview an mehreren Stellen thematisiert. Bereits zu Beginn erzählt Frau Inthorn vom Tod ihrer Mutter und Schwiegermutter. Beide sind kurz nacheinander durch tragische Unfälle ums Leben gekommen. Sie war damals 36 Jahre alt. Beide Ereignisse bezeichnet sie als *einschneidende Erlebnisse*, die sie nicht als Zufall betrachten kann.

> *Dass sich zwei Menschen begegnen, heiraten und dass sie beide ihre Mutter durch einen Verkehrsunfall– das wäre auch mal statistisch zu prüfen, wie oft das überhaupt vorkommt (00:10:37).*

Die Sequenz verweist im Umkehrschluss darauf, dass sie bezüglich der Unfälle nach einem Sinn sucht und sich fragt, warum es in ihrer Familie so viele tragische Todesfälle gibt. Auch ihr Vater starb bald danach an einem Herzinfarkt. Sie sucht *Zwiegespräche mit dem lieben Gott (00:01:34)* und verhandelt mit ihm um einen Ausgleich.

> *Also das, diese ganzen Todesfälle, sage ich mal, haben mich schon beschäftigt. Und auch immer wieder meinen, auch die Sinnfrage gestellt so. Warum passiert mir, uns das als Familie, dass wir zwei Mütter verlieren? Und ist es eigentlich nicht mal damit jetzt gut? Also ich habe auch da schon so Zwiegespräche mit dem lieben Gott oder so gesagt: ‚Also wenn du mir jetzt hier schon so viele zu dir geholt hast, dann lass bloß die Hände weg von meinen Kindern.‘ Ne so. Oder als wir- also ich habe öfter so immer mal das Gespräch mit dem lieben Gott gesucht (00:01:34).*

Dieser Aushandlungsprozess ist für sie in dieser Situation entlastend und ermöglicht ihr, *auch mal jemandem anderen die Schuld in die Schuhe (zu) schieben (00:09:23)*. Der Gegenstand dieser Verhandlungsführung, die Dichotomie von Leben und Tod, wurde auf eine harte Probe gestellt, als ihr Sohn einen schweren Unfall hatte. Im Krankenhaus wurden keine größeren Verletzungen diagnostiziert. Nach einiger Zeit wurde jedoch eine lebensgefährliche *epidermale Gehirnblutung* festgestellt. Ob er die sofort eingeleitete Notoperation überleben würde, war zunächst offen. Glücklicherweise wurde ihr Sohn wieder vollständig gesund. Dieses Ereignis erfüllt sie mit Dankbarkeit. Es ist für sie ein Zeichen, dass Gott die Hand mit im Spiel hat und er das Leben der Menschen zu schützen in der Lage ist. Sie betrachtet das Leben bewusst als ein Geschenk im Gegensatz zu etwas, das man besitzt.

> *Zum Beispiel jeden Tag, wenn ich ihn besucht habe, sagt er: ‚[Ihr Name], gehen wir wieder in die Kapelle?‘ ‚Ja‘, sage ich, ‚gerne‘. Dann sind wir beiden in die Kapelle, haben so viele Teelichter angemacht wie da waren. Dann saßen wir da nebeneinander, haben meistens geschwiegen oder/und der [Name des Sohns] hat immer gesagt: ‚Mein Gott, habe ich viel Glück gehabt.‘ ‚Ja‘, sage ich, ‚das kann ich wohl sagen, ne‘. ... ‚Ob der liebe Gott da vielleicht doch ein bisschen auf mich aufgepasst hat?‘ So ne. Ja. Und also das hat uns auch richtig gut getan. Also mal nicht nur ein Ritual, sondern wir haben uns gut gefühlt. ... ‚Wir wissen, dass wir ganz viel Glück gehabt haben und dass uns was ganz Tolles und Wertvolles passiert ist. Dass dein Leben geschützt worden ist.‘ Und ja. ‚Und darüber sollten wir uns einfach freuen*

und sagen, dass das ist nochmal ein neues Geschenk. Du bist nochmal wiedergeboren.' Wir feiern den Tag jetzt jedes Mal (00:20:21).

Neben der Dankbarkeit in Bezug auf das Leben kommt hier ein weiterer Aspekt in der Erzählung zum Ausdruck. Die Kinder reden ihre Mutter mit dem Vornamen an. Das kann der Orientierung an einem demokratischen Erziehungsstil, so wie er in den 1970er Jahre aufkam, geschuldet sein. Es zeigt aber auch, dass der partnerschaftliche Stil zwischen den Ehepartnern konsequent auf die Beziehung zu den Kindern übertragen wurde. Eine potenziell mögliche Dominanz der Eltern gegenüber den Kindern sollte von vornherein unterbunden werden.

Leben nach dem Tod

Ein Leben nach dem Tod ist für sie eine Gewissheit derart, dass sie ihre Familie nach dem Tod wiedersehen wird.

> *Und dass ich also nach meinem Tod meine Familie wiedersehe, ist für mich ganz sicher. Also, dass ich, also ich glaube wirklich daran, auch wenn ich jetzt so von diesen ganzen Autoren, die sich so mit dem Tod- oder denen, die da schon kurz davor waren, also ich glaube, dass ich, dass das nichts Schreckliches ist, sondern im Gegenteil, dass es mir gut geht, wenn ich tot bin. Also dass ich irgendwohin komme, wo ich zumindestens die Seelen- ich meine die Körper sind ja nicht mehr da. Das ist ja klar, aber so eine Seelenbekanntschaft oder Wiedersehen mit den Menschen, die mir wichtig waren, dass das bestimmt passiert (00:40:31).*

Die Dichotomie von Leben und Tod transformiert sie in einen als Gegensatz angelegten Übergang, einen anderen Seinszustand. Dazu gehört, dass Menschen nicht einfach verschwinden, sondern dass man von ihnen bewusst Abschied nehmen kann mit der Gewissheit auf ein Wiedersehen. In diesem Zusammenhang erzählt sie von einem Traum, in dem ihr ihre Mutter erschienen ist und von ihr Abschied genommen hat.

Gottesvorstellung

Gott ist für sie ein vorgestelltes Gegenüber mit konkreten Eigenschaften. Er ist nicht für alle Geschehnisse auf dieser Welt und in ihrem Leben verantwortlich, er ist aber ein gütiges Gegenüber, das sich um die Menschen sorgt und bei Bedarf auch beschützend eingreift. Gott ist aus ihrer Sicht nicht geschlechtslos, sondern verkörpert in sich weibliche und männliche Anteile. Schließlich kann man mit diesem Gott, wie bereits gezeigt, auch verhandeln. Als ihre Familie aus ihrem gemieteten Haus kurzfristig ausziehen musste und beabsichtigte, ein Haus zu erwerben, unternimmt sie folgendes Gespräch mit Gott:

> *Und da habe ich also auch, habe ich auch gesagt: ,Weißt du was lieber Gott, jetzt kümmere ich mich, weiß jetzt nicht wie viele Jahrzehnte um deine Kirche und guck, dass das hier alles*

auf der Erde läuft, jetzt bist du mal dran. Also, ein Zeichen und das läuft weiter.' Und keine zwei Stunden später ruft die Nachbarin an, ihre Mutter, die konnte da nicht mehr alleine leben, also wir haben uns um die gekümmert, aber die hatte dann einen zweiten Schlaganfall und so und die haben gesagt: ‚Also wir haben uns jetzt entschieden, die Mutter zu uns zu holen. Wollt ihr nicht das Haus haben?' So. Und da hatte ich schon schwer Ehrfurcht. Habe ich gedacht […] ‚Nichts für ungut' (00:09:23).

In diesem Fall war die Verhandlung mit Gott auf Reziprozität angelegt. Spannungsgeladene Gegensätze versuchte sie, in einen dynamischen Ausgleich zu bringen. Das scheint in dieser Episode zu einem befriedigenden Ergebnis geführt zu haben.

Weltsichten

Ihre Weltsicht ist offen und liberal. Die Entscheidungsfreiheit des Individuums wird von ihr unbedingt anerkannt. Das zeigt sich in der Toleranz gegenüber Menschen, die andere Einstellungen und Überzeugungen vertreten, aber auch im familialen Miteinander, wenn die *Lebensabschnittsgefährtin* des Sohnes mal nicht ihre *oberste Lieblingswahl* ist (01:05:16). Fundamentalistische Weltsichten, insbesondere im religiösen Bereich, sind ihr fremd. Mit sogenannten *Hardlinern* setzt sie sich in der Kirchengemeinde auseinander, versucht jedoch nicht, deren Überzeugungen zu widerlegen, sondern setzt dem die eigene Überzeugung gegenüber.

> *So Hardliner, die sagen: ‚Das ist so passiert, wie es da steht.' Und solche Sachen da. Natürlich unterhält man sich da drüber und sagt: ‚Ich kann damit gut leben, mir auch vorzustellen, dass jemand sich das mal ausgedacht hat und das so nett aufgeschrieben hat mit der Entstehung der Welt.' Es ist ja ein gefälliger Bericht, der da entstanden ist (01:02:20).*

Ebenso verfügt sie über einen ausgeprägten Gerechtigkeitssinn. Über Ungerechtigkeiten kann sie sich ebenso wie ihre Mutter *furchtbar aufregen*. Erst die Erfahrungen im Zusammenhang mit dem Unfall ihres Sohnes ließen sie etwas gelassener werden.

> *… dass ich mich wirklich vorher erst mal frage, lohnt es sich, darüber sich aufzuregen. Und dann lohnt es sich einfach nicht. Du kannst die Welt nicht retten, musst einfach auch mal Dinge annehmen. Jetzt bin ich natürlich auch durch meine Mutter, die ja so einen ausgeprägten Gerechtigkeitssinn hatte, auch ein bisschen erblich vorbelastet. Aber ich, also das habe ich wirklich geschafft, bleibend auch. Einfach entspannter (00:27:35).*

Lebenssinn

Frau Inthorn wird im Interview explizit nach ihrem Lebenssinn gefragt. Diesen verortet und findet sie zum einen in der Familie. Dabei steht die Lebenszufriedenheit im Mittelpunkt. *Also für mich und für meine Familie (…) so ein Stück Zufriedenheit.* In dieser Hinsicht macht es für sie Sinn, *so ein bisschen Familie zusammen[zu]halten* (01:02:36). Des Weiteren sieht sie den Lebenssinn in der Bewältigung und produktiven Lösung von Krisen. Die gefundenen Lösungen müssen sich in der Alltagspraxis bewähren: *Und also auch an Krisen wachsen und also sich nicht unterkriegen zu lassen (01:02:36).* Schließlich ist es ein Glücksempfinden, das sie in der Natur findet und auch im Dasein auf der Welt. Ihr Blick ist auf die schönen und guten Seiten des Lebens auf dieser Welt gerichtet, ohne die schwierigen und ‚schlechten' Seiten auf dieser Welt auszublenden. Wichtig ist für sie, sich von Letzteren in ihrer Weltsicht nicht dominieren zu lassen und die damit verbundenen Herausforderungen produktiv zu bewältigen.

> *Und natürlich auch so Glücksmomente mit der Natur oder ja dieses auch zu sehen, wie schön unsere Welt sein kann und nicht immer nur so ‚alles ist schlecht' und ‚die kriegen alle Hartz und arbeiten nicht und jetzt kommen ja die ganzen Asylanten und– Nö'. Ne so. Sondern einfach auch zu gucken, wo kann ich an und wo sehe ich auch, dass ich– dass es schön ist, auf dieser Welt zu sein. Also dich, auch diese Momente zu schaffen. Also wenn ich bei uns im Garten am Teich sitze und sehe jetzt die ganzen Frösche, die alle wiederkommen und die Kröten und so, dann freue ich mich knubbelig (01:02:36).*

Lebenssinn bringt sie nicht unmittelbar mit ihrer Religiosität und ihrem Glauben in einen Zusammenhang. Ihr Glaube hat eher die Funktion, die vorgefundenen Lebensbedingungen und den eigenen Lebensstil zu optimieren. Etwa über die Verhandlungsstrategien mit ihrem Gott oder durch die Hoffnung, ihr nahestehende Menschen nach dem Tod wiederzusehen. Der Raum der Kirche dient ihr als Feld des sozialen Engagements.

2.3.3.7 Langfristig wirkende Dispositionen und Gegensatzpaare

Der ausgeprägte Bezug und die Beziehung zu ihrer Mutter bestimmt die Lebenserzählung von Frau Inthorn. Bei wichtigen Lebensentscheidungen und in schwierigen Situationen nimmt sie Bezug auf ihre Mutter und orientiert sich an ihrem Lebensstil. Es ist ein fließender Übergang zwischen ihrem eigenen und dem Lebensstil der Mutter. Eine Abgrenzung von und Flucht aus der Herkunftsfamilie, so wie im Fall von Frau Matzner analysiert, ist ihr fremd.

Insofern sind im Leben von Frau Inthorn Gegensatzbeziehungen komplementär und auf einen dynamischen Ausgleich angelegt. Gegensatzpaare als Dichotomien, die nicht oder nur schwer zu überwinden sind, sind in ihrer lebensgeschichtlichen Erzählung eher selten vorzufinden. Diese zeigen sich zwar in Krisen, doch ist sie in der Lage, diese produktiv zu lösen und wieder in Einklang mit ihrer Lebenspraxis zu bringen.

Dafür steht als ‚Ankerbeispiel' die Krise, die durch die Insolvenz der Firma ihres Mannes verursacht wurde. In anderen Fällen hätte das sehr wohl zu einem langfristigen sozialen Abstieg mit entsprechender Veränderung der Lebensbedingungen führen können. Die konstruktive Lösung hat zu einem befriedigenden Ergebnis geführt, das sich für sie, ihre Partnerschaft und Familie auf Dauer bewährt hat.

Zur Lösung dieser Krise hat zum einen die Orientierung an der Mutter beigetragen, die zu ihrer Zeit neben der Familie bereits berufstätig war und zum anderen ihre auf gleichberechtigte Partnerschaft angelegte Ehe. Die Entscheidung für die Rollenverteilung in Bezug auf Beruf und Haushalt wurde unabhängig von dem damaligen Normalitätsverständnis bezüglich der Geschlechterverhältnisse und auch gegen offen geäußerte, massive Kritik von beiden Ehepartnern vollzogen und durchgehalten.

Eine weitere Disposition zeigt sich darin, dass sie Bewährtes dauerhaft fortführt, aber gegenüber Neuem offen ist und sich beim Gegensatzpaar von alt und neu wenn möglich für das Neue entscheidet.

2.3.4 Zusammenfassung der Ergebnisse

2.3.4.1 Die Macht von Herkunft, Generationenlage und Geschlecht

In den drei Fallanalysen kann nachgezeichnet werden, was eine Biografie in einer historisch spezifischen Lebenslage kennzeichnet. Der Habitus als ‚geronnene Erfahrung eines Individuums‘ ist verbunden mit den gesellschaftlichen Bedingungen seines Werdens. Dabei spielt die Herkunft, insbesondere das Milieu und die Familie eine dominante Rolle in der Entwicklung von langfristig angelegten Dispositionen. Diese sind nicht nur als Deutungsmuster zu verstehen, an denen sich das Individuum in seinem Handeln und bei wichtigen Lebensentscheidungen orientiert, vielmehr wird sein Handeln und werden seine Entscheidungen von je spezifischen Lebensbedingungen und Lebenslagen in Gestalt von Handlungsschemata und -automatismen stark bestimmt.

Ein Ausbruch aus den den Lebenslagen geschuldeten und in der Herkunftsfamilie angeeigneten Mustern von Dispositionen oder deren Veränderung scheint (zunächst) nicht möglich. Frau Matzner versucht, sich als Jugendliche von den Zwängen ihrer Herkunftsfamilie zu befreien, die Befreiung aus dem Elternhaus wird jedoch erkauft durch neue, strukturell homolog gelagerte Zwänge in der früh geschlossenen Ehe. Der gesellschaftlich dominante Gegensatz von Außen (Beruf) und Innen (Familie) ist eine selbstverständliche Konstellation und lässt sie zunächst zwanglos ihre zugewiesene Rolle als Ehefrau und Mutter übernehmen. Die angestrebte Befreiung aus dem Elternhaus endet jedoch in einer neuen Gefangenschaft innerhalb des Hauses in Gestalt der Übernahme der Pflichten einer die Kinder versorgenden Mutter und die Bedürfnisse des Ehemanns befriedigenden Ehefrau. Damit sorgt auch der zweite zentrale Gegensatz von Oben und Unten für eine klare Ordnung, die sowohl dem Mann als auch der Frau ihren jeweiligen Platz und ihre spezifischen Aufgaben im familialen System zuweisen. Die erstrebte Unabhängigkeit endet in neuer Abhängigkeit, die vom Gegensatz des Außen und Innen und korrespondierend von Oben und Unten bestimmt wird.

Bei Herrn Matzner ist das bestimmende Gegensatzpaar Oben versus Unten im Feld des Berufs (Außen) angelegt. Es geht um die Abwehr eines drohenden sozialen

Abstiegs in prekäre Lebensverhältnisse und um den sozialen Aufstieg in eine abgesicherte berufliche Existenz, die wiederum Voraussetzung ist für die Gründung einer Familie. Insofern folgt die Biografie von Herrn Matzner der seine Generation bestimmenden Logik in Bezug auf die vorherrschende Ordnung des sozialen Gefüges. In den vier Feldern der beiden Gegensatzpaare Oben/Unten und Außen/Innen ist er im Außen der beruflichen Existenz angesiedelt und strebt dort in Gestalt des sozialen Aufstiegs nach oben. In diesem relativ einfach strukturierten Schema zeigt sich bereits ein wesentlicher Unterschied zwischen den Geschlechtern. Männer, zumindest der Generation von Herrn Matzner, müssen i. d. R. sozusagen in einer einfachen Dichotomie, ausgehend vom beruflichen Feld, ein Gegensatzpaar bearbeiten, um Unabhängigkeit und eine autonome Lebensführung zu erreichen (Beruf, abhängig/unabhängig). Bei Frauen sind es alle vier Felder und damit eine doppelte Dichotomie, die entweder zu Abhängigkeit vom Ehepartner und von der Familie führen kann oder deren erfolgreiche Bearbeitung eine eigenständige Lebensführung ermöglicht.

Oben (Unabhängigkeit)	Außen (Beruf)
Unten (Abhängigkeit)	Innen (Haus)

Abbildung 6: Gegensatzpaar Beruf und Familie

Es muss nicht eigens betont werden, dass mit diesem einfachen Schema die bekannte Problematik der doppelten Vergesellschaftung von Frauen (Becker-Schmidt 2004) sowie die damit verbundene Problematik der Vereinbarkeit von Beruf und Familie sowie deren unterschiedliche Abhängigkeitsverhältnisse auf eine etwas andere Weise abgebildet werden.

2.3.4.2 Struktur und Prozesscharakter der Gegensatzpaare

Gegensatzpaare (wie Außen und Innen) bilden ein Spannungsverhältnis, das durch ein Austauschverhältnis mit anderen Gegensatzpaaren (etwa Oben und Unten) noch gesteigert wird. Dadurch kann sich eine Dynamik entwickeln, die zum Ausbruch, Verlassen oder zur Flucht, aber auch zu einer neuartigen Gestaltung der vorgefundenen Lebensbedingungen führen kann. Insofern tragen Gegensatzpaare dazu bei, dass ein Habitus nicht nur im Modus eines *opus operatum* durch die sozialen Strukturen bestimmt wird, sondern auch als *modus operandi*, als Erzeugungs- und Veränderungsprinzip von sozialer Praxis.

Dabei macht es einen Unterschied, ob die Gegensatzpaare eine dichotome oder komplementäre Struktur aufweisen. Bei einer dichotomen Struktur müssen sich die

Akteure in einem Modus des Entweder-oder für einen Pol eines Gegensatzpaares entscheiden, wobei das Objekt der Entscheidung jeweils vorgegeben ist. Die Akteure sind gezwungen, sich von einem Pol abzugrenzen und sich für den anderen als Ganzes zu entscheiden. Im Fall von Frau Matzner war es die Entscheidung für die Ehe, um der Abhängigkeit von der Herkunftsfamilie zu entkommen. Das Problem dabei ist zumeist, dass die Vorgaben nicht vollständig den eigenen Vorstellungen entsprechen. Man versucht mit dem althergebrachten Modus etwas Neues zu erreichen. Da sich die Lebensbedingungen in ihrer Struktur jedoch nicht ändern, führt das, wie im Fall von Frau Matzner, in eine erneute Abhängigkeit. Im Modus des Entweder-oder konnte sich Frau Matzner in ihrer damaligen Lebenssituation nur entscheiden für ‚Oben und Außen' oder für ‚Unten und Innen' mit den entsprechenden Implikationen. Die erste Option, eine berufliche Tätigkeit und ein von der Herkunftsfamilie unabhängiger Lebensstil, waren unter damaligen Bedingungen nicht bzw. nur schwer zu realisieren. Herr Matzner wiederum muss sich im Feld des Außen entscheiden für ein Oben oder Unten, mit den entsprechenden Konsequenzen eines sozialen Abstiegs oder Aufstiegs. In der Regel ist es nicht die eine große Entscheidung, die zum Ziel führt, sondern es sind viele kleine Entscheidungen, die sich Schritt für Schritt dem Ziel annähern. Das zeigt eindrücklich die Lebensgeschichte von Herrn Matzner.

Bei einer komplementären Struktur ist der Modus im Umgang mit Gegensatzpaaren anders gelagert. Auch hier ist ein Spannungsverhältnis zu konstatieren, doch wird mit der dadurch entstehenden Dynamik in spezifischen Lebenssituationen anders umgegangen. In diesem Fall dienen die Gegensatzpaare von Oben und Unten, Außen und Innen nicht dazu, sich von bestimmten Lebensbereichen und -stilen abzugrenzen, sondern sie in ihrer Spannung dazu zu nutzen, das eigene Leben produktiv zu gestalten und neuartige Formen zu entwickeln und zu erproben. Anders ausgedrückt: In diesem Modus kann in der Bewältigung der Herausforderungen von Lebenspraxis ein Drittes gefunden werden, das in einem Weder-Noch entweder bestimmte Gegensatzpaare ausschließt oder in einem Sowohl-als-auch die Gegensatzpaare im praktischen Handeln einschließt. Eine komplementäre Struktur erlaubt den flexiblen Umgang mit Grenzen, die im Modus des Entweder-oder als starr und unverrückbar erscheinen und abhängig sind von historisch bedingten gesellschaftlichen Lebenslagen. Die Grenzziehung folgt im Modus des Sowohl-als-auch nicht unbedingt den normativen Erwartungen zeitgeschichtlicher gesellschaftlicher Ordnungsvorstellungen, sondern eigenen Weltsichten, und verfährt nach Maßgabe von praktischen Notwendigkeiten.

Im Fall von Frau Inthorn sind die Gegensatzpaare komplementär strukturiert. Sie übernimmt den Modus, mit dem bereits ihre Mutter Gegensatzpaare bearbeitet hat, für sich in Form langfristig angelegter habitueller Dispositionen. Auch in diesem Fall sind die Lebenslage und der Lebensstil der Herkunftsfamilie bestimmend. Da bereits die Mutter ein auf Ausgleich angelegtes Miteinander von Beruf und Familie praktizierte, konnte sich die erwachsene Tochter an diesem Lebensstil orientieren. Insofern ist es ein fließender und kein abgrenzender Übergang zwischen ihrem eigenen und dem Lebensstil der Mutter. Die lebenspraktische Ausgestaltung der Gegensatzpaare bleibt flexibel und orientiert sich nach den praktischen Belangen der Situation und nicht nach gesellschaftlichen Usancen und Erwartungen. So löst Frau Inthorn zusammen mit ihrem Mann eine existenzbedrohende Krise dadurch, dass sie als Frau einer anspruchsvollen Berufstätigkeit nachgeht, während ihr Mann als Hausmann die Rolle der Versorgung des Haushalts und der Kinder übernimmt. Das war zur damaligen Zeit alles andere als selbstverständlich und provozierte entsprechende Kritik von Seiten der (kirchlichen) Öffentlichkeit. Aushandlungsprozesse können in komplementär strukturierten Gegensatzpaaren diskursiv geklärt werden – mit offenem Ausgang im Gegensatz zu einem dichotomen Modus, bei dem die alternativen Vorgaben feststehen. Voraussetzung für diesen Modus im Umgang und in Auseinandersetzung mit gesellschaftlich verankerten Gegensatzpaaren ist – in der Terminologie von Bourdieu – ein gewisses Maß an ökonomischem Kapital ebenso wie an Bildungskapital und einer damit verbundenen Unabhängigkeit gegenüber herrschenden gesellschaftlichen Orientierungsmustern. Es hängt sicher auch damit zusammen, dass Frau Inthorn 15 Jahre jünger ist und sich in dieser Zeit die gesellschaftlichen Bedingungen geändert haben.

In Bezug auf das Vierfelder-Schema werden von Frau Inthorn alle vier Felder in einem Sowohl-als-auch-Modus über ein dynamisches Zusammenspiel bedient, das bei Bedarf in einem diskursiven Prozess neu ausgehandelt werden kann.

2.3.4.3 Transformation und Veränderung

Auf die den Gegensatzpaaren innewohnende Dynamik wurde bereits verwiesen. Je nach Stärke und Intensität dieser Dynamik, die wiederum abhängig ist von der Konstellation eines Problems in einem spezifischen sozialen Feld, kann die erzeugte Spannung zu Veränderungen und Transformationen führen. Mittels Transformationsprozessen können entweder für das Individuum befriedigende Lösungen erreicht werden oder aber es kann die Lösung von anstehenden Problemen mit Hilfe der Gegensatzpaare ausgelagert und verschoben werden.

Dichotom strukturierte Gegensatzpaare und die damit implizierten Probleme sind zumeist nur in einem langfristigen Prozess zu lösen und zu überwinden. In der Regel ist es ein schrittweiser Übergang zu neuen Dispositionen und damit auch zu einem anderen Lebensstil, der eine veränderte Lebenssituation miteinschließt. Frau Matzner benötigte über 20 Jahre, um sich aus der Abhängigkeit von ihrem ersten Ehepartner zu befreien. Zunächst war es Teilzeitarbeit, die eine teilweise finanzielle Unabhängigkeit ermöglichte. Erst nach der Scheidung wurde durch eine berufliche Weiterbildung die vollständige finanzielle Unabhängigkeit erreicht, die wiederum die Voraussetzung war, um eine anders gelagerte partnerschaftliche Beziehung eingehen zu können, die von komplementären Gegensatzpaaren bestimmt wird und in der beide Partner gleichberechtigt ihren Beruf ausüben.

Ein ähnlicher, jedoch männerspezifischer Veränderungsprozess wird im Fall von Herrn Matzner nachgezeichnet. Infolge der abgebrochenen Lehre und des fehlenden Berufsabschlusses war der soziale Abstieg zunächst ‚vorprogrammiert‘. Er benötigte 20 Jahre, um sich mit kleinen Schritten aus der prekären und abhängigen Lebenssituation emporzuarbeiten. Es waren eher bescheidene und für einen Mann ganz ‚normale‘ Ziele, die er sich in seinem Leben gesetzt hatte. Das war vorrangig die Sicherung der Existenz und des Lebensunterhalts durch Arbeit, schließlich der qualifizierte Berufsabschluss im Alter von 38 Jahren, der für ihn die Voraussetzung war, um eine langfristige Partnerbeziehung einzugehen und schließlich eine Tätigkeit auszuführen, die seinen Beruf mit Sinn ausstattete und seinem Streben nach Gerechtigkeit entgegenkam. Herr Matzner orientierte sich in seinem Lebenslauf an einer zu seiner Zeit gängigen Normalbiografie eines Mannes, die von einer Berufstätigkeit und der Gründung einer Familie bestimmt wurde. Die in seiner Herkunftsfamilie erworbenen habituellen Dispositionen, die geschlechtersegregierte Weltsicht und die damit zusammenhängende asketische und disziplinierte Lebensführung, halfen ihm zusammen mit einer Therapie, das zentrale Gegensatzpaar von Oben und Unten in der von ihm intendierten beruflichen Richtung zu lösen.

Werden dichotome Gegensatzpaare ausgelagert bzw. in unterschiedliche Lebensbereiche verschoben, können diese nicht in einem offenen Diskurs bearbeitet und verhandelt werden. Es kommt zu einem Zwiespalt im Handeln der betroffenen Personen. Frau Matzner bezeichnet sich in dem Interview selbst als *zwiespältiger Mensch* und kann auf Heimlichkeiten in bestimmten Situationen in ihrem Leben nicht verzichten.

Denkbar sind auch Lösungen in Lebenskrisen, die durch einen ‚Befreiungsschlag‘ mit hohem Risiko des Scheiterns erreicht werden. Dieser Fall ist in den drei untersuchten Fällen nicht eingetreten, kann aber beispielsweise in Fallanalysen nachgewiesen werden, in denen Menschen sich von extremer Abhängigkeit z. B. in Sekten auf diese Weise befreien (Schöll 1998).

Anders gelagerte Lösungsverläufe zeichnen sich mit komplementär strukturierten Gegensatzpaaren ab. Die Spannungen können in diesem Fall dazu genutzt werden, um Probleme – wie bereits ausgeführt – eher zwangsfrei und unabhängig von gesellschaftlich sanktionierten Orientierungsmustern zu lösen. Frau Inthorn ist aufgrund der erworbenen Dispositionen in ihrer Herkunftsfamilie in der Lage, flexibel mit Problemen und Krisen umzugehen und kurzfristig zu Lösungen zu finden, die sie befähigen, mit überraschenden Lebenssituationen und Krisen produktiv und sinnstiftend umzugehen. Diese Lösungen können zudem in Kontrast zu herrschenden gesellschaftlichen Orientierungsmustern stehen, was sich in ihrem Fall im Rollentausch der Berufstätigkeit von Mann und Frau in ihrer Ehe zeigt.

Voraussetzung einer Lösung der den Gegensatzpaaren innewohnenden Dynamik ist ein Wissen um die ‚Spielregeln‘ im jeweiligen sozialen Feld. Dieses Regelwissen ist nicht bewusst präsent, sondern es sind implizit bleibende kognitive Orientierungs- und Wissensmuster, die in der sozialen Praxis eingesetzt werden und diese anleiten. Sie sind als umfassende Interpretationsschemata zu verstehen, die das jeweilige Handlungsfeld strukturieren. Handlungen sind eingebettet in jene Wissensregeln, die in einem von Giddens entwickelten Handlungsmodell als Regeln des ‚praktischen Bewusstseins' (practical consciousness) bezeichnet werden. Diese Wissensmuster und Regeln existieren als vorbewusstes, implizit bleibendes Regelwissens das qua Sozialisation erworben wird und das sich in Zeichensymbolen verdichtet. Das Regelwissen liefert sowohl ein methodisches Know-how für die eigene Handlungspraxis als auch ein System interpretativer Schemata (Giddens 1995, Reckwitz 1997). In dem von Oevermann entwickelten Modell von Lebenspraxis wird die Gesamtmenge an Regeln, die ein soziales Feld ausmachen, als latente Sinnstruktur bezeichnet. Die in diesem Feld vorherrschenden Regeln bestimmen in Gestalt von Deutungsmustern die Entscheidungen des Individuums, die unabhängig davon wirksam sind, ob die handelnde Person um sie weiß oder nicht. (Oevermann 1996, S. 33 ff.; vgl. Kap. 2.1.3 und 4.). Die Handlungsmodelle von Giddens und Oevermann haben mit Bourdieu gemeinsam, dass die Akteure im sozialen Feld zwar handlungsleitende Strategien verfolgen, doch sind diese in der Regel nicht auf bewusst kalkulierte Entscheidungen zurückzuführen, sondern auf einen langfristig im sozialen Feld erworbenen inkorporierten Habitus mit den entsprechenden Dispositionen (Bourdieu 1987b, 125).

Es genügen – das zeigen die Fallanalysen – relativ wenige Indikatoren in Gestalt von Gegensatzpaaren, um Orientierung und damit für die Akteure sinnvolle Lösungen ihrer lebenspraktisch angelegten Probleme und Herausforderungen gerade auch in einem langfristig angelegten Prozess zu erreichen. Den globalen Gegensatzpaaren sind viele spezielle Gegensatzpaare zugeordnet, die im Handlungsmodus zugleich den langen Weg der vielen kleinen Schritte zum angestrebten Ziel dokumentieren. Voraussetzung ist ein vorbewusstes Regelwissen, das je nach Herkunft, Milieu, Generationenlage und Geschlecht unterschiedlich ausgestaltet ist und entsprechend zu unterschiedlichen Lösungen führen kann.

2.3.4.4 Moment der Bewährung und Bewährungsmythos

Haben Menschen für sich befriedigende und damit sinnvolle Lösungen gefunden, so werden die Lösungen einem Prozess der Bewährung ausgesetzt. Über bestandene und fortgesetzte sowie erinnerte Bewährungsproben vollzieht sich die Veralltäglichung der Problemlösung. Sie wird allmählich zur Routine. Dabei stehen sich Scheitern und Bewährung in jeder Phase des Veränderungsprozesses polar gegenüber.

Bei dichotom gelagerten Gegensatzpaaren und der ihnen innewohnenden Spannung muss sich die Lösung des Problems in Bezug auf die gewählte Seite im Modus des Entweder-oder bewähren. Frau Matzner kann sich erst aus den Zwängen einer fremdbestimmten Ehe befreien, als sie über die Ausübung eines Berufs ihre finanzielle Unabhängigkeit absichert. Das wiederum ermöglicht eine entscheidende Transformation in Gestalt der neuen Partnerschaft, die auf gegenseitige Unabhängigkeit und in einem partnerschaftlichen Miteinander angelegt ist. Es ist ihr gelungen, die dichotome Struktur des Entweder-oder in eine komplementäre Struktur des Sowohl-als-auch zu transformieren. Dieser Modus hat sich für Frau Matzner auf Dauer bewährt. Anders gelagert ist die Bewährungsdynamik des Zwiespalts, mit dem sich Frau Matzner bis heute auseinandersetzt. Aufgrund des Zwiespalts eines regelkonformen Verhaltens in der Familie und der Verfolgung eigener Interessen und Neigungen ist sie zum *Heimlichtuer* geworden. Einem offenen Diskurs über bestimmte Gewohnheiten, die sie ihren Mitmenschen verheimlicht, fühlt sie sich bis heute noch nicht gewachsen. In dieser Hinsicht hat sich für sie ein spannungsgeladener zwiespältiger Modus bewährt. Aufgrund dieser Erfahrungen kann sie Erlebnisse für sich behalten und verarbeiten und ist dazu nur bedingt auf die Kommunikation mit anderen angewiesen. Auch dies ist eine Verhaltensweise, die sich in ihrem Fall bewährt.

Bei Herrn Matzner war es der lange Weg zu einer qualifizierten Berufsausbildung, der aus prekären Lebensverhältnissen herausführte und erst eine langfristige Partnerbeziehung ermöglichte. Für ihn ist es ein stärker traditionsbestimmtes Modell von einerseits beruflicher Tätigkeit und andererseits Ehe und Familie, die sich in seinem Lebenslauf bewährt hat.

Werden bei dichotomen Gegensatzpaaren Probleme in der Regel in einem Modus des Entweder-oder gelöst, so geschieht die praktische Lösung von Problemen in komplementären Gegensatzpaaren in einem Modus des Sowohl-als-auch. Die beiden Pole der Gegensatzpaare stehen gleichberechtigt in einem dynamischen Spannungsverhältnis zueinander und müssen sich in diesem Modus bewähren. Im Fall von Frau Inthorn ist die Zuordnung der Berufstätigkeit und der Tätigkeit im Haushalt in Bezug auf die Ehepartner offen und kann flexibel gestaltet werden. Je nach Situation können diese Tätigkeiten von beiden Partnern mehr oder weniger problemlos durchgeführt werden. Dieser offene und flexible Umgang mit Gegensatzpaaren ermöglicht ihr, Lebenskrisen produktiv zu lösen und eine Lösung zu finden, die wieder in Einklang steht mit ihrer Lebenspraxis und ihren Lebensperspektiven.

Die wiederkehrende Bewährung in unterschiedlichen Lebenssituationen und Krisen kann der Mensch nur aushalten, wenn ihm positive Kriterien des Gelingens zur Verfügung stehen. Zur Bearbeitung jeder Krise ist ein Bewährungsmythos unverzichtbar, der einen Entwurf einer möglichen Lösung, eines Gelingens vorgeben muss (Oevermann 1996, 35). Dabei werden Menschen auf kulturell verfügbare Sinnressourcen und Orientierungsmuster zugreifen, ob auf einen religiösen oder säkularen Bewährungsmythos ist eine Frage der Wahl.

Herr und Frau Matzner greifen bei der Lösung ihrer langfristig angelegten Lebensprobleme auf säkulare Bewährungsmythen zu. Für Herrn Matzner ist es der Mythos, aus dem Leben ‚das Beste zu machen', sowie sein Gerechtigkeitsimpuls verbunden mit der Wertschätzung von Arbeit und Beruf, die seine Identität wesentlich bestimmen. Für Frau Matzner ist es in der ersten Ehe der Mythos der ‚guten Mutter und Ehepartnerin', der allerdings nicht zum erwünschten Ergebnis geführt hat. Erst der in dieser krisenhaften Zeit entstandene Mythos, nämlich die Perspektive auf finanzielle Eigenständigkeit und Unabhängigkeit, hat zu einem für sie zufriedenstellenden Leben geführt. Frau Inthorn wiederum hat sich sowohl an säkularen als auch religiösen Bewährungsmythen orientiert. Säkular ist die flexible Gestaltung eines

Zuordnungsmythos von Beruf und Familie in einem gesellschaftlichen Feld, in dem dieser zentrale Bewährungsmythos eindeutig anders definiert ist. Religiös wird ein Bewährungsmythos sichtbar, der im Verhandlungsgeschick mit einem Gott die Risiken im Leben zu minimieren und zum Guten hin zu lenken versucht, ebenso wie die Gewissheit eines Lebens nach dem Tod, in dem man Familienangehörige und Freunde wiedersehen wird.

2.3.4.5 Lebenssinn, Religiosität und Kirche

Bei Herrn und Frau Matzner, deren Lebensläufe durch dichotome Gegensatzpaare bestimmt werden, ist kein bzw. nur wenig Bezug zur Religion oder einer eigenen Religiosität zu finden. Herr Matzner bezeichnet sich zwar als gläubiger Mensch, ohne seine Religiosität näher auszuführen. Er weiß nicht, ob er an einen Gott glaubt, aber *da muss ja irgendwas sein, dass alles da ist.* Diese Aussage geht ein Passungsverhältnis ein zu seinem Bewährungsmythos: Auch er musste sich die eigene Existenz und bessere Lebensbedingungen erschaffen und erarbeiten. Jeder Mensch bedarf zwar nach seinen Worten eines Ankers, braucht irgendetwas, an das er glaubt, doch ist dieser Glaube eher auf seinen säkularen Bewährungsmythos ausgerichtet. Auch zu Zeiten der prekären Lebenssituation hat er nicht auf den Trost der Religion zugegriffen. Er war stets auf das Diesseits und die Bewältigung seiner jeweiligen Lebenssituation ausgerichtet. In einer Krise, seine Frau ist lebensbedrohlich erkrankt, wendet er sich nicht um Hilfe an einen Gott oder an eine höhere Instanz, sondern geht eine Reziprozitätsverpflichtung ein. Er verspricht, in jene Institution erneut einzutreten und sich dort zu engagieren, die diesen Gott zelebriert. Nach Charles Glock geht es ihm nicht um die ideologische, sondern die rituelle Dimension des Glaubens in Gestalt praktischen sozialen Handelns. Lebenssinn und damit Glück findet er im Beruf, im sozialen Engagement für eine gerechtere Welt und in der ihn erfüllenden Beziehung zu seiner Partnerin.

Im Interview mit Frau Matzner kommt Religiosität überhaupt nicht zur Sprache. Sie ist aus der katholischen Kirche ausgetreten, da sie einem Abhängigkeitsverhältnis und den Verpflichtungen dieser Institution gegenüber entkommen wollte. Trotzdem ist auch für sie die Kirche ein Ort, der ihr soziales und politisches Engagement ermöglicht.

Im Leben von Frau Inthorn spielt Religion und die eigene Religiosität eine bedeutsamere Rolle. Ihr offener Umgang mit Krisen aufgrund der komplementären Struktur von Gegensatzpaaren spielt auch in ihrem Glauben an Gott eine Rolle. Ihr Glaube wird nicht von einer abhängigen Sichtweise des Oben und Unten bestimmt, sondern eher von einer gleichberechtigten partnerschaftlichen Beziehung, die auch Verhandlungen über das Leben und den Schutz ihrer Kinder erlaubt. In der Frage des Weiterlebens nach dem Tod gibt es für sie kein Entweder-oder. Ein Leben nach dem Tod ist eine Gewissheit in dem Sinne, dass sie ihre Familie auch nach dem Tod wiedersehen wird. Es ist nicht die Sehnsucht nach dem ‚ewigen Leben' oder der ‚Gemeinschaft mit Gott', die die Gewissheit eines Lebens nach dem Tod erzeugt, sondern die Hoffnung, dass alle Familienmitglieder auf Dauer vereint sein mögen. In dieser Beziehung korrespondiert ihre Religiosität mit dem, was für sie Lebenssinn ausmacht. Diesen verortet sie in ihrer Familie, in der sie im Zusammenhalt der Familie Zufriedenheit findet. Auch für sie ist die Kirche, neben anderen Orten, ein Raum für soziales Engagement.

Religion als Zuflucht, um in prekären und krisenhaften Lebenssituationen Trost, Zuversicht und Hilfe zu erlangen? Diese Funktion von Religion wird man sicher in vielen Biografien vorfinden, in den drei Interviews hat Religion einen anderen Stellenwert. Wenn als Sinn empfunden wird, was Unsicherheit im Leben mindert und Lebens- und Handlungsgewissheit stärkt (Korsch 2016, 30), so ist es diese Art von säkularem Lebenssinn, an dem sich das Ehepaar Matzner gerade in prekären Situationen und Lebensphasen orientiert. Frau Inthorns Lebenssituation ist privilegierter. Religion hat für sie eher die Funktion, diese privilegierte Lebenssituation auch ‚über den Tod hinaus‘ zu verlängern.

Allen drei Biografien gemeinsam ist ein ausgeprägtes soziales Engagement. Bei Herrn und Frau Matzner ist es ein gewerkschaftliches und später kirchliches Engagement, das sich gegen Ungerechtigkeiten und für bessere Arbeitsbedingungen einsetzt. Frau Inthorn streitet für gleichberechtigte Lebensbedingungen innerhalb der Kirche und engagiert sich lange Jahre in einem Verein, der zur kulturellen Vielfalt im dörflichen Leben beiträgt. In allen drei Fällen ist das soziale Engagement ein bedeutsamer Faktor, der zu einem Mehrwert an Lebenssinn und Lebenszufriedenheit beiträgt.

2.4   Subjektivierter (religiöser) Lebenssinn: Die diskursanalytische Perspektive

Dieses Interpretationskapitel verfolgt das Ziel, die Struktur des Lebenssinn-Diskurses aus den zwölf lebensgeschichtlichen Interviews mit jeweils sechs Männern und Frauen zu rekonstruieren, die sich als Mitglieder der evangelischen Kirche und/oder Engagierte in evangelischen Gemeinden zur Teilnahme bereit erklärt haben. Um dieses Ziel zu verfolgen, werden die Teilnehmenden zunächst in ihrer Beziehung zur Religion und Kirche vorgestellt (2.4.1). Anschließend geht es um die Frage, wie und auf welche Weise auf bestimmte Inhalte zurückgegriffen wird, um die eigene Geschichte des Lebenssinns plausibel zu gestalten (2.4.2) und Sinnloses auszuschließen (2.4.3).

2.4.1   Zur Binnendifferenzierung der Gruppe: Subjektivierung (religiösen) Lebenssinns

Die erste Gruppe von Prozeduren sind jene, mit denen die Gruppe umgrenzt wird. Sie beschreiben sowohl die Verbindlichkeit der einzelnen Personen zur Gruppe als auch die Binnendifferenzierung der Gruppe. Im Zusammenhang von Religion und

Kirche erweisen sich das Geschlecht, die sexuelle Orientierung, das Alter, die Ost-/ West-Sozialisation sowie die Zugehörigkeit zur evangelischen und katholischen Kirche und die Konfessionslosigkeit als relevante Differenzierungen. Gesondert behandelt werden hier zunächst die Kategorien Geschlecht und sexuelle Orientierung (2.4.1.1 und 2.4.1.2), wodurch auch die Bedeutung des Alters der Teilnehmenden sichtbar wird. Zusätzlich treten zwei Themen in den Vordergrund, nämlich die Elternschaft, durch welche die Beziehung zur Kirche häufig erneuert wurde, sowie die Kirche als Ort gesellschaftlichen und politischen Engagements (2.4.1.3 und 2.4.1.4). Gemeinsam mit diesen Themen werden sowohl die Differenzierung nach Geschlecht als auch die Ost-/West- sowie die evangelisch/katholisch-Differenzierung behandelt. Letztere zeigt sich insbesondere daran, dass zwei der teilnehmenden Männer sich durch ihren Lebensstil bedingt von der katholischen Kirche ausgeschlossen fühlen. Anhand dieser insgesamt vier Themen (Geschlecht, Sexualität, Elternschaft und Kirche als gesellschafts-politischer Ort) kann einerseits veranschaulicht werden, wie die Teilnehmenden eine jeweils eigene Beziehung zur Kirche als Raum und Institution herstellen und andererseits gezeigt werden, wie sich die Diskursgruppe nach innen differenziert.

2.4.1.1 Religiöse Zugehörigkeit, Kirche und Geschlecht

Ein Thema, das insbesondere die Interviews mit Frauen prägt, sind die Begrenzungen, Abwertungen und Verpflichtungen, die sich für sie mit der Religion verbinden, sei es nun, indem sie als Junge hätten geboren werden sollen, in ihrem Verhalten kontrolliert wurden oder durch aktive und dauerhafte Mitarbeit in die Gemeinde integriert werden. Solcherart Erfahrungen wurden von keinem der Männer thematisiert. Damit erweist sich auch hier das Geschlecht als ein wesentlicher Referenzpunkt für die Binnendifferenzierung der Diskursgruppe. Dies soll in den folgenden Abschnitten exemplarisch an zwei Interviews dargestellt werden.

Frau Lange: „Meine Mutter, also sie kommt aus einem sehr –
ich will nicht sagen gläubigen aber – christlichen Haushalt"

Frau Lange ist zur Zeit des Interviews 45 Jahre alt. Sie ist eineiiger Zwilling und wuchs in einer Kleinstadt in der DDR mit einer weiteren, acht Jahre älteren Schwester in einer evangelischen Familie auf. Bereits als Jugendliche entstand für sie ein enges Verhältnis zur Kirche und zur Friedensbewegung. Nach der Mittleren Reife begann sie zunächst eine zweijährige Ausbildung, die im zweiten Jahr abgebrochen wurde. Das führt sie darauf zurück, dass sie sich einmal gegen ihre Vorgesetzten zur Wehr setzte und sich dabei zum Christentum bekannte. Daraufhin begann sie, als Aushilfe in einem Behindertenwohnheim zu arbeiten, und wurde später Kinderkrankenschwester. In der Vorwendezeit hat sie sich als junge Erwachsene an den Montagsdemonstrationen beteiligt. Noch während der Ausbildung zur Krankenschwester (1990) bekam sie ihre erste Tochter, die sie zunächst mit Hilfe der Mutter alleine erzog. 1993 lernte sie ihren späteren Mann kennen. Sie bekamen eine weitere Tochter und er adoptierte ihre erste, unehelich geborene Tochter. Frau Lange engagiert sich bis heute in der Kirche im Kindergottesdienst.

In ihrer Lebensgeschichte setzt sich Frau Lange auf zweierlei Weise zur Kirche als Institution und zur evangelischen Religion in Beziehung. Sie spricht zum einen von der Beziehung, die sie selbst entwickelt hat und zum anderen von der Kirchlichkeit ihrer Mutter und ihres Großvaters. Dieser Unterschied wird bereits in dem Interviewzitat deutlich, das hier als Überschrift verwendet wurde: Sie unterscheidet zwischen Glauben und institutionalisierter Religion. Jedenfalls deutet der Ausschnitt darauf hin, dass es in ihrer Vorstellung möglich ist, christlich zu sein, ohne dass man *gläubig* ist. In beiden Versionen der Religiosität bzw. Kirchlichkeit gibt es deutliche Hinweise zum Geschlecht als sozialer Kategorie.

Frau Lange beginnt ihre Erzählung, indem sie über ihre Vorbereitung auf das Interview spricht:

> *Also, als ich hergefahren bin oder auch gestern, als ich so gedacht hab: ‚Ja, ach morgen ist ja der Termin‘ und so überlegt habe, was ist denn so, in meinem Leben, was mich so bewegt hat, umso zu leben wie ich bin. Darum geht es ja eigentlich auch, wenn ich das richtig erfasst hab? Und dann ist mir so aufgefallen – also ein großer Punkt sind meine Kinder. Die ganz viel auch in meiner Sichtweise verändert haben und auch in einer Mutter-Kind-Beziehung sehr viel anders gemacht haben, wie ich es erlebt habe als Kind.*

Frau Lange versteht die Frage nach dem Sinn des Lebens als ihre individuelle Art, ihr Leben zu gestalten; sie lebt, *wie sie ist,* und möchte im Interview rekonstruieren, wie es dazu gekommen ist. Bei ihrer Vorbereitung wurde ihr deutlich, dass ihre Kinder einen großen Anteil an ihrer Lebensgestaltung haben. Sie haben ihre Perspektive verändert und durften die Beziehung zu ihr als Mutter gestalten. Daraus sei etwas ganz anderes entstanden, als sie selbst in ihrer Kindheit erlebt hatte. D. h., sie beginnt ihre Lebensgeschichte, indem sie sich von etwas absetzt. Implizit verwirft sie hier Erlebnisse ihrer eigenen Kindheit. Im weiteren Verlauf des Interviews berichtet sie, zu ihrem Vater gar keinen Kontakt mehr zu haben, während ihr der Kontakt zu ihrer Mutter mehr oder weniger aufgezwungen wurde, da diese in einem Pflegeheim untergebracht werden musste. Sowohl sie als auch ihre Zwillingsschwester waren zeitweise in Therapie. In dieser Zeit haben sich beide weniger verstanden, inzwischen ist der Kontakt aber wieder *richtig schön.*

Sie identifiziert sich heute mit dem, was sie sich mit ihren Kindern aufgebaut hat. Eben dies beschreibt sie gleich zu Beginn als *den* Sinninhalt ihres Lebens. Dieses ‚Andere‘ besteht in einem gegenseitigen Lernprozess, in dem sich alle drei gegenseitig an ihrem Wissen teilhaben lassen, man *so viel voneinander gibt und nimmt:*

> *Sowie das zu Beginn war, als sie klein waren und ich ihnen versucht hab, viel vorzulesen und mit ihnen gemeinsam Fernseh– Kindersachen geguckt hab, wie z. B. […] KIKA, […] und so […] ein aha-Effekt kam dann bei den Kindern. So bringen die mir jetzt genau so Dinge bei. Und wenn ich so ehrlich bin, hätte ich mir das auch für mich gewünscht.*

In der rückblickenden Perspektive *hätte [sie sich] das [gemeinsame Lernen] auch für [sich] gewünscht*, als sie Kind war. Lernen beinhaltet Erfahrungen der Selbstentfaltung, aber auch der Selbsttranszendenz, insbesondere dann, wenn es gemeinsame Lernprozesse sind. Sie spricht dabei von einem gleichberechtigten Geschehen, bei dem sie heute von ihren Töchtern lernt, wie diese von ihr zuvor. Damit identifiziert sie ihre Sinnfindung, wodurch sie sich weiter von ihrer eigenen Kindheit abgrenzt. Die Gründe dafür legt sie wenig später dar:

> *Ich habe [...] eine Zwillingsschwester und wir haben eine ältere Schwester zu Hause. Und das war so, dass meine Eltern ländlich geprägt waren. Ja so im Nachhinein denk ich fast, die sind verheiratet worden. Und dass daraus immer der, der Zwang entstand, einen Stammhalter zu produzieren. Und deswegen auch der Altersunterschied zwischen meiner großen Schwester – die ist fast acht Jahre älter als wir – und dem letzteren Versuch, nochmal einen Jungen zu bekommen, was in zwei Mädchen endete. Das war für meine Mutter – also sie kommt aus einem sehr, ich will nicht sagen gläubigen aber aus einem christlichen Haushalt. Mein Großvater war zum Beispiel auch schon Mitglied im Kirchgemeinderat, und der hat das fast wie so eine Gottesfügung gesehen, dass sie bestraft wird für irgendwas, dass sie nochmal zwei Mädchen bekommen hat, und das als ihr – wie hat sie es immer beschrieben? – als ihr Schicksal angenommen hat, noch zwei Mädchen zu kriegen.*

Es wurde nicht nur ein Junge *als Stammhalter* gewünscht, die Töchter wurden als eine Strafe Gottes betrachtet, was auf die Abwertung des Weiblichen im Christentum hindeutet, auf das feministische Wissenschaftlerinnen immer wieder hingewiesen haben (z. B. Winkel 2010; Braun 2001). Der Großvater von Frau Lange war in die Gemeinde integriert, er war somit *christlich*. Gleichzeitig distanziert sie sich von seiner Religiosität, indem sie seinen Glauben in Frage stellt. Die Mutter nahm die zwei Mädchen *als Schicksal* an und sprach das offensichtlich auch vor ihren Töchtern so aus. Die Abwertung wurde noch dadurch verstärkt, dass ihre Mutter den Cousin den beiden Töchtern vorzog und dass ihr Vater in sexueller Hinsicht *Grenzen überschritten* hat.

Auf die Nachfrage, ob sie durch die Umstände ihrer Geburt beeinflusst wurde, antwortet sie:

> *Ja, das hat mich schon beeinflusst, nicht unbedingt in dem Sinne, dass ich ein Junge sein wollte, aber denen besonders zeigen wollte, dass ich das genauso gut kann. Also, dass ich nicht blöd bin. Das war mir immer ganz wichtig, zu sagen, dass ich Intelligenz hab und dass, dass ich – wie soll ich sagen – ja, schon, dass ich auch wer bin. Kann man schon so sagen. Das wollte ich denen schon beweisen. Aber ich glaube nicht, dass es so angekommen ist, sie haben sich eher dadurch bedroht gefühlt, als dass sie jemanden so akzeptieren konnten, der gescheit und gebildet ist. Das ist denen immer lieber gewesen: Wir waren die lieben, netten Mädchen. [...] Das war glaub ich wichtiger für sie.*

Wie die Frauen in der einleitend erwähnten Studie Sommers (2002) setzte sie sich gegen die Abwertung zur Wehr. Sie zweifelte nicht selbst an ihrer Geschlechtsidentität, aber kämpfte bewusst gegen die Misogynie. Auch hier zeigt sie wieder einen starken Bezug zum Lernen. Intelligent, gescheit und gebildet zu sein, wird von ihr über das *auch wer sein* mit Subjektivität und Identität verbunden. Sie wollte über ihre Fähigkeiten wahrgenommen werden. Wird dies in Bezug zu dem Zitat oben gesetzt, in dem sie davon spricht, auch von ihren Töchtern zu lernen, wird noch einmal deutlich, dass sie sich in ihrer Sinnfindung von ihrem Elternhaus absetzt.

Im Gegensatz zu ihrer eigenen Erfahrung, als Mädchen nicht erwünscht zu sein, erlebten ihre Töchter etwas anderes. Nicht nur sie selbst freute sich über ihre erste Tochter, die sie unehelich geboren hatte, sondern auch ihre Mutter. Ihr jetziger Mann, der ihre Tochter adoptierte, als sie sechs Jahre alt war, wünschte sich sogar eine zweite Tochter.

Bis zum Interview entwickelte sie zudem eigene religiöse Vorstellungen, mit denen sie sich von der Abwertung des Weiblichen befreien konnte. Allerdings sagt sie von sich, dass sie *dieses Gefühl na, wenn man nicht gewollt ist*, auch als Erwachsene noch begleitet, da *man sich auch nicht schnell dazugehörig [fühlt]*, dass sie *lange kämpfen* müsse, um sich *in einer Gruppe wohl zu finden* und nach wie vor *das Gefühl* hat, *etwas besonders gut machen* zu müssen. Dass sie als Zwillinge die Erwartungen an Folgsamkeit erfüllten, sie und ihre Schwester sich also wie die *lieben, netten Mädchen* verhielten, schildert sie als gemeinsame Erfahrung. Dem entgegengesetzt nimmt sie das Aufbegehren und den daraus resultierenden Ehrgeiz, gebildet zu sein, nur für sich in Anspruch. In ihrer Erzählung hat sie das nicht mit ihrer Zwillingsschwester geteilt. Das kann zweierlei bedeuten: Entweder war das Lernen für sie bis zur Geburt ihrer eigenen Kinder etwas, was sie vor allem alleine tat, oder das Lernen führte zu einer stärkeren Individualisierung, da beide verschiedene Interessen verfolgten. Jedenfalls spricht sie hier auch die ihr sinnlos erscheinende hierarchische Ordnung zwischen Eltern und Kindern an.

Sie setzt sich jedoch in ihrer Erzählung nicht nur bezüglich ihrer Wertung der Kinder und ihres Umgangs mit ihnen und der gemeinsamen Entwicklung von ihren Eltern ab, sondern auch bezüglich ihres Glaubens. Während sie ihren Großvater der Institution Kirche zuordnet und sich zugleich von seiner Religiosität distanziert, sagt sie diesbezüglich nichts über ihre Eltern aus. Über sich selbst sagt sie hingegen, dass sie *als junges Mädchen schon viel in der Kirche gewesen* sei, da sie sich mit der Tochter des Pfarrers angefreundet hatte. Durch deren Familie lernte sie das Gemeindeleben kennen:

> *Da waren wir ganz viel zu Hause als Kinder und waren ganz eng befreundet. Und dadurch haben wir auch eine Hinführung gekriegt, Kirchenchor, Krippenspiel, andere Stücke gespielt, Theaterdarstellung und so etwas. Und das alles noch vor der Wendezeit. Dann auch mit der Wende zu den November- zu den Montagskirchgängen – also Demos kamen ja erst später erst – diese Montagssitzungen, die wir dann in der Kirche hatten. Und das fing ja an eigentlich auch im November mit der Friedensdekade. Da hab ich auch schon immer mitgemacht, also sehr intensiv da so immer mitgezogen eigentlich.*

Gemeinsam mit ihrer Zwillingsschwester begann sie, sich bereits als Jugendliche in der evangelischen Kirche und der Friedensbewegung zu engagieren. Diesen Weg in die evangelische Gemeinde beschreibt sie als selbstständig und von den Eltern und

Großeltern unabhängig. Er verband sich zudem mit einem staatskritischen gesellschaftlichen Engagement, wie sich aus der Teilnahme an Montagssitzungen und der Friedensdekade zeigt. Diesem kirchlichen Leben entsprechend entwickelt sie auch ein eigenes Gottesbild, welches sich deutlich von dem eines strafenden Gottes unterscheidet. Denn sie sieht Gott *fast naiv wie ein Kind*. Für sie ist *Gott [ihr] Vater*. Dass sie Gott so sieht, erklärt sie sich selbst als Folge dessen, dass sie *nie wirklich einen Vater* hatte, sondern *auch eben einen Vater hatte, der seine Grenzen überschritten hat.* Aus dieser Perspektive, fand sie in ihrem Glauben an Gott einen *Anker*, einen *Halt*.

> *Also, für mich ist das, wenn jemand da ist und auf mich achtet, auch wenn ich das Gefühl hab, ich bin allein. Dann ist jemand da, der über mich wacht und den kann ich ansprechen. Und selbst wenn ich keine Lösung vor Augen habe, selbst dann geh ich aus dem Gebet, oder der Zwiesprache gestärkt heraus und kann da für mich Kraft schöpfen. Und irgendwann sehe ich das, wo es hinführt und dann gibt es, wie soll ich sagen, so ein wohliges Gefühl, dass ich sage, Ja, das ist es. Genau, da geht es jetzt hin.*

Ihr Glaube bezieht sich also auf einen Gott als eine führende Kraft. Auf die Nachfrage nach dem Geschlecht ihrer Gottesvorstellung fügt sie noch hinzu:

> *Ja, also als Vater in der Hinsicht – also ich sehe dann kein Bild also es ist [...] jemand wärmendes, über mir stehendes, also etwas größeres; wahrscheinlich daher der Vater-Bezug. Ich glaub schon, dass es auch eine Mutter sein kann, ja. Also ich habe kein Bild vor mir, wenn ich das sehe, sondern – eher wie so ein Hologramm also so, auch nicht dunkler Schatten. Ich weiß gar nicht wie ich das beschreiben sollte, aber es ist eher so wie eine Kraft und etwas Begreifbares [...] und Nahes, aber nichts, was mich wirklich körperlich berührt, also, sondern eher innerlich berührt. So ein bisschen was aus mir innen rauskommt. Ja, ich glaub, das beschreibt es.*

Ihr geht es also nicht um einen Gott, der eine Person ist. Sie hegt ein durchweg positives Gottesbild, das ihr den Weg weist und eher eine abstrakte Kraft ist, die sich durch ihr Empfinden manifestiert und die sie als etwas erlebt, das aus ihr *innen herauskommt.* *Vater* ist eine im christlichen Kontext übliche Bezeichnung für Gott. Sie selbst interpretiert den *Vater-Bezug* als Folge dessen, dass Gott für sie etwas *wärmendes, über mir stehendes, also etwas größeres* ist. Durch den Einschub, es könne *auch eine Mutter sein*, signalisiert sie zudem, dass sie mit ihrer Bezeichnung der christlichen Konvention folgt, Gott für sie aber nicht mehr notwendigerweise geschlechtlich konnotiert ist. Damit hat sie sich von dem Gottesbild eines strafenden Gottes ihrer Kindheit weit entfernt.

Ihr Mann ist atheistisch aufgewachsen, in einer Region, in der es *kaum Christen gab.* Er ist erst später mit seiner ersten Frau in die Region gezogen, in der beide heute leben. Das kirchliche Erntedankfest hat er durch sie kennengelernt. Inzwischen ist auch in die evangelische Kirche eingetreten:

> *Jetzt ist mein Mann getauft worden. Also er war ganz lange Atheist. Wenn ich das so richtig bedenke, würd ich fast sagen, er ist es, ist es fast noch, obwohl er weiß das es da irgendwas*

gibt, was doch einen führt und lenkt. Aber so richtig, so wie ich das glaube, kann er das noch nicht. Und das muss er auch nicht. Das da hab ich überhaupt– Ich hätte auch gesagt, du brauchst dich nicht taufen lassen. Aber da sie [die Pfarrerin] jetzt weggegangen ist und die beiden sich schon seit fünf Jahren über seine Taufe unterhalten haben, haben sie dann jetzt, kurz bevor sie umgezogen ist, das [...] da im Schlossgarten vollzogen. Ja, das war schon eindrücklich auch. Also meine Mädchen, die fanden dass ganz toll [...], dass sie das dann noch gemacht haben.

Offensichtlich spricht das Paar miteinander über Glaubensinhalte. Sie hat es nicht von ihm erwartet, dass er sich taufen lässt. Doch hat sich das Verhältnis zwischen ihm und der Pfarrerin im Laufe der Jahre so verfestigt, dass er sich, bevor sie ihre Stelle wechselte, doch noch taufen ließ. Obwohl beide in ihrer Freizeit ihren jeweiligen eigenen Interessen folgen, spricht das Paar nicht nur über religiöse Inhalte. Um dem *Kriseln* vorzubeugen, das mit dem Auszug der Töchter einsetzen könnte, *arbeiten [sie] schon daran, ab und zu auch mal was alleine zu machen.* Inwieweit das Paar, in dem beide berufstätig sind, sich die Hausarbeit teilt, ist aus dem Interview nicht rekonstruierbar. Da er als selbstständiger Landwirt jedoch häufig von frühmorgens bis spät abends arbeitet und sie an einer Stelle erwähnt, dass sie ihm das *Abendessen kredenzt*, ist zumindest anzunehmen, dass sie in diesem Bereich die größere Verantwortung übernimmt. Dass er den Glauben seiner Frau angenommen hat, deutet neben dem Umstand, dass er sie bereits als Mutter kennengelernt und geheiratet hatte, darauf hin, dass das Paar weniger traditionellen, sondern tendenziell egalitären oder modernisierten Vorstellungen von Partnerschaft folgt.[23]

In diesen wenigen Passagen zeigt sich daher zugespitzt, dass sowohl vertikale als auch horizontale Selbsttranszendenz für sie bedeutsam ist. In beiden Fällen setzt sich Frau Lange mit ihrer Sinnfindung von ihrem Elternhaus ab, zu dem sie bis heute nur sehr begrenzt Kontakt pflegt, indem sie sich, soweit es notwendig ist, um ihre Mutter im Pflegeheim kümmert, ihren Vater aber nicht mehr sieht. Sie entwickelte zum einen ihren eigenen Zugang zum evangelischen Glauben, wobei sie Gott als a-personal und a-geschlechtlich konzipiert (*Hologramm*). Indem sie sich loslöst, lässt sie zwei Aspekte des religiösen Wanderers erkennen: Erstens beansprucht sie Deutungshoheit und ermächtigt sich in religiöser Hinsicht. Zweitens glaubt sie an eine absolute *Kraft*, die etwas *Nahes* darstellt und damit auch ihr zugewandt ist (Gebhardt 2016). Zum anderen erlebt sie mit ihren Kindern das gemeinsame bzw. gegenseitige Lernen, das sie in Gegensatz zu den Erlebnissen ihrer eigenen Kindheit setzt: Ihre Eltern schienen keinen Wert auf ihre Bildung zu legen, sondern waren froh, wenn sie und ihre Schwester die *lieben netten Mädchen*, also passiv und folgsam waren, anstatt ihrem eigenen Willen zur Entwicklung zu folgen.

---

23 Meuser (2010) beschreibt unter anderem eine „modernisierte Männlichkeit", die er insbesondere bei jungen Facharbeitern vorfand, die Frauen gegenüber die sexuelle Doppelmoral nicht geltend machten und auch ihre beruflichen Leistungen anerkannten. Im Haushalt halfen sie durchaus mit, wenn die von Meuser untersuchten Passagen auch keinerlei Hinweise darauf geben, dass sie Verantwortung in diesem Bereich übernahmen. In diesem Sinne ist das „modernisiert" auch hier zu verstehen.

Frau Matzner: „Dass ich dann halt zur Kirche gegangen bin"

Frau Matzner ist – wie bereits in Kapitel 2.3.1 erwähnt – zur Zeit des Interviews 72 Jahre alt. Sie wuchs in West-Berlin auf, hat drei Kinder, mehrere Enkel und ist zum zweiten Mal verheiratet. Das erste Mal hat sie im Alter von 19 Jahren geheiratet. Der erste Sohn wurde gleich im ersten Ehejahr geboren. Darauf folgten in kurzen Abständen eine Tochter und ein weiterer Sohn. Die Ehe wurde nach 21 Jahren geschieden. Frau Matzner ist gelernte Schneiderin, war zunächst jedoch Hausfrau. Noch während ihrer ersten Ehe begann sie, in Heimarbeit zu nähen. Später arbeitete sie als Zimmermädchen. Schließlich arbeitete sie wieder als Schneiderin bei einem Modemacher. Nach der Trennung machte sie eine Kur, bei der sie ihren zweiten Mann kennenlernte, und absolvierte anschließend eine eineinhalbjährige Fortbildung zur Schnittmacherin in einer anderen Stadt. Gemeinsam mit ihrem neuen Lebenspartner zog sie kurze Zeit später nach Westdeutschland in den Ort, in dem sie eine Stelle in ihrem neuen Beruf gefunden hatte und in dem die beiden dann auch heirateten. In Westdeutschland begann sie, sich gewerkschaftlich zu engagieren, wurde Betriebsrats- und SPD-Mitglied. Sie ist katholisch getauft und aus der Kirche ausgetreten. Zur Zeit des Interviews engagierte sie sich in der Arbeitsgemeinschaft für Arbeitnehmerfragen der evangelischen Kirche.

Der Titel dieses Abschnitts verrät bereits, dass Frau Matzner mal *zur Kirche gegangen* ist. Doch der Ausdruck, „zur Kirche zu gehen", hat eine doppelte Bedeutung. Einerseits bezieht er sich auf den Gottesdienst, andererseits auf das Gebäude. Dass Frau Matzner von dieser doppelten Bedeutung Gebrauch gemacht hat, wird aus dem weiteren Kontext deutlich, dem die Überschrift zu diesem Abschnitt entnommen wurde.

> *Ich bin katholisch erzogen und – katholisch, in einem katholischen Elternhaus mit allen Zwängen, die es da so gibt: Mit regelmäßig zur Kirche gehen und zur Beichte gehen und keinen Kat, Evangelischen heiraten. Da gibt es so was nicht. Das kommt nicht vor. Und Sex vor der Ehe sowieso nicht. Um Gottes Willen. ‚Komm mir bloß nicht mit einem Kind nach Hause. Das geht nicht. Das tut man nicht.' Also mit diesen ganzen Auflagen bin ich also groß geworden und hab mich eigentlich auch nicht großartig dagegen gewehrt, sondern nur heimlich. Dass ich dann halt zur Kirche gegangen bin und nicht in die Kirche, sondern um die Kirche herum, wenn ich alleine zum Gottesdienst gegangen bin. Hab mich aber nicht so gewehrt. Wenn meine Eltern mit dabei waren, bin ich halt hingegangen, ne? Also, ich war nicht der Rebell, dass ich mich da so aufgelehnt hätte, sondern ich hab's heimlich gemacht.*

Frau Matzner zählt hier stereotype Anforderungen an Mädchen und junge Frauen ihrer Generation der während des Zweiten Weltkriegs Geborenen auf. Die Anforderungen an Weiblichkeit verbindet sie mit der katholischen Religion, gegen die sie sich trotz ihres Missfallens und ihres Zuwiderhandelns als Jugendliche nicht offen wehrte. Sie tat es aber heimlich. Ihre Heimlichkeit führt sie auf folgenden Umstand zurück:

Der [Vater] war schon, immer, wenn ich irgendwas angestellt habe, dann war der, der Tenor immer: ,Was tust du der Mama damit an? Das kannst du doch der Mutti nicht [...] antun [...]' Ja, also [...] alles, was ich irgendwie schlecht gemacht hab, hab ich meiner Mutter angetan [...] Das heißt, das hat aber zur Folge gehabt, dass ich alles, was ich machen wollte, schon gemacht hab, aber dann heimlich gemacht hab, [...] Geschichten erzählt hab, wenn ich irgendwo hingehen wollte, [...] weil ich abends irgendwie durch die Straßen streifen wollte. Wenn sie es gewusst hätten, hätten sie gesagt, ich treib mich rum, ja? [...] Das macht man doch nicht. Das tut man nicht als Mädchen. Aber ich bin eigentlich auf der Suche gewesen irgendwie damals. Und dann hab ich Geschichten erfunden, dass ich bei irgendeiner Freundin bin oder irgendwann in einer Gruppe: ,Die Kirchengruppe unternimmt irgendetwas.' Das war immer toll. Das war ein guter Grund. Also, das funktionierte immer. Weil die Kirche ist gut gewesen. Dass ich also nichts habe aufkommen lassen irgendwie. Also, ich bin zum Heimlichtuer geworden dann damals. Aber total.

Auch hier schildert sie klassische Anforderungen an ein Mädchen der 1950er Jahre. Ihr Freiheitsdrang, das abendliche *durch die Straßen Streifen* brachte sie potenziell in die Nähe eines *sich herumtreibenden, eventuell* ,leichten' Mädchens. Daher fungierten entweder eine Freundin oder aber die Kirche als Ausrede. Denn die Kirche, die für die sexuelle Anständigkeit von und den Schutz für Frauen stand, bedeutete in dieser Hinsicht keinerlei Gefahr. Diese spezielle Konstellation macht sie dafür verantwortlich, dass sie *zum Heimlichtuer geworden* sei. Dieser Charakterzug und der Wunsch, sich von der Wichtigkeit des Ansehens bei anderen Menschen zu befreien, prägen das gesamte Interview.

In der letzten Phase des Interviews kreisen die Fragen und Antworten dementsprechend darum, dass sie sich einerseits nicht in die Grenzen des Weiblichen weisen lassen will, sich andererseits aber genau dafür schuldig fühlt. Damit erlebt sie einen klassisch weiblichen Konflikt, nämlich einerseits die Grenzen überschreiten zu wollen, die ihr als Frau gesellschaftlich gesetzt werden, es andererseits aber nicht öffentlich tun zu dürfen bzw. später aus Furcht vor Konflikten nicht dazu stehen zu können. Trotz ihres Freiheitsdrangs, ihres Kirchenaustritts, ihrer Scheidung, ihres Engagements im Betriebsrat, ihrer gewerkschaftlichen Tätigkeit und ihrer ehrenamtlichen Tätigkeit in der evangelischen Arbeitsgemeinschaft für Arbeitnehmerfragen schafft sie es nicht, sich gänzlich von dem Druck der Geschlechterkonstruktionen zu lösen. Sie fasst dies folgendermaßen zusammen:

Ja. Ja, weil ich mich immer irgendwo verpflichtet fühle. Ich bin immer in irgendwelchen Verpflichtungen. Entweder in Verpflichtungen meinen Eltern gegenüber oder der Kirche gegenüber oder meinen Kindern gegenüber. Oder jetzt dem [Name ihres Mannes] gegenüber. Das ist schon richtig. Manchmal habe ich versucht, mich davon bewusst frei zu machen und– Jetzt aber nicht so durchgehend. Nicht so [...], dass ich mich verändere damit so stark, ne? Sondern dieser Zwiespalt ist immer da.

Allerdings sieht sie ihre zukünftige Entwicklung darin, sich weiterhin von den mit Weiblichkeit verbundenen Vorstellungen und Verpflichtungen, eine gute Mutter, Großmutter und Haus- und Ehefrau zu sein, zu befreien. Sie arbeitet an ihrer Selbstentfaltung, indem sie sich den Geschlechterkonstruktionen weniger unterwerfen und stattdessen zu dem stehen möchte, wie sie sich selbst versteht. Das ist der rote Faden ihrer lebensgeschichtlichen Erzählung.

Also, ich möchte unabhängig sein von der Meinung anderer. Ich denk mal, ich mache viele Sachen, nur so, wie ich von anderen gesehen werden möchte. Also, dafür. Und davon möchte ich mich eigentlich frei machen.

Neben ihrem ehrenamtlichen Engagement, auf das in Kapitel 2.3.1 detaillierter eingegangen wurde, besteht darin ihre Sinnfindung über ihre bereits abgeschlossene berufliche Laufbahn und ihr Engagement im Betriebsrat hinaus. Sie möchte sich weiter frei machen von Verpflichtungen, die ihr weder Selbstentfaltung noch Selbsttranszendenz ermöglichen, und sich ihnen nicht länger unterwerfen. Hier sind bereits Verwerfungen von Sinnlosigkeit enthalten (vgl. Kap. 2.4.3): ihr sinnlos erscheinende Pflichten anderer Menschen gegenüber zu erfüllen. Stattdessen möchte sie *frei* sein, was auch eine neue Beziehung zu anderen Menschen beinhaltet. Allerdings hat sie bereits einen weiten Weg hinter sich: Sie hat sich von der Rolle als Hausfrau und Mutter befreit, eine eigene berufliche Karriere gemacht und ist ihre zweite Ehe wesentlich selbstbestimmter eingegangen. Wie in Kapitel 2.3.1 gezeigt, wird auch diese Ehe von den Tendenzen zu einer modernisierten, egalitären und partnerschaftlichen Beziehung getragen. Bezüglich ihrer Weltsicht hat sie sich ebenfalls befreit. Sie ist aus der katholischen Kirche ausgetreten und nicht zum evangelischen Glauben konvertiert, obwohl sie sich in einer ländlichen Region kirchlich engagiert. In dieser Hinsicht artikuliert sie kein Gefühl der Verpflichtung.

2.4.1.2 Religiöse Zugehörigkeit, Kirche und Sexualität

Das Thema Sexualität ist im Rahmen dieser Studie unter anderem deshalb von Bedeutung, weil in Religionen nicht nur Geschlechter-, sondern auch Sexualbilder entworfen werden und sich die Gemeinschaften dementsprechend zu sexuellen Orientierungen positionieren. Sie entwerfen damit Bilder des ‚Normalen‘, einer normativen Sexualität, die dann als unproblematisch gilt und deswegen nicht mehr thematisiert zu werden braucht (z. B. Braun 2001).[24] Demgegenüber gibt es eine lange Tradition der Problematisierung abweichender Sexualitäten in der europäischen Moderne (Foucault 1997). Eben dieses Phänomen ist auch in dieser Studie präsent. Während die heterosexuellen Teilnehmenden ihre Sexualität nicht in besonderer Hinsicht thematisieren, sondern deren Normalität voraussetzen, ist Sexualität für die beiden homosexuellen Teilnehmenden erklärungsbedürftig. Denn für beide ergaben sich bezüglich ihrer Positionierung zu Religion und Kirche Konflikte, die überwunden oder zumindest geglättet werden mussten. Somit erweist sich auch die

---

24 Zum Thema der Normalisierung vgl. Link 2013.

sexuelle Orientierung als wichtiger Referenzpunkt für die Binnendifferenzierung der Diskursgruppe.

Während die evangelische Kirche sich der sexuellen Vielfalt inzwischen programmatisch geöffnet hat, verweigert die katholische Kirche nach wie vor deren Anerkennung (Bauer et al. 2013). Hier soll vor allem auf zwei Punkte eingegangen werden: Auf die Notwendigkeit, sich von sexuellen Normen zu befreien, sowie die Suche nach alternativen Strukturen.

Frau Michel: „Da hab ich nur Personen gesehen und keine sexuellen Identitäten mehr. Und ich war befreit"

Frau Michel ist zur Zeit des Interviews 44 Jahre alt und Politikwissenschaftlerin. Sie wurde in der alten Bundesrepublik geboren. Beide Eltern waren Pfarrer/innen, und durch ihre Mutter kam sie früh mit feministischer Theologie in Berührung. Sie fühlt sich in religiösen Umgebungen zu Hause, ist zur Zeit jedoch nicht kirchlich engagiert. Als sie 29 Jahre alt war, starb ihre Mutter. Für die Verarbeitung des Todes erlebte sie die Religion als wenig hilfreich. Sie studierte und arbeitete mehrere Jahre in verschiedenen europäischen Ländern. Sie lebt mit ihrer Lebensgefährtin zusammen und hat keine Kinder.

Beruflich ist Frau Michel in einer NRO tätig, die sich im Bereich sexueller Rechte engagiert. Hinter dieser Tätigkeit vermutet sie selbst eine *Protestaktion* gegen das *puritanisch-protestantische Milieu*, in welchem sie groß geworden ist und in dem *Sexualität [...] eigentlich tabuisiert* war.

> Also, wir konnten schon über Sexualität reden, wir wurden auch aufgeklärt. [...] Aber das war einfach nicht großes Thema, und ich glaub schon, dass ich dann mit 19 auch meine Eltern total damit schockiert hab, dass ich gesagt hab, dass ich lesbisch bin.

Dass sie sich nicht heterosexuell orientierte, wurde ihr bereits mit 13 Jahren bewusst, als sie ihrer Schwester anvertraute, dass sie sich immer nur in Mädchen verliebe.

> Und da hab ich gedacht, so im Schutze der Dunkelheit kann ich ihr das sagen. Und dann hat meine Schwester nur gesagt: ‚Ja, du bist lesbisch.' Und da hab ich nur gesagt: ‚Psst, nein, nein nicht diese Wort.' Ich find das bis heute ganz furchtbar, das Wort und damals fand ich es noch schlimmer. Aber meine Schwester hat das so als ganz normal aufgefasst.

Hier zeigt sich ein ähnliches Moment wie bei Frau Matzner. Frau Michel hatte das Gefühl, nicht in die *puritanisch-protestantische Tradition* zu passen, und nutzte eine vor den Eltern verborgene Gelegenheit, ihr nicht ‚Normal-Sein' anzusprechen. „Lesbisch" als Bezeichnung für ihre sexuelle Orientierung sagt ihr nach wie vor nicht zu. Es ist auch nach wie vor – je nach Kontext – negativ konnotiert und weist auf ihr ‚Anderssein' hin. Doch anders als Frau Matzner, deren nächtliches Umherstreifen ihren Ruf hätte schädigen können, verbleibt sie nicht in der Heimlichkeit, sondern outet sich später ihren Eltern und allen anderen gegenüber. An dieser Stelle gewinnt vermutlich der Alters- und damit Generationenunterschied an Bedeutung: Sowohl Frauen als auch sexuelle Minderheiten haben sich inzwischen ein größeres Maß an Anerkennung und Freiheit erkämpft.

Im Leben von Frau Michel verbindet sich so die Auseinandersetzung mit dem Elternhaus und dem Widerstand gegen eine *puritanisch-protestantische Tradition*. Letztere stand über dem Elternhaus und prägte bereits die Einstellung der Eltern. Sie möchte sich davon befreien. Als sie im Rahmen ihrer Berufstätigkeit mit Sex-Arbeiter_innen in Berührung kam, *faszinierte sie daher insbesondere deren Freiheitsethos*:

> *Da war ich mal [...] auf dem europäischen Sexarbeiter_innenkongress [...] Und da waren ja nur ganz wenige Nicht-Sexarbeiter_innen, einschließlich mir. Und da war ich irgendwie drei Tage nur unter Sexarbeiter_innen. Und am ersten Tag hab ich immer gedacht: Oh, ist das jetzt ein Mann oder eine Frau? Oder was will der oder die darstellen? Am zweiten Tag war es mir schon [...] und am dritten Tag war es mir egal. Da hab ich nur Personen gesehen und keine sexuelle Identitäten mehr. Und ich war befreit, wie ich das nur früher – also, ich, ich war so euphorisiert, wie ich vorher nur von Kirchentagen kannte, so aus meiner Pubertät. Irgendwie war das dann so, so, ja, so ein Gefühl von, dass man so alles sein kann und sich auf nichts reduzieren lassen muss. Und auch wie die untereinander mit – also, die waren eine ganz eigene Subkultur, die da herrscht. Und da hab ich mir gedacht: Irgendwie hier fühl ich mich – hier habe ich das Gefühl, fühle ich mich zu Hause oder so.*

Unter Sex-Arbeiter_innen, die ebenso wie sie als lesbische Frau durch ein Stigma gefährdet werden, fühlte sie sich zu Hause. Für einen Moment fühlte sie sich von den Unterwerfungen unter normative Geschlechter- und Sexualitätskonstruktionen befreit. Hier verbinden sich zwei Momente der Sinnfindung, das der Selbsttranszendenz durch ihre Arbeit und das der Selbstentfaltung durch das Gefühl der Befreiung. Dass sie die empfundene Euphorie mit dem Kirchentag verbindet, deutet darauf hin, dass ihre Auseinandersetzungen mit der *puritanisch-protestantischen Tradition* nicht zu einer Entfremdung von der Kirche als Institution geführt haben. Hier zeigen sich eventuell Analogien zu den lesbischen Frauen in Söderblöms (2002) Studie, die einerseits mit Vorurteilen und Diskriminierungen konfrontiert wurden, sich andererseits aber weiterhin mit der Religion identifizierten. Dass Frau Michel weiterhin eine Beziehung zur Kirche herstellen konnte, begründet sich eventuell auch darin, dass sie durch ihre Mutter früh mit feministischer Theologie in Berührung kam. So oder so bestätigt sich ihre Nähe an anderer Stelle:

> *Zu Hause glaube ich eigentlich nicht an Gott, aber ich gehe in die Kirche und da geht es mir gut. Also, mir, mir tun die Rituale gut. Mir tun, mir tut es gut, zu wissen, dass die jeweiligen Liturgien, die ich gerade mit vorsage oder gerade höre, dass sie auch schon meine Mutter gesagt und gehört hat, meine Großmutter gesagt und gehört hat, also, dass das so alte Texte sind, die [...] sich einfach so durch die Generationen [ziehen], durch Menschen, die mir ganz wichtig waren, die nicht mehr da sind. Aber dass sich dadurch auch eine Verbindung herstellt.*

Sie geht weiter zur Kirche, aber in Erinnerung an ihr wichtige Menschen. Sie stellt eine weibliche Genealogie her, worin sich ein weiteres Element der Selbsttranszendenz offenbart: eine generationenübergreifende Gruppe von Frauen, die sich der männlich geprägten Theologie nicht unterordnet, die sich den Kirchenraum und die Liturgien aber angeeignet, sich also dem Patriarchalen gegenüber ermächtigt hat. Dies ist an dieser Stelle auch deshalb hervorzuheben, weil Frau Michel weiß, dass ihre Mutter als verheiratete Frau noch dafür kämpfen musste, ordiniert zu werden.

Herr Holter: „Ich muss in der Partei bleiben, um von innen heraus etwas zu ändern"

Herr Holter ist zur Zeit des Interviews 52 Jahre alt. Er ist Maschinenbauingenieur und als technischer Redakteur tätig. Er wuchs katholisch auf und engagierte sich später in der Katholischen Studenten-Gemeinde. Mit dieser fuhr er in die DDR, wo er seine spätere Frau kennenlernte, die er nach der Wende heiratete. In den ersten beiden Ehejahren hatte seine Frau zunächst eine Fehlgeburt und anschließend eine Totgeburt. Erst danach wurden zwei Töchter lebend geboren. Bereits während den ersten zwei Schwangerschaften wurde ihm bewusst, dass er schwul ist. Einige Jahre später hatte er sein Coming-out und nahm Kontakt zu einer Selbsthilfegruppe schwuler Väter auf. Nach der Trennung begann er, sich in der Aids-Hilfe zu engagieren und trat einer Organisationsgruppe des CSD (Christopher Street Day) bei, in die er den ökumenischen CSD-Gottesdienst einbrachte. Herr Holter engagiert sich zudem in der Männerarbeit einer evangelischen Kirchengemeinde. Seine diesbezügliche Erzählung beginnt er folgendermaßen:

> *Also ich bin damals angesprochen worden. Da sind wir in diesen ja Pfarrbezirk auch gezogen, beziehungsweise Gemeindebezirk. Da bin ich auf der Straße von einem ehemaligen Kommilitonen angesprochen worden. Das war so um die Geburt der jüngeren Tochter. Dass es eben den Männerkreis gibt und ja, ob ich da nicht mal hinkommen wollte und so. Und das war so am Anfang auch sehr gut und interessant, weil da auch immer so ein bisschen etwas thematisch gearbeitet worden ist.*

Herr Holter ging noch als heterosexuell lebender Vater in den Männerkreis, obwohl ihm zu diesem Zeitpunkt bereits bewusst war, dass er schwul ist. Der Männerkreis arbeitete anfangs auch inhaltlich. D. h., er gab Herrn Holter die Gelegenheit, gemeinsam mit anderen Männern, denen die „Fraglosigkeit" (Meuser 2010) ihrer männlichen Identität verloren gegangen war, sein Mann-Sein zu reflektieren, als er sich selber im Übergang vom hetero- zum homosexuellen Mann befand. Der Männerkreis wurde eine Zeit lang von einem Vikar und einem Pfarrer in Elternzeitvertretung angeleitet. Später sorgte auch Herr Holter für die inhaltliche Arbeit, indem er Vortragende einlud oder selbst ein Thema vortrug. Im Rahmen dieses Männerkreises werden auch jährliche Vater-Kind-Wochenenden initiiert. Herr Holter nimmt auch nach der Trennung von seiner Frau weiter an der Gruppe teil. Inzwischen ist die thematische Arbeit jedoch abgeflaut und seine Töchter, die inzwischen 17 und 18 Jahre alt sind, nehmen nicht mehr teil, sondern konzentrieren sich in ihrer Freizeit auf die Musik. Die Männer verbringen gesellig die Zeit miteinander. Trotz der Geselligkeit hat sich Herr Holter dort in den vergangenen zwölf Jahren nicht als schwul geoutet, sondern immer als geschiedener Mann und Vater agiert.

Beide Töchter leben bei seiner Frau, die offensichtlich ihre erste Bezugsperson ist. Sie übernahm nicht nur die hauptsächliche Sorgearbeit, sondern teilte ihren Töchtern auch den Grund für die Trennung mit:

> *Ja, die waren so fünf und sechs. Die eine war noch im Kindergarten, die andere in der Grundschule. Ja gut, das lief über die Mutter ne? Also die hat gesagt oder die haben das dann so mitgekriegt, dass– Wir hatten dann ja ein Gespräch und so. Und dann hatte sie auch schon mal geweint und dann war das so irgendwie gerade mal so, wo sie irgendwie rotes Gesicht hatte, Tränen oder so und dann hat sie gesagt: ,Ja, Papa hat der Mama gesagt, er liebt andere Männer.' Das war so der Satz […] Wie die das jetzt so verarbeitet haben oder wie das so bei denen ankam, weiß ich jetzt nicht. Der größere Einschnitt, gerade bei der Jüngeren auch, dass war dann, wo ich eben ausgezogen bin, wo ich dann eben nicht jeden Abend sie quasi ins Bett bringen konnte. Also das war ja dann quasi auch so der übliche, sage ich mal, Trennungsvorgang wie er auch bei anderen Ehen ist, ne?*

Obwohl auch er seine Töchter abends ins Bett brachte, war es die Mutter, die die Trennung mit ihnen besprochen hat. Dass er nicht weiß, *wie das bei ihnen so ankam*, kann einerseits auf eine distanzierte Beziehung zu ihnen hindeuten, andererseits auf den durch seine Homosexualität ausgelösten Konflikt und die damit verbundene Scham. Seine Frau musste den Kindern erklären, warum sie weinte. Dafür, dass sie weinte, war er verantwortlich.

Seine Frau wollte die Kinder vor inneren Konflikten schützen. Sie übernahm mit der Scheidung die hauptsächliche Sorgearbeit und machte den Vorschlag, die Familie dennoch aufrecht zu erhalten:

> *Nach der Trennung (…) kam so von meiner Ex eben: ,Ja wir können ja noch Eltern für unsere Kinder sein.' Und deswegen eben so viel, haben wir anfangs noch viel zusammengemacht. Ich bin da also fast jedes Wochenende hingefahren und da haben wir dann sozusagen von Freitagabend bis Sonntagnachmittag eben etwas gemacht. Sind auch während der Grundschulzeit eben auch noch viel so in die Pfalz gefahren. Das waren so Studentenkontakte damals noch aus dieser Ost-West-Zeit. Das war immer sehr schön. Gerade so im Herbst so, Oktober dann, immer Wanderungen am Pfälzer Wald gemacht, da Esskastanien sammeln und dann auf dem Rückweg Federweißen holen.*

Das befreundete Paar hat zwei Söhne, die sich mit den Töchtern gut verstanden, sodass die Eltern darüber sprachen, dass diese sich vielleicht später auch als Paare wiederfinden könnten. Dass er schwul ist, spielte bei diesen Wochenenden keine Rolle. Es war auch sonst *irgendwie so in der Zeit irgendwie so überhaupt kein Thema.* Wenn er während des Wochenendes mal angerufen wurde, wurde dies mit *,Du und deine Männer'* kommentiert. Nur als er sich einmal auf eine Beziehung zu einem

Mann einließ, hatte er weniger Zeit für die Familie. Im Nachhinein bereut er, dass er keine eigenständige Beziehung zu seinen Kindern gepflegt hat:

Nur, ich habe irgendwie so zu spät gemerkt, in der Pubertät hätte ich das so ein bisschen wieder trennen müssen. Also, dass wir dann alleine etwas unternehmen. Weil jetzt kam irgendwie gerade im Herbst letzten Jahres so, da habe ich gesagt: ‚Na ja, kommt doch mal selber zum Frühstück vorbei, alleine oder so.‘ Da hießt es dann: ‚Nein, nicht ohne Mama.‘

Herr Holter hat sich nicht nur in der Kirchengemeinde nicht geoutet, sondern auch das heterosexuell ausgerichtete Familienleben weitgehend aufrechterhalten. Seine sexuelle Orientierung wurde aus diesem Zusammensein ausgegrenzt und er verbrachte keine Wochenenden alleine mit seinen Töchtern, sodass seine Töchter zwar seit der Trennung wussten, dass ihr Vater schwul ist, ihn aber nicht als schwulen Mann erlebten. Diese Praxis wurde lediglich unterbrochen, als sein Freund, ein Musikprofessor, den Töchtern bei der Vorbereitung für einen Wettbewerb von „Jugend musiziert" helfen konnte. Ansonsten fand mit der älteren Tochter kurz vor dem Interview insofern eine Annäherung statt, als diese den Kontakt zwischen ihm und einer Mitschülerin herstellte, die in der Schülerzeitung über Homosexualität schreiben wollte. In diesem Rahmen hat er auch mit ihr *so direkt drüber gesprochen.*

Bei Herrn Holter ist das Verhältnis zur Erziehung seiner Kinder in zweifacher Weise geprägt. Zum einen lebte er mit seiner Frau zumindest ab der Scheidung eine klare Rollenaufteilung, in der sie erste Bezugsperson für seine Töchter war. Dieses Verhältnis wurde auch dadurch verstärkt, dass seine Homosexualität *kein Thema* war und bis heute nur sehr begrenzt eines ist. Denn damit sind große Teile seines Lebens, beispielsweise sein Engagement für die Aids-Hilfe und seine Teilnahme an einer Selbsthilfegruppe schwuler Väter, aus der Familie ausgeschlossen. Er agiert also sowohl in seiner Familie als auch in der örtlichen Kirchengemeinde in erster Linie als geschiedener Mann. Nur durch das kürzlich stattgefundene Gespräch mit seiner ältesten Tochter deutet sich diesbezüglich eine Veränderung an, sodass von einer beginnenden Integration seines Schwul-Seins in seine Familie gesprochen werden kann. Seine Religiosität und sein Engagement für sexuelle Rechte hat er ebenfalls begonnen, miteinander zu verbinden:

Ja und dann durch das Berufsleben kam das, dass ich [in Stadt 1] eingesetzt war, ein Jahr. Und da habe ich dann – ich nenne das immer so – mein öffentliches Coming-out gehabt, weil da gab es auch ein Schwulen-Lesben-Zentrum und diesen CSD [Christopher Street Day, Anm. S. Grenz] […] Da gab es eine Montagskneipe, eine Vierzig-Plus-Gruppe […] Kirchenkontakt war da jetzt noch nicht. Ich hatte so über so Chat-Portale einen Kontakt zu einem Studenten, der damals Sozialarbeit studiert hat in [Stadt1] und auch wohnte. Und ein Jahr später so da habe ich dann – im August haben die immer ihr Straßenfest da den CSD –, habe ich geholfen und danach hatte mich einer gefragt: ‚Ja, willst du nicht mit ins Orga-Team und so.‘ Und ich habe gesagt: ‚Ja ich wohne ja nicht hier, ne. Ich kenne hier keinen, wie soll ich da helfen.‘ Und irgendwie in der Adventszeit kam mir dann so plötzlich die Idee, die haben ja noch keinen CSD-Gottesdienst. Weil ich kannte das hier von [Stadt2]. Da war ich ein paar Mal beziehungsweise auch einmal in [Stadt3]. Das ist dann aber ein bisschen eingeschlafen. Und dann habe ich irgendwie so die, ich sage mal, fast so wie ein bisschen, wie eine Eingebung: ‚Ja, die haben noch keinen Gottesdienst‘. Also guckst du mal, ob du den Gottesdienst organisiert kriegst. Und der Student da vor Ort, der hat mir eben geholfen. Der hat gesagt: ‚Ja, frag die Gemeinde mal. Und frag die evangelische Pastorin mal.‘ Und bei den Katholen war es ja schon fast abzusehen, dass die nicht mitmachen. Ja und dann hatte ich da so angefangen, musste dann allerdings beruflich wieder zurück und habe das dann von hier aus teilweise noch sozusagen so angeleiert. Und seitdem gibt es in [Stadt1] einen CSD-Gottesdienst.

Nach der Trennung wurde Herr Holter für ein Jahr in eine andere Stadt versetzt. Hier gelang es ihm, sein soziales Engagement mit seinem religiösen Interesse zu verbinden. D. h., er konnte seine Sinnfindung ausleben, indem er die beiden Formen der Selbsttranszendenz, die vertikale und horizontale (Schnell 2016), miteinander verband. Zugleich trug dies zu seiner eigenen Weiterentwicklung und Selbstentfaltung bei. Allerdings konnte er dies nicht mit der katholischen Gemeinde organisieren, sondern nur mit der evangelischen. Er bewegte sich daher weiter in dem Feld, in das er bereits durch den Männerkreis Eingang gefunden hatte. Zwar hat sich Herr Holter kritisch mit der katholischen Kirche auseinandergesetzt und *in der Outing-Phase auch diese zwei Bücher von der Uta Ranke-Heinemann gelesen, […] ‚Nein und Amen‘ und ‚Eunuchen für das Himmelreich‘*, doch ist er nicht aus der katholischen Kirche ausgetreten. Er bezeichnet sich als *ökumenisch-katholisch* und betont, dass er die Kirche von innen her verändern möchte:

Ich vergleiche mich immer mit den Regimekritikern in der DDR. Ich muss in der Partei bleiben, um von innen heraus etwas zu ändern. Wenn ich raustrete, dann kann ich von außen zwar kritisieren, aber dann sagen die: ‚Ja, du bist ja nicht mehr dabei.‘ Und ja, indem man – wie soll ich sagen, einfach so lebt und macht und trotzdem in der Kirche bleibt. Ich bin dann zwar jetzt hier nicht so sichtbar, sage ich mal so, präsent als bewusst jetzt schwul öffentlicher Mann. Aber zum Beispiel, dass ich da in [Stadt1] den Gottesdienst gemacht habe […].

Er greift auf die evangelische Kirche zurück, um einerseits die katholische Kirche zu kritisieren und andererseits seine Religiosität auch rituell leben und institutionell positionieren zu können. Er möchte jedoch Mitglied der katholischen Kirche bleiben, um diese zu *ändern*. Er hat sich also noch nicht von ihr abgewandt, auch wenn er seinen Glauben selbstbestimmt lebt. Seine Widerstandsfähigkeit in dieser Hinsicht sieht er darin begründet, dass ihm die Religion Halt gibt. Diesen Halt erfährt er jedoch nicht durch die Rituale. Vielmehr erklärt er seine Widerstandsfähigkeit durch eine Erfahrung seiner Mutter, die aufgrund ihrer Heirat zum katholischen Glauben konvertierte:

Die hatte einen Lehrer, der war wohl irgendwie in Essen an der Hochschule und der hat dann so ein bisschen oder der hat ihr dann gesagt, sie sollte sich nicht so unter Druck setzen mit den katholischen Sachen so wie jeden Sonntag in den Gottesdienst gehen oder Beichte oder so. Und diese Lockerheit, die hat die halt auch so uns so weitergegeben. Und von daher, beziehungsweise wo ich jetzt drauf hinaus will, da war irgendwie so ein Spruch, also von wegen dieser Trinität und so, ja Vater, Sohn und so weiter. Das Wichtigste wäre der Heilige Geist, weil der, sage ich mal, für die Eingebung oder das alles zuständig ist [...] Ja, und das ist dann auch so, wie soll ich sagen, so mein Schwerpunkt, sage ich mal. Ist dann weniger jetzt so dieses, ich sage mal, Kreuz anbeten oder so.

Herr Holter war bereits durch seine Mutter mit dem Evangelischen vertraut. Die Geschichte ihres Konfessionswechsels deutet auf eine gewisse Fremdheit gegenüber dem katholischen Glauben ihrerseits, enthält jedoch andererseits hilfreiche Hinweise für einen pragmatischen Umgang damit. Eben diese Momente unterstützen auch Herrn Holter darin, das Spannungsverhältnis auszuhalten, das durch seine sexuelle Orientierung und die Weigerung der katholischen Kirche, diese anzuerkennen, entsteht: Er kann sich religiös gesehen selbst ermächtigen. Denn in der Erzählung Herrn Holters wohnt der Religion ähnlich wie in der Erzählung Frau Langes eine befreiende Kraft inne: *Das Wichtigste wäre der Heilige Geist.* Mit dieser Einstellung setzt er sich über alles Einengende bezüglich seiner sexuellen Orientierung und seiner religiösen Zugehörigkeit hinweg.

Er engagiert sich daher in evangelischen Gemeinden, geht aber auch dort Kompromisse ein, indem er sein ‚Anderssein‘ in der Gemeinschaft der Väter zurückhält. Hier kommt das Konzept „hegemonialer Männlichkeit" (Connell 2000) ins Spiel. Dieses beinhaltet, eine hegemoniale, heute heterosexuell orientierte Männlichkeit. Homosexualität wird darin als abweichend und damit untergeordnet abgebildet. Herr Holter ist *nicht so sichtbar [...] präsent als bewusst jetzt schwul öffentlicher Mann.* Aus der Perspektive der hegemonialen Männlichkeit bewahrt er sich dort, wo er bekannt ist, öffentlich nach wie vor eine privilegierte männliche Position. Zugleich möchte er *von innen her verändern*, indem er sich für LGBTI-Rechte[25] einsetzt, bei der Aids-Hilfe engagiert und den CSD-Gottesdienst in einer weiteren Stadt eingeführt hat.

Herr Holter agiert also in ähnlicher Weise, wie Frau Matzner es für sich beschrieben hat: Ohne den Schutz der Anonymität in einer anderen Stadt agiert er heimlich, hat sich aber innerhalb seiner eigenen Familie Freiraum erkämpft, wenn dieser auch nicht thematisiert wurde. D. h., hier wird ebenso in religiöser Hinsicht wie hinsichtlich seiner sexuellen Orientierung und der Geschlechtergerechtigkeit eine Übergangssituation zwischen Unterwerfung und Entunterwerfung ersichtlich. Diese zeigt sich ebenfalls in seinem Wunsch, die katholische Kirche *von innen zu* verändern, während er jedoch in evangelischen Gemeinden aktiv ist. Selbsttranszendenz lebt Herr Holter in vertikaler wie horizontaler Hinsicht, indem er zum einen am *Heiligen Geist* festhält sowie die Idee des CSD-Gottesdienstes als (*fast wie eine) Eingebung* bezeichnet, und sich zum anderen in der Aids-Hilfe und für den CSD engagiert. Beides ist zudem stark mit der Entwicklung seiner eigenen Identität als schwuler Mann, also seiner Selbstentfaltung verbunden.

---

25 LGBTI ist das Akronym für lesbian, gay, bisexual, trans und inter. Es geht also um die Rechte lesbischer, schwuler, bisexueller sowie trans- und inter-Menschen.

2.4.1.3 Vergeschlechtlichte Elternschaft, Beruf und kirchliches Engagement

Ein weiteres Thema, bei dem sich eine Wechselwirkung zwischen der Zugehörigkeit zur evangelischen Kirche und den Geschlechterkonstruktionen entfaltet, ist die Elternschaft. Hier zeigen sich einerseits Übereinstimmungen bei Männern und Frauen bezüglich der Nähe zur Kirche, die durch die Kindeserziehung bedingt sind. Es werden andererseits aber auch Unterschiede zwischen den Vätern und Müttern deutlich, da die Mütter überproportional Ämter übernommen haben. Zusätzlich bestehen jedoch Unterschiede bei der formalen Kirchenzugehörigkeit. Denn von den interviewten Vätern sind nur zwei Mitglieder der evangelischen Kirche, während zwei formal keiner Kirche angehören und einer Mitglied der katholischen Kirche ist. Allerdings gibt es darüber hinaus die weiteren Parameter der Berufstätigkeit und der Zuständigkeit für die Erziehung der Kinder in der Familie, durch die sich der Zusammenhang weiter erhellen lässt. Hier muss jedoch zur Binnendifferenzierung nach Geschlecht noch die Differenzierung nach katholisch/evangelisch eingeführt werden. Denn ähnlich wie Herr Holter wird auch der inzwischen aus der katholischen Kirche ausgetretene Herr Kleber von den Sakramenten ausgeschlossen, da er geschieden und wiederverheiratet ist. Da die interviewten Mütter stärker in ihre jeweiligen Gemeinden integriert sind, werden zuerst die entsprechenden Passagen ihrer Interviews analysiert.

Insgesamt haben fünf Mütter an der Studie teilgenommen. Neben Frau Lange und Frau Matzner gibt es noch drei weitere: Frau Inthorn, Frau Overdiek und Frau Grell. Während sich Frau Lange in der DDR bereits als Jugendliche in der Kirche engagierte und Frau Matzner sich ebenfalls bereits als Jugendliche von der Kirche entfernte, näherten sich die anderen drei Mütter, die alle in Westdeutschland geboren und aufgewachsen sind, der Kirche stärker an, als sie Eltern wurden. Bei allen dreien zeigt sich eine jeweils andere Art, in der die Berufstätigkeit, das Familienleben und das ehrenamtliche Engagement miteinander verbunden werden: Während bei Frau Overdiek und Frau Grell die doppelte Belastung einer berufstätigen Ehefrau und Mutter zum Tragen kommt, übernahm Frau Inthorn die Rolle der Ernährerin, während ihr Mann zur ersten Bezugsperson für die Kinder wurde.

Im Anschluss daran richtet sich das Augenmerk auf Herrn Kleber, der regelmäßig an Vater-Kind-Wochenenden der evangelischen Kirchengemeinde teilnimmt. Neben ihm und Herrn Holter gibt es noch drei weitere Väter. Herr Bertram, der mit noch minderjährigen Kindern Witwer wurde, in seinem Beruf aufgeht und sich bereits gemeinsam mit seiner Frau stark gemeindlich engagierte. Die beiden anderen Väter wurden in der DDR sozialisiert, Herr Emmich und Herr Schuster. Herr Emmich engagiert sich nicht in der evangelischen Kirche, hat sich aber der Institution nach der Wende zunächst durch seine Ehefrau, dann auch durch seine Kinder angenähert. Herr Schuster näherte sich bereits vor der Ehe, durch seine spätere Frau, wieder der Kirche an. Er unterstützte später seinen Sohn, sich ebenfalls zum evangelischen Glauben in der DDR zu bekennen. Diese beiden Väter werden im anschließenden Unterkapitel zur Kirche als Raum gesellschaftlicher Aushandlungsprozesse vorgestellt.

Frau Overdieck: „Es müsste eigentlich mehr Menschen geben, die kritisch sich auseinandersetzen"

Frau Overdieck[26] ist zur Zeit des Interviews 52 Jahre alt, verheiratet und hat zwei Töchter im Alter von 24 und 18 Jahren. Nach der Schule hat sie zunächst Erzieherin gelernt und als solche gearbeitet, bis sie mit 28 (unerwartet) schwanger wurde und ihre erste Tochter bekam. Sie war, abgesehen von Elternzeiten nach der Geburt ihrer beiden Kinder, durchgehend berufstätig, blieb zugleich aber deren erste Bezugsperson. Ca. vier Jahre vor dem Interview hat sie im Fernstudium einen Bachelor Soziale Arbeit absolviert. Seitdem ist sie als Beraterin für evangelische Kitas tätig. Sie engagiert sich seit ca. zehn Jahren in ihrer Kirchengemeinde und ist zum zweiten Mal Presbyterin. Ebenfalls seit ca. zehn Jahren macht sie regelmäßig Yoga.

Frau Overdieck war es im Gegensatz zu ihrem Mann wichtig, dass die Kinder getauft wurden. Mit dem Segen der Taufe verbindet sie das Gefühl des Aufgehobenseins, das sie ihren Kindern nicht vorenthalten wollte. Ihr Mann war der Taufe gegenüber eher kritisch eingestellt. Er stimmte ihr nur unter der Bedingung zu, dass die Taufe von einem befreundeten Geistlichen vollzogen wurde. Da sich dies bei der Geburt der zweiten Tochter schwieriger realisieren ließ, berichtet Frau Overdieck davon, dass zu diesem Zeitpunkt eine intensivere Auseinandersetzung mit evangelischen Glaubensinhalten einsetzte:

> Aber für mich stand da auch hinter: Ich muss mich da natürlich damit auch auseinandersetzen, weil sonst brauch ich mich dafür nicht einsetzen. Dann lassen wir es so, wie es ist. Und interessant war dann, dass ich aber auch gemerkt hab: Oh, ich muss aber auch für mich gut gucken, inwieweit ich das will und was ich da auch will, so. Ob ich da auch wirklich hinter allem oder hinter dem größten Teil stehen kann. Um mich dann halt wirklich da auch zu engagieren. Also, engagieren insofern da auch– Ja, mich mit auseinanderzusetzen und auch mit meinen eigenen Vorstellungen von meinem Leben. Ob das passt. Da war ich mir nicht mehr so sicher, ob das noch übereinstimmt oder überhaupt übereinstimmt.

Ihre Kinder nahmen später an Kinderbibelwochen teil, wodurch sie sich stärker in ihre Gemeinde integrierte. Zehn Jahre vor dem Interview war ihre ältere Tochter 14 Jahre alt und damit im Konfirmationsalter. Zu dieser Zeit wurde sie von der Pfarrerin angesprochen:

> Ja, und dann kam es natürlich wie es kommen musste: Die Kinder kamen zur Schule. Sind auch regelmäßig zu so Kinderbibeltagen gegangen. Und irgendwann fragte mich dann die Pfarrerin: ‚Frau Overdieck, hätten Sie nicht Interesse, ins Presbyterium einzutreten?' Und dann habe ich gesagt: ‚Oh, das ist aber jetzt 'ne Nummer, die will ich jetzt eigentlich gar nicht

---

26 Vgl. Grenz (2014) für eine ausführlichere Interpretation dieses Interviews.

haben.' Weil, das ist irgendwas so, ich find es gut und wichtig, aber ich zu dem Zeitpunkt gedacht hab: Och, ich engagier mich lieber irgendwie politisch ehrenamtlich, nicht kirchlich und [...] Ja, dann hat sie gesagt: ‚Ach, das müssen Sie auch gar nicht jetzt entscheiden. Wir treffen uns mal auf einen Kaffee und dann reden wir da mal drüber.' Und das war das Verhängnisvolle natürlich, weil sie mich dann doch wirklich überzeugt hat. Einfach aus verschiedensten Gründen, warum das gut wäre, dass ich das tue. Und ich hab's für mich auch annehmen können. Also, ich lass mich jetzt nicht so ganz gerne immer überreden. Aber für mich [...] stand so die Frage [...] im Raum. Also, es müsste eigentlich mehr Menschen geben, die kritisch sich auseinandersetzen und die nicht jenseits der 60 sind und kurz vor dem Abschluss ihres Berufslebens, um sich dann halt wirklich mit Glauben und Kirche aus- einanderzusetzen, und zu engagieren. Und das hat mich dann überzeugt so.

Bis hierher wird deutlich, dass Frau Overdieck ihre Beziehung zur Kirche in erster Linie über ihre Kinder herstellt. Da ihr die Vermittlung des Christentums wichtig zu sein scheint, ist sie in der örtlichen Kirchengemeinde präsenter und wird schließ-lich von der Pfarrerin angesprochen (vgl. Grenz 2014a). Ihr Mann spielt in ihrer Erzählung nur insofern eine Rolle, dass er der Kirche kritischer gegenübersteht und deshalb bei der Taufe darauf bestand, dass diese von einem Freund vollzogen wurde. In ihrer Erzählung ging sie daher ganz alleine durch diesen Glaubensprozess, bei dem sie lernte, dass auch ihre kritische Einstellung durchaus gewünscht war.

Etwa zeitgleich zu ihrer ersten Amtszeit als Presbyterin begann sie mit Yoga, in dessen Rahmen sich diese Auseinandersetzung fortsetzte. Sie berichtet von der Of-fenheit ihres Yogalehrers, der seine Teilnehmenden dazu aufforderte, bei bestimm-ten Übungen, *ihrer eigenen Vorstellung* des Spirituellen oder Göttlichen zu folgen. Sie war sich *unsicher*, ob das christliche Göttliche dazu passen würde.

... aber hab dann gedacht: ‚Darfst Du das irgendwie mit Deiner christliche Ausprägung? Verbindet sich da was? Ist das irgendwie [...] schräg? Oder nicht? Oder so?' Das war für mich am Anfang schon sehr, sehr irritierend. Und irgendwann, als er das immer wieder wie-derholte, wirklich wie so ein Mantra, ne? Diese eigene Vorstellung. Da hab ich gedacht: Ich lass das jetzt einfach mal zu. Ich probiere das jetzt mal aus und nehme, wie in einem Gebet, Kontakt auf für diese Sequenz jetzt mit Gott. Dass ich danke, dass ich jetzt hier sein darf und dass ich das schön finde, dass ich daran teilnehmen kann. Dass ich diese Möglichkeit überhaupt bekommen habe, Yoga machen zu können. Und hab dann gedacht: Ich probiere das jetzt mal irgendwie. Werde ja wahrscheinlich nicht direkt irgendwie vom Blitz getroffen werden oder so. Und das passte sehr gut. Es passte hervorragend.

Dass Frau Overdieck darüber nachdachte, ob sie das dürfe, sich als christlich ge-prägter Mensch so intensiv auf Yoga einzulassen, deutet ebenso auf die christliche Apologetik hin, wie ihre Überlegung, ob sich da etwas *verbinde*, in anderen Worten: ob das Christliche also dadurch verunreinigt würde. Das Bild, „vom Blitz getroffen zu werden", ist mit der unmittelbaren Strafe eines Gottes assoziiert, dessen Gesetze übertreten werden. Von dieser Angst machte sie sich im Laufe des Yoga-Kurses frei. Dass sie dann tatsächlich keine Strafe erfuhr, sondern es *hervorragend* passte, ver-stärkte den Effekt noch:

Und das hat mich einfach frei gemacht. Auch in meinem gesamten Verständnis von Religion und Christentum […] Es ist ein wichtiger Bestandteil in meinem Leben geworden. Es hat sich auch verändert, es ist auch stärker geworden. Auch mit zunehmendem Alter. Es hat aber auch für mich, ich habe die Freiheit, auch entscheiden zu dürfen. Und die hatte ich für mich in meiner kindlichen Erinnerung nicht. Da hatte es irgendwie– da war vieles, was mit Religion und Kirche verbunden und gottverbunden war, das war düster und angstbesetzt.

Ähnlich wie bei Frau Lange, Frau Matzner, Frau Michel und Herrn Holter zeigen sich auch hier Elemente des Christentums, von denen sich Frau Overdieck befreien möchte. Dabei thematisiert sie weder ihr Geschlecht noch ihre Sexualität, sondern ihren Freiheitsdrang bezüglich ihres Glaubens und ihrer Weltanschauung. Damit setzt sie sich über apologetische Momente hinweg und emanzipiert sich von als Kind erfahrenen religiösen Restriktionen. In anderen Worten: Sie ermächtigt sich in religiöser Hinsicht selbst (vgl. Gebhardt 2013). Inzwischen ist Yoga für sie zur Auszeit aus dem Alltag geworden:

Ich muss Dinge parallel machen, sonst schaff ich es gar nicht. Aber was ja auch nicht gesund ist. Also das weiß ich auch. Dafür mach ich ja Yoga, um dann wieder einmal in der Woche runterzukommen.

Frau Overdieck ist mehr als doppelbelastet: Inzwischen sind beide Töchter erwachsen. Die jüngere ist gerade dabei, aus dem Elternhaus auszuziehen. Doch waren die letzten zehn Jahre neben ihrer Berufstätigkeit und der Familie davon geprägt, dass sie entweder Presbyterin war oder ein Fernstudium Soziale Arbeit absolvierte und anschließend einen neuen Beruf begann. Inzwischen ist sie wieder Presbyterin und kümmert sich in der Gemeinde um die zugehörige Kindertagesstätte. Beim Yoga hat sie Zeit für sich:

Also, ich finde– Was ich richtig gut beim Yoga finde, ist, dass das 'ne Zeit ist, wo ich nur bei mir bin. […] Und durch diese Eingangsspiritualität, ne, diese Verbindung, diese gedankliche Verbindung dann zu Gott, hab ich auch das Gefühl, das ist auch wie so ein Austausch während dieser ganzen eineinhalb Stunden. Das ist anders als ein Gottesdienst oder ein Gebet. Vollkommen anders. Ich würde das sogar vielleicht so beschreiben, dass das für mich so mein Gebet im Alltag ist. Weil es ist ganz klar, es ist diese Zeit dafür da, es gibt dieses Ritual.

Das Yoga findet gänzlich außerhalb ihrer Verpflichtungen statt. Es liegt außerhalb der Familie, außerhalb des Berufs und außerhalb des Ehrenamts. Beim Yoga ist sie sich selbst bewusst und stellt eine *Verbindung* zu Gott her. Während Frau Lange Gott als eine Kraft bezeichnet, die aus ihr herauskommt, stellt Frau Overdieck die vertikale Selbsttranszendenz durch eine Verbindung mit Gott her. Damit nutzt sie auch jene Funktion religiöser oder spiritueller Institutionen, die auch Linda Woodhead (2008) als Begründung für die stärkere Religiosität von Frauen anführt: Gottesdienste und Yoga-Kurse bieten die Möglichkeit einer Pause, die gerade Müttern und insbesondere berufstätigen Müttern sonst verwehrt bleibt. Bezüglich des sonntäglichen Gottesdiensts gönnt sie sich hingegen den ‚Luxus‘, nur dann hinzugehen, wenn sie als Presbyterin dort Aufgaben erfüllt, und ansonsten wegzubleiben.

Das Interview mit Frau Overdieck ist bezüglich der Überschneidung von Religiosität und Elternschaft besonders aufschlussreich, was an anderer Stelle bereits dargestellt wurde (Grenz 2014a). An dieser Stelle soll daher nur auf die wesentlichen Punkte eingegangen werden. Frau Overdieck pflegt eine kritische Auseinandersetzung mit religiösen Inhalten. Diese gesteht sie im Verlauf des Interviews, in welchem sie auch über ihre Berufstätigkeit als Fachberaterin in evangelischen Kindertagesstätten spricht, durchaus auch anderen zu. Sie schätzt und praktiziert demnach einen autonomen und individuellen Zugang zu Glaubensinhalten. Zugleich aber wäre sie ohne die Überlegungen zur Taufe der zweiten Tochter vermutlich nicht über die ritualisierte Einstellung zur Kirche hinausgekommen, die in ihrer Herkunftsfamilie und ihrer eigenen Jugend gepflegt wurde.

Daher lässt sich ihre Erzählung auch als eine religiöse Transformationsgeschichte interpretieren: Durch die Aushandlungsprozesse mit ihrem Mann beginnt sie, die Bedeutsamkeit des Rituals sowie ihre eigene Positionierung zur Kirche zu hinterfragen. Dieser Prozess wird im Yoga mit inneren Befreiungsprozessen begleitet. Obwohl sie von angstbesetzten Empfindungen spricht, nehmen ihre Töchter am Gemeindeleben in Form von Kinderbibeltagen teil, wodurch sie in der Gemeinde präsent ist. Durch die Pfarrerin erlebt sie dann, dass ihre kritische Einstellung durchaus willkommen ist. Das bedeutet, dass sie zwar individuelle Entscheidungen trifft, diese aber keineswegs isoliert sind, sondern vielmehr durch Beziehungen zu anderen Menschen angeregt werden.

In Bezug auf die Säkularisierungsthese sowie die „Selbstermächtigung religiöser Subjekte“ (Gebhardt 2013) lässt sich daher ein wesentlicher Unterschied zur Vorstellung eines autonomen Individuums feststellen. Denn ihr Werdegang von einer eher kirchenfernen zu einer in der Gemeinde engagierten Person kann auch dahingehend interpretiert werden, dass sie durch die Erziehungsaufgaben erst in das kirchliche Engagement hineinsozialisiert wurde. Dieser Umstand steht der Autonomie und der Individualisierung zu einem gewissen Grad entgegen. Denn ihre Beziehung zur Kirche wurde über ihre Aufgabe als Mutter und damit über die Beziehung zu ihren Töchtern hergestellt. Ursächlich für ihr kirchliches Engagement war demnach die kulturelle Konstruktion von Mutterschaft (vgl. Vinken 2007), die sie sich aneignete und die sie trotz ihrer Berufstätigkeit die erste Bezugsperson für die Kinder sein ließ.

In eben dieser Brechung der Autonomie zeigt sich ein geschlechterdifferenzierendes Moment: Durch die Mutterschaft beginnt sie, sich mit der evangelischen Lehre zu befassen und integriert sich zunehmend in die Gemeinde. Dieses Moment baut bereits auf einem anderen geschlechterdifferenzierenden auf: Mit der Geburt ihrer Tochter hat sich ihr Leben, das sie zuvor autonom gestalten konnte, plötzlich geändert. Sie übernahm die Aufgabe der ersten Bezugsperson und damit kulturell die Mutterrolle. Dadurch bedingt erlebte sie die Abhängigkeit von ihrem Mann, die ihr – als eine Person, die es gewohnt war, für sich selbst verantwortlich zu sein –

nicht leichtfiel. Beide Momente sind prägend sowohl für ihre Lebenspraxis als auch für die Sinnkonstitution. Sie sind aber nicht natürlich gegeben, sondern werden sozial hergestellt. In eben dieser Brechung der Autonomie liegt vermutlich ein weiterer Grund für die stärkere Präsenz von Frauen in Kirchengemeinden.

Bemerkenswert ist, dass Frau Overdieck einerseits der kulturellen Konstruktion von Mutterschaft verbunden ist, andererseits aber über Weiblichkeitskonstruktionen hinausgeht, indem sie in der Kirchengemeinde eine Führungsaufgabe übernimmt und gezielt eine berufliche höhere Bildung anstrebt. Mit dieser höheren Ausbildung bleibt sie beruflich zwar in einem Bereich, der als klassischer Frauenberuf gilt, übernimmt aber auch hier eine beratende und damit höherrangige Aufgabe.

Daraus folgt, dass das Interview mit Frau Overdieck stellvertretend zeigt, dass sich nicht nur der Lebenssinn oder die Religiosität individualisieren, sondern auch das Geschlecht. Denn die Erwerbstätigkeit und die berufliche Weiterbildung werden durch das Strukturprinzip der Individualisierung ebenso erklärungsbedürftig wie das (nahezu) erwerbslose Hausfrauendasein. Das gleiche gilt für die Annahme und die Ablehnung angetragener Ämter. Die Individualisierungen beider Bereiche, der Religion und des Geschlechts, finden zudem in Wechselwirkung statt.

*Frau Inthorn: „Also wenn Sie meine Frau wären, ja, das würde
ich Ihnen verbieten"*

Frau Inthorn ist – wie bereits in Kapitel 2.3.3 erwähnt – zur Zeit des Interviews 59 Jahre alt. Sie ist gelernte Erzieherin und derzeit Leiterin einer Familienbildungsstätte. Sie ist verheiratet und hat zwei erwachsene Söhne. Sie war wie ihre beiden Geschwister zunächst auf dem Gymnasium und wechselte mit 16 Jahren in die Berufsausbildung. Mit der Geburt ihrer Kinder kündigte sie die Stelle im Kindergarten. Durch die Betreuung eines *Pflegekindes* konnte sie weiterhin ein eigenes Einkommen beziehen. Nach sieben Jahren bewarb sie sich wieder als Erzieherin. Da ihr Mann selbstständig war und seine Firma eine Krise durchlief, wurde sie von diesem Zeitpunkt an zur Haupt-Ernährerin der Familie. Nach ca. einem Jahr wechselte sie auf eine Leitungsposition, bevor sie die Leitung der Familienbildungsstätte, ihre aktuelle Position, übernahm. Sie war Presbyterin und hat sich gemeinsam mit ihrem Mann und Freunden ehrenamtlich in der kirchlichen Jugendarbeit betätigt und anschließend ein ehemaliges Gemeindezentrum als Begegnungs- und Veranstaltungsstätte weitergeführt.

Frau Inthorn greift in ihrer Erzählung auf eine christliche Sozialisation zurück, zu der sie sich affirmativ in Beziehung setzt. Sie betont damit ihre Zugehörigkeit zu der hier untersuchten Diskursgruppe evangelischer Kirchenmitglieder. Anders als die bisherigen Teilnehmerinnen gibt es bei ihr keine restriktiven Erfahrungen, von denen sie sich erst befreien musste. Ihr Engagement für die Kirche setzt dennoch erst nach der Taufe des ersten Kindes ein, nachdem sie ihre Tätigkeit als Erzieherin im Kindergarten bereits gekündigt hatte:

Und einen religiösen Bezug hatte ich eigentlich auch immer in meinem Leben. Also wir waren jetzt nicht, also sind nicht jeden Sonntag in die Kirche gegangen, aber es war schon klar das ganze Jahr über: Welchen christlichen Bezug hat das Kirchenjahr zum Jahreskreislauf? Wir sind alle konfirmiert worden, getauft worden so. Und als ich dann meine Kinder bekommen habe, der Pfarrer, der die getauft hat, der hat dann auch sofort so seine Krallen ausgefahren und gesagt: ,Was? Du bist Erzieherin und so. Mann, kannst du nicht mal Kindergottesdienst bei uns machen?' Was ich dann auch gemacht habe und da ist auch mein Kontakt zur Kirche wieder stärker geworden. Klar, weil ich sonntags immer wieder im Gottesdienst war. Dann hat der gefragt: ,Könntest du dir nicht vorstellen, Presbyterin zu werden.' Habe ich auch gemacht, sechzehn Jahre lang, acht Jahre KSV-Arbeit.

Dass die Beziehung zur Kirche durch Kinder verstärkt werden kann, wurde bereits bei Frau Overdieck thematisiert. Das kirchliche Engagement von Frau Inthorn ist im Vergleich zu den anderen Teilnehmenden aber außergewöhnlich. Sie begann in einer Phase, in der sie wegen der Kinder beruflich aussetzen musste, zugleich aber ein drittes Kind betreute. Das Leben von Frau Inthorn sticht dadurch hervor, dass sie die einzige Teilnehmerin ist, die später die Rolle der hauptsächlichen Ernährerin der Familie übernahm, während ihr Mann zur ersten Bezugsperson für die Kinder wurde. Damit zeigt sich das Paar als flexibel. Eventuelle Konflikte innerhalb der Partnerschaft werden von ihr nicht erwähnt. Dass dieser Rollentausch dennoch Konfliktpotenzial in sich birgt, zeigt ihre Antwort auf meine Nachfrage, welche Reaktionen er bei anderen hervorgerufen hat.

Irgendwie haben wir eigentlich einen sehr offenen Freundeskreis so. Also das war da irgendwie jetzt nicht schwierig. Und ich meine, er hat ja auch immer noch nebenbei was gemacht. […] so wenn ich heute die Kinder frage, haben die immer gesagt: „[Ihr Name], nein. Wenn du da warst, war das genauso wie immer.' Also so sagen die jedenfalls. Und ich habe auch, also ich hatte nie das Gefühl, dass ich jetzt den Kontakt zu meinen Kindern verloren habe. Obwohl oh, das hat mir auch mal eine Pfarrersfrau auf einem Neujahrsempfang vom Kirchenkreis, die hat dann zu mir gesagt: ,Ja, was haben Sie denn gemacht mit Ihren Kindern. Sind doch nur arbeiten gegangen. Sie haben die doch gar nicht groß werden sehen.' Häh, was wollen sie denn jetzt von dir? So. Also das, das streite ich ab. Ja. Ich bin natürlich arbeiten gegangen, aber wenn ich nicht arbeiten war, dann gab es immer eine gemeinsame Mahlzeit, wenn ich nach Hause gekommen bin, wo jeder erzählen konnte, was und wie sein Tag war und was ihm passiert ist und so weiter. Wir haben immer mit den Kindern was zusammen unternommen und also so.

In ihrem privaten Umfeld stieß dieses Arrangement offenbar auf Verständnis. Doch indem sie die Offenheit des Freundeskreises anspricht, sagt sie auch, dass es außerhalb des ,Normalen' liegt. Ein weniger *offener Freundeskreis* hätte zu Auseinandersetzungen führen können. Auch ihre Kinder fühlten sich nicht von ihr entfremdet. Doch auch hier rückversichert sie sich, dass das Zusammensein *genauso wie immer* gewesen sei, dass also mit ihrer Berufstätigkeit kein qualitativer Verlust einhergegangen sei. Ebendies wurde ihr von der Frau eines Pfarrers unterstellt. Ob die Frau des Pfarrers das in derselben Weise einem Mann gegenüber getan hätte, kann nicht abschließend beantwortet werden. Dass Frau Inthorn dies jedoch auf sich als Frau und Mutter bezog, darauf deutet ihr Bemühen, sich als gute Mutter darzustellen, die gemeinsam mit ihren Kindern isst und ihnen zuhört.[27] Die zweite Episode, die sie in demselben Zusammenhang erzählt, verdeutlicht die erfahrene Kritik seitens der Gemeinde:

> *Dann als ich mich ins Presbyterium habe wählen lassen, oh da war auch noch [...] ein Pfarrer [...] Der hat auch dann zu mir gesagt: ,Also wenn Sie meine Frau wären, ja, das würde ich Ihnen verbieten. Jetzt gehen Sie schon den ganzen Tag arbeiten und dann tun Sie sich das auch noch mit dem Presbyterium an. Ja, wann kümmern Sie sich denn mal um Zuhause?' Solche Botschaften habe ich auch gekriegt. Klar.*

Frau Inthorn hat die Restriktionen also nicht als Kind erlebt, musste sich aber mit ihrer Rolle als Frau in der Gemeinde als Erwachsene auseinandersetzen. Da Mitte der 1990er Jahre noch mehr Männer Presbyter waren als Frauen und auch die Wahrscheinlichkeit der Vollzeitbeschäftigung bei Männern nach wie vor höher ist als bei Frauen,[28] zeigt die Frage danach, wann sie *sich denn mal um Zuhause* kümmere, dass der Pfarrer die häuslichen und familiären Aufgaben in erster Linie ihr zuordnete. Sie entsprach nicht dem protestantischen Bild einer „guten Mutter" (vgl. Vinken 2007) und war daher ein Störfaktor im Presbyterium.

Doch setzte sich Frau Inthorn nicht nur darüber hinweg, dass ihr Verhalten als Mutter in der Gemeinde nicht von allen akzeptiert wurde. Sie setzt sich auch für die Möglichkeit gleichgeschlechtlicher Paare ein, sich segnen zu lassen:

> *Also wenn ich an dieses Presbyterium denke, als wir uns mit der Segnung gleichgeschlechtlicher Lebenspartner beschäftigt haben. Uah, da kriege ich ja so eine Gänsehaut. Wenn ich da so manche höre, die so sagen: ,Das ist asozial und das musst du ihnen rausprügeln.' Und weiß ich nicht. [...] Und der [Pfarrer1], unser [Pfarrer1] hat auch so ein gleichgeschlechtliches Paar Jahrzehnte begleitet. Und ich habe gesagt: ,[Name des Pfarrers1], wenn die mal gesegnet werden wollen, dann dekoriere ich mein ganzes Haus mit Teelichtern. Dann kommst du, und kannst [...] das bei mir machen. Dann ist mir das so was von scheißegal, was die Kirchengemeinde macht. Das ziehen wir beide durch. Aber hallo!' Und dann der [Pfarrer2] und einer von unseren jüngsten Pfarrern, damals noch jünger, der hat dann gesagt: ,Das kannst du nicht machen! Du musst das Presbyterium fragen.' Sage ich: ,Was? Was ich in meinem Haus mache, mit dem Teufel tun und euch fragen. Da kann ich machen, was ich will und was ich für richtig halte.'*

Frau Inthorn zitiert ihre Presbyteriumskolleg/innen und spricht damit auch potenzielle Gründe aus, weshalb Herr Holter sich in seiner Kirchengemeinde nicht outet: Dass eine Ehe scheitert, wird nicht mehr verurteilt. Dass er sich aber als schwuler Vater von seiner Frau getrennt hat, könnte durchaus auf Ablehnung stoßen, da Homosexualität in den Gemeinden längst nicht anerkannt sein muss. Frau Inthorn war dazu bereit, sich für die Rechte gleichgeschlechtlicher Paare zu engagieren und auch

---

27 Vgl. Tolasch (2016) für einen Überblick zu Annahmen über eine ,gute Mutter'.

28 Vgl. Bundesministerium für Familie, Senioren, Frauen und Jugend (2011, 111 ff.) für eine Übersicht zur Entwicklung der Erwerbstätigkeit von Frauen.

Konflikte dafür in Kauf zu nehmen. Damit ist sie die einzige heterosexuell lebende Teilnehmerin, die die Norm heterosexueller Partnerschaft in der Kirche in ihrem Interview anspricht und in Frage stellt. Des Weiteren ist sie die einzige, die von aktuellen Konflikten in der Kirchengemeinde spricht.

Mit dieser Erzählung macht sie sowohl ihre progressive Einstellung als auch ihren gesellschaftlich orientierten Veränderungswillen deutlich. Damit zeigt sie sehr deutlich, was Ellen Ueberschär (2013) als zeitgemäße christliche Einstellung artikuliert hat, mit der sich Christ_innen gesellschaftlich engagieren und für Gerechtigkeit einsetzen. Dazu passt auch, dass Frau Inthorn ihre Arbeit als Presbyterin als sehr wertvoll einschätzt, auch wenn sie sich über die Einmischung in eine nur in Erwägung gezogene Aktion ärgerte. Denn durch die Auseinandersetzungen wurde sie dazu aufgefordert, ihre Einstellungen zu überdenken. Dass sie ihre Ansichten bezüglich ihrer Akzeptanz gleichgeschlechtlicher Partnerschaften in der Kirche nicht geändert, sondern durch das Nachdenken gefestigt hat, darauf weist der Verweis auf ihre Gänsehaut hin.

Insgesamt zeigt sich hier, dass auch Frau Inthorn sehr selbstbewusst damit umgeht, was sie in religiöser Hinsicht für richtig hält. Gleichzeitig zeigt sich hier eine andere Entwicklung als bei Frau Overdieck und Frau Lange: Während Frau Overdieck zunächst auch deshalb zweifelte, weil sie in ihrer Jugend eine angstbesetzte Religiosität erlebte, äußert Frau Inthorn keinerlei Bedenken dagegen, sich in der Kirche zu engagieren. Bei ihr sind es keine Konflikte mit den Glaubensinhalten, wohl aber mit deren Umsetzung auf der Ebene der Gemeinde.

Frau Grell: „So Kirche wirklich erlebbar zu machen"

Frau Grell ist zur Zeit des Interviews 42 Jahre alt. Sie ist verheiratet, hat vier Kinder im Alter von 2, 9, 14 und 20 Jahren und ist als Familienberaterin für behinderte Menschen und deren Familien tätig. Nach dem Abitur hat sie ein Freiwilliges Soziales Jahr in der ambulanten Altenhilfe gemacht. Dann begann sie zunächst Sprachwissenschaften zu studieren. Nachdem sie während des Studiums ihre erste Tochter bekommen hatte, orientierte sie sich um und begann ein Studium der Diplom-Sozialarbeit, das ein längeres Auslandspraktikum beinhaltete. Während sie ihre Diplom-Arbeit schrieb, bekam sie ihr zweites Kind, einen Sohn. Anschließend war sie durchgehend teilzeitbeschäftigt, während ihr Mann von Beginn an vollzeitbeschäftigt war. Als sie sich gerade ein Haus gekauft hatten, bekam sie ihr drittes Kind. Erst beim vierten Kind hat ihr Mann einen Teil der Elternzeit genommen, sodass sie ihre Arbeitszeit kurzzeitig auf 30 Stunden erhöhte. Kürzlich hat sie eine Weiterbildung zur systemischen Familienberaterin begonnen. Sie nimmt aktiv am Gemeindeleben teil, trägt den Gemeindebrief aus und macht Yoga.

Frau Grell und ihr Mann sind das einzige Elternpaar unter den Teilnehmer/innen, das ihre Kinder nicht nach der Geburt hat taufen lassen, sondern ihnen die Entscheidung überlassen wollte:

Also, ich bin evangelisch getauft und jetzt auch immer noch in der evangelischen Kirche. Und wir haben, genau, erst haben wir unsere Kinder nicht taufen lassen, weil wir irgendwie dachten: Sie sollen es selber erleben und entscheiden dann. Und dann war es so, dass die [Name des ersten Kindes] war dann im Konfirmandenalter. Und dann hat die selber gesagt, sie wollte sich taufen lassen. Und dann haben wir aber die [Name des zweiten Kindes] und [Name des dritten Kindes], da war die [Name des vierten Kindes] noch nicht auf der Welt, die haben wir dann auch– Also, haben wir so 'ne Tauffeier gemacht sozusagen. Haben wir die dann zu dritt taufen lassen und auch ,ne Freundin von der [Name der ältesten Tochter], die auch in dem Alter war, wurde dann mit getauft. Genau und die, also die [Name der jüngsten Tochter] würd ich jetzt auch noch in jungem Alter noch nicht taufen lassen. Weil ich das doch schon finde, dass man als Eltern das nicht– Also, gut, die [Name der ältesten Tochter], [...] also da haben wir natürlich sie auch drauf hingewiesen quasi mit der Konfirmation, dass sie ja dann jetzt in dem Alter wäre, [...] ne?

Frau Grell positioniert sich hier als unkonventionell: Die Kirchenmitgliedschaft wird den Kindern nicht verordnet. Dass sie ihr selbst nicht ganz unwichtig ist, darauf deutet zum einen, dass sie immer noch selbst Mitglied ist und dass ihre Tochter auf die Möglichkeit, dieses Ritual zu vollziehen, hingewiesen wurde. Zugleich spricht sie aber davon, dass sich ihre Tochter auch dagegen hätte entscheiden können. Sie ist also zumindest aus Sicht der Mutter aus eigenen Stücken zur Konfirmation gegangen. Obwohl sich die Familie diesbezüglich unkonventionell verhält und gleich eine Taufparty für mehrere ihrer und andere Kinder organisiert, vollzieht sich die Wiederannäherung an die Kirche auf einem ähnlichen Weg wie bei Frau Overdieck und Frau Inthorn, nämlich über die Erziehung der Kinder und die kirchlichen Rituale, die von Kindern und Jugendlichen durchlaufen werden.

Diese Wiederannäherung begann – so lässt sich aus dem Interview rekonstruieren – mit dem Umzug in das Haus, in dem die Familie immer noch wohnt. In der Gemeinde gibt es einen evangelischen Kindergarten, in dem der Sohn, das zweite Kind, einen Platz bekam. Zeitlich gesehen lag dieses Ereignis kurz bevor die älteste Tochter das Konfirmandenalter erreichte. Da ihr der Kindergarten *einfach gefällt*, gehen nun alle jüngeren Kinder dorthin. Der Pfarrer besucht den Kindergarten regelmäßig: *Und da gibt es natürlich auch Gottesdienste, wo man dann zusammen hingeht, ne?* Es gab also von Beginn an mehrere Möglichkeiten, ihn und die Gemeinde kennenzulernen.

Und ich erlebe jetzt hier die Gemeinde in [Stadtteil], find ich total schön. Also, der macht das auch mehr so als– Das ist auch ein relativ junger Pfarrer. Deswegen ist ihm das auch so wichtig, so, das so familienbezogen zu machen. Oder mehr so Gemeinwesenarbeit, so Kirche wirklich erlebbar zu machen. Also, der macht auch ganz viele so Aktionen, genau. Und da finde ich, ist das jetzt nicht nur– Also, er ist natürlich schon an dem Glauben orientiert, aber irgendwie, finde ich, ist das so, ja, mehr so Gemeinschaftsglauben oder so. Also das, finde ich, ist auch noch auf jeden Fall dann sinngebend, find ich. Für mich. Also, wenn, wenn ich Kirche so in der Gemeinschaft eher erleben kann, ja.

Frau Grell betont hier das, was in der psychologischen Sinnfindungsforschung als „Wir-und Wohlgefühl" (Schnell 2016, 18) bezeichnet wird. Es beinhaltet unter anderem die Sinnfindung in der Gemeinschaft. Diese Bedürfnisse scheinen für die Sinnfindung in der Religion für Frau Grell leitend zu sein. Dafür ist sie auch bereit, sich zu engagieren und mitzuhelfen. Denn auch wenn Frau Grell anders als Frau Overdieck und Frau Inthorn keine verantwortliche Position in der Gemeinde übernimmt, nimmt Frau Grell wichtige Aufgaben und Angebote wahr und die Familie aktiv am Gemeindeleben teil:

> *Dann verteil ich die Gemeindebriefe. Also [...] zumindest 4-mal im Jahr in der Gemeinde. Ja, und dann, ja, gibt's halt. Also, [...] im September gibt's noch mal eine Familienfreizeit, die er auch macht. Und dann gibt es einen Gemeindewandertag. Da haben wir auch regelmäßig schon dran teilgenommen. Genau. Also eher so [...] Also halt wo, wo man was aktiv macht, sozusagen. Ja, ich hatte auch, [...] in der Elternzeit von der [Name des dritten Kindes], da hatte ich so eine Ausbildung zur Hospizhelferin gemacht. Das war auch in der Gemeinde. Genau. Also, das ging auch über ein Jahr. Und zwar gibt's hier, das [...] gehört halt auch der Gemeinde, aber das ist mit der katholischen zusammen. Es gibt so den ökumenischen Hospizdienst im [Stadt] Westen.*

Zusammengefasst nimmt Frau Grell den Pfarrer als familienfreundlich wahr. Seine Theologie erlebt sie nicht als repressiv, sondern als gemeinschaftsfördernd. Angebote wie Familienfreizeiten und Gemeindewandertage kommen ihr entgegen. Diese Gemeindearbeit unterstützt sie gerne mit dem Austragen des Gemeindebriefs. Darüber hinaus hat sie sich zur Hospizhelferin ausbilden lassen, sie scheint dies aber augenblicklich nicht weiter zu verfolgen. Insgesamt gesehen zeigt sich bei Frau Grell also weder eine affirmative Annahme von Glaubensinhalten noch eine kritische Auseinandersetzungen mit der Religion. Sie spricht weder von negativen Erfahrungen in ihrer Kindheit noch im Erwachsenenalter. Ihre religiöse Sinnfindung begründet sich in der Gemeinschaftserfahrung.

Herr Kleber: „Weil meine Tochter schon mit Gott aufwachsen soll, wenn es geht."

Herr Kleber ist zur Zeit des Interviews 48 Jahre alt und als Führungskraft bei einer Versicherung angestellt. Er ist zum zweiten Mal verheiratet und hat gemeinsam mit seiner jetzigen Frau eine dreijährige Tochter. Er absolvierte zunächst eine Ausbildung zum Bürokaufmann und später nebenberuflich ein Studium zum Versicherungsfachwirt. Er engagiert sich ehrenamtlich im kommunalen Jugendamtselternbeirat und im landesweiten Elternbeirat. Er ist katholisch getauft, nun aber in der ortsansässigen evangelischen Kirchengemeinde aktiv, indem er Angebote der evangelischen Männerarbeit wahrnimmt (z. B. Vater-Kind-Wochenenden) und an Familiengottesdiensten teilnimmt.

Herr Kleber beginnt seine Erzählung damit, dass er mit 17 Jahren einen schweren Unfall hatte, durch den er zwei Wochen im Koma lag und nach welchem er das Laufen erst wieder lernen musste, sodass er ein Jahr arbeitsunfähig war. Sein Leben vor dem Unfall, auf das er gleich im zweiten Satz zu sprechen kommt, beschreibt er als *wild.* Er bewegte sich sowohl in der Anti-AKW-Bewegung als auch der Hooligan-Szene der 1980er Jahre und bezeichnet sich politisch als links.

In Folge des Unfalls hat Herr Kleber erlebt, dass sich sowohl seine Freunde aus der Anti-AKW-Bewegung als auch Fußballfans um ihn kümmerten:

> *Dann die Freunde, die auch wirklich Freunde waren. Man dachte, wären nur Leute, die mit zu Demonstrationen gehen oder mit ins Fußballstadion gehen. Die waren da, die haben mir Sportanzug geschenkt, Turnschuhe, mich täglich besucht, dass der Arzt schon sagte, nicht so viele auf einmal. Das war schon ein fantastisches Erlebnis, dass da auch Freundschaften entstehen und nicht nur Zweckgebilde, weil man irgendwie demonstrieren möchte oder ins Fußballstadion geht.*

Für die erfahrene Aufmerksamkeit und Fürsorge drückt Herr Kleber noch im Interview Dankbarkeit aus. Seine Eltern erwähnt er in diesem Zusammenhang gar nicht. Er wirft ihnen vor, sich nicht ausreichend um ihn gekümmert zu haben. Sie hatten eine eigene Gastwirtschaft, weshalb er wenig elterlicher Kontrolle ausgesetzt war und sich überhaupt in den Szenen bewegen konnte. Nach der Geburt seiner Tochter kam es deswegen zum Streit:

> *Kann ich denen eigentlich schlecht vorwerfen. Weil, die haben es wahrscheinlich auch gut gemeint. Die haben gearbeitet, gearbeitet, gearbeitet, damit es mir gut geht. Aber das sehe ich ja anders. […] Habe ich mich mit meiner Mutter irgendwann Mal überworfen. Und da gab auch ein Wort das andere. Und da sagte ich: ‚Du warst als Mutter so sch… s, c, h, du brauchst nicht als Oma jetzt da die gute Oma raushängen lassen.' Ne? […] Und das hat sie getroffen und dann haben wir den Kontakt abgebrochen. Aber im Nachhinein betrachtet, war sie ein Totalausfall. Ist einfach so. Also sowohl meine Mutter als auch mein Vater sind beide nicht präsent in meiner Kindheit. Ich hatte eine große Schwester, die ist präsent, aber die beiden sind nicht präsent, die sind nicht da.*

Seine Eltern sind inzwischen getrennt. Während sich seine Mutter darum bemühte, Großmutter zu sein, kümmert selbst das seinen Vater nicht. Da Herr Kleber sich bereits als Kind als vernachlässigt wahrnimmt, hat er aus seiner Perspektive alles alleine bewältigt, auch die Entscheidung, nach seinem Unfall seine Ausbildung fortzusetzen und sich von den gewaltbereiten Milieus zu entfernen. Trotz dieses Gefühls des Alleinseins wurde er (vermutlich auch durch seine Eltern) kirchlich sozialisiert. Zugleich begründet er seinen starken Glauben mit dem Alleinsein: *weil Gott mein Ansprechpartner war.* Seine derzeitige Beziehung zur katholischen Kirche erklärt er auf die Nachfrage der Interviewerinnen folgendermaßen:

> *Ich bin katholisch getauft gewesen. Bin ausgetreten, als der Papst damals in Afrika sagte, dass die nicht verhüten sollen. Obwohl eine Aids-Epidemie da unten stattgefunden hat und da sagte ich, das geht ja gar nicht.*

Herr Kleber zeigt sich hier als Mensch, der sowohl in Glaubens- als auch ethischen Angelegenheiten eine eigene Ansicht vertritt, die auch Konsequenzen hat. Er ist ausgetreten, da der Papst in seinen Augen ethische Grenzen übertreten hatte. Durch seinen Austritt entfernte sich Herr Kleber von der katholischen Kirche. Erst durch das Kind fand wieder eine Annäherung statt. Hier ging er einerseits einen Kompromiss mit seiner Frau ein: *Meine Tochter ist katholisch getauft worden, weil meine Frau das wollte.* Andererseits engagiert er sich in der evangelischen Kirche:

> *Bin aber jede Woche Sonntag, wenn es geht in der Kirche hier, der evangelischen, weil der Kindergarten evangelisch ist. […] War selbst früher Pfadfinder […] Und ich finde die Kirche wichtig hier. Also gerade bei uns in dem Bereich, weil das halt auch so eine Nähe gibt. Und ich finde es auch gut, dass die uns als katholisch getauftes Kind aufgenommen haben im evangelischen Kindergarten, bei unserem Wunschkindergarten. Und es ist total klasse. Die haben einmal im Monat so einen Familienmorgen, da gehen wir automatisch hin und dann versuchen wir jede Woche hinzukommen, weil meine Tochter schon mit Gott aufwachsen soll, wenn es geht. […] Gott ist wichtig. Gott ist da. Auch wenn ich nicht in der Kirche bin, war ich immer gläubig. Weil Gott ist ja halt doch der, der auf uns alle aufpasst. Bin ich fest von überzeugt.*

Rückblickend stellt er bereits in seiner Jugend eine kirchliche Bindung fest: Er war Pfadfinder und sagt von sich, dass er *immer gläubig* war. Damit begründet er, warum ihm wichtig ist, dass seine Tochter *mit Gott aufwächst*. Damit artikuliert er einen starken erzieherischen Anspruch, für den er sich u. a. mit regelmäßigen Gottesdienstbesuchen auch engagiert.

Er spricht zudem davon, dass sie als katholische Familie (*uns*) im Kindergarten aufgenommen worden seien. D. h., während Herr Kleber sich einerseits von der institutionalisierten Religiosität befreit, indem er der katholischen Kirche gegenüber eine klare Position bezieht, bleibt er der Kirche als Institution grundsätzlich verhaftet. Damit zeigt sich bei ihm eine teilweise Übereinstimmung mit dem Idealtypus des „religiösen Wanderers" (Gebhardt 2016): Er ist aus der katholischen Kirche ausgetreten und nimmt Angebote der evangelischen Gemeinde wahr, jedoch ohne zu konvertieren. Vielmehr beansprucht er die Deutungshoheit über seinen Glauben. Zudem pflegt er die Vorstellung von Gott als „eines dem Menschen positiv und unbedingt zugewandten Absoluten" (Gebhardt 2016, 151): *Weil Gott ist ja halt doch der, der auf uns alle aufpasst.* Diese Ansicht geht wesentlich auf seine Interpretation seines Unfalls zurück, den er ebenfalls Gott zurechnet:

> *Und ich glaube der Unfall, der Unfall war, hört sich vielleicht hochtra/doof an, aber Gott provoziert, um mich auf den richtigen Weg zu bringen, ja? Bin ich fest von überzeugt. Denn da wäre ich jetzt tot wahrscheinlich schon oder was auch immer. Das war schon wichtig.*

Es ist eine tief religiöse Deutung seiner Lebenserfahrung, die außerhalb religiöser Kreise jedoch angefochten wird. Vor diesem Hintergrund muss hier das abgebrochene *hochtra–* verstanden werden, das „hochtraditionell" oder aber auch „hochtrabend" sein kann, und für das *doof* eventuell ein Synonym ist. Eine weitere Erklärung für das abgebrochene Wort könnte in der Dominanz säkularer Weltsichten gefunden werden. Denn diese Art Glaubensäußerungen klingen vor einem säkularen materialistischen Hintergrund unglaubwürdig.

Da ihm der derzeitige Papst wieder zusagt, denkt er darüber nach, wieder einzutreten. Andererseits könnte er sich eine Mitgliedschaft in der evangelischen Kirche vorstellen:

Aber ich würd den Eintritt in die Kirche, egal ob evangelisch oder katholisch, schon von den örtlichen Gegebenheiten abhängig machen. Und hier ist evangelisch sinnvoller, weil die katholische Kirche gar nicht geht, zumindest für mich als Vater eines Kindes nicht, weil der Familiengottesdienst in der katholischen Kirche geht überhaupt nicht. Kriegen die gar nicht hin hier [...] Aber doch von den Strukturen her bin ich doch noch katholisch. Als ehemaliger Pfadfinder, katholisch getaufter, bin ich ja schon an diese Hierarchien gewohnt vom Papst herunter. Und ich lieb, mag auch den Vatikan. Also ist schon so, dass ich Rom schön finde, auch den Vatikan gut finde und auch, ich finde auch das System auch gut. Wenn man es richtig macht. Wenn jetzt einer kommt, der sagt: Ich will das reformieren. Ich will das ändern, finde ich das gut. Dann würde ich gerne mitmachen.

Herr Kleber ist *von den Strukturen her* nach wie vor Katholik, obwohl er die Angebote der evangelischen Kirche besser findet. Ebenso widersprüchlich ist, dass er einerseits das System gut findet, andererseits aber darauf wartet, dass es reformiert wird. Dann *würde [er] gerne mitmachen.* Doch zeigt sich genau hier sein Dilemma:

Nur ich könnte ja nie dahin.

Denn Herr Kleber ist zum zweiten Mal verheiratet und daher vom Abendmahl und der dabei entstehenden Gemeinschaft ausgeschlossen. Er ist in einer ähnlichen Situation wie Herr Holter, doch führt dies bei ihm dazu, dass er Abstand hält. Er argumentiert nicht, dass man im System verbleiben müsse, sondern findet eine andere Lösung:

Aber weiß ich nicht. Ich persönlich [...] ich bin der festen Überzeugung, dass Gott nicht abhängig ist von einer Kirche auf Erden. Denn Jesus ist ja auch ohne Kirche gewesen oder auch weil er Jude war, ist es doch so, dass er jetzt nicht sagte: Ihr könnt nur in den Himmel kommen, wenn ihr eine Kirche gründet und dort dann bleibt. Also das Christentum hat sich nachher erst noch gebildet. Ich muss glauben, aber ich muss nicht evangelisch oder katholisch sein. Also, glaube ich. Wenn dann so ein jüngstes Gericht käme und man würde mich fragen: ,So, wie sah dein Leben aus?' Und ich würde sagen: ,Das habe ich gemacht, das habe ich gemacht.' Das war klasse. Also: ,Alles super, aber du hast leider keine Kirchensteuer entrichtet, sondern Geld direkt an Kinderhilfswerke gegeben und du bist nicht in die Kirche eingetreten oder bist ausgetreten, deswegen darfst du nicht in den Himmel.' Das kann ich mir nicht vorstellen. Selbst wenn, dann würde ich doch nicht mitmachen wollen. Ja. Ich habe die Wahl ja nicht, aber dann würde ich das nicht wollen.

Hier zeigt sich Herrn Klebers Verständnis eines christlichen Lebens, aus dem sein ehrenamtliches Engagement erwächst. Seit seine Tochter geboren ist, engagiert er sich auf kommunaler und Landesebene in Elternbeiräten. Seine Begabung sieht er vor allem darin, andere zum Spenden zu bewegen, wozu er auch selbst bereit ist. Für dieses Engagement benötigt er keine Kirchenmitgliedschaft, auch nicht, um Geld für wohltätige Zwecke abzuführen. Seine Ansicht vertritt er mit Selbstbewusstsein. Einen Gott, der diese Ansicht nicht teilen würde, würde er nicht akzeptieren. D. h., seine Ausführungen lassen einerseits darauf schließen, dass er sich von den Institutionen befreit hat. Andererseits situiert er *Gott* für seine Tochter wieder in der Kirche und nimmt an kirchlichen Veranstaltungen teil, damit seine Tochter *mit Gott aufwachsen* kann.

In seiner weiter oben zitierten Äußerung, dass *sie uns aufgenommen haben*, klingt auch seine Identifikation mit seiner Tochter an. Sie bzw. seine *Vaterrolle* ist für ihn derzeit *Inhalt und Sinn des Lebens*. D. h., im Gegensatz zu dem, was er von seinen Eltern erinnert, möchte er sich um seine Tochter kümmern, weshalb er bis zum Interview bereits mehrmals auch an Vater-Kind-Wochenenden teilgenommen hat, die er auf Nachfrage folgendermaßen beschreibt:

> Sie fahren freitags mit ihrer Tochter, ihrem Sohn halt als Vater alleine mit Tochter, Sohn dann bis sonntags oder montags in eine Jugendherberge oder was auch immer und machen dann Programm ohne Mutter. Und das ist total genial. Keine die sagt: So, denk an die Windel, denk an Zähneputzen, daran, daran. Viele Mütter meinen ja, die Väter können das nicht. Aber 99 % der Väter können das super gut. Aber ich bin überrascht, wie viele Väter hilflos wären, wenn die Mutter mal drei Tage ins Krankenhaus müsste. Was mache ich denn jetzt? Ich muss das Kind ins Bett bringen, ich muss es zur Schule bringen oder in den Kindergarten bringen. Was mache ich da jetzt? Und dafür sind die Vater-Kind-Wochenenden. Der erste oder das erste Wochenende mal erst mal zu wissen, was würde ich machen, wenn ich alleine wäre. Auch eine Mutter kann ja mal ins Krankenhaus kommen. (.) Und dann macht man halt so Spiele, Nachtwanderung, dies und jenes und so. Das ist total genial. Ich fand es total super. Für meine Tochter auch eine klasse Erfahrung. Wir kamen da an, guckten, Jugendherberge kennengelernt, das das das und abends sagten alle Kinder, wir wollen in unser Bett. Da war schon die Jugendherberge unser Bett. Tochter zwei Jahre alt wohlgemerkt. Da haben die Mütter gedacht: Das geht nie gut. Die wird Mama rufen, Mama rufen und so. Und da haben die Mütter alle abends angerufen: ,Und? Hat nach mir gefragt?' ,Nö.' ,Wie? Schläft schon?' ,Ja.' Kann doch nicht. Die haben alle erwartet, da ruft man an: Was mache ich jetzt?

Aus diesem Ausschnitt spricht seine Selbstermächtigung als Vater: Auch Väter können sich adäquat um ihre Kinder kümmern, ohne dass sie von den Müttern angeleitet werden. Dass dies für ihn eine Kompetenz ist, die man von Männern erwarten kann, wird durch seine Verwunderung über Väter deutlich, die der Situation des Alleinseins mit den Kindern hilflos gegenüberzustehen scheinen, während sie doch sehr leicht zu meistern sei und die Kinder auch nicht nach den Müttern verlangten, sondern mit den Vätern alleine offensichtlich zufrieden seien. In diesem Sinne gehört auch Herr Kleber zu den Männern, die vom Feminismus und der daran anknüpfenden Männerbewegung beeinflusst wurden und für die Männlichkeit nicht mehr einfach nur gegeben ist (vgl. Meuser 2010). Er verfolgt nicht fraglos eine traditionelle Form von Vaterschaft, sondern möchte sich aktiv in die Erziehung seiner Tochter einbringen. D. h., auf ihn trifft in Ansätzen zu, dass die doppelte Vergesellschaftung sich in Deutschland auch auf Männer ausgeweitet hat (König 2012).

Zugleich aber zeichnet sich durch die Äußerung, dass die Mutter *ja auch mal im Krankenhaus* sein könnte, ab, dass Herr Kleber die Erziehungsverantwortung nur in bestimmten Bereichen und bei bestimmten Gelegenheiten übernehmen möchte. Hier kann daher nur von einer partiellen Vergesellschaftung im Reproduktions-/ Sorgebereich gesprochen werden: Männer sollten dazu grundsätzlich befähigt sein, müssen die Aufgaben aber nicht gänzlich übernehmen, da Frauen hauptverantwortlich bleiben. Zugleich deutet die leichte Ersetzbarkeit der mütterlichen Leistung, die in dieser Selbstermächtigung ebenfalls anklingt, auch auf eine zumindest potentielle Abwertung derselben hin.

Seine Schilderung stimmt damit überein, dass er die familiären Strukturen betreffend, eher traditionell lebt: Er arbeitet als Führungskraft vollzeitbeschäftigt bei einer Versicherung, während seine Frau seit der Geburt des Kindes regulär teilzeitbeschäftigt ist. Während er sich die Zeit für sein ehrenamtliches Engagement für Kinder nimmt, kostet die dreijährige Tochter seine Frau *viel Zeit*. Er ist also der Hauptverdiener und sie die Zuverdienerin, die zugleich die erste Bezugsperson seiner Tochter ist. Dass dies nicht Zufall, sondern Teil seines Lebenskonzepts ist, darauf deutet der Umstand, dass er glaubt, dass seine erste Ehe unter anderem daran gescheitert sei, dass seine Frau *zu karrieregeil* gewesen wäre.

Herr Kleber muss sich also einerseits von der religiösen Konstruktion der Ehe, die in der katholischen Kirche nicht geschieden werden kann, und damit von dem Festhalten an der Institution befreien. Andererseits hat er einen ebenfalls an konservative Konstruktionen angelehnten Lebensstil, den er mit seiner zweiten Frau praktiziert. Denn sie ist in Teilzeit erwerbstätig und kümmert sich in erster Linie um das Kind, nicht er. Seine erste Frau war im Nachhinein *nie die Richtige* für ihn, da sie sich keine Kinder wünschte. Demnach strebte sie dieses konventionelle Leben nicht an.

In diesem Fall bezieht sich Entunterwerfung daher in erster Linie auf die Beziehung zum katholischen Glauben. An seinen Privilegien als gut verdienender Mann möchte Herr Kleber hingegen festhalten, obschon er sich in Erziehungsfragen für seine Tochter verantwortlich sieht und seine Männlichkeit durch die Teilnahme an Angeboten der evangelischen Männerarbeit nicht mehr als fraglos gegeben angenommen werden kann.[29] Seine Sinnfindung liegt im Bereich des sozialen Engagements, also der horizontalen Selbsttranszendenz (Schnell 2016), die er in seinem Glauben, der vertikalen Selbsttranszendenz, begründet. Diese sucht er sowohl in seinem Engagement für Kinder und für Gerechtigkeit in diesem Bereich als auch in der Erziehung seiner Tochter, der er diese Werteinstellungen weitergeben möchte. Beruflich setzt er sich ebenfalls ein, indem er seine Mitarbeiter_innen zu regelmäßigen Spenden zu bewegen versucht, was er als eine seiner Stärken bezeichnet (s. o.).

---

29 Dieses Spannungsverhältnis zieht sich durch die gesamte lebensgeschichtliche Erzählung. Denn bereits als Jugendlicher bewegte er sich in zwei sich sehr voneinander verschiedenen Milieus, in welchen auch unterschiedliche Männlichkeiten gepflegt wurden, der Anti-AKW und dem der Hooligans.

Herr Emmich: „Meine Frau ist ja getauft"

Herr Emmich ist 1973 geboren und zur Zeit des Interviews 39 Jahre alt. Nach der Schule hat er zunächst Straßenbauer gelernt und in diesem Beruf auch gearbeitet. Später wurde er Taxifahrer und führt nun gemeinsam mit seiner Frau ein Taxiunternehmen in einer ländlichen Region, das sich auf Krankenfahrten spezialisiert hat und u. a. auch Krebspatient_innen fährt. Er wurde wie seine Frau in der DDR sozialisiert. Doch während sie aus einer christlichen Familie stammt, hat er sich erst wenige Monate vor dem Interview anlässlich ihrer kirchlichen Trauung taufen lassen. Er ist zum zweiten Mal verheiratet. Seine erste Ehe dauerte sieben Jahre (bis 2004). Aus ihr sind zwei Kinder entstanden (17 und 13). Mit seiner jetzigen Frau hat er ein gemeinsames Kind (3) und auch sie hat noch einen älteren Sohn (13). Er hat zwischendurch in einem der alten Bundesländer gelebt, ist aber wieder zurückgezogen.

Herr Emmich hat sich der Kirche nicht – wie die bisher vorgestellten Teilnehmenden – als Erwachsener *wieder* angenähert. Er musste sie überhaupt erst einmal kennenlernen:

> *Ich war ja auch früher nie ein gläubiger Mensch [...]. Kirche war ja nicht so groß angesehen und [...] meine Eltern so waren ja auch keine kirchlichen Menschen oder gläubige Menschen [...]. Deswegen hab ich mich da auch gar nicht so groß mit beschäftigt. [...] Ich wusste es gab die Kirche, es gab verschiedene Religionen [...], aber erst durch meine Frau– meine Frau ist ja getauft.*

Herr Emmich spricht hier zunächst über seine Sozialisation. Seine Eltern waren nicht religiös, weshalb er mit der Kirche, die im Rahmen der „forcierten Säkularität" (Wohlrab-Sahr/Karstein/Schmidt-Lux 2009) in der DDR *nicht so groß angesehen* war, gar nicht in Berührung kam. Dementsprechend klischeehaft waren seine Vorstellungen von Pfarrer/innen:

> *Ich hab mir einen Pfarrer oder eine Pfarrerin – oder: einen Pfarrer vielmehr, eine Pfarrerin [...] kannte ich noch gar nicht – [...] ja alt und, und, und knurrig [...], wie man es aus dem Fernseher kennt, so vorgestellt. Ja [...]*

Durch seine Frau lernt er eine Familie kennen, deren Mitglieder evangelische Christen sind:

> *Ich hab [Name der Frau] Familie dann kennengelernt. Ganz besonders ihre Oma und Opa [...], das sind solche herzensguten Menschen. Die haben da [...] jeden offen aufgenommen, ohne groß [...] Fragen zu stellen oder jetzt [...] Mutmaßungen [...] vorzunehmen oder irgendwas, sondern einfach so und wirklich herzlich. Ganz, ganz, ganz herzliche Menschen sind das [...]. Da hab ich mich wohl gefühlt vom ersten Tag an [...] angenommen irgendwie gefühlt.*

Die erlebte Herzlichkeit und wahrgenommene Unvoreingenommenheit waren ihm vor dem Hintergrund seiner eigenen Familie, in der er Zwietracht erlebte, völlig neu. Hier fühlte er sich *angenommen*. Doch kam noch ein weiteres Moment hinzu, das ihn schließlich dazu führte, sich auch selbst zum evangelischen Glauben zu bekennen:

> *Und, [...] was auch ein ausschlaggebender Punkt war, war unser Umzug hier in das Dorf hier, wir kamen aus der Stadt [...] hierher, kannten ja gar keinen, wir waren ja komplett neu hier. Und, na, unser Großer ging dann hier zur Schule [...] und haben dann durch die Christenlehre [...] auch Familie [Name der Pfarrer/innen] kennengelernt, ja.*

Ihr *Großer* ist der erste Sohn seiner Frau, der zu der Zeit, als sie in das Dorf zogen, im Grundschulalter war. Seine Kinder lebten da noch beide bei ihrer Mutter. Durch den Religionsunterricht lernt Herr Emmich das Pfarrer/innenehepaar kennen. D. h., auch für ihn führte der Weg in die Kirche letztendlich über das Kind und Bildungsangebote, wie die *Christenlehre*. Durch die Pfarrer/innen kann er auch die Klischees über Pfarrer korrigieren, die er sich im Rahmen der DDR-Sozialisation angeeignet hatte:

> *Und dann kam man natürlich auch mal ins Gespräch, wenn der Junge bei den Pfadfindern war oder es war [...] eine Veranstaltung von der Kirche. Die machen ja nun wirklich auch viel hier im Dorf und organisieren viel [...] Man hat sich unterhalten und [...] und dann hat man da irgendwie so sich darüber mal Gedanken gemacht, warum machen die das überhaupt [...] Sie haben das, so hab ich mir jedenfalls hinterher [...] so erklärt, wirklich aus Überzeugung gemacht [...] um die Leute zusammenzuhalten, um den Kindern [...] was zu bieten, dieses Gemeinschaftliche [...] und nicht aus irgendwelchen anderen Gründen oder weil sie dafür bezahlt werden [...].*

Die Gemeindepfarrerin und ihr Mann, der ebenfalls Pfarrer ist, machen aus Herrn Emmichs Perspektive sehr vieles extra. Es ist anzunehmen, dass das kulturelle Angebot in dem Dorf begrenzt ist. Gerade hier füllt die Kirchengemeinde eine Lücke, indem sie Angebote macht. In seinem Nachdenken darüber ist er zu dem Schluss gekommen, dass die Pfarrer/innen sich *aus Überzeugung* engagieren. Doch gibt es noch einen weiteren Grund dafür, dass ihm das Gemeindeleben zusagt.

> *Und das ist, muss ich auch ganz ehrlich sagen, was ich auch sehr schön finde, dass sie das nicht so auf diese komplett kirchliche Schiene machen, [...] also es kann jeder kommen, es ist egal, ob jemand in der Kirche ist oder nicht. Das hat mich eben so beeindruckt [...] dadurch haben wir uns nach und nach immer mehr mit beschäftigt oder ich [...] und hab mich sogar dieses Jahr noch taufen lassen, noch vor unserer Hochzeit. [...] Ich bin jetzt nicht 100% der gläubige Mensch, bin ich nicht. Ja, aber dafür [...] war die Zeitspanne vielleicht zu kurz, bin ich auch nicht mit groß geworden [...], aber weil mir ja auch freigestellt wird, wie ich darüber denken kann, [...] ich muss ja für mich eine Erklärung selber finden, warum, wieso das so ist.*

Er begrüßt, dass es nicht zu *kirchlich* in der Gemeinde zugeht, er also in Glaubensfragen nicht bedrängt wird. Taufen lassen hat er sich, wie er an anderer Stelle sagt, auch deshalb, weil seiner Frau die kirchliche Trauung viel bedeutete. Seinen bisher noch nicht so entwickelten Glauben erklärt er sich selbst damit, dass die *Zeitspanne vielleicht zu kurz war.* Er fühlt sich aber auch nicht dazu verpflichtet, hat nicht den Eindruck, etwas Bestimmtes glauben zu müssen. Stattdessen wird ihm sein Denken *freigestellt.* Eben in dieser Freiheit und dem Gefühl des Angenommenseins sieht er seine Anziehung an die Kirche begründet. Damit zeigen sich zwei Aspekte der Sinnfindung: zum einen die Gemeinschaft, das „Wir- und Wohlgefühl" (Schnell 2016, 19). Es geht ihm um das harmonische Zusammensein, das Sich-gegenseitig-Annehmen. Zum anderen wertschätzt er die Freiheit bezüglich der vertikalen Selbsttranszendenz, die ihm von Seiten der Pfarrer/innen gelassen wird. Bei den Pfarrer/innen hebt er insbesondere deren Engagement für die Gemeinde, also deren praktizierte horizontale Selbsttranszendenz, hervor.

Eine ähnliche Thematisierung dessen, dass jemand noch nicht *100% der gläubige Mensch* ist, findet sich in dem Interview mit Frau Lange, deren Mann sich ebenfalls in dem Jahr vor dem Interview mit ihr hat taufen lassen:

Jetzt ist mein Mann getauft worden. Also er war ganz lange Atheist. Wenn ich das so richtig bedenke, würd ich fast sagen er ist [...] es fast noch, obwohl er weiß, dass es da irgendwas gibt, was doch einen führt und lenkt. Aber so richtig, so wie ich das glaube, kann er das noch nicht. Und das muss er auch nicht, [...] ich hätte auch gesagt du brauchst dich nicht taufen lassen.

Bezüglich des Aspekts der Entunterwerfung lässt sich bei Herrn Emmich kein Bezug zu früheren negativen Erfahrungen feststellen. In seinem Fall ist es eine Befreiung von Vorurteilen gegenüber kirchlichen Institutionen und deren Würdenträgern, die auf die restriktiven Momente der Kirche zurückgreifen und diese für das gesamte Christentum setzen, also eine Befreiung von der forcierten Säkularität. Beruflich haben seine Frau und er ein gemeinsames Taxi-Unternehmen. Beide kümmern sich daher sowohl um die Familie als auch das Unternehmen. Insofern kann auch bei Herrn Emmich von der ‚Normalität' der doppelten Vergesellschaftung von Männern gesprochen werden. Allerdings folgt das Paar insofern einer vergeschlechtlichten Arbeitsteilung, als dass seine Frau sich mehr um die Familie und er sich mehr um das Taxi-Unternehmen kümmert. Bezüglich der Religion hat er sich dem Lebensstil seiner Frau angepasst und sich diesem angenähert. Er bleibt hier weder indifferent noch versucht er sie zu einer Entscheidung gegen die Religion zu bewegen, sondern fügt sich in ihre Weltsicht ein.

2.4.1.4 Kirche als Ort und Institution gesellschaftlicher Aushandlungsprozesse

In der bisherigen Darstellung des Interviewmaterials haben sich bereits vielfältige Möglichkeiten gezeigt, die Kirche sowohl als Ort als auch als Institution zu nutzen. Für Frau Michel sind die Kirche und insbesondere der Gottesdienst ein Ort der Erinnerung. Dabei pflegt sie die weibliche Genealogie ihrer Großmutter als Pfarrersfrau und ihrer Mutter als Pfarrerin. Herr Holter griff auf kirchliche Infrastrukturen zurück, um einen Gottesdienst auf einem lokalen Christopher Street Day zu organisieren. Darüber hinaus nahm er wie Herr Kleber als Vater an Vater-Kind-Wochenenden der Gemeinde teil. Diese Wochenenden können sowohl der gesellschaftlichen Veränderung dienlich sein, indem Männern die Gelegenheit gegeben wird, ohne ihre Partnerinnen Zeit mit den Kindern zu verbringen, als auch der Geselligkeit dienen. An diesen Beispielen zeigt sich, wie sehr Gemeinden auch in diesem materiellen Sinne als Orte und Praktiken einer darüber hinausgehenden Sinnstiftung dienen können.

In diesem Unterkapitel sollen noch einmal zwei Aspekte der Kirche als Ort und Institution aufgegriffen werden, die von den Teilnehmenden thematisiert wurde: Zunächst wird das Thema der Kirche als „Heterotopie" (Foucault 2005) aufgegriffen. Kirchen und Gemeinden sind Räume, die insbesondere in der (post-)säkularen Gesellschaft zugleich „in Verbindung und dennoch im Widerspruch zu allen anderen Räumen stehen" (Foucault 2005, 935). Sie sind trotz Säkularisierung privilegiert und heilig. Gottesdienste und andere kirchliche Feste sind außeralltäglich und zugleich in die westliche Gesellschaft integriert. Sie sind ebenso durch die „endlos akkumulierte Zeit" durch historische Artefakte wie das Alte und Neue Testament, die Reformation und Gegenreformation mit der Zeit verbunden, wie spezielle Feste, die einem Kirchenkalender folgen. Wenn es in der evangelischen Kirche um die innerweltliche Askese in Form von politischem Engagement geht, dann ist die Kirche zugleich ein Ort, an dem Menschen versuchen, die vertikale und horizontale Selbsttranszendenz in Übereinstimmung miteinander zu bringen, also Kohärenz zwischen den beiden sinngebenden Aspekten herzustellen (vgl. Schnell 2016). Dies konnte in den bisher untersuchten Passagen durchaus nachvollzogen werden, auch wenn nicht alle Teilnehmenden über horizontale Selbsttranszendenz sprachen oder nicht bei allen Interviews deutlich wurde, dass die unterschiedlichen Fäden der Sinnfindung dort zusammenlaufen.

Kirche ist dabei nicht nur als konkrete Gebäude, als Kirchen und Gemeindehäuser zu verstehen, sondern zugleich als imaginäre Gemeinschaft. Dieser Gemeinschaft mitsamt ihrer räumlichen Infrastruktur kommt durchaus eine kompensatorische Funktion zu. In der DDR nahm die Kirche insbesondere eine kompensatorische Funktion gegenüber der „forcierten Säkularität" sowie für die Einübung demokratischer Praktiken ein.[30] Unter den Teilnehmenden trifft das für Frau Lange und Herrn Schuster zu. Frau Lange wurde bereits zu Anfang des Kapitels vorgestellt. Sie wuchs in der DDR auf und bekannte sich, seit sie Jugendliche war, zu ihrem evangelischen Glauben. Eben dieses Bekenntnis hat einerseits dazu geführt, dass ihre erste Berufsausbildung abgebrochen wurde, andererseits ihr anschließend zu einem Aus-

---

30 Vgl. Wohlrab-Sahr/Karstein/Schmidt-Lux (2009, 167–195) für eine ausführlichere Studie zum Verhältnis zwischen Christ/innen und dem DDR-Regime.

bildungsplatz in einem evangelischen Krankenhaus verholfen. Zudem hat sie sich in diesem Rahmen in der Vorwendezeit politisch und gesellschaftlich engagiert, an Montagsgebeten und -demonstrationen teilgenommen.

Da Herr Schuster wesentlich älter ist, somit eine längere Zeitspanne als erwachsener evangelischer Christ in der DDR lebte und er sein politisches Lernen wesentlich auf sein Engagement in evangelischen Gemeinden sowie den evangelischen Kirchentag zurückführt, ist sein Interview in dieser Hinsicht weitaus aufschlussreicher und soll bei diesem Thema daher im Vordergrund stehen. Der dritte Teilnehmer, der in der DDR aufgewachsen ist, Herr Emmich, ist erst kurz vor dem Interview Mitglied der evangelischen Kirche geworden. Auch seine Wahrnehmung evangelischer Christen wird hier wiedergegeben.

In der alten Bundesrepublik sowie dem vereinigten Deutschland reicht die kompensatorische Funktion der Kirchen von Kleiderkammern bis zum Kirchenasyl, bietet aber auch anderen gesellschaftlichen Diskussionen, wie beispielsweise der zur Nachhaltigkeit und der Bewahrung der Schöpfung, eine Plattform. Darauf wird mit dem Interview mit Herrn Matzner eingegangen, der – gemeinsam mit seiner Frau – kirchliche Räume dazu nutzt, sozialer Ungleichheit entgegenzuwirken.

Herr Schuster: „Sie diskutieren ja alles und reden über alles"

Herr Schuster wurde während des Zweiten Weltkriegs geboren. Er ist zur Zeit des Interviews 70 Jahre alt und Rentner. 1944 floh seine Mutter mit ihm, seinen beiden älteren Geschwistern und den Großeltern väterlicherseits aufgrund des Evakuierungsbefehls aus den besetzten Gebieten. Sie gelangten in ein Dorf, das später zur DDR gehören sollte. Sein Vater wurde im Krieg erschossen. Seine Mutter heiratete erneut und übernahm einen Bauernhof. Aufgrund der ländlichen Lage des Hofes absolvierte Herr Schuster die Sekundarschule im Internat. 1961 begann er sein Studium zum Diplom-Landwirt. Während des Studiums lernte er seine Frau kennen. Über sie näherte er sich der evangelischen Kirche wieder an und engagierte sich an Kirchentagen. Nach dem Studium arbeitete er bis zur Wende an verschiedenen Stellen in für die Landwirtschaft zuständigen Behörden und Verbänden. Ende der 1960er Jahre wurden sein Sohn und in den 1970er Jahren seine beiden Töchter geboren. In der Wendezeit begann seine politische Tätigkeit, die er nach der Wende als Berufspolitiker fortsetzte. Er ist nach wie vor Mitglied eines Kirchenchors und hat inzwischen sechs Enkel.

Herr Schuster spricht im Interview zunächst nur am Rande von seiner Kirchenmitgliedschaft und Religiosität. Er thematisiert vor allem seine diesbezüglichen Erfahrungen mit der SED und den Auswirkungen auf seinen Beruf. Erst auf die Nachfrage der Interviewerin erzählt er diese Geschichte.

Formal sind wir in der Kirche gewesen, sind auch konfirmiert worden. [...] Meine Mutter hat, ist nie aus der Kirche ausgetreten, ist aber so enttäuscht worden durch Nachkriegserlebnisse, also dass zum Beispiel der Pastor sie angesprochen hat äh, dass sie was spenden sollte für Bedürftige und das war in der Zeit wo wir natürlich, wo sie das als Zumutung empfunden hat, ne. Dass sie überhaupt darauf angesprochen wurde, ne, in der Situation damals nach dem Krieg. Und [...] sie ist nie in den Gottesdienst gegangen hat auch von uns das nicht, nicht verlangt, bis zur Konfirmation. Ja, dann gehörte es dazu, aber dann hat sie uns das völlig eigenständig überlassen. Und in Rostock im Chor lernte ich dann meine Frau kennen und die war in einer Studentengemeinde. Und dadurch hab ich dann wieder, ich sag mal, den Kontakt gefunden. Und gerade die Atmosphäre auch in der Studentengemeinde, dass offen geredet wurde über alles [...] das war mir sehr angenehm. [...] Das hat auch dazu geführt, dass ich mich engagiert habe bei Kirchentagen. [...] Mein Thema, mit dem ich mich vor allem beschäftigt habe, [...] war Frieden, Gerechtigkeit, Bewahrung der Schöpfung.

Herr Schuster wuchs verhältnismäßig kirchenfern auf. Seine Mutter fühlte sich entfremdet, ließ die Kinder aber dennoch konfirmieren. Inwieweit private Frömmigkeit gepflegt wurde, kann hier nicht rekonstruiert werden. Die Entfremdung bezieht sich auf die direkte Begegnung mit dem Pfarrer, der der Mutter eventuell noch fremd war, da sie selbst in einer anderen Gemeinde aufgewachsen war. Ob das politische Klima in der DDR ebenfalls dazu beigetragen hat, erfahren wir nicht. Herr Schuster durchlief zwar Anfang der 1950er Jahre noch die Konfirmation, engagierte sich darüber hinaus aber nicht. Im Universitätschor lernte er seine Frau kennen und über sie die evangelische Studierendengemeinde der Hochschule. Dort konnte im Gegensatz zum sonstigen gesellschaftlichen Leben *offen geredet* werden. Doch es konnte nicht nur diskutiert werden, Herr Schuster konnte sich auch für Kirchentage engagieren. Mit diesem Engagement assoziiert er auch das Erlernen wichtiger Fähigkeiten für seine politische Laufbahn nach der Wende:

Ich hab da auch das Rüstzeug, denk ich, erhalten, weil, weil in Kirchentagen und der Vorbereitung Kirchentagen da wurde man auch letztendlich angeleitet, wie man so eine Gesprächsführung macht.

Das freie Sprechen und die Bereitschaft, Dinge zu diskutieren, spielten nach dem Studium eine wichtige Rolle für sein Engagement in der Kirche. So berichtet er im Laufe des Interviews von einer Zeit, in welcher er für die landwirtschaftliche Futterwirtschaft tätig war. Seine Frau behandelte als Kinderärztin ein Kind, das eine Nitritvergiftung hatte, woraufhin er das Futter testen ließ und einen zu hohen Nitratwert feststellte. Er erzählt, dass er die Gemeinde dazu nutzte, andere davon in Kenntnis zu setzen:

Und hab dann die Leute auch aufgeklärt im Rahmen der Kirche [...], die Klöhnstube und solche Dinge hab ich genutzt, um dann zumindest in diesem Raum drauf aufmerksam zu machen [...] oder zu sensibilisieren für das Problem.

Zudem ließ sich Herr Schuster auch in seinem Beruf nicht einschüchtern. So erzählt er folgende Episode:

Es war ja einmal im Monat war ja Parteilehrtag in der Dienstzeit. Und: ‚Wo ist der Schuster, warum ist der nicht hier'? Da sagte der Parteisekretär: ‚Der ist kein Genosse!' ‚Wie kann denn so etwas sein, in so einem Unternehmen?' so: ‚Kann er nicht, geht ja nicht. Den müsst ihr gewinnen,‘ ‚Das haben andere schon versucht‘, sagte er. ‚Das wird uns nicht gelingen, der ist auch aktiv in der Kirche.‘ ‚Der muss trotzdem kommen, das ist ja in der Dienstzeit.‘ Zum […] Parteilehrtag muss ich dann, dem konnte ich mich ja auch nicht in der Dienstzeit verweigern, […], nach zweimaliger Teilnahme hat er bestellen lassen durch den Parteisekretär, dass ich doch nicht weiter teilnehmen brauchte, ich bring zu viel Unruhe in die Genossen, ich stell so schwierige Fragen. Um das nochmal deutlich zu machen: ‚Schuster, auch so in der Diskussion da, Sie sind ein richtiger Sozialdemokrat.‘ Da hab ich erst mal gestutzt, Sozialdemokrat war für ihn ein Schimpfwort. ‚Sie diskutieren ja alles und reden über alles.‘ Das durfte nicht sein in der DDR.

Diese Situation ist insofern aufschlussreich, als Herr Schuster an einer anderen Stelle sagt, dass sein Glaube *in erster Linie dazu geführt* habe, *dass [er] keine Angst* habe und deshalb nicht *taktiere*. D. h., er führt sein politisch mutiges Handeln auf zwei Momente zurück, zum einen auf seinen Glauben, aus dem er die Motivation für sein gesellschaftliches Engagement bezieht, und zum anderen darauf, dass es für ihn diesen alternativen gesellschaftlichen Raum gab, in dem er demokratische Umgangsformen erlernen und einüben konnte. Dies ist auch bezüglich der Männlichkeitskonstruktionen von Bedeutung. Die Ausgrenzung des Weiblichen in der hegemonialen Männlichkeit beinhaltet die Schaffung von frauenfreien Räumen. Eben solche wurden in evangelischen Gemeinden nicht geschaffen. Zudem ist Religiosität mit Emotionalität und somit mit Weiblichkeit assoziiert. Im Hinblick auf seine Erfahrungen mit der Parteienhierarchie in der DDR spricht Herr Schuster hingegen ausschließlich von Männern. Diesen gesellschaftlichen Räumen hat er sich jedoch entzogen. Bezüglich seiner Sinnfindung lässt sich in seinem Interview eine sehr eindeutige Beziehung zwischen der vertikalen Selbsttranszendenz (seinem Glauben) und der horizontalen Selbsttranszendenz (seinem politischen Engagement) erkennen. Darauf werde ich in Kapitel 2.4.2 noch zurückkommen.

Herr Matzner: „Weil, für mich ist das eigentlich eine Pflicht, wenn ich nehme, dass ich auch gebe im Leben"

Herr Matzner ist zur Zeit des Interviews 68 Jahre alt und Rentner. Er wurde in der alten Bundesrepublik sozialisiert. Sein Interview wurde in Kapitel 2.3.2 ausführlich analysiert. Durch seine Frau ist Herr Matzner Großvater, obwohl er keine eigenen Kinder hat. Herr Matzner wuchs als achtes Kind seiner Eltern in ärmlichen dörflichen Verhältnissen auf. Mit 14 Jahren begann er eine Lehre, die jedoch nach zwei Jahren abgebrochen wurde. Von da an arbeitete er als Hilfsarbeiter in verschiedenen Fabriken und bei einem Bestatter, bis er an Tuberkulose erkrankte. Der behandelnde Arzt engagierte sich über die medizinische Betreuung hinaus auch psychotherapeutisch und betreute eine Männergruppe, an der Herr Matzner teilnahm. Er machte eine Ausbildung zum Büromaschinenmechaniker und lernte in einer Kur seine spätere Frau kennen. Mit ihr zog er nach Bayern, wo er zunächst als Aggregatebauer arbeitete. Später wurde er Schwerbehinderten-Vertrauensmann des Betriebsrats und damit von seiner sonstigen Arbeit freigestellt. Diesen Beruf bezeichnet er als seinen *eigentlichen*. Das ist insofern für die Frage nach dem explizit verfolgten Lebenssinn von Bedeutung, als Herr Matzner diesen erst sehr spät fand. Er verfolgte zunächst die Normalbiografie (Kohli 1988) und fand seine Selbstverwirklichung im Beruf erst ganz zum Schluss, wodurch hier eine weitere Binnendifferenzierung zum Tragen kommt, nämlich die der sozialen Herkunft. Herr Matzner war zwischenzeitlich zudem Abgeordneter im Gemeinderat und ist immer noch zweiter Vorsitzender des SPD-Ortsverbandes. Als Rentner singt er im Kirchenchor, betätigt sich auch darüber hinaus ehrenamtlich in der evangelischen Kirche:

Ehrenamtlich arbeite ich noch in der evangelischen Kirche mit, in der AfA: Aktionsgemeinschaft für Arbeitnehmerfragen. Und jetzt seit Neuestem, seit zwei Jahren, singe ich im Kirchenchor in der evangelischen Kirche. Und einen ehrenamtlichen [...] Sozialrechtler mache ich.

Herr Matzner äußert sich in seinem Interview kaum zu seiner Religion. Doch hat er einen hohen ethischen Anspruch, den er im Laufe seiner Zeit in der Kommunalpolitik und im Betriebsrat gelebt und entwickelt hat. Dieser erscheint sehr deutlich in der folgenden Passage:

Also, wenn ich Unrecht sehe, dann bin ich der Meinung, wenn ich eine Möglichkeit sehe, dort zu helfen dann bin ich eigentlich dazu verpflichtet.

Herr Matzner hat den Anspruch, gegen Unrecht und Ungerechtigkeit anzutreten. Das *eigentlich* könnte als Einschränkung verstanden werden. Dass es das nicht ist, wird aus seinen weiteren Ausführungen deutlich:

Wir haben ja jetzt die Vollversammlung von der AfA. Ich bin da noch in der Antragskommission auf Landesebene. Und da war ein Antrag, der sollte durchgehen. Der ist dann auch durchgegangen, ich habe dagegen gestimmt. Die wollten für das Ehrenamt. Die haben sogar eine Summe angesetzt. Für Leute, die an der Spitze eines Ehrenamtes sitzen, wollten die eine Steuervergünstigung. Da habe ich gesagt: ‚Das kann ich nicht mittragen.‘ Ich sag: ‚Erst mal, wenn überhaupt, dann für alle. Nicht nur einer, der sich da wählen lässt und die anderen machen die Arbeit und der lässt sich irgendwie feiern, wie es in Deutschland so ist.‘ Habe ich gesagt. Ich sag: ‚Und außerdem bin ich der Meinung, dass man für das Ehrenamt nicht auch noch honorieren sollte.‘ Weil, für mich ist das eigentlich eine Pflicht, wenn ich nehme, dass ich auch gebe im Leben. Ich brauche für das Ehrenamt nichts. Weil dann ist es kein Ehrenamt mehr. Und dann kriege ich genau die Leute darein, die nicht mit Herz und Seele dabei sind. So sehe ich das.

In diesem Textabschnitt wird deutlich, dass Herr Matzner um die innerlich gefühlte Pflicht, anderen Menschen zu helfen, fürchtet. Denn seiner Ansicht nach kann dies nicht mit Geld ausgeglichen werden. Das Ehrenamt soll kein Beruf, keine Dienstleistung werden, sondern ein „Geben" sein, von Menschen, die anderswo etwas bekommen. Damit spielt er auf sein eigenes Leben an, indem ihm in einer Lebenskrise sehr geholfen wurde, wie in Kapitel 2.3.2 detailliert ausgeführt wurde. In dieser

Zeit hat er sich von restriktiven Momenten seiner wie er sagt *ärmlichen Herkunft*, also eines niedrigen sozialen Status, befreit. Es geht ihm beim Ehrenamt also um einen Ausgleich und nicht darum, dass sich Einzelne aufopfern und dafür entlohnt werden müssten. Zudem stört ihn auch die Hierarchisierung der ehrenamtlich engagierten Menschen. Sein hoher ethischer Anspruch ist daher von einem starken Gerechtigkeitsanspruch geprägt. Im Rahmen seiner Sinnfindung kommen zwei Momente zusammen: Seine eigene Entwicklung von einem ungelernten Arbeiter zum *Gesamtschwerbehindertenvertreter* eines überregionalen Unternehmens und sein soziales Engagement. Anderen zu helfen ist das, was seine *eigentliche* Arbeit ausgemacht hat. Sein Engagement beruht ebenso wie seine Kirchenmitgliedschaft auf Dankbarkeit für das, was ihm im Leben an Gutem widerfahren ist. Er nennt sich selbst gläubig, findet aber vor allem durch gesellschaftliches Engagement, also die horizontale Selbsttranszendenz, Sinn im Leben.

2.4.2 Die Normativität des Diskurses oder: Seinem Leben einen Sinn geben

Nachdem die Teilnehmenden und ihre Beziehung zu Religiosität und der Kirche als Institution skizziert und die Gruppe binnendifferenziert wurde, soll in diesem Abschnitt behandelt werden, wie der Lebenssinndiskurs von den Teilnehmenden reproduziert wurde. Damit betreten wir einen neuen Bereich im Rahmen der Diskursanalyse, durch welche zwar ebenso Verbindlichkeit innerhalb der Diskursgruppe hergestellt wird, wie durch die Prozeduren der Limitierung. Doch geschieht dies nicht ohne Akzentverschiebung. Zwar bleiben die Binnendifferenzierungen nach Geschlecht, sexueller Orientierung sowie geopolitischer und sozialer Herkunft auch hier sichtbar, sie treten den Reproduktionsprozeduren gegenüber jedoch in den Hintergrund. Hier geht es um die Art und Weise, wie an dem Diskurs teilgenommen, er zugleich individualisiert und erhalten wird. In anderen Worten: Von diesem Abschnitt an rückt eine andere Ebene des Lebenssinndiskurses in den Fokus der Betrachtung, nämlich die Reproduktion des Lebenssinndiskurses. Dies geschieht zum einen durch Familien und die religiöse Zugehörigkeit. Zum anderen ist die Reproduktion an der Erzähldisziplin nachzuvollziehen. Es geht also sowohl um erzählte Praktiken als auch um die unmittelbare diskursive Ebene, da die Interviewten ihre Lebenssinngeschichte eigenständig komponiert haben. Sie erinnerten sich an ihr Leben und griffen heraus, was ihnen in der Herstellung einer plausiblen Kette als sinnvoll erschien, wodurch ihre Lebenssinngeschichten auch von Plausibilität geprägt wurden (vgl. Schnell 2016; vgl. Scholz 2004). Beide thematischen Stränge veranschaulichen, wie der Lebenssinndiskurs trotz seiner Veränderungen am Leben gehalten wird. Kapitel 2.4.2.1 thematisiert die Beziehung zwischen Religiosität und Lebenssinn, wie sie in den Herkunftsfamilien praktiziert wurden, während 2.4.2.2 darauf eingeht, wie die Teilnehmenden selbst die Frage nach dem Lebenssinn tradieren. 2.4.2.3 vollzieht die roten Fäden und Lebensmotti in den lebensgeschichtlichen Erzählungen nach.

2.4.2.1 Die Beziehung von Lebenssinn und religiöser Zugehörigkeit

In den bisherigen Ausführungen wurde die Beziehung zwischen Lebenssinn und Religion bereits mehrfach angedeutet. Beispielsweise spricht Frau Lange davon, im Gebet Gewissheit zu finden, und Herr Holter orientiert sich ebenfalls an den Eingebungen des Heiligen Geistes. Ganz besonders bringt Herr Kleber beides miteinander in Verbindung, da er einen lebensbedrohlichen Unfall als Eingriff Gottes in sein Leben interpretiert. Dass er überlebt hat, grenzt für ihn an ein Wunder, für welches er sich zur Dankbarkeit verpflichtet fühlt. Hier nun sollen Passagen behandelt werden, in denen die Suche nach einem Lebenssinn als durch die religiöse Zugehörigkeit begründet dargestellt wird.

Frau Michel: „dass das Leben auf der Erde […] irgendwo einen Sinn machen muss"

Eine der Teilnehmenden, Frau Wolf,[31] die die Frage einerseits *altmodisch* fand, andererseits aber gerne teilnehmen wollte, beginnt ihre lebensgeschichtliche Erzählung damit, dass sie durch ihren Vater *schon so geprägt worden* sei, *dass […] das dazu gehört, dass man sich so Fragen stellt*:

> *Also, mein Vater war so jemand, der sehr stark sich mit solchen Fragen immer beschäftigt hat, wohl schon als Jugendlicher und der das auch auf uns übertragen hat. Und da ich eine sehr enge Bindung an meinen Vater hatte, habe ich das wohl irgendwie übernommen und weniger […] wenigstens als ich jung war […] die skeptische Distanz zu dieser Art von Sinnsuche durch meine Mutter. Also, mein Vater, der hat furchtbar gern in Ferien am Kamin mit uns gesessen […] und wollte gerne darüber mit uns sprechen, wie wir uns den Sinn des Lebens vorstellen […] Und dann hatte ich ja auch einen Großvater, der Pfarrer war und das hat mich schon sehr beeindruckt – also irgendwie so eine Art von Frömmigkeit als Kind – Ja, also dass schon […] klar war, dass man […] so etwas braucht. Heute sehe ich das etwas gelassener. Und als Jugendliche war ich dann doch sehr von Glaubenszweifeln beeinträchtigt […] oder geprägt. Also um die Konfirmation herum habe ich mich unheimlich damit beschäftigt, ob ich mich jetzt wirklich konfirmieren lasse, wo ich das doch eigentlich gar nicht richtig glaube. Und habe mich damit wirklich mehr beschäftigt, als so die meisten Mädchen in meinem Alter. […] Ja, und dann wurde es doch auch politischer […]. Ich glaube, viel mehr fällt mir dazu nicht ein.*

---

31 Frau Wolf ist zum Zeitpunkt des Interviews 63 Jahre alt. Da sie ein verhältnismäßig öffentliches Leben lebt, wurde nach dem Interview entschieden, es nicht in Gänze zu verwenden und auch ihre Lebensgeschichte nicht zu erzählen, da sie befürchtete anhand der Details wiedererkannt werden zu können.

Frau Wolf stellt gleich zu Beginn des Interviews eine Beziehung zwischen Frömmigkeit und der Aufgabe her, Sinn in ihrem Leben zu finden. Ihr Großvater war Pfarrer, und sowohl ihr Vater als auch sie selbst scheinen dadurch stark geprägt worden zu sein. Dass sie es heute *etwas gelassener* sieht, korrespondiert mit ihrer anfänglichen Bemerkung, dass die Frage *etwas altmodisch* sei. Sie verbindet sie mit ihrer Kindheit, ihren Eltern und Großeltern, nicht aber mehr mit sich selbst. Von der Religion hat sie sich gänzlich entfernt. Ihr Engagement *wurde politischer* und blieb es auch bis heute. Doch für Frau Wolf ist die Frage des Lebenssinns in erster Linie eine Frage der Religiosität. Das ist ganz im Sinne christlicher Kulturtheoretiker: „Sinnfragen aber sind Fragen der Religion" (Gräb 2006, 8). Es geht um einen höheren (religiösen) Sinn des eigenen Lebens, von dem Frau Wolf für sich eine Vorstellung entwickeln sollte. Dass dies ihre Sicht auf den Begriff des „Sinns des Lebens" ist, darauf deutet auch die Äußerung, dass ihr *viel mehr* nicht mehr dazu einfiele, obwohl sie nach wie vor ein sozial engagiertes Leben lebt, das, zumindest von außen betrachtet, dem entspricht, was man ein sinnvolles Leben nennen kann, das auch ohne Religion nicht dem horror vacui „eines sinnlosen Lebens" (Gräb 2006, 8) zum Opfer fällt. Im Gegenteil: Für die Psychologie des Lebenssinns fällt das politische Engagement wie bereits mehrfach erwähnt unter die horizontale Selbsttranszendenz, die zu den stärksten Ausdrucksformen der Sinnstiftung gehört.

Die Formulierung, dass darüber gesprochen wurde, *wie [sie sich] den Sinn des Lebens vorstellen,* deutet darauf hin, dass es hier nicht nur um eine rein philosophische Fragestellung ging, sondern auch um eine Vision für das eigene Leben und um einen praktizierten Lebenssinn. Dieses Motiv wird in dem Interview mit Frau Michel noch deutlicher ausgesprochen:

> *Also, meine Mutter hat mich immer sehr geprägt hinsichtlich, dass ich dazu da bin, die Welt zu retten. Also, nicht ich jetzt, aber dass jeder Mensch das tun sollte. Und meine Mutter war selber so. […] eben, so diese Kämpferische und eben, dass man … dass das Leben auf der Erde, um jetzt ein bisschen pathetisch zu sein, irgendwo einen Sinn machen muss, das hab ich ganz stark von ihr übernommen. Und, ja, das hat sie mir auch immer so eingeprägt und da kam sicher diese Berufswahl her […].*

Beide Eltern von Frau Michel waren Pfarrer/innen. Ihre Mutter war zudem feministische Theologin, was u. a. in dem *Kämpferischen* der Mutter in dem Zitat enthalten ist. Die Mutter musste noch sehr für sich selbst, ihre Erlaubnis zur Ausübung des Pfarramts nach dem Theologiestudium, kämpfen. Die Tochter kämpft nun um die Verbesserung der Welt. *Das Leben auf der Erde [muss] irgendwo einen Sinn machen.* Es darf nicht sinnlos sein und der Sinn muss ihm verliehen werden. Ein sinnloses Leben käme einem vergeudeten nahe.

Damit werden ebenso die – auch von Oevermann zugrunde gelegten – drei letzten Fragen, „woher komme ich, warum bin ich hier und wohin gehe ich", berührt wie die philosophischen Überlegungen zum Lebenssinn (z. B. Grondin 2006). Der Zufälligkeit der Geburt und dem damit beginnenden Leben muss vor Eintritt des zumeist ebenso zufälligen Todes ein Sinn verliehen werden. Dieser Sinn besteht darin, *die Welt zu retten*, wodurch christliche Assoziationen an Jesus als den Mensch gewordenen Erlöser geweckt werden. Die Frage nach dem Sinn ist hier daher keine Suchbewegung in einem philosophischen Sinne, der sich auf die Suche nach dem begibt, „was die Welt im Innersten zusammenhält". Vielmehr ist der Sinn schon bewusst. Überspitzt ausgedrückt, muss eine als ‚sündhaft' (also als krank, korrupt und viele Missstände in sich bergende) wahrgenommene Welt durch das Lebenswerk Einzelner verbessert werden. Und jede_r Einzelne ist dazu aufgefordert, hier eine jeweils der eigenen Person am besten entsprechende Aufgabe zu finden. Damit wird in einer individualisierten Form an die in der Einleitung ausgeführte „innerweltliche Askese" Webers (1947) angeknüpft, die sich heute in dem Anspruch fortsetzt, als Christ politisch zu sein (Ueberschär 2013). Der Lebenssinndiskurs ist somit auch ein Diskurs über Normalität. Wenn es zur Norm gehört einen Lebenssinn zu haben, wird mit dessen Artikulation auch Normalität hergestellt, wodurch die Frage aufgeworfen werden kann, ob es sich auch beim Lebenssinn um ein wirkmächtiges Dispositiv handelt. Zumindest Frau Michel sieht ihre Berufstätigkeit, bei der sie sich für die Rechte sexueller Minderheiten einsetzt, explizit als Folge dieses Anspruchs an. Auch sie spürt demnach die machtvollen normativen Effekte des Sinndiskurses.

In anderen Interviews wird das Thema eines Lebenssinns, der zur Verbesserung der Welt beiträgt, nicht so deutlich artikuliert, aber dennoch erfüllt. So wird es als Lebenssinn benannt, anderen zu helfen (Herr Matzner), Ungerechtigkeiten beheben zu wollen (Frau Matzner), soziale Ungleichheit auszugleichen (Herr Kleber), Verantwortung zu übernehmen (Herr Schuster), sich gemeinsam zu entwickeln (Frau Lange), die Welt für andere zu bereichern (Frau Inthorn), sich gegenseitig zu bereichern (Frau Grell), das (Familien-)Leben jetzt wahrzunehmen und füreinander da zu sein (Herr Emmich). Festzuhalten ist zudem, dass sich bis auf eine Ausnahme alle Interviewten explizit sozial, politisch, kirchlich und/oder kulturell engagieren. Sie tragen also aktiv zu einer (ihren Vorstellungen gemäßen) Verbesserung des gesellschaftlichen Lebens bei. Das bedeutet, dass es für sie bei ihrem Lebenssinn nicht nur darum geht, ein Leben zu leben, das ihnen selbst Sinn gibt, sondern dass es grundlegender Bestandteil ihrer Identität ist, ein Leben zu leben, welches auch für andere sinnvoll ist. Dieses Bemühen um Selbsttranszendenz unterscheidet sich in den Graden der Transzendenz. So kann es sowohl darum gehen, das Leben für die eigene und in der eigenen Familie zu intensivieren, als auch darum, eine Verbesserung oder Verschönerung des Lebens in der Gemeinde, der Gesellschaft und der Welt herbeizuführen, oder darum, ein Leben zu leben, das Gott und göttlichen Eingebungen folgt. Rückgebunden an die Notwendigkeit eines sinnvollen Lebens *auf der Erde* kann bei allen von christlichen Praxen gesprochen werden, auch wenn diese – wie bei Frau Matzner ausschließlich – säkular ausgeübt werden.

2.4.2.2 Lebenssinn und Elternschaft

Frau Wolf und Frau Michel wurden beide von ihren Eltern zur Suche nach dem Lebenssinn motiviert. Ausgehend von einer individualisierten innerweltlichen Askese (Weber 1947), die sich u. a. in politischem Engagement zeigt (Ueberschär 2013), weisen die Interviews auf, dass dieser Anspruch in den Familien tradiert wird. Eben dies wird von Teilnehmenden, die selber Eltern sind, auch zum Ausdruck gebracht, wie die zwei folgenden Beispiele zeigen.

Frau Matzner: „Das ist so etwas, was ich [...] immer versucht habe, meinen Kindern beizubringen"

Frau Matzner bezieht sich hier auf das Finden eines Lebenssinns. Sich für das Ziel eines Lebenssinns einzusetzen, beinhaltet noch ein weiteres Moment, nämlich das Verfolgen eines individuellen Lebens. Frau Matzner erläutert dies im Hinblick auf ihre Kinder:

> Wobei ich also dieses Mitläufertum, das ist so etwas, was ich eigentlich immer versucht habe, meinen Kindern beizubringen, dass das genau das ist, was sie nicht tun sollen. Sie sollen nicht mitlaufen, bloß weil alle das tun, sondern sie sollen überlegen, was sie mit ihrem Leben machen, ne? Das ist das, [...], was auch am allerbesten rübergekommen ist komischerweise. Wahrscheinlich war das am überzeugendsten. Das ist bei allen drei Kindern gut angekommen. Das machen sie alle drei. Keiner, keiner ist irgendwie so ein Mitläufer, sondern jeder macht wirklich was ganz eigenständiges. Was natürlich auch nicht immer bequem ist. Was mir manchmal– Was mich manchmal stört, ist, dass ich überhaupt nicht was zu erzählen habe. Ich würde gerne erzählen, dass mein Sohn Herr Dr. Sowieso ist. So vorzeigen den. Einerseits. Das ist wieder der Zwiespalt. Einerseits möchte ich gerne irgendwas darstellen, aber andererseits bin ich ganz stolz darauf, dass meine Kinder nicht so sind. Ich bin ein sehr zwiespältiger Mensch, merke ich gerade beim Erzählen.

Auch andere Eltern beziehen sich in Bezug auf den Lebenssinn auf ihre Kinder. Kinder zu haben, wird an sich bereits als sinnvoll angesehen. Darüber hinaus wollen die Eltern ihren Kindern etwas mitgeben, so beispielsweise Herr Kleber:

> Also war das wirklich schon so, dass man halt Erfahrungen macht, dass das Leben total eine Wende bekommt und dahingehend bin ich der Meinung, da geht man mit einer gewissen Demut durchs Leben. Und diese Demut versuche ich auch anderen Menschen beizubringen. Also gerade meiner Tochter: Dass sie wissen, wie gut es uns geht und dann auch keinen Grund haben zu meckern. Und dass sie auch immer Gott danken sollten, dass es uns so gut geht. Dass Gesundheit immer Vorrang hat. Und ja, ich glaube, meine Sache ist da, halt zu vermitteln, das Vermitteln im ehrenamtlichen Bereich.

Die Erfahrung, als 17-Jähriger einen Autounfall gehabt zu haben und in Folge ein Jahr lang arbeitsunfähig gewesen zu sein (vgl. Kap. 2.4.1), hat Herrn Kleber *demütig* und *dankbar* gemacht. Durch weitere Lebenserfahrungen ist ihm bewusst geworden, wie privilegiert Menschen in Deutschland leben können. Diese Erfahrung möchte er sowohl in seiner ehrenamtlichen Tätigkeit als auch in der Erziehung seiner Tochter vermitteln. Damit spricht er eine Qualität insbesondere des religiösen Lebenssinns – also der vertikalen Selbsttranszendenz – an, die in anderen Interviews zwar präsent ist, aber nicht so deutlich artikuliert wird, nämlich das Gedenken daran, dass es hinter allem menschlichen Bemühen eine größere Kraft gibt. Diese aber soll bei Menschen auch zu einem Engagement für die Gesellschaft, also zu horizontaler Selbsttranszendenz führen.

Sowohl Frau Matzner als auch Herr Kleber sind katholisch getauft. Dennoch stimmen auch sie in den Diskurs einer individualisierten und damit subjektivierten innerweltlichen Askese ein. Auch ihnen liegt daran, dass ihre Kinder sich vom Mainstream abheben und sich in der Gesellschaft engagieren. Sie drücken die „innerweltliche Askese" schwächer aus als die Eltern von Frau Wolf und Frau Michel in deren Erinnerung, was auch dadurch begründet sein kann, dass Frau Wolfs Großvater und Frau Michels Eltern Pfarrer/innen waren.

2.4.2.3 Der Sinn als roter Faden und/oder Lebensmotto

Lebensgeschichtliche Interviews sind davon geprägt, dass sich die Erzähler_innen um Kohärenz bemühen (Scholz 2004). Dieses Bemühen wirkt sich in Erzählungen, in denen explizit nach dem Sinn gefragt wird, dahingehend aus, dass ein roter Faden konstruiert wird, der eben diesen Sinn zutage treten lässt bzw. zu ihm hinführt. Im Anschluss an die vorhergehenden Überlegungen zur Normalisierung des Lebenssinns weisen die lebensgeschichtlichen Erzählungen der Teilnehmenden eine quasi verinnerlichte, individualisierte, damit auch subjektivierte Form der innerweltlichen Askese auf. Denn immer geht es darum, dass – wie Frau Michel es formulierte – *das Leben auf der Erde einen Sinn* hat. Dieser Sinn wird im Laufe der Erzählung entwickelt, und auf ihn hin wird die Lebensgeschichte zugespitzt. In diesem Sinne wählten die Teilnehmenden dieser Studie aus ihrer Erinnerung bestimmte Erlebnisse, Erfahrungen und Erkenntnisse aus, um diesen Sinn plausibel zu machen und/oder ihn zu reflektieren. Dieser rote Faden bestand entweder aus einer Kette von Erfahrungen seit der Kindheit bis ins Erwachsenenalter oder aber er war ein Motto, mit dem die einzelnen Ereignisse und in Folge das Leben in der Erzählung interpretiert wurde. Für beides soll nun jeweils ein Beispiel aufgeführt werden. Im ersten, dem Interview mit Herrn Bertram, geht es um das Lebens-Motto, im zweiten, dem Interview mit Herrn Schuster, um einen deutlichen roten Faden mit einem dazu gehörigen, bereits erreichten Ziel.

Herr Bertram: „Ich habe das Glück, dass […] ich so ein Stück Berufung da drin durchaus sehe"

Herr Bertram ist zur Zeit des Interviews 55 Jahre alt. Er ist Lehrer und seit zehn Jahren Leiter einer freien christlichen Schule (Sek. I und II). Er ist katholisch getauft, aber aus der Kirche ausgetreten. Er hat sich bereits während der Schulzeit freikirchlich orientiert und im Laufe des Lebens mehrmals die Religionsgemeinschaft gewechselt. Er entspricht unter allen Teilnehmenden am ehesten dem Typus des

„religiösen Wanderers" (Gebhardt 2016). Er hat Mathematik und Sport auf Lehramt studiert und später neben dem Beruf promoviert. Seine Frau, die auch in einer freikirchlichen Gemeinde war, hat er im Auslandsstudium in den USA kennengelernt. Darauf ging er mit ihr für ein Jahr nach Österreich und schloss anschließend sein Studium und Referendariat in Deutschland in einer anderen Stadt ab. Er ging als Lehrer in ein anderes Bundesland. Er ist Witwer und hat vier erwachsene Kinder im Alter zwischen 25 und 34 Jahren sowie zwei Enkelkinder (1. Schuljahr). Die älteste Tochter ist adoptiert, ist aber erst nach Geburt der ersten Tochter als Pflegekind in die Familie gekommen. Seine Frau war Hausfrau, bis die Kinder ihrer Meinung nach alt genug waren. Als der jüngste Sohn zwölf Jahre alt war, verunglückte sie tödlich (2003). Anschließend wechselte Herr Bertram die Schule sowie den Arbeitsort und begann mit der Dissertation.

Während sich die anderen Teilnehmenden dazu aufgefordert sehen, in sich selbst einen Sinn zu finden bzw. über das Soziale, die sozialen Beziehungen oder zufällige Ereignisse und Schicksalsschläge sich einen Sinn ergeben oder entwickeln lassen, spricht Herr Bertram gleich zu Beginn des Interviews davon, sich zu seiner beruflichen Aufgabe berufen zu fühlen:

Ich habe das Glück, dass das was ich beruflich mache, mich erfüllt, ich so ein Stück Berufung da drin durchaus sehe. Meine Tochter hat vor einem halben Jahr zu mir gesagt: ‚Papa, du bist eigentlich nie arbeiten gegangen. Du gehst immer nur spielen.' Und einfach, weil sie gemerkt hat, wie viel Freude mir das macht zu gestalten und als Schulleiter das zu tun, was ich eigentlich tun mag: Lebensräume schaffen, Lebensräume zu gestalten für Schüler, für Kollegen und, wenn man es vermessen sagt, zu zeigen, es geht auch anders. Egal wie diese Welt ist, es kann schön, es kann gut sein. Und man kann Dinge anders gestalten, sodass sie schön sind, damit Leben gelingen kann angesichts von allem, was es an Grausamem und Schwerem auf dieser Welt gibt.

Herr Bertram ist bei der Aufgabe angekommen, mit der er sich voll und ganz identifizieren kann. Er ist Schulleiter und hat so Gestaltungsspielraum. Diesen sieht er als weit über das formale Lernen hinausgehend. Er möchte in seiner Schule *Lebensräume* schaffen, indem er Dinge *anders* gestaltet. Damit erweitert er den heterotopischen Charakter, der auch Bildungsinstitutionen innewohnt. Hinter diesem Ziel liegt ein Motto verborgen, durch das er sein Leben interpretiert.

Ja vielleicht auch, weil ich mein Lebtag lieber in der Position des Kleinen und des Außenseiters war […] ich wusste immer, dass David stärker als Goliath ist. Ja? Bevor ich die Geschichte kannte. Ja, also, ich glaube, das ist vielleicht noch eins meiner Lebensgrundmotive, die Überzeugung, du bist das Beste, also ohne dass das jetzt arrogant klingt […] Ich glaube, es gibt ganz vieles, was anscheinend mächtig, groß, stark, erdrückend ist. Und das ist es aber nicht. Das eigentliche, der eigentliche Clou kann ganz anders sein. Dieses David-Goliath-Bild, das ist eine große, starke, selbstherrliche, sich über Andere lustig machende, bedrohende Macht und der kleine, freche mit seinem Gottvertrauen und seiner Fähigkeit, […] der besiegt ihn. Und zeigt, es geht tatsächlich anders.

Herr Bertram sagt über sich, dass er sich *lieber in der Position des Kleinen und des Außenseiters* sieht, womit er scheinbar seinem Eingangsstatement widerspricht, in welchem er gerade nicht klein sein, sondern den Spielraum *für andere* gestalten möchte. Doch beruflich musste Herr Bertram nach dem Studium in Kauf nehmen, dass er nicht verbeamtet wurde, weil seine Noten dafür nicht gut genug waren. Von diesem ‚schlechten' Absolventen hat er es inzwischen bis zum Schulleiter geschafft, was der Geschichte Davids sehr nahe kommt. David war zwar der jüngste der Brüder und Schafhirte, doch war er für Höheres vorgesehen, für das Amt des Königs, das er über einen längeren Weg ebenso erreichte wie Herr Bertram seine Schulleiterposition. In der vermeintlichen Schwäche und Kleinheit Davids liegt also etwas Großes, da es der *großen, starken, selbstherrlichen, sich über Andere lustig machenden, bedrohenden Macht* etwas entgegensetzt. Dies kann einerseits metaphorisch verstanden werden, wie Herr Bertram es in dem obigen Zitat auch macht, indem er sagt, dass es *anders* auch geht. Es kann aber auch direkt auf seinen Lebensweg übertragen werden. D. h., auch er musste sich erst zu der Position des Schulleiters entwickeln. Im Sinne der *Berufung* muss diese jedoch bereits in ihm angelegt gewesen sein, *so ein Stück* zumindest. Jedenfalls formuliert er damit einen Bedeutungsüberschuss, der in der empfundenen Übereinstimmung von seinen Interessen mit seiner beruflichen Aufgabe liegt.

In diesem Sinne handelt es sich bei Herrn Bertrams Erzählung auch um eine männlich erzählte Lebensgeschichte: Er hat mit David ein männliches Modell für eine Lebensgeschichte gefunden, die sich in ihrem Erfolg in erster Linie beruflich misst und dies mit einem religiösen Inhalt füllt. Beide Geschichten (seine religiöse und seine berufliche) sind ineinander verwirkt. Zumindest in seiner Erzählung ist sein Beruf zum Lebenssinn geworden. Denn sein Gestaltungswille richtet sich in der Erzählung ausschließlich auf den Beruf. Das war bereits vor dem Tod seiner Frau so, die ihren Beruf aufgegeben hatte und Hausfrau war:

> *Auch wie meine Frau noch gelebt hat, haben wir eher überlegt, was könnte ich mehr machen als an dieser Schule, wo ich als Oberstufenleiter gewisse Dinge gestalten konnte.*

Zugleich distanziert er sich von jenen hegemonialen Aspekten von Männlichkeit, die er mit der Figur des „Goliaths" assoziiert. Hier zeigt sich daher ein ähnliches Muster wie bei den Männern in Thurnwalds (2010) Studie über „Fromme Männer", das bereits bei Herrn Kleber anklang (vgl. Kap. 2.4.1.3): Einerseits leben sie in einer konservativen Geschlechterordnung, andererseits weichen sie durch ihre Frömmigkeit von hegemonialer Männlichkeit ab. Thurnwald führt dies auf eine mangelnde Reflexion der eigenen Männlichkeit zurück (vgl. Kap. 2.1.4). Demgegenüber befasst sich Herr Bertram zumindest seit dem Tod seiner Frau mit Männlichkeit, zumindest insofern, als er Annahmen über die Unerwünschtheit von Ängsten bei Männern sowie das Bild des angstfreien Helden kritisch hinterfragt. Dies hat er nicht nur für sich persönlich, sondern in Form einer wissenschaftlichen Arbeit getan, wodurch er sein David-Motto wissenschaftlich untermauert und ihm somit einen gesellschaftlichen Status verliehen hat.

Das Interview mit Herrn Schuster wurde bereits im Zusammenhang mit der evangelischen Kirche als Ort für gesellschaftliche Gegenentwürfe behandelt. Dort wurde bereits ersichtlich, dass er sich in der DDR nicht (gänzlich) anpasste, sondern aus seinem Glauben den Mut fasste, seine Gedanken zu äußern, zu *diskutieren*. Nach der Wende übernahm Herr Schuster in einem der neuen Bundesländer auf kommunaler Ebene ein politisches Amt. Auf dieses Amt ist seine gesamte lebensgeschichtliche Erzählung ausgerichtet, was im Folgenden ausführlicher rekonstruiert werden soll.

Herr Schuster sieht sich als verantwortungsbewussten Menschen. Um dieses Verantwortungsbewusstsein herzuleiten, beginnt er seine Erzählung bei seiner Kindheit im Krieg. Als Folge des Evakuierungsbefehls musste seine Mutter (wie bereits in Kapitel 2.4.1.4 erwähnt) 1944, als er zwei Jahre alt war, mit ihren Kindern und Schwiegereltern ohne den Vater aus Posen fliehen und an einem anderen Ort zunächst als *Knecht* auf einem Hof arbeiten und später einen anderen Hof, der kriegsbedingt heruntergewirtschaftet war, wieder aufbauen. Ihre Stärke und das, *was sie geleistet hat*, wurden ihm zum Vorbild. Er bewunderte sie und wollte ihr helfen. So lernte er schon früh, Verantwortung zu übernehmen, und fühlte sich dabei von seiner Mutter unterstützt. Dies wird in einer Passage besonders deutlich, in der er davon erzählt, dass seine Mutter und sein Stiefvater zu einer Hochzeit eingeladen waren und jemand in der Zeit den Hof versorgen musste, wozu er sich freiwillig bereit erklärte.

> *Da war ich zwölf Jahre alt, also, ich wollte will damit sagen, dass ich in dem Alter [...] oder sehr früh hab ich Verantwortung übernommen [...] und das hat mich, denke ich, auch geformt. Aber wichtig [...] war das Vertrauen auch, insbesondere meiner Mutter, dass sie also mir das zugetraut hatte, dass ich das auch schaffe. Das war auch schon wichtig für mich, damals in dem Alter, da war ich stolz drauf, dass ich das geschafft habe.*

Es war seine Mutter, die ihm zum Vorbild wurde. Doch bedeutet dies nicht notwendigerweise, dass es mit Weiblichkeit assoziierte Eigenschaften waren, an denen er sich orientierte. Vielmehr beschreibt er seine Mutter mit Eigenschaften, die kulturell mit Männlichkeit assoziiert sind: Sie war stark und in erster Linie dafür verantwortlich, die Familie zu versorgen, wohingegen er seinen Stiefvater als *menschenscheu* bezeichnet. Die einzige Passage, in der Familienleben hervorscheint und seine Mutter in ihrer Beziehung zu ihrem zweiten Ehemann dargestellt wird, geht der obigen Passage vorweg:

> *Wenn es großen Streit gegeben hat z. B., dann hat mein Stiefvater nicht angefangen, wieder zu reden. Meine Mutter hatte auch ihren Stolz und letztendlich kam es so, dass ich versucht habe dann wieder, ja das zu normalisieren in dem ich einfach da nicht mitgemacht habe. Ich hab gesagt: ‚Das halt ich nicht aus dieses Schweigen auf dem Feld.' Man sitzt zusammen auf einem Wagen und schweigt nur. Und dann bin ich einfach angefangen zu reden, nur um diese unheimliche Stille [...] zu durchbrechen und [...] da war meine Mutter auch sehr dankbar dafür, dass ich sie da in dieser Weise unterstützt habe, dass sie mich hatte. Und sie hat sich auch voll verlassen auf mich. Zum Beispiel hatten sie eine Einladung bekommen –*

damals war das ja noch möglich ohne Probleme, viele ihrer Geschwister waren in der Nähe von Osnabrück – […] hatten eine Einladung bekommen zu einer Hochzeit. Und da sagt sie aber: ‚Alleine fahre ich nicht. Nun sind wir verheiratet, wir gehören zusammen und du musst mitkommen.' Und da hat er gesagt: ‚Ich komm nicht mit. Einer muss auf dem Hof bleiben.'

Diese Situation wurde wie oben beschrieben gelöst, indem der Junge es übernahm, sich um den Hof zu kümmern. In dieser Situation war ihm seine Mutter nicht nur Vorbild. Sie wurde durch ihn auch unterstützt. Zum einen, indem er versuchte, die schlechte Stimmung zwischen dem Ehepaar aufzulösen, zum anderen, indem er sich kümmerte. D. h., beide Aspekte münden in eine Erzählung von Männlichkeit. Dort, wo seine Mutter kulturell mit Männlichkeit assoziierte Attribute zum Ausdruck brachte, war sie sein Vorbild; dort, wo sie kulturell mit Weiblichkeit assoziierte Eigenschaften zeigte, wurde sie durch ihn (als ihren Jungen) unterstützt.

In dieser Zeit liegt jedoch nicht nur der Ursprung für seine Widerständigkeit in der DDR und seine Bereitschaft, nach der Wende auch politisch Verantwortung zu übernehmen, sondern auch für seinen Pazifismus, da sein Vater im Volkssturm erschossen wurde. Aus dieser ‚Ursprungsgeschichte' wird deutlich, dass Herr Schuster seine Sinnkonstitution in erster Linie aus der Beziehung zu seinen Eltern ableitet bzw. deren Schicksal im Krieg. Seine Verantwortungs- und Leistungsbereitschaft, aber auch seine Widerständigkeit gehen auf seine Mutter zurück, während der Pazifismus durch den Tod des Vaters bestimmt wird, an den er keine Erinnerung mehr hat.

Im Laufe seiner Entwicklung kommen noch weitere Eigenschaften hinzu, die in sein politisches Amt fließen. So ließ er sich in der Schule bereits als Klassensprecher wählen:

Das sind aber Dinge, die einen prägen, die prägen in der Hinsicht, dass man versucht mit anderen Menschen so umzugehen, dass sie, nicht enttäuscht werden, dass man die Erwartung versucht, zumindest, zu erfüllen.

So wurde aus ihm ein widerständiger Geist, der sich in der DDR nicht korrumpieren ließ. Er trat weder der FDJ bei noch wurde er später SED-Mitglied und hielt stattdessen engen Kontakt zur evangelischen Kirche. Zudem hat sein Glaube ihn dazu geführt, dass er *keine Angst* hatte und nicht *taktierte*. So setzte er sich bereits als Student argumentativ gegen einen SED-Bezirksleiter zur Wehr, der die Arbeit der Studierenden in den LPGs kontrollierte. Beruflich war er dann in der Futterwirtschaft tätig.

In dieser Zeit wurde er, wie bereits zuvor dargestellt, von seiner Frau, die Kinderärztin war, auf einen Fall schwerer Nitritvergiftung aufmerksam gemacht, dem er nachging. In der Kirchengemeinde klärte er die dort aktiven Bäuer/innen über die Bedeutung zu hoher Nitritgehalte auf. Im Rahmen dieser Erzählung springt er zu seiner Stasi-Akte, die er nach der Wende lesen konnte und der er entnehmen konnte, dass daraufhin *vier Leute auf [ihn] angesetzt* wurden. Schließlich berichtet er noch davon, dass es einmal monatlich einen Parteilehrtag gab, bei dem er mit seiner Diskussionsfreudigkeit auffiel, als *Sozialdemokrat* bezeichnet und von der Teilnahmepflicht ausgeschlossen wurde. Dass er zudem aus seinen Ansichten zur Landwirtschaftspolitik *keinen Hehl machte* und nicht Parteimitglied werden wollte, kostete ihn seiner Erzählung zufolge auch eine potenzielle Karriere. Darüber hinaus hat er selbst aber keine negativen Konsequenzen zu spüren bekommen, auch nicht für andere Handlungen, die im weitesten Sinne als widerständig bezeichnet werden können. Daher, so führt er in diesem Zusammenhang aus, *mach[t er] vielen DDR-Bürgern auch bis heute zum Vorwurf*, sie seien opportunistisch gewesen und hätten dies im Nachhinein als Zwänge interpretiert. In der Wendezeit wurde er politisch aktiv:

> *Weil ich hab das auch gesehen: ‚Wir sind auch wirtschaftlich am Ende. Es geht nicht so weiter‘. Wir haben [...] ja, über unsere Verhältnisse gelebt. Wir haben das ja als Landwirte auch mitbekommen. Wir haben Fleisch, Rinder, Schweine exportiert, aber zu Preisen, die nicht mal die Kosten hier gedeckt haben. Wir haben Müll importiert [...] und auch vieles unter Wert [...] verkauft, nur um Devisen zu bekommen. Das geht doch nicht gut. [...] Da kam natürlich dazu, diese Ereignisse an der Grenze [...] aber das war mir dann auch klar, dass ich dann auch sagte, ich muss bereit sein, Verantwortung zu übernehmen und mich auch der Wahl stellen, hier auch bei der ersten Kommunalwahl in der Stadt [Name] und habe dort auch mit Abstand die meisten Stimmen bekommen von den gesamten Kandidaten.*

Im Anschluss an die Wahl wurde er aufgefordert, sich als Bürgermeister zur Verfügung zu stellen. In seiner Entscheidung dafür unterstützten ihn sowohl seine Frau als auch seine Kinder. Damit endet die Erzählung seines Lebenssinns. Sie war von Beginn an auf den Fluchtpunkt seiner politischen Laufbahn ausgerichtet. Im Anschluss daran folgen noch ein paar Anekdoten im Amt. Als Rentner scheint er nunmehr sein Leben zu genießen und gemeinsam mit seiner Frau seine Kinder und Enkelkinder zu unterstützen. D. h., dass dieses Amt in seiner Erzählung den Stellenwert seines Lebenssinns einnimmt, der nun erfüllt ist.

Da Herr Schuster nicht den Eindruck macht, sein Leben augenblicklich als sinnlos zu empfinden, offenbart sich an dieser Stelle ganz besonders die Erzähldisziplin: Dies ist der Lebenssinn, der zur innerweltlichen Askese in Beziehung steht. Dementsprechend wählt Herr Schuster vor allem zwei Themen aus, um

> *darzulegen, wie ich mein Leben aus der heutigen Sicht beurteile oder wo ich die Gründe dafür sehe, dass ich mich so entwickelt hab.*

Es sind sein Elternhaus und die DDR, die er bei seiner *Beurteilung* berücksichtigt. Hier bezieht er sich unter anderem auf kriegsbedingte Erlebnisse (die Flucht und den Tod des Vaters), die destruktiv sind und damit den aufbauenden Momenten des Lebenssinns widersprechen. Er deutet diese Erfahrungen in sinngebende um. Daran lässt sich hier bereits veranschaulichen, was in Kapitel 2.4.3 behandelt wird, nämlich der Umgang mit Sinnlosigkeit, die auch durch die Umwertung ausgegrenzt wird.

Seine Beziehung zu seiner Frau und seinen Kindern spielt für seinen ‚Rechenschaftsbericht' eine untergeordnete Rolle. Sie treten in seiner Erzählung nur dann in Erscheinung, wenn sie in seine politische Geschichte integriert werden können, beispielsweise als seine Frau ihn auf zu hohe Nitritgehalte aufmerksam machte (was auf eine partnerschaftliche Beziehung hindeutet). Ansonsten tauchen sowohl seine Familie als auch seine Religiosität erst im Nachfrageteil auf, wobei er sich der Kirche durch seine Frau wieder annäherte und er seinen Gewinn aus dem Glauben in erster Linie ebenfalls auf seine Entwicklung zu einem politischen Subjekt bezieht, wenn er davon spricht, keine Angst gehabt zu haben und nicht taktiert haben zu müssen oder davon, seine Motivation aus dem Glauben zu gewinnen.

Sylka Scholz (2004) hat in ihrer Studie zur Identitätskonstruktion ostdeutscher Männer ebenfalls beobachtet, dass die Männer nur sehr wenig über ihre Familien sprechen. Sie kommt zu dem Schluss, dass sich diese Inhalte deshalb nicht für eine narrative Maskulinitätskonstruktion eignen, da diese Art von Beziehungen feminisiert ist. Dies könnte auch hier zutreffen. Darüber hinaus fließen die verschiedenen Aspekte seiner Erzählung in eine bestimmte berufliche Identität, die des Politikers, ein. Er zeichnet ein Bild von sich, welches die öffentlichen und politischen Aspekte betont. Durch die Profilierung der Lebensgeschichte auf ein Amt, das nach wie vor maskulin konnotiert ist, werden die Erzählstrategien verstärkt. Hier ist diese Maskulinitätskonstruktion mit der Konstruktion des Lebenssinns verwirkt.

Zugleich aber spricht Herr Schuster im Nachfrageteil des Interviews sehr offen sowohl über seine Religion als auch seine Familie. Die Fokussierung kann daher auch als Teil seiner Erzähldisziplin gedeutet werden: Es geht schließlich um *den* Lebenssinn, nach dem Herr Schuster explizit gefragt wurde. Durch seine widerständige Einstellung in der DDR hat er insofern innerweltliche Askese praktiziert, als dass er sich in der Gemeinde und im Rahmen des Kirchentags gegen das Regime und für eine Verbesserung der Welt engagiert hat. Auf dieser Grundlage hat er nach der Wende sein politisches Amt und damit die Stadt durch die Umstrukturierung geführt und somit maßgeblich an der Transformation der Gesellschaft nach der Wiedervereinigung mitgewirkt. Im Sinne der modernisierten protestantischen Ethik, die sich in einem verstärkten politischen Engagement ausdrückt (Ueberschär 2013), kann Herr Schuster eben dies als das größte Sinnelement seines Lebens empfinden.

Bezüglich der Geschlechterordnung zeigt sich Herr Schuster – sofern dies aus dem Interview rekonstruierbar ist – Frauen gegenüber respektvoll: Seine Frau war als Ärztin gleich qualifiziert und berufstätig.[32] Durch sie lernte er die Kirche im Studium neu kennen. Von ihr bekam er die Hinweise auf Nitratvergiftungen. Während seiner Amtszeit hat er sich für eine Frau als Nachfolgerin eingesetzt. Es zeigen sich hier daher durchaus emanzipative Momente, nicht nur im Hinblick auf das Regime, sondern auch auf die Geschlechterkonstruktionen.

---

32 Dass sich in der DDR durch die Berufstätigkeit von Frauen weniger auf Ungleichheit basierende Geschlechterkonstruktionen als Normalität etablieren konnten, geht aus einer Vielzahl von Studien hervor (vgl. z. B. Koppetsch/Speck 2015, 100).

Abschließend möchte ich noch anmerken, dass, im Gegensatz zu Scholz' (2004) Interviews mit ostdeutschen Männern, das Militär hier eine untergeordnete Rolle spielt. Herr Schuster gehört noch zu jener Generation, die sich in der DDR gegen einen Militärdienst entscheiden konnte. Er musste sich zwar dem sozialen Druck widersetzen, hielt aber an seinem Pazifismus fest. *Erstaunt* hat ihn trotzdem, dass sein Widerstand an dieser Stelle keine negativen Konsequenzen hatte.[33]

2.4.3 Das Lebendige und sein Gegenteil oder: die Ausgrenzung der Sinnlosigkeit

In der lebensgeschichtlichen Erzählung von Herrn Schuster im vorangegangenen Kapitel wurden bereits Momente erkennbar, die für die dritte zu untersuchende Gruppe von Diskursprozeduren von Bedeutung sind. Diese stellen jene Aspekte eines Diskurses dar, die verworfen werden (Foucault 1994). Diese Prozeduren dienen dem „Willen zur Wahrheit", also jenem Willen, der mithilfe von Argumenten und Sprechverboten eine bestimmte Wahrheit etablieren möchte. Die Wahrheit, die in den Interviews jeweils etabliert werden sollte, besteht in dem spezifischen Sinn, den die Teilnehmenden ihrer lebensgeschichtlichen Erzählung gegeben haben. Eben zu diesem Zweck müssen Grenzen gegenüber anderen Inhalten gezogen werden, etwas muss ausgegrenzt oder verworfen werden. In diesem Sinne kann bei Herrn Schuster leicht nachvollzogen werden, wie er seine Sinnhaftigkeit unter anderem aus Ereignissen ableitet, die ihm widerfahren sind und denen gegenüber er ohnmächtig war. Zu seinem Werdegang gehört auch der frühe Tod des Vaters, den er vermutlich im Alter von zwei Jahren zum letzten Mal gesehen hat:

Und dann gab es aber so die Frage: ‚Wann kommt unser Vater wieder?' Der wurde zum Volkssturm eingezogen. Und wir mussten ja auf die Flucht gehen und haben ihn dann auch nicht wieder gesehen. Meine Mutter hat natürlich versucht, Forschungen anzustellen. Dann bekam sie, ich glaub 1948 […] dann die Bestätigung dass ihr Mann also erschossen worden ist. Als er auf unseren Hof zurückkommen wollte, ist er entweder von Polen oder von Russen […] erschossen worden. Und diese, dass ich meinen Vater nicht, nie mehr sehen werde, das war eine ganz schlimme Nachricht. Und ich hab ja immer gehofft, dass ich ihn wiedersehe. Und dass ich ihn nochmal sehe […]. Der Krieg hat natürlich Schuld gehabt. So hat meine Mutter das auch gesehen. Nicht der, der ihn erschossen hat, sondern der Krieg ist schuld, dass das passiert ist. Und […] dann hab ich so als Kind immer geträumt: ‚Wie kann man Kriege verhindern?' Und hab dann die tollsten Ideen entwickelt, was weiß ich: Ich forsche daran auch, ein, ein Gas zu erzeugen oder Strahlen zu erzeugen, die nur Waffen unbrauchbar machen. Es soll kein Menschenleben zu Schaden kommen, sondern nur die Waffen unbrauchbar werden.

---

33 Auch sonst ist das Militär nicht sehr präsent in der Studie. Die Volksarmee wird in dem Interview mit Herrn Emmich gar nicht erwähnt. Auch über die Bundeswehr wird nur in einem Interview, dem mit Herrn Matzner gesprochen, der der zweitälteste Teilnehmer war. Er war zwar für zwei Jahre verpflichtet, handelt die Zeit aber mit lediglich zwei Sätzen ab.

Im vorangegangenen Kapitel (2.4.2.2) wurden Passagen behandelt, in denen Herr Schuster erzählt, dass er Verantwortung übernahm, da sein Vater von ihm vermisst werden musste und er seine Mutter unterstützten wollte. Hier berichtet er von der Umdeutung des Todes seines Vaters in ein sinnvolles politisches Engagement als Pazifist. Seine pazifistische Einstellung führte ihn dazu, sich als junger Mann gegen die Volksarmee zu entscheiden, was das erste widerständige Verhalten seinerseits war, von dem er berichtet. Er grenzt sich damit von der Sinnlosigkeit des zufällig eingetretenen Todes seines Vaters und der damit einhergehenden Ohnmacht ab.

Während es sich in diesem Beispiel um den tatsächlichen Tod eines Menschen handelt, beziehen sich andere Aspekte von Sinnlosigkeit in den Interviews auch auf Eigenschaften, die im kulturellen Gedächtnis mit dem Tod assoziiert werden, wie beispielsweise die sogenannten sieben Todsünden. Zusätzlich wurden bereits in Kapitel 2.4.1 Verwerfungen von Sinnlosigkeit aufgeführt, die sich aus der Binnendifferenzierung, insbesondere der nach Geschlecht und Sexualität, ergeben haben. Es wurden aber auch solche thematisiert, die mit restriktiven religiösen Vorstellungen verbunden waren. Dies sind die Momente, von denen sich die Teilnehmenden befreit haben. Sie stehen hier im Hintergrund. Während der Tod die eigentliche Grenze des Lebenssinns *auf der Erde* (Frau Michel, vgl. Kap. 2.4.2.1) und der eigenen Gestaltungsmacht ausmacht, können die anderen Aspekte sich auch mit Abgrenzungen gegenüber Personen verbinden, die dem Ideal, einen Lebenssinn zu haben, nicht entsprechen, wodurch erneut Normalisierungsprozesse erkennbar werden. Konkret geht es dabei um das Funktionieren (2.4.3.1) und bezüglich des Todes vor allem um fünf weitere Aspekte: die Erkenntnis der Begrenztheit des Lebens (2.4.3.2), den Tod von anderen, insbesondere nahestehenden Menschen, als einschneidendes Erlebnis (2.4.3.3) und den Versuch, dem Tod keine Macht zu geben (2.4.3.4) sowie die Ungewissheit und Gewissheit eines Lebens nach dem Tod (2.4.3.5 und 2.4.3.6).

2.4.3.1 Lebenssinn versus Funktionieren

Frau Grell: „Also, ich funktioniere einfach mehr, sozusagen"

Das Interview mit Frau Grell wurde in Kapitel 2.4.1.3 im Rahmen der Beziehungen von Eltern zu Kirche und Religion vorgestellt. Zur Zeit des Interviews ist sie 42 Jahre alt. Sie ist verheiratet, hat vier Kinder und arbeite auf einer halben Stelle als Sozialarbeiterin. Frau Grell beginnt ihr Interview mit den Worten:

> Ja, genau. Also, ich hab eben nämlich schon auch gedacht, da dachte ich irgendwie: Also, im Moment bin ich immer so in so einem Trott, dass ich irgendwie gar nicht so die Muße habe. Also, ich funktioniere einfach mehr sozusagen.

Dieser Einstieg kann einerseits als höfliche Vorwarnung auf eine als nicht so interessant empfundene Lebensgeschichte verstanden werden. Andererseits deutet sich darin eine Überlastung an. Sich *im Trott* zu befinden und *zu funktionieren* weist darauf hin, dass die Zeit für solcherart Luxus fehlt. Sie hat keine *Muße*, darüber nachzudenken. Zugleich deutet diese Aussage auf einen als sinnlos empfundenen Zustand hin. „Zu funktionieren" und im „Trott zu sein" sind Ausdrücke, die nicht mit einem sinnvollen Leben vereinbar sind, da sie Leere und pure Geschäftigkeit beinhalten. So stellt sie selbst diese Gegenüberstellung her und macht so auf bestehende Sinn-Diskurse aufmerksam, die eben diese Zustände als sinnlos verwerfen.

Sie bedauert diesen Zustand, da sie andere Erwartungen an sich hat. So sagt sie beispielsweise: *Ich könnte mehr*, sie könnte sich *das noch bewusster machen*, wobei offen bleibt, ob damit das Thema des Interviews gemeint ist. Sie räumt dann noch ein, dass sie es beim Yoga tun könnte:

Ja, wobei ich ja, also das habe ich dann auch noch gedacht: Im Yoga ist natürlich so eine Zeit, wo ich womöglich, man sich da auf jeden Fall eben sehr auf sich selber besinnt, ne?

Doch eben die Besinnung auf sich selbst gelingt ihr – anders als Frau Overdieck – nicht. Sie kommt beim Yoga nicht von ihrem Alltag los, weshalb sie die Möglichkeit, an der Studie teilnehmen zu können und sich über sich selbst Klarheit zu verschaffen, *gar nicht schlecht* fand.[34]

Werden die Lebensumstände von Frau Grell rekonstruiert, so verwundert es nicht, dass sie sich wie *im Trott* fühlt. Sie hat vier Kinder im Alter von 2, 9, 14 und 20 Jahren, also vier Kinder die sich in jeweils sehr unterschiedlichen Lebensphasen befinden. Sie ist zudem mit 20 Wochenstunden regulär teilzeitbeschäftigt. Ihre Tätigkeit als Sozialarbeiterin besteht in der Beratung von behinderten Menschen und deren Familien. Diese beinhaltet, dass sie manchmal nicht nur vormittags, sondern auch in den späten Nachmittagsstunden noch einmal arbeiten muss, da sie die betroffenen Familien sonst nicht erreicht. Die Familie hat zudem ein eigenes Haus mit Garten. Ihr Mann ist als Ingenieur vollzeitbeschäftigt. Der Haushalt scheint hauptsächlich von ihr bewältigt zu werden, auch wenn ihr Mann grundsätzlich bereit ist, am Wochenende und nach Feierabend mitzuarbeiten. Zusätzlich hat sie vor kurzem eine Zusatzausbildung zur systemischen Beraterin begonnen. Ihren Alltag beschreibt sie selbst folgendermaßen:

Ja, also ich hab halt, also ich arbeite an vier Tagen die Woche. Also, deswegen ist eigentlich morgens halt warte ich bis die Kinder weg sind oder bringe, die [Name der Jüngsten] bringe ich natürlich noch selber weg, sozusagen. Ja, dann gehe ich zur Arbeit und dann ist nachmittags, ja. Da komme ich natürlich so wieder, dass ich dann – die [Name der Zweitjüngsten] kommt so um drei, da bin ich auch da. Oder gucke, dass ich spätestens dann um halb vier da bin. Ja, und dann ist natürlich Kinderprogramm, sag ich mal, ne? Also entweder Verabredungen oder zum Sport bringen, also, ja. Diese typische, ja, sag ich mal, wo einfach so die Termine am Nachmittag noch sind. Ich hab auch häufig, also ich würd sagen, so ein bis zwei Mal in der Woche, habe ich noch so meine Hausbesuche in den Familien. Das mache ich dann abends. Also, wenn die Kinder [...] also, [...] die Kinder mit Behinderung, die sind ja

---

34 Für einen Einblick in die psychische Funktion lebensgeschichtlicher Erzählungen vgl. Schnell (2016, 136 ff.).

meistens in Ganztagsschulen, dann sind die sowieso immer erst zwischen vier und fünf zu Hause, ne, und dann fahr ich halt da auch noch mal hin. Ja, und dann, klar, Haushalt und so, also, ist ja auch immer ... ist man auf jeden Fall immer sehr beschäftigt, sag ich mal, ne? Genau. Ja, der Garten fängt jetzt auch wieder an.

Sie ist auf jeden Fall immer sehr beschäftigt. Denn sie bewältigt die Bedürfnisse von vier Kindern neben ihrer Berufstätigkeit, die zwar eine Teilzeitbeschäftigung ist, aber eine anspruchs- und verantwortungsvolle. Sie ist so beschäftigt, dass sie sich beim Yoga nicht auf sich selbst konzentrieren kann und bezüglich der Sinnfindung in ihrem Leben keine Kohärenz mehr herstellen kann. D. h., sie ist nicht dazu in der Lage, den Bedeutungsüberschuss wahrzunehmen, der für die Sinnfindung notwendig ist (vgl. Schnell 2016). Neben dem Zeitmangel schimmert durch Frau Grells Interview eine Desillusionierung durch, die mit der Vereinbarkeit von Beruf und Familie, der Gleichberechtigung zwischen Männern und Frauen sowie ihrer eigenen Sinnfindung verbunden ist. In Bezug auf ihre Kinder sagt sie:

So ein schönes oder gutes Familienklima ist mir natürlich auch wichtig. Und ich würd sagen, im Großen und Ganzen, […] dass die [ihre Kinder] sich hier aufgehoben fühlen.

Diese Äußerung ist in erster Linie ein Appell an sie selbst: Das *Klima* in der Familie soll *schön oder gut* sein. Dafür fühlt sie sich verantwortlich. Hier zeigt sich jedoch ein wesentlicher Unterschied zu anderen Bereichen ihres Lebens. Denn Frau Grell bezeichnet in ihrem Interview vieles als schön: dass sich die Mühe der Gartenarbeit lohnt, wenn die Pflanzen kommen, die Art ihres Yogalehrers, das Gemeindeleben. In diesen Zusammenhängen bezieht sich das *schön* auf ihr eigenes Erleben. Im Unterschied dazu benennt sie ihr augenblickliches Familienleben an keiner Stelle als für sie schön, obwohl das Zusammenleben der Familie *ein ganz großer Teil* dessen ist, was ihr *Sinn gibt*.

In der Vergangenheit gab es jedoch zwei familiäre Situationen, die sie als *schön* beschreibt: Erstens, die Situation als ihre erste Tochter geboren wurde und beide, sie und ihr Mann, noch studierten. Sie hatten Zeit für sich als Familie und konnten beide ein längeres Auslandspraktikum absolvieren. Sie beschreibt diesen Zustand *als richtig schön familiär.* Die zweite Situation, bei der sie bezüglich der Familie das Wort *schön* gebraucht, ist entstanden, als ihre letzte Tochter zur Welt kam und ihr Mann Elternzeit nehmen und *auch mal zu Hause bleiben [konnte].* Da es bei den anderen Kindern noch kein Elterngeld gab, war der Familie diese Lösung erst beim letzten Kind finanziell möglich. Sie *fand auch ganz gut*, dass sie ihre Tätigkeit in der Zeit auf 30 Stunden aufstocken konnte und das Paar *so ein bisschen Rollentausch* geübt hat.

Die Zeit war allerdings nicht sehr lang. Aus dem Interview lässt sich rekonstruieren, dass sie vom Ende der Sommerferien bis Ende November reichte. Seine *Hauptaufgabe in der Elternzeit* bestand in der zweimonatigen Eingewöhnung der Tochter in die Kita. Bezüglich des Haushalts erfuhr Frau Grell in der Zeit wenig Entlastung. Ihr Mann kümmerte sich in erster Linie um die Kinder. Legt man die

Studie über die Arbeitsteilung in Familien von Cornelia Koppetsch und Günter Burkart (1999) zugrunde, so würden Frau Grell und ihr Mann dem individualistischen Milieu zugeordnet, in dem Ideale von Gleichberechtigung gepflegt werden. Dies geschieht jedoch in ähnlich widersprüchlicher Weise wie von Frau Grell beschrieben: Während die Väter bei Koppetsch und Burkart beispielsweise Elternzeit nahmen, kümmerten sie sich in erster Linie um die Kinder, überließen den Haushalt aber weitgehend weiterhin ihren Partnerinnen.

Auf die Nachfrage der Interviewerin, ob sie deswegen enttäuscht gewesen sei, sagt sie:

> *Ja, ein bisschen schon. Da hab ich gedacht: ‚Könnte der eigentlich auch.' Ja, genau.*

Da sie sich dennoch entlastet fühlte, hat sie deswegen jedoch keine Auseinandersetzung gesucht. Da die Studie von Koppetsch und Burkart nicht repräsentativ ist und zwischen ihr und den Interviews mindestens 13 Jahre liegen, muss allerdings berücksichtigt werden, dass Familie Grell eventuell etwas gleichberechtigtere Lösungen gefunden hat: So teilen sich beide die Kinderkrankentage, an denen jemand wegen der Kinder zu Hause bleiben muss. Zudem ermöglicht er ihr die Weiterbildung zur systemischen Beraterin, wegen der sie ganze Wochenenden nicht zu Hause ist. Inwiefern sie den Haushalt dann jedoch nacharbeiten muss, wird aus der Erzählung nicht deutlich. Sie thematisiert jedoch ihr überwiegendes Alleinsein mit der Familienarbeit: Er ist *nicht so oft da.* Seine Mitarbeit findet daher in erster Linie am Wochenende statt.

Auffällig ist, dass sie in Bezug auf die Familie dieselbe Formulierung findet, wie für sich selbst. So sagt sie über ihre älteste Tochter:

> *Das hat ja eigentlich gut funktioniert, kann man ja sagen. Also, die [Name der ersten Tochter] hat sich sehr gut entwickelt, sag ich jetzt mal, ne?*

Ähnlich äußert sie sich auch zu den anderen Kindern. Auch diesen prognostiziert sie eine gute Entwicklung.

> *Also, da sehe ich mich also natürlich so in einer großen Verantwortung, ne? Genau. Und aber ich sehe also, das funktioniert ja alles ganz gut, ne? Also, wo ich so denke, ja, dass wir die eigentlich auf einen guten Weg bringen können, sozusagen, ne? Ja, genau.*

Das Funktionieren spricht sie außerdem in Bezug auf ihre Arbeit an. Bei ihrer Beratung geht es in erster Linie darum, dass die sozialrechtliche Beratung und die Vermittlung von Haushaltshilfen für die Menschen *funktioniert,* und ihre Beratung *funktioniert,* wenn ihre Klientel sie annimmt. Um auch darüber hinaus beraten zu können, hat sie die Weiterbildung zur systemischen Familienberaterin begonnen.

Insgesamt gesehen ist Frau Grell also stark von Familie und Beruf beansprucht. Beruflich möchte sie sich gerne verändern. Mehr zu arbeiten, hat ihr gefallen, lässt sich mit der Familienarbeit, die sie überwiegend allein bewältigt, aber nicht vereinbaren. So *funktioniert* in der Familie zwar alles, Frau Grell scheint aber im Gegensatz zu anderen Lebensinhalten wie dem Gemeindeleben oder dem Garten zur Zeit des Interviews wenig Freude daran zu finden, was laut Lebenssinnpsychologie schlicht an der Überarbeitung liegen kann (Schnell 2016). Möglicherweise dringt ihr eigenes *Funktionieren* ihr durch ihre Weiterbildung auch stärker ins Bewusstsein. Zusätzlich muss noch bemerkt werden, dass sie bei allen Lebensinhalten, die sie als *schön* bezeichnet, eine reziproke Beziehung herstellen kann: Sie gibt und nimmt gleichermaßen. Hier erlebt sie die Sinnebene des Wir- und Wohlgefühls, die auch erfüllende Harmonie beinhaltet, was das bloße Funktionieren nicht vermag. Es ist lediglich reibungslos. In Bezug auf ihre Familie scheint ihre eigene Befriedigung daher augenblicklich wenig Raum zu haben. In anderen Worten: Das Funktionieren beinhaltet, dass ihr die Anstrengung sinnlos erscheint.

2.4.3.2 Im Angesicht der Begrenztheit des Lebens

Das Bewusstsein der Begrenztheit des Lebens kann das Nachdenken über den Lebenssinn auslösen (Grondin 2006; Oevermann 1995; vgl. Kap. 2.1.6). Der Tod stellt damit auch die Grenze des Lebenssinns dar, der im Diesseits verwirklicht werden kann. Im Folgenden wird dies an den beiden Interviews mit Herrn Emmich und Herrn Kleber veranschaulicht.

Herr Emmich: „Im Moment lassen wir alles noch so und genießen das Leben noch so wie es ist"

Wie bereits in Kapitel 2.4.1.3 beschrieben, haben Herr Emmich und seine Frau ein gemeinsames Taxiunternehmen in einer ländlichen Region. Da der öffentliche Nahverkehr keine hohe Frequenz hat, haben sie viele Stammkunden, darunter auch Krebspatienten, die sie regelmäßig ins Krankenhaus fahren. In der folgenden Passage beschreibt Herr Emmich, wie diese Begegnungen seine Lebensperspektive verändert haben.

> *Manche Patienten hatten wir gerade in dem Fall lange gefahren von, ich sag mal, vom ersten Tag an wo er erfahren hat, er hat Krebs [...] zur Chemo oder zur Bestrahlung musste. Manchmal bis sogar kurz bevor sie dann eben ins Krankenhaus kommen und versterben. Und das ist dann ein langer Zeitraum, manchmal über zwei Jahre. Ja, und dann lernt man die Menschen auch kennen und die Geschichte, die da hinter steckt und so. Und wenn man dann die Lebensgeschichten von den Menschen ja auch hört, [...] dann fragst du dich: ,Die Menschen, die sind genau eigentlich wie du. Die haben gefeiert früher oder die waren arbeiten, die haben Kinder groß gezogen.' Ja, und dann denkt man ja eigentlich: ,Warum erwischt die denn das?' Und dann fragst du dich: ,Na, aber wenn die das erwischt, kann dich das doch genauso erwischen.' [...] Aus dem Grund her sag ich, hab ich den Blick aufs Leben etwas verändert, sag ich mal. Und nicht mehr das –. Wie gesagt, die Grundlagen müssen halt geschaffen sein. Da beißt die Maus keinen Faden ab. Aber ich sag mal, so wie dieses Jahr, wo man nun im Urlaub war. [...] Und wir haben dann noch geheiratet im August,*

und wir müssten auch zu Hause was anwenden. Die Scheune muss noch gemacht werden.
[...] Aber da haben wir immer gesagt: ‚Dann schieben wir das noch ein Jahr raus. Das
rennt ja nicht weg. Jetzt stellen wir erst mal unsere Bedürfnisse in Vordergrund und wenn
dann können wir nächstes Jahr, da ist die Scheune immer noch da und man muss sie immer
noch ausbauen, umbauen und was wir dann machen wollen.' Wie gesagt, das ist uns dann
wichtiger geworden, sag ich mal. Der zentrale Punkt ist die Familie, sag ich mal, oder, wenn
wir abends alle zu Hause sind, so das ist wichtiger, wie alles andere.

Durch die Krankenfahrten kommt er häufig mit Krebspatienten in Berührung, die
er zur Chemotherapie oder Bestrahlung fährt. Besonders beschäftigen ihn die Menschen, die unheilbar erkrankt sind und nun palliativ unterstützt werden. Er fährt
sie, bis sie nicht mehr zu Hause leben können, *manchmal bis – sogar kurz bevor – sie*
dann eben ins Krankenhaus kommen und versterben. Durch die regelmäßigen (und
längeren) Fahrten lernt er sie kennen. Er ist über ihre Situation im Bilde, weiß um die
Zufälligkeit ihrer Erkrankung und wird sich bewusst, dass es auch ihn oder ein anderes Familienmitglied treffen könnte. Ohne es zu wollen, wird er als Taxifahrer Teil
jener Prozeduren, durch die Menschen – wie Werner Schneider (2014) es ausdrückt
– „sterben gemacht" werden. Das Sterben beginnt bereits mit der Diagnose, dass sie
„nur" noch palliativ unterstützt werden können, da ihr Tod von da an vorbereitet
wird. Herr Emmich und seine Frau nehmen daher regelmäßig an Sterbeprozessen
teil. Auf die Nachfrage, ob er mit seiner Frau darüber spreche, sagt er:

Eine Zeitlang, da haben wir in der Woche drei Trauerkarten geschrieben, weil eben so viele
Patienten verstorben sind. Da möchte ich dann lieber denn wieder nicht so viel über den
Tod oder das Leben danach sprechen, sondern da möchte ich– Im Moment sind wir noch
alle hier. Im Moment lassen wir alles noch so und genießen das Leben noch so wie es ist.
[...] Und ich denke, es ist ja auch verständlich, wenn man mit jemanden solange fährt und
auch mit dem dann, man erzählt sich ja im Auto und überall immer die Geschichten oder
was aus dem Leben. Und [...] man lernt sich auch ein bisschen kennen. Und es nimmt einen
auch jedes Mal mit, sag ich mal oder es trifft einen immer, obwohl man nicht verwandt
ist. [...] Aber trotzdem ist es immer, wenn jemand dann gehen muss oder verstirbt, da ist
es dann immer, in dem Moment grade zu sprechen, dann nicht so schön [...], sag ich mal.
Ja, also ich jedenfalls, ich find es nicht. So, dann da drüber jetzt sich selber [...] damit in
Verbindung zu bringen, das find ich dann nicht so, so schön. Aber sonst [...] sprechen wir
beide ganz normal, wie jetzt auch da so drüber.

Herr Emmich beschreibt hier noch einmal, wie er immer wieder von Menschen
Abschied nehmen und durch Trauerprozesse gehen muss. Denn obwohl er die Patienten zunächst nicht sehr gut kennt, lernt er sie mit der Zeit kennen. Sie erzählen
sich gegenseitig Geschichten, und jeder Tod geht ihm nah. Er tauscht sich mit seiner
Frau darüber aus. Zugleich vermeidet er aber das Gespräch, um sich nicht zu tief
auf den Prozess einzulassen. Denn jede der Geschichten enthält für ihn auch die
Botschaft, dass es auch ihn selbst oder jemanden aus seiner Familie treffen könnte.
Daher möchte er das Leben mit seiner Familie genießen, von denen alle noch leben
und gesund sind. D. h., er setzt dem Sterben das Familienleben entgegen. An einer

anderen Stelle erzählt Herr Emmich, dass ihm materieller Wohlstand früher wichtig war. Nun sieht er zwar auch noch, dass die *Grundlagen geschaffen* werden müssen, sein Lebensinhalt hat sich aber verschoben. Heute sind ihm die Beziehungen innerhalb seiner Familie, die im Übrigen eine Patchwork-Familie ist und daher bereits Trennungen erfahren hat, wichtiger geworden.

Herr Kleber: „Also, Angst vor dem Tod habe ich verloren"

Herr Kleber hatte im Alter von 17 Jahren einen schweren Unfall und lag zwei Wochen lang im Koma. Wie bereits in Kapitel 2.4.1 beschrieben, ist dieses Ereignis das Wende-Ereignis in seiner lebensgeschichtlichen Erzählung. Er hält den Unfall aufgrund des Umstands, dass er überlebt hat, für einen göttlichen Eingriff. Er hat sich danach umorientiert und sich von der gewaltbereiten Linken sowie der Hooligan-Szene, in der er sich ebenfalls bewegte, abgewandt. Für ihn war also der Einschnitt nicht der Tod eines anderen Menschen, sondern die Möglichkeit, dass er selbst hätte sterben können. Dadurch hat sich aber nicht nur seine Einstellung zum Leben geändert, sondern auch seine Einstellung zum Tod.

> *Also, Angst vor dem Tod habe ich verloren, weil durch dieses Koma weiß ich, dass wenn danach etwas kommt, dann ist es sehr schön. Wenn nichts danach kommt, dann merke ich es auch nicht. Es ist nicht so, dass ich im Koma gelegen habe und dachte: ‚Mist, was liegst du hier?' Und wenn ich tot bin, werde ich auch nicht denken: ‚Mist, jetzt liege ich hier und bin tot.' Also das ist dann halt zu Ende oder es kommt ein Paradies. Oder ein Leben danach, keine Ahnung. Ich denke mal aber, dass wir hier schon im Paradies leben.*

Mit dem letzten Satz spielt er darauf an, dass er das Leben in Deutschland als für viele sehr privilegiert ansieht und er viele Möglichkeiten des sozialen Aufstiegs sieht. Gerade Letzteres sieht er durch seinen eigenen Werdegang bestätigt. Nach seinem Unfall hat er seine Lehre abgeschlossen und sich vollständig aus den ehemaligen Milieus gelöst. Seine Eltern hatten eine Gastwirtschaft. Er fühlt sich im Nachhinein von ihnen vernachlässigt, hat den sozialen Aufstieg damit quasi aus eigener Kraft geschafft. Inzwischen engagiert er sich ehrenamtlich gegen Kinderarmut und sieht seine Begabung im Ehrenamt insbesondere darin, Menschen zum Spenden zu bewegen. In dem folgenden Abschnitt geht er auf seiner Auffassung zufolge sinnlose Arten der Verwendung von Geld ein.

> *Deswegen ist Geld schon auf irgendeine Art wichtig, dass man es hat, um es verteilen zu können. Aber nur um es verteilen zu können. Als Tauschwährung. Nicht zum Horten. Ich finde, ich kann die Menschen nicht verstehen, die Geld, Geld, Geld horten. Und dann sterben sie und dann ist immer noch Geld auf der Bank. Und vor lauter Frust spenden sie es dem Hund. Eine Million für den Hund oder fünfhunderttausend für die Kirche. Die hätten so viel machen können mit dem Geld. Und das müssen wir, das ist meine Meinung, müssen wir vermitteln. Dass die Geld abgeben müssen, um damit etwas Gutes zu tun. Und dann kommt es auch wieder auf irgendeine Art. Aber es ist nicht Sinn des Lebens, da mit fünf-*

hunderttausend Euro zu sterben. Und das dann dem Hund, der Katze oder der Kirche zu vererben. Na ja, ist ja so. Also. Ist meine Meinung. Ich bin arm geboren und möchte gerne arm sterben und in der Zwischenzeit möchte ich genug Geld haben, um gut leben zu können. Aber ich muss nichts mitnehmen. Das muss ja irgendwie wieder unter die Menschen gebracht werden. Und ob die Kirchen das alles richtig machen, die katholische, evangelische Kirche, sei dahingestellt.

Geld ist damit ebenfalls etwas, das an der Grenze des Sinns liegt. Es kann zwar sinnvoll eingesetzt werden und es kann dazu beitragen, *gut leben* zu können. Es erfüllt an sich aber keinen Sinn. Im Gegenteil: *Gehortetes* Geld liegt brach, ist tot, muss erst *wieder unter die Menschen gebracht werden*. Auf welche Weise, darüber hat Herr Kleber ebenfalls klare Vorstellungen, da er sich im Elternrat für Kinder und damit auch ärmere Familien einsetzt. Das Geld für Tiere oder einer Kirche zu spenden, hält er offensichtlich für unsinnig.

Wie bereits in Kapitel 2.4.1.4 gezeigt wurde, gibt es in dem Interview mit Herrn Matzner eine Passage, in der er das Geld als dem Ehrenamt entgegengesetzt betrachtet. Herr Matzner sieht es als seine *Pflicht* an, anderen, die Hilfe benötigen, auch zu helfen, ohne dafür entgolten zu werden. Denn er hat das Gute ja bereits in seiner Lebenskrise erfahren, für das er in der ehrenamtlichen Tätigkeit seinen Dank zeigt. Gegen Bezahlung machen es (zumindest) manche nicht mehr *mit Herz und Seele*. Die ehrenamtliche Tätigkeit wird dann also nicht gemacht, weil sie an sich als sinnvoll und damit als Mehrwert für das eigene Leben betrachtet wird. Damit widerspricht er einerseits seinem Resümee zu seinem Berufsleben, in welchem er seine letzte Tätigkeit als freigestellter Betriebsrat als besonders sinnstiftend darstellt (vgl. Kap. 2.3.2). Denn auch er wurde für diese Tätigkeit entlohnt. Zugleich aber unterscheidet er zwischen Erwerbsarbeit und Ehrenamt und nimmt damit auch an Normalisierungsdiskursen zum Ehrenamt teil: Es soll nicht entlohnt werden, da es dadurch entleert werden könnte.

2.4.3.3 Der Tod als einschneidendes Erlebnis

Frau Michel: „Was bei mir ganz wichtig war, war, dass ich so diesen Tod so intellektuell nicht verstanden hab"

14 Jahre vor dem Interview, als Frau Michel 29 Jahre alt war, starb ihre Mutter sehr plötzlich, *innerhalb von wenigen Stunden*, nachdem sie davon erfahren hatte. Diese Erzählung ist der Auftakt ihres Interviews. Sie bezeichnet den Tod ihrer Mutter als den *wichtigste[n] Wendepunkt* ihres Lebens.

> *Da ich immer sehr auf sie bezogen war und einfach ein sehr starke Bindung zu ihr hatte, war das eigentlich so der, bis jetzt der größte Wendepunkt, nach dem sich auch wirklich bei mir alles so neu ausgerichtet hat. Also, die, so die grundsätzliche Einstellung zum Leben hat sich danach völlig geändert. Wobei, jetzt muss ich gerade überlegen, ob es völlig war, aber – doch, irgendwie so [...] ein gewisses Grundvertrauen ist danach weggefallen. [...]*

Und ... und auch so dieses, eigentlich hat so der Tod bei mir am ehesten so viele Fragezeichen hinterlassen, die sich irgendwie auch [...] dann wieder so aufgelöst haben. Aber das heißt eben auch, dass ich dann nach anderen Dingen [...] auch gesucht hab, weil sich [...] völlig neue Fragestellungen bei mir ergeben haben. Ja, [...] das war eigentlich so der größte Wendepunkt in meinem Leben.

Frau Michel spricht von einer engen Beziehung zu ihrer Mutter, die plötzlich nicht mehr da war. Dieses Ereignis führte zunächst zu einer völligen Orientierungslosigkeit. Sie verlor ihr *Grundvertrauen*, hatte *viele Fragezeichen* und weder sie noch ihr Vater fanden eine Antwort in der Religion, wie sie an anderer Stelle sagt. Als Folge beschreibt sie, dass sie sich neu orientierte. Aus den Fragezeichen wurden *neue Fragestellungen*.

Also, was bei mir ganz wichtig war, war, dass ich so diesen Tod so intellektuell nicht verstanden habe. Also, ich hab das Prinzip nicht verstanden, dass auf einmal so ein Mensch weg ist. Das war vielleicht auch vor dem Hintergrund, dass das Sterben sehr plötzlich kam [...]. Sie ist einfach gestorben. Und dann so damit klarzukommen, dass auf einmal ein Mensch weg ist – [...] Wochen später nach dem Tod, als ich immer noch so im Schock war, hab ich mir immer gedacht so, [...] das komischste an der Situation ist, dass ich sie einfach nicht verstehe und ich schon eher, glaub ich, sehr stark Verstandesmensch bin.

Hier geht sie noch einmal auf die empfundene Orientierungslosigkeit ein. Der Tod war unfassbar für sie, sie konnte ihn *nicht verstehen*. In dem Tod lag für sie keinerlei Bedeutungsüberschuss, den sie kognitiv zu Sinn hätte verarbeiten können. Auch, dass er sich intellektuell nicht erschloss, konnte sie in ihrem *Schock*, der durch das Wegbrechen einer wichtigen Beziehung ausgelöst wurde, nicht verstehen.

Und das andere, was sich dadurch sehr stark ergeben hat, war, was ich vorher auch nicht hatte, und das war aber auch was Positives. So ein Dankbarkeitsgefühl [...] war ganz stark. Bis heute ist das, hat sich das so in meinem Leben, also, dass ich einfach die Dinge, dass eine ist, dass so ein Grundvertrauen weg ist, aber das andere, was damit auch einhergeht und [...] was sich so positiv auf das Leben richtet, ist, [...] dass man die Dinge nicht mehr für selbstverständlich hält. Dass man Menschen und Nähe und so wirklich dankbar annimmt. Also, dass ich nicht nur dankbar bin, dass meine Mutter da war, sondern dass ich auch diese Dankbarkeit auf aktuelle Situationen und Menschen beziehen kann, [...]. Ja, das, das kam wirklich mit dem Tod einher, als so positives und vielleicht eben auch so sinngebendes Element.

Der Schock des nicht intellektuell erschließbaren Todes bewirkte eine für sie positive Entwicklung. Denn obwohl der Todesfall selbst keinen Bedeutungsüberschuss für sie enthielt, regte er die Auseinandersetzung mit weiteren Sinnebenen an. Durch den Tod wurde ihr bewusst, dass das bisher Selbstverständliche, die *Nähe* zu ihrer Mutter, plötzlich verloren gehen kann. Mit dem Bewusstsein der Endlichkeit des Lebens wurde ihr auch die Endlichkeit von Beziehungen bewusst. Aus diesem Grund ist sie dankbar für das, was sie *aktuell* erlebt.[35] Das verstärkt sie in den nachfolgenden Passagen. Sie hat *Menschen ganz anders an [sich] rangelassen, anders wahrgenommen*, ihre *Freundschaften sind viel intensiver geworden* und sie hat eine *andere Tiefe* gefunden.

> *Auf der anderen Seite, aber da weiß ich nicht, ob das damit zusammenhängt, aber wenn ich [...] biographisch so zurückblicke, ist mit dem Tod meiner Mutter auch eine unglaubliche Unruhe in mein Leben gekommen. Also, ich bin [...] wirklich dann von Land zu Land gezogen und hab eigentlich so alle eineinhalb Jahre, zwei Jahre, irgendwie so meinen Standort gewechselt [...].*

Sie wechselte mehrfach ihre Arbeitsstelle und zog wiederholt um. Diese Unruhe endete erst zwei Jahre vor dem Interview, als sie sich mit ihrer Partnerin in der Stadt niederließ, in der sie jetzt noch wohnt und bleiben möchte.

Dieses Thema in ihrem Interview ist ein Beispiel dafür, dass das Bewusstsein der Endlichkeit des Lebens die Frage nach dem Lebenssinn auslösen kann. Der Tod selbst bleibt ihr jedoch unverständlich, er kann von ihr nicht ohne Weiteres als kohärentes Moment in das Leben eingebaut werden. Er ist die Grenze des Lebenssinns.

Herr Holter: „Das besonders bewusste Erlebnis, dass Religion oder der Glaube die Stütze ist"

Während Frau Michel in der Religion weder eine Antwort noch Trost fand, als ihre Mutter starb, waren es gerade religiöse Bilder, die Herrn Holter und seine Frau dabei unterstützten, den Tod der Tochter zu verarbeiten, von dem er ebenfalls gleich zu Beginn des Interviews erzählt. Er hatte den Aufruf zum Interview über die evangelische Männerarbeit erhalten und klärt, bevor er *biografisch ausholt* noch einmal sein Verständnis des Erzählimpulses.

> *Ja, das war jetzt schwierig. Den Sinn des Lebens hatte ich jetzt so verstanden, dass sich das auf Religion bezieht. Wie soll ich das sagen. Also, wo man erfährt oder empfindet, dass Religion für einen wichtig ist. Weil da ist mir nämlich zu allererst, der Tod unserer ersten Tochter eingefallen und ja, da war so das besonders bewusste Erlebnis, dass Religion oder der Glaube die Stütze ist.*

Er hat die Frage nach dem Lebenssinn als eine Frage nach dem Zugang zur vertikalen Selbsttranszendenz verstanden. Dass diese ihm eine *Stütze* ist, wurde bereits in Kapitel 2.4.1.2 behandelt, in welchem Passagen untersucht wurden, in denen er über seine sexuelle Orientierung und seine Glaubensvorstellungen spricht. Zur Erinnerung: Im Verständnis von Religion von Herrn Holter ist der Heilige Geist das wichtigste Element, das es ihm auch erlaubt, sich frei von der Institution zu bewegen

---

35 In ähnlicher Weise hat sich Dankbarkeit auch im Leben von Herrn Matzner als sinnstiftend erwiesen, der in Folge der Genesung seiner Frau wieder in die evangelische Kirche eingetreten ist (vgl. Kap. 2.3.2.6).

und in der katholischen Kirche zu bleiben, obwohl dort für schwule Männer, die ihre sexuelle Orientierung ausleben, kein Platz ist. Religion als *Stütze* ist der rote Faden seines Interviews, wodurch er seiner Sinnerzählung eine gänzlich andere Ausrichtung gibt, als beispielsweise Herr Schuster. Für ihn steht nicht seine berufliche Entwicklung im Vordergrund, sondern die vertikale Selbsttranszendenz in Bezug zu seiner Familie und seiner Selbstentfaltung sowie seinem aus dieser Beziehung rührenden sozialen Engagement und damit der horizontalen Selbsttranszendenz. Daraus lassen sich andere Geschlechterkonstruktionen rekonstruieren, die weniger heteronormativ sind.

> *War das ,94? Entweder Ende ,93, Anfang ,94 war das. Da hatte sie eine Fehlgeburt und dann kam die nächste Schwangerschaft. Das Kind sollte oder wäre Februar auf die Welt gekommen und da war Karnevalssonntag. Da hatte sie dann irgendwie Probleme und [...] eine [...] infarktartige Plazentaablösung, wo dann das Kind quasi in der vierzigsten Schwangerschaftswoche dann im Bauch verstorben ist. Und wir mussten dann mit dem Notarzt – dann, wenn die Anderen zum Karnevalszug zogen, bin ich dann mit meiner Frau [...] oder damaligen Frau zum Notarzt zur Klinik in [Stadt1] gefahren [...] sie hat als Musiklehrerin gearbeitet hier in [Stadt2] in der Musikschule. Da hatten einige ja das schon mitgekriegt mit der Fehlgeburt, weil sie ja ein paar Tage fehlte und dann fingen die Mütter eben so an zu erzählen wie viele Fehlgeburten sie hatten und so. Das, also so dieses Gefühl, sage ich mal, was ich so später aus meiner Selbsthilfegruppe [schwuler Väter; SG] kenne: Man ist nicht allein mit der Situation. Es gibt einen Haufen Anderer, die das auch durchgemacht haben. [...] Ja und dann war eben das, das war jetzt besonders tragisch mit der Totgeburt. Und heute gibt es ja Elterngruppen, gerade bei [...] Totgeburten. Ich weiß nicht, ob es das damals gegeben hat. Wir haben auf jeden Fall keine gesucht, sondern wir haben da sozusagen uns gegenseitig und mit den Bildern, die der Glauben so liefert, gestärkt und sind dadurch über die Krise weggekommen. Also das man zum Beispiel einen Familienengel jetzt sozusagen hat, so als Bild.*

Seine Frau hatte zunächst eine Fehlgeburt und dann eine Totgeburt. Das Paar hatte einiges zu verarbeiten. Nach der Fehlgeburt erlebte sie (aber auch er) Unterstützung durch andere Frauen, die dasselbe erlebt hatten. Diese Situation vergleicht er mit seinem Coming-out als schwuler Vater. Nach der Totgeburt war das Paar seiner Wahrnehmung nach ganz allein. Inzwischen weiß er, dass es auch für diese Erlebnisse Selbsthilfegruppen gibt. Doch zur Zeit des Ereignisses fühlte zumindest er sich mit seiner Frau allein. Sie haben sich gegenseitig *gestärkt* und sich dabei auf religiöse Bilder bezogen.

> *Sie hatte wohl auch dann während [...] des Kaiserschnitts, ich sage mal so eine Art [...] Nahtoderlebnis. Also, wir haben das irgendwie zufällig dann später so auf einem Bild von dem [...] Bosch wiedererkannt. Da gibt es irgendwie so eine [...] Rettung der Seele von einem Engel. Das ist so eine schwarze Ecke und da ist dann so ein weißes Loch, so ein Tunnel. Und irgendwie hatte sie das auch so, sagt sie. Das erinnerte sie da an irgendwie so ein Erlebnis. Und ja eben mit diesen Bildern so, wie mit dem Engel und später auch, als die Kinder klein waren eben: ,Ihr habt da auch so einen Familienengel' oder so. Das hat also sehr geholfen.*

Aus der Erzählung wird nicht ersichtlich, ob er dabei war, als der Kaiserschnitt bei seiner Frau durchgeführt wurde. So oder so war ihm ihr inneres Erleben verschlossen, er nimmt es aber an, nachdem sie ein Abbild ihres Erlebnisses auf einem Bild von Bosch wiedererkannte. Er schließt diese Passage damit, dass die Bilder ihnen sehr geholfen hätten, die Sinnlosigkeit des erfahrenen Todes zu verarbeiten. Den *Familienengel* haben sie anschließend auch für die zwei lebend geborenen Töchter bewahrt. Doch gibt es keine Stelle, an der Herr Holter sagt, dass er diese Erfahrung in etwas für ihn ,Positives' wenden konnte, abgesehen davon, dass ihn dies enger an die Religiosität gebunden zu haben scheint.

Frau Inthorn: „Also ich habe auch da schon so Zwiegespräche mit dem lieben Gott"

Wie in Kapitel 2.3.3 ausführlich dargestellt wurde, beginnt Frau Inthorn ihr Interview mit einer Beschreibung ihrer Mutter und einer Einführung in die kirchliche Religiosität ihrer Jugendzeit. Daran anschließend berichtet auch sie von dem plötzlichen Tod ihrer Schwiegermutter und ihrer Mutter, als sie 36 Jahre alt war.

> *Dann hatte ich eben auch so ein paar einschneidende Erlebnisse. Also erst einmal ist meine Schwiegermutter, die ist von der Straßenbahn tot gefahren worden. Und meine Mutter ist, da waren wir gemeinsam im Urlaub, vom Kieslaster, also die saß mit meinem Vater im Auto und der Kieslaster ist denen voll in die Seite gefahren. Und das war schon eine ziemlich einschneidende Krise.*

Auch sie hatte eine enge Beziehung zu ihrer Mutter, die sie an anderer Stelle ihre *beste Freundin* nennt. Nach dem Tod wurde sie *auch ein bisschen* Mutter für ihre jüngere Schwester. Nachdem auch ihr Vater stirbt, kommt sie ins Grübeln:

> *Also das, diese ganzen Todesfälle, sage ich mal, haben mich schon beschäftigt. Und auch immer wieder meine, auch die Sinnfrage gestellt so. Warum passiert mir, uns das als Familie, dass wir zwei Mütter verlieren? Und ist es eigentlich nicht mal damit jetzt gut? Also ich habe auch da schon so Zwiegespräche mit dem lieben Gott oder so gesagt: ,Also wenn du mir jetzt hier schon so viele zu dir geholt hast, dann lass bloß die Hände weg von meinen Kindern.' Ne so. Oder als wir, also ich habe öfter so immer mal das Gespräch mit dem lieben Gott gesucht. Ich weiß nicht, ob es was genutzt hat, aber es hat mich erst einmal entlastet und ist ja auch immer gut, wenn man auch mal jemanden anderen die Schuld in die Schuhe schieben kann.*

Frau Inthorn hat eine ganz eigene Art, mit Schicksalsschlägen umzugehen. Sie sucht das *Gespräch mit dem lieben Gott*, um ihm *die Schuld in die Schuhe [zu] schieben*. Sie fragt also nicht lange nach dem Sinn, sondern begehrt gegen die Sinnlosigkeit auf, indem sie Gott dafür verantwortlich macht und mit ihm aushandelt, dass es jetzt genug der Todesfälle seien.

2.4.3.4 Sich abstoßen vom Tod

Herr Bertram: „Der Tod soll und darf nicht das letzte Wort haben"

Herr Bertram, der sein Leben vor dem Hintergrund der David-Geschichte interpretiert, wurde sehr überraschend Witwer, als seine Frau bei einem Spaziergang, den sie alleine mit dem Hund unternahm, in einem illegal angelegten Teich ertrank, vermutlich weil sie versuchte, den Hund zu retten. Auch er erlebte also den Tod als ein einschneidendes Erlebnis. Er setzt es aber nicht an den Beginn des Interviews. Als seine Frau starb, war sein jüngster Sohn zwölf Jahre alt. Kurz danach änderte er sein Leben, in dem er sich erfolgreich auf eine Stelle als Schulleiter in einer anderen Stadt bewarb. Der Gedanke daran war, wie in Kapitel 2.4.2.2 beschrieben, bereits zu Lebzeiten seiner Frau entstanden. Er hielt an dem Plan, sich zu verändern, fest, und kommentiert dies mit den Worten:

> Ich war an einer christlichen Schule und habe mir gesagt, okay der Tod soll und darf nicht das letzte Wort haben.

Herr Bertram greift hier auf zwei Diskurselemente zurück, die *christliche Schule* und dem *Tod nicht das letzte Wort* zu überlassen. Darin klingt das im Christentum gegebene Versprechen ewigen Lebens an, das er dem Tod entgegensetzt. Darin klingt der Wunsch an, dass es, wenn es für seine verstorbene Frau weitergeht, dann auch für ihn weitergehen muss. So bewirbt er sich an einer Schule in einer anderen Region als Leiter.

> Und inzwischen würde ich sagen: ‚Okay, das ist es. I hope that we enjoy this time.' Das war vor dem Tod meiner Frau schon so. Das ist auch danach so geblieben. Hat vielleicht noch mehr Tiefe und Gewicht bekommen.

Mit dem Zitat bezieht sich Herr Bertram auf einen Professor, dessen Seminare er an einer amerikanischen Universität besucht hatte und der dies regelmäßig vor dem Unterricht zu sagen pflegte. Das war eine so beeindruckende Erfahrung für ihn, dass er sich das Zitat ebenfalls zur Maxime für seinen Unterricht gemacht hat. Nach dem plötzlichen Tod seiner Frau macht er sich das Motto offenbar zur Lebensmaxime. Denn es hat an *Tiefe* gewonnen. Damit greift er auf eine ähnliche Strategie im Umgang mit der Endlichkeit zurück wie Frau Michel: Das Augenblickliche gewinnt an Wertschätzung, gerade weil es begrenzt ist. Es ist nicht so begrenzt wie eine einzelne Schulstunde, wird aber ebenso deutlich zu Ende gehen. Bis dahin möchte er sich daran erfreuen.

2.4.3.5 Das ungewisse Leben nach dem Tod

Wie sich in einigen Ausschnitten bereits gezeigt hat, wird das Leben nach dem Tod in mehreren Interviews angesprochen oder klingt zumindest an, auch wenn sich viele eines klaren „Votums" für den Glauben an ein Leben danach oder nicht enthalten.

Frau Michel: „Ich hab da auch keine Gewissheit"

Frau Michel hat wie oben beschrieben erlebt, dass ihre Mutter sehr plötzlich verstorben ist. In einer weiteren Passage erzählt sie noch einmal davon, um von diesem Ereignis ihre augenblickliche Position abzuleiten.

> *Also, wie gesagt, das war ganz plötzlich und [...] ich bin dann nach [Stadt] gefahren mit dem Nachtzug und hab sie dann noch im Krankenhaus, ihre Leiche, dort gesehen und irgendwie war meine Schwester auch da und mein Vater und wir sind dann irgendwie nach Hause. Und ein, zwei Tage später, wir haben nicht viel miteinander geredet, [...] aber ich weiß, irgendwann war ich dann so wütend, dann hab ich zu meinem Vater gesagt: ‚Du bist doch Pfarrer. Du musst doch mir jetzt bitte sagen, dass sie jetzt auferstanden ist und dass sie irgendwo jetzt im Himmel ist oder so.' Also, ich hab ihn so richtig verbal genommen und geschüttelt. Und mein Vater war [...] völlig aufgelöst und konnte nichts sagen und hat nur gesagt: ‚Ich weiß es nicht.' Und dann hab ich nochmal gesagt: ‚Aber Du bist doch Pfarrer. Du hast das doch immer gelehrt' Und dann hat er gesagt: ‚Ja, ich weiß es nicht, ich weiß' Also er konnte mit der Situation nichts anfangen, er hatte überhaupt keine Gewissheit, [...] er war völlig aufgelöst. Und, das ist mir so im Kopf geblieben und [...] ich hab da auch keine Gewissheit. Ich konnte das total gut verstehen, weil ich hab das in dem Moment genauso gefühlt. [...] ja, ich denke natürlich oft darüber nach, gerade auch, weil meine Mutter schon gestorben ist, aber auch, was dann ist, wenn ich tot bin. Nur ein Fragezeichen.*

Frau Michel beginnt diese Passage mit der Orientierungslosigkeit, die sie durch den Tod ihrer Mutter erfahren hat. Das *irgendwie* markiert ihren damaligen Zustand. Die Situation bringt deutlich zum Ausdruck, was Werner Schneider (2014) über das Sterben herausgearbeitet hat, nämlich, dass die Überlebenden noch nie gestorben sind und die sterbende Person aus der Kommunikation herausgefallen ist. Dadurch „bleibt jegliches Sprechen über den Tod als Referenz zwangsläufig einer eigentümlichen Leerstelle verhaftet" (Schneider 2014, 56), die weder erfahrungswissenschaftlich noch auf der Grundlage lebensweltlicher Erfahrungen gefüllt werden kann. Eben diese Leerstelle spricht auch aus der geschilderten Situation. Die Mutter kann nicht mehr gefragt werden, wie es ihr geht, und die Religion bietet trotz eines anwesenden Experten keine Antwort. Angesichts der Säkularisierung und der Verwissenschaftlichung gesellschaftlichen Lebens gelingt es selbst dem Pfarrer nicht mehr, Gewissheit zu haben und zu vermitteln. Frau Michel hat auch im Nachhinein keine eigene Position dazu entwickeln können. Sie wendet sich weder vom christlichen Glauben an das Weiterleben nach dem Tod ab noch wendet sie sich diesem Glauben zu. Die Passage deutet zum einen erneut auf die Zufälligkeit und damit Sinnlosigkeit des Todes hin, der man nur die Intensivierung des eigenen Lebens entgegensetzen kann. Zugleich erhält sich Frau Michel die Hoffnung, das Ereignis eines Tages verstehen und als sinnvoll einordnen zu können.

2.4.3.6 Die Gewissheit eines Lebens nach dem Tod

Bis hierher wurde die Möglichkeit eines Lebens nach dem Tod von Frau Michel und Herrn Kleber zumindest als möglich angenommen, und bei Herrn Bertram klang sie an. Gewissheit hat von ihnen aber niemand geäußert, auch nicht der Vater von Frau Michel, der Pfarrer ist. Damit wird der Tod auch für religiöse Expert_innen zu einer diskursiven Grenze des Lebenssinns, einer „eigentümlichen Leerstelle" (Schneider 2014). In einer säkularen, rationalisierten und verwissenschaftlichten Welt bietet die Religion in dieser Hinsicht anscheinend keinen Halt. Doch die Teilnehmenden finden darin Sinn, dem Tod der Anderen das augenblickliche Leben und die Beziehungen zu anderen Personen stärker in den Vordergrund zu rücken, bewusster zu gestalten und dankbar für das erfahrene Gute zu sein.

Abschließend sollen hier die Interviews mit den zwei Teilnehmerinnen behandelt werden, die fest von einem Leben nach dem Tod überzeugt sind: Frau Inthorn und Frau Overdieck. Beide gehören neben Herrn Holter und Frau Lange zu jenen Teilnehmenden, die eine geistig-spirituelle Erfahrungsebene in ihre Erzählung integrieren und die vertikale Selbsttranszendenz damit explizit ansprechen (vgl. Kap. 2.3.1).

Frau Inthorn: „Ja, auf jeden Fall"

Wie zuvor dargestellt, hat auch Frau Inthorn erlebt, wie ihre Schwiegermutter und kurz darauf ihre eigene Mutter plötzlich starben. Bei ihrem Vater konnte sie im Anschluss daran einen langsamen Sterbeprozess erleben, der sich zunächst darin äußerte, dass er seinen Humor verlor und nur noch wenig Raum in dem Haus der Familie nutzte. Sie hat eine grundsätzlich andere Einstellung zum Tod, als die bisher zitierten Teilnehmenden.

> *Ja. Also, [...] ich weiß ja [...], dass wir Gott nicht für alles verantwortlich machen können. Nicht dafür dass jetzt dieser, wer auch immer hier vor Ihren Zug gesprungen ist und nicht, es gibt eben Menschen, wenn die krank sind und eine schwere Depression haben und sind suizidgefährdet, dann, wie damals Robert Enke oder was, die suchen sich ihre Räume. Und du kannst die nicht dauernd überwachen. Also da kann man auch nicht den lieben Gott für verantwortlich machen. Und das war ja auch das, was mich so über die Sache mit den Verkehrsunfällen auch irgendwann auch drüber weg getröstet hat, dass ich sage, das hat der bestimmt nicht gewollt. Aber [...] meine Mutter und meine Schwiegermutter waren zur falschen Zeit am falschen Ort. Ja? Aber so, ich habe schon – also das ist ja auch das, was ich hier den Kindern vermittle – ein Gottesbild von einem gütigen, vergebenden Gott. Also man sagt schlechthin eine Vaterfigur, das muss nicht sein. Die kann auch geschlechtslos sein. Also ich finde auch wir Frauen haben ein Anrecht darauf zu überlegen, ob Gott nicht vielleicht die andere, eine Hälfte auch eine weibliche ist. Also zu mindesten denke ich halt, wird der auch viele weibliche Anteile haben. Und das ich also nach meinem Tod meine Familie wiedersehe, ist für mich ganz sicher. Also, [...] ich glaube wirklich daran, auch wenn ich jetzt so von diesen ganzen Autoren, die sich so mit dem Tod – oder denen, die da*

schon kurz vor waren, also ich glaube, [...] dass das nichts Schreckliches ist, sondern im Gegenteil, dass es mir gut geht, wenn ich tot bin. Also das ich irgendwohin komme, wo ich zu mindestens die Seele – ich meine die Körper sind ja nicht mehr da, das ist ja klar, aber so eine Seelenbekanntschaft oder Wiedersehen mit den Menschen, die mir wichtig waren, dass das bestimmt passiert.

In der Passage, die weiter oben behandelt wurde, sagt sie scherzhaft, dass sie mit Gott spräche und von ihm erwarte, dass es nach diesen drei Todesfällen der Eltern nicht noch weitere geben möge. Hier geht sie noch einmal darauf ein, indem sie sagt, dass sie wisse, *dass wir Gott nicht für alles verantwortlich machen können.* Ich war verspätet zu dem Interview gekommen, da jemand den fahrenden Zug dazu genutzt hatte, sich selbst zu töten. Darauf nimmt sie Bezug und geht zunächst auf Selbsttötungen ein. Sie stellt diejenigen nicht als Sünder dar, aber sie will auch *Gott* nicht dafür verantwortlich machen. Dann kommt sie zu den Unfällen, die sie ebenfalls nicht *Gott* zuschreiben möchte (*das hat der bestimmt nicht gewollt*), sondern einem sinnlosen Zufall. Sie waren *zur falschen Zeit am falschen Ort.* Sie glaubt an einen *gütigen, vergebenden Gott,* eine Vorstellung, die sie in der Kindertagesstätte und dem Familienbildungszentrum auch an die Kinder weitergibt. Das männlich geprägte christliche Gottesbild stellt sie in Frage. *Gott* kann ihrer Ansicht nach sowohl *geschlechtslos* als auch beides, männlich und weiblich, sein. Von diesem Gottesbegriff kann sie nicht darauf schließen, dass der Tod dem Augenschein entspricht, auch wenn *die Körper [...] ja nicht mehr [sind].* So hat sie sich mit Büchern über Nahtoderfahrungen beschäftigt, auf die sie hier Bezug nimmt und die ihr Gewissheit geben, dass es ihr *gut* geht, wenn sie *tot* ist und sie auf eine ihr noch unbekannte Weise weiterhin Beziehungen haben wird.

> *Also ich habe ja, aber da sagt mein Mann immer, das darf ich nicht erzählen. Aber. Also, [...] zum Beispiel in einer Nacht habe ich geträumt, dass meine Mutter auf meinem Bett sitzt, nachdem das passiert ist, und die sich nochmal von mir verabschiedet hat, weil das war auch so was, was mir, das war was ich ganz traurig fand, dass ich das nicht mehr machen konnte. Weil die Anderen haben auch gesagt, durch den Unfall, das sollten wir uns ersparen, da nochmal einen Blick drauf zu werfen. Aber das, da saß die auf meinem Bett und hat gesagt, so [...] jetzt muss es auch gut sein mit uns, jetzt muss sie auch wirklich gehen und sie wollte aber nicht gehen, ohne mir nochmal ‚Tschüss' zu sagen so. Und im Nachhinein habe ich gedacht, das war der Zeitpunkt irgendwie bevor die verbrannt worden ist. Irgendwie. So.*

Dieses Erlebnis widerspricht dem im Säkularismus dominanten Diskurs vom Tod, der sich auf die Materialität des Sterbens richtet. Die zuvor beschrieben diskursive Grenze wird überschritten, die „Leerstelle" (Schneider 2014) wird gefüllt. Doch solcherart Erlebnisse können dahingehend interpretiert werden, dass die betroffenen Personen verrückt sind. Daher *darf [sie] das nicht erzählen.* Aber sie setzt sich über dieses Sprechverbot hinweg und beschreibt ihr nächtliches Erlebnis von der Verabschiedung ihrer Mutter, sagt allerdings, dass es ein Traum war. Einen solchen Traum kann man gefahrlos erzählen, anders verhielte es sich, wenn sie sagen würde, dass sie wach war, als ihr ihre Mutter begegnete. Der Wachzustand wäre konsistent mit ihrer Sicherheit an das Weiterleben nach dem Tod. Allerdings begibt sie sich damit auch in die Gefahr, als Spiritistin oder gar *Spinnerin* angesehen zu werden, da sie zu ihrer verstorbenen Mutter Kontakt hatte. Damit berührt sie ein zweites Sprechverbot, nämlich ein christlich-religiöses, welches Verstorbene nicht als Geister kategorisiert. So oder so erleichterte ihr dieses Erlebnis offensichtlich den Umgang mit dem plötzlichen Tod ihrer Mutter. Sie konnte sich nicht von dem toten Körper verabschieden, da dieser durch den Unfall versehrt wurde. Im *Traum* holte ihre Mutter den Abschied nach. Bemerkenswert ist, dass sie trotz allem noch einmal von dem Körper der Toten spricht. Denn sie erlebte den Abschied *bevor die verbrannt worden ist*, als deute sie damit an, dass es anschließend nicht mehr möglich gewesen wäre.

Frau Overdieck: „Tod gehört dazu"

Am Ende ihrer lebensgeschichtlichen Erzählung beginnt Frau Overdieck über das zu sprechen, wie sie sich in Zukunft gerne engagieren würde.

> *Auf Dauer würde ich gerne so langsam ein bisschen runterfahren und irgendwie– Ich würde mich gern noch mal anders engagieren. Also, ich glaube, ich würde gerne– Ich glaube, dass das sehr nah geht. Aber ich glaube, ich würde gerne in einem Kinderhospiz ehrenamtlich tätig sein. So. Aber dazu brauche ich einfach mehr Platz im Leben. Das, das geht so jetzt nicht. Das würde nicht gut sein.*

Sie möchte sich also einerseits ein wenig zurückziehen, sich aber andererseits in Zukunft intensiv mit sterbenden Kindern befassen. Eben diese Antwort führte am Ende des Interviews zu der reflektierenden Nachfrage, wie sie selbst das Verhältnis von Leben und Tod in ihrem Leben sieht.

> *Für mich war schon immer ganz klar, dass [...] der Tod zum Leben gehört. Also, für mich waren das nie zwei getrennte Themen. Auch in der Arbeit mit Kindern nicht. Im Gegenteil. Ich fand es immer komisch, wenn Kinder nicht auf Beerdigungen durften. Weil ich glaube, Kinder haben da ein ganz, ganz eigenes Verständnis auch von. [...] Ich hab auch ein Lieblingskinderbuch ,Die besten Beerdigungen der Welt'. Das ist so genial.*

Im Anschluss daran erzählt sie von einem Kind, das plötzlich gestorben war. Sie war Erzieherin, und ein Kind aus einer Familie wurde als krebskrank diagnostiziert. Es starb innerhalb weniger Tage. Keine ihrer Kolleginnen brachte den Mut auf, die Familie zu besuchen. Daher ging sie, obwohl sie in Elternzeit war, um zu sehen, ob die Eltern unterstützt werden könnten. Da das Kind so alt war wie ihre älteste Tochter und die beiden sich kannten, fragte sie ihre Tochter, ob sie zur Beerdigung mitgehen wolle. Ihre Tochter überraschte sie dann damit, dass sie *ihr allerschönstes Kleid*, nämlich *ihr Micky Maus-Kostüm von Karneval* anzog, da es der verstorbene Junge gemocht hatte. Außerdem wollte sie ihm ein Stofftier mit ins Grab geben. Frau Overdieck erzählt, dass sie sich selbst überwinden musste, sich dann aber doch entschloss, die Tochter mitzunehmen. Dies stellte sich dann als sehr positiv heraus, da die Familie das Verhalten ihrer Tochter *als Anker* empfand.

> *Und sie hat dann dieses Stofftier – die Eltern standen noch da – dieses Stofftier genommen und hat diesem Stofftier einen Kuss gegeben und hat es auf den Sarg geworfen, und sie hat gesagt: ‚Tschüss, [Name des Kindes].‘ Und das war sowas, wo ich gedacht hab: Diese Art und Weise, wie Kinder mit Tod umgehen, das ist, das fehlt uns. Wir sind da viel zu stark in den Strukturen, die die man von uns erwartet, auch verhaftet.*

Die Tochter setzte sich nicht zu einem Toten in Beziehung, sondern verabschiedete sich, als wäre er noch zugegen gewesen. Sie zog das an, was ihm gefiel, als hätte er sie noch sehen können und gab ihm noch ein Stofftier mit auf den Weg. Eben damit verstieß sie gegen die Konventionen des „Sterben-machens" (Schneider 2014). Die Tochter akzeptierte zwar, dass sie sich verabschieden musste, aber nicht, dass er tot war. Das heißt sie akzeptierte die diskursive Grenze nicht und füllte die „Leerstelle" (Schnieder 2014) mit ihrem Abschied.

Anschließend kommt Frau Overdieck auf den Tod ihrer Mutter zu sprechen, die drei Jahre vor dem Interview mit einer Lungenentzündung ins Krankenhaus kam und sich nicht mehr erholte. Sie starb nachts im Krankenhaus, wurde aber reanimiert und durch die angeschlossene Medizintechnik am Leben gehalten, bis der Bruder von Frau Overdieck kommen konnte. Die Stunden, in denen sie auf ihren Bruder wartete, verbrachte sie dann allein mit ihrer Mutter.

> *Und diese vier, fünf Stunden, die ich dann noch mal alleine war mit meiner Mutter, die waren für mich ganz prägend. Und das hört sich blöd an, aber das war eine Zeit, die ich niemals missen möchte. Weil ich finde, das war so eine– ich bin so dankbar dafür, dass, obwohl sie nicht mehr bei Bewusstsein war [...]. Ich hab mich dann zu ihr ins Bett gelegt und sie in den Arm genommen. Und immer, wenn ich sie gestreichelt habe oder wenn ich ihr was erzählt habe, dann veränderten sich die Herzschläge, so. Dann wurden diese Geräusche anders. Oder ich hab ihr dann ganz viele Sachen erzählt noch mal so. Und ich konnte Abschied, ich konnte richtig Abschied nehmen. Und das hat mich so glücklich gemacht. Letztendlich natürlich war ich todtraurig.*

Sie konnte sich verabschieden. Analog zu ihrer Tochter machte sie dies mit einer in ihren Augen noch lebenden Person: Ihre Mutter zeigte noch vitale Reaktionen auf das, was sie ihr erzählte.

> *Und das hat, ich hab keine Angst vor Tod. Natürlich wäre ich sehr, sehr traurig und bin das auch, wenn Menschen sterben, das ist gar keine Frage. Aber ich habe da keine Angst davor, dass ich glaube, dass danach nichts mehr kommt oder dass dann auch alles zu Ende ist. Ich glaube, dass es komplett anders ist, aber ich glaube auch, dass es nicht schlecht ist.*

Wie bereits erwähnt, spricht Frau Overdieck auch von geistig-spirituellen Erfahrungen, wenn sie sich zu dem, was für sie Gott ist, innerlich in Beziehung setzt. Dementsprechend geht sie davon aus, dass es nach dem Tod ein weiteres Leben gibt.

Sie hat zwar keine Vorstellung davon, *glaubt* aber an etwas, dass zumindest *nicht schlecht* ist.

> *Ich gehe, glaube ich, recht gelassen mit dem Thema ,Tod' um. Und deshalb, glaube ich, könnte ich auch gut Menschen begleiten, die da emotional sehr, sehr angestrengt sind und vielleicht auch bestimmte Dinge nicht mehr übernehmen können. So, weil sie es an sich alleine nicht mehr schaffen. Aber ich glaube, für die wäre es dann gut zu wissen, dass, weiß ich nicht, an den Tagen, [...] an denen sie selber ihr todkrankes Kind nicht mehr besuchen können, jemand da ist für das Kind. So, ne? Also, das wäre so meine Vorstellung.*

Interessanterweise stellt der Tod für Frau Overdieck trotz allem eine Grenze des Lebenssinns dar. Ebenso wenig wie Frau Inthorn entwirft sie eine Perspektive für das Leben „danach". Es ist also auch für sie eine „Zeit", für die man nichts planen kann. Ihr Lebenssinn bezieht sich auf das Immanente, Innerweltliche. Dadurch, dass sie mit dem Tod umgehen, ihn integrieren und auf diese Weise andere beim Sterben und Sterben-machen unterstützen bzw. entlasten möchte, erweist sich ihre Grenze als ein wenig poröser. Sie orientiert sich damit weniger an der Grenze, als vielmehr an dem Veränderungsprozess, der durch das Sterben eingeleitet wird.

Es ist eben dieses Moment, das die Ebene der vertikalen Selbsttranszendenz mit einzubeziehen vermag. Die Möglichkeit des nach dem Tod fortwährenden Lebens wurde in verschiedenen Interviews angesprochen, doch nur von Frau Inthorn und Frau Overdieck als Wirklichkeit in Anspruch genommen. Eben darin spiegelt sich ihre religiöse Einstellung wider, die dem materialistischen säkularen Diskurs über den Tod etwas entgegensetzt. Bei ihnen gewinnt die vertikale Selbsttranszendenz noch eine zusätzliche Dimension zum Glauben, indem sie über das Augenblickliche hinausgeht. Einerseits grenzen auch sie ihren Lebenssinn vom Tod und allem, was mit Tod assoziiert wird, ab. Andererseits erkennen sie den Tod jedoch in keinem absoluten Sinne als Grenze des Lebens an und entwickeln eine weitergehende Perspektive.

2.4.4 Subjektivierungen von Lebenssinn: Rekapitulation und Fazit

Dieses Kapitel verfolgte das Ziel, den augenblicklichen Lebenssinndiskurs des evangelischen religiösen Feldes zu rekonstruieren. Dies geschah anhand lebensgeschichtlicher Erzählungen, die im Rahmen qualitativer Interviews mit zwölf Personen, die evangelisch sind und/oder sich in evangelischen Gemeinden engagieren, generiert wurden. Für die Analyse wurde eine Systematik auf der Grundlage von Foucaults *Ordnung des Diskurses* (1994) entwickelt, die aus drei Gruppen von Diskursprozeduren besteht: Der Umgrenzung der Diskursgruppe, den Mechanismen der Reproduktion sowie den Grenzen des Diskurses.

Diese drei Diskurs-Ebenen wurden sukzessive in drei Unterkapiteln behandelt. Dadurch konnten insbesondere die Machtwirkungen rekonstruiert werden, die sowohl mit der Binnendifferenzierung des Diskurses als auch mit seiner Normalität und seinen Ausgrenzungsmechanismen verbunden sind. Auf diese Weise wurde das Zeitgenössische des Diskurses sichtbar gemacht. Dies soll nun noch einmal zusammenfassend diskutiert werden.

2.4.4.1 Die Binnendifferenzierung der Gruppe

Im ersten Unterkapitel 2.4.1, welches sich damit befasste, die Gruppe zu umgrenzen, standen vor allem zwei Aspekte im Vordergrund: Zum einen ging es darum, die Teilnehmenden in ihrer Gesamtheit als Angehörige einer speziellen Diskursgruppe vorzustellen, ihre Binnendifferenzierung (im Rahmen des speziellen Samples) darzustellen und die subjektivierten Formen der Sinnfindungen zu rekonstruieren. In diesem Unterkapitel wurden insgesamt vier Aspekte dargestellt, die sich für die Binnendifferenzierung der Diskursgruppe als relevant erwiesen haben: (religiöse) Geschlechterkonstruktionen (2.4.1.1), Sexualitätskonstruktionen (2.4.1.2), die vergeschlechtlichte Beziehung zwischen Elternschaft und kirchlichem Engagement (2.4.1.3) sowie die Bedeutung von Gemeinden als Heterotopien (2.4.1.4).

So musste sich beispielsweise Frau Lange mit misogynen Einstellungen in ihrer Familie auseinandersetzen: Dass sie kein Junge, sondern ein Mädchen war, wurde von ihrem Großvater als Strafe Gottes interpretiert. Auch Frau Matzner, die in den 1950er Jahren Jugendliche war und katholisch erzogen wurde, erlebte Restriktionen, die dem weiblichen Geschlecht zugeordnet werden können. Diese bewogen sie dazu, sich Freiheiten, die für Frauen ihrer Generation nicht vorgesehen waren, heimlich herauszunehmen und sich frühestmöglich vom Elternhaus zu lösen. Während Frau Lange als Jugendliche eine enge Verbindung zu einer evangelischen Gemeinde herstellte und sich aktiv am Widerstand gegen das DDR-Regime beteiligte, trat Frau Matzner aus der katholischen Kirche aus. Zwar engagiert sie sich heute gemeinsam mit ihrem Mann in der evangelischen Aktionsgemeinschaft für Arbeitnehmerfragen (AfA), ist der evangelischen Kirche aber nicht beigetreten.

Heterosexualität wurde als ‚normale‘ und damit akzeptierte Ausdrucksform der Sexualität ebenso wenig thematisiert wie Maskulinität. Demgegenüber bestand hinsichtlich ihrer homosexuellen Orientierung für zwei Teilnehmende, eine lesbische Frau und einen schwulen Mann, Erklärungsbedarf. Denn ähnlich wie die Zugehörigkeit zu einer abgewerteten Geschlechtsgruppe prägt auch die Zugehörigkeit zu einer kirchlich marginalisierten sexuellen Orientierung das Verhältnis zur institutionalisierten christlichen Religion.

Frau Michel hatte sich durch ihre Mutter, die feministische Pfarrerin war, bereits als Jugendliche mit feministischer Theologie befasst. Kirchen und Gottesdienste sind für sie zu Erinnerungsorten geworden, denen sie durch ihre Mutter und ihre beiden Großmütter, die beide Pfarrfrauen waren, eine weibliche Genealogie zuschreibt. Auseinandergesetzt hat sie sich zudem mit den – wie sie es nennt – *puritanischen* Sexualitätsvorstellungen in ihrem Elternhaus, welches zugleich ein Pfarrhaus war. So stellt sie in der Erzählung Beziehungen zwischen ihrer Sexualität und ihrem (religiösen) Lebenssinn her, indem sie von ihrem Coming-out in der Familie und ihrem

Freiheitsgefühl auf einem Sex-Arbeiter_innenkongress berichtet. Auf Letzterem kam der geschlechtlichen Identität keine oder eine untergeordnete Bedeutung zu, sodass auch ihr „Anderssein" an Wichtigkeit verlor und sie sich ebenso *euphorisiert* erlebte wie als Jugendliche auf dem Kirchentag.

Herr Holter ist wie Frau Matzner katholisch. Er ist katholisch geblieben, um dort als Mitglied weiter von innen wirken zu können, nimmt aber ausschließlich Angebote einer evangelischen Gemeinde wahr. So nimmt er beispielsweise regelmäßig an Vater-Kind-Wochenenden der örtlichen evangelischen Gemeinde teil, die inzwischen auch ohne Kinder stattfinden. Obwohl er sich in der Gemeinde nicht als schwuler Mann zu erkennen gibt, sondern nur als geschiedener Vater, kann er die größere Offenheit der EKD gegenüber Homosexualität für sich nutzen. So hat er einen evangelischen Gottesdienst auf einem Christopher Street Day eingeführt. Er selbst sieht seine Religiosität als von der Kirchenzugehörigkeit unabhängig, als *ökumenisch-katholisch* an. Er befindet sich quasi im vorübergehenden Exil in der evangelischen Kirche. Dass er sich dort nur als Gast fühlt, darauf deutet auch hin, dass er sich in seiner Gemeinde nicht als schwul outet.

In diesen ersten beiden Teilen wurden Konflikte mit der Religion, der Kirche oder ihnen zugehörigen Menschen behandelt. Ähnlich wie in den Studien von Sommer (2002) und Söderblöm (2002) (vgl. Kap. 2.1.4) weisen die Erzählungen überwiegend produktive Umgangsweisen mit solcherart Konflikten auf, sodass nach wie vor eine enge Bindung an die Religion oder zu einer kirchlichen Gemeinde besteht. Auch im dritten Teil, in dem die Vergeschlechtlichung von Elternschaft und die Bindung an evangelische Gemeinden untersucht wurden, wurden Konflikte thematisiert. So berichtet beispielsweise Frau Overdieck davon, sich beim Yoga – das ihr die Möglichkeiten inneren Freiraums in ihrem hektischen Alltag bietet[36] – mit apologetischen Momenten des evangelischen Glaubens befasst zu haben. Frau Inthorn erzählt von Ausgrenzungserfahrungen als erwerbstätige Mutter in jener Gemeinde, in der sie sich im Presbyterium engagierte.

Hier konnte festgestellt werden, dass alle, die der Kirche im Laufe ihrer Jugendzeit indifferent gegenüberstanden, sich durch die Kinder wieder annäherten. Diesbezüglich zeigte sich jedoch ein Unterschied zwischen den betreffenden Frauen und Männern. Denn während zwei der drei Mütter, die sich der Kirche durch die Kinder wieder annäherten, Leitungspositionen in den Gemeinden annahmen und die dritte Mutter den Gemeindebrief austrug, beanspruchten alle drei Männer mit noch minderjährigen Kindern in erster Linie die Angebote der Kirche. Allerdings muss berücksichtigt werden, dass insgesamt nur einer dieser Männer evangelisch war. Zwei waren katholisch getauft, einer von ihnen (Herr Holter) war sogar noch Mitglied der katholischen Kirche. Er hatte sich bereits als Student in der katholischen Studentengemeinde engagiert, bevor er seine Frau kennenlernte. Seine Beziehung zur örtlichen evangelischen Kirchengemeinde entstand ebenfalls erst nach der Ge-

---

36 Dass diese Angebote von berufstätigen Müttern häufig in ähnlicher Weise genutzt werden, hat Woodhead (2008) untersucht.

burt seiner Töchter. Der dritte Vater (Herr Emmich) wuchs kirchenfern in der DDR auf und ließ sich erst wenige Monate vor dem Interview taufen. Seine Annäherung an die evangelische Religion geschah durch seine Frau, die Integration in die Gemeinde passierte durch das Kind, das in der Schule an der Christenlehre teilnahm. Das Geschlecht der Teilnehmenden alleine scheint daher nicht ausschlaggebend. Dies wird auch aus den Erzählungen selbst deutlich. Denn die beiden Mütter, die sich auch in Leitungsgremien engagierten, wurden beide von den örtlichen Pfarrer/innen angesprochen.

Das Verhältnis wird erst dann in geschlechtertheoretischer Hinsicht aussagekräftig, wenn die Erwerbstätigkeit und die Erziehungsarbeit mit einbezogen werden. Dann zeigt sich, dass alle drei Mütter in der Zeit, in der die Annäherung stattfand, die erste Bezugsperson für ihre Kinder waren. Bei den teilnehmenden Vätern war dies nicht der Fall, obwohl die jüngeren Väter deutlich mehr über ihre Kinder sprachen als die beiden älteren Väter. Die stärkere Thematisierung der eigenen Kinder seitens der jüngeren Väter lässt einen Generationenunterschied vermuten. Da sie auch Teile der Sorgearbeit tragen und Männlichkeit für die teilnehmenden Männer insgesamt nicht mehr fraglos gegeben war, sondern auf vielfältige Weise hinterfragt wurde (vgl. Meuser 2010), bestätigt sich hier zumindest im Ansatz, dass die doppelte Vergesellschaftung inzwischen auch Männer erfasst (vgl. König 2012). Die Einschränkung ergibt sich daraus, dass beispielsweise die Frau von Herrn Kleber seit der Geburt des Kindes nicht mehr in Vollzeit, sondern in regulärer Teilzeit beschäftigt ist, dass Herr Emmich, der gemeinsam mit seiner Frau ein Taxiunternehmen führt, erzählt, dass seine Frau wegen des Kindes weniger fahren würde als er, und dass die Kinder von Herrn Holter bei der Mutter lebten. Nur der Vater (Herr Bertram), der Witwer wurde, als der jüngste Sohn zwölf Jahre alt war, hatte ab diesem Zeitpunkt die gänzliche Erziehungsverantwortung. Zuvor war seine Frau aber überwiegend Hausfrau. Da die Zeit des Zusammenlebens mit Kindern für die beiden älteren Väter länger zurücklag und Vaterschaft für diese beiden Teilnehmer kein aktuelles Thema war, kann die geringe Thematisierung auch dadurch begründet sein. Zudem waren beide, Herr Schuster und Herr Bertram, bereits kirchlich engagiert, bevor sie Kinder hatten.

Das Spannungsfeld zwischen Berufs- und Familienarbeit nimmt in den Lebenssinnerzählungen der Mütter insgesamt einen größeren Raum ein, wodurch eine deutliche Übereinstimmung mit der Studie von Fischer (2007) erkennbar ist (vgl. Kap. 2.1.4). Frau Matzner, die zunächst Hausfrau war, erkannte bald, nachdem sie ihre drei Kinder geboren hatte, dass sie sich von ihrem Mann trennen würde. Sie begann zu arbeiten, um in Zukunft selbstständig zu sein. Doch erst als ihr jüngster Sohn volljährig wurde, gewann der Beruf über das bloße Geld-verdienen-müssen hinausgehend an Bedeutung. Frau Overdieck, die unerwartet Mutter wurde, setzte ihre Berufstätigkeit nur für kurze Zeit aus und wurde Presbyterin, als ihre älteste Tochter konfirmiert wurde. Vor wenigen Jahren hat sie berufsbegleitend ein Bachelorstudium in Sozialer Arbeit absolviert und die Arbeitsstelle gewechselt. Ihre persönliche Auszeit findet sie im Yoga, während die Gottesdienste in der örtlichen

Gemeinde für sie Dienstzeiten sind (vgl. Woodhead 2008). Auch Frau Inthorn, deren beide Söhne inzwischen erwachsen sind, hat ebenfalls durch ihre Kinder wieder einen engeren Kontakt zu einer Kirchengemeinde bekommen. Sie hat zunächst den Kindergottesdienst gestaltet, später wurde sie Presbyterin sowie Mitglied des Kreissynodalvorstands. Nach der Geburt der Kinder trat sie zunächst beruflich zurück. Als ihr ältester Sohn sieben Jahre alt war, wurde sie jedoch die Familienernährerin, während ihr Mann den Haushalt und die Versorgung der Kinder übernahm. Dass sie zugleich als Presbyterin tätig war, stieß nicht überall auf Wohlgefallen, hielt sie aber nicht von ihrem Engagement ab.

Auch für Frau Grell entstand der Kontakt zur örtlichen Gemeinde über die Kinder, von denen eins einen evangelischen Kindergarten besuchte. Inzwischen trägt sie dort den Gemeindebrief aus und nimmt Familienangebote war. Sie hat vier Kinder, ist regulär teilzeitbeschäftigt und nahm zur Zeit des Interviews an einer Fortbildung zur systemischen Familienberaterin teil. Im Gegensatz zu Frau Overdieck konnte sie sich in ihrer Yogaklasse nicht entspannen, sodass ihr die Auszeit und damit die Muße für das Nachdenken über einen Sinn des Lebens augenblicklich gänzlich fehlt.

Im vierten und letzten Teil des ersten Unterkapitels ging es nicht um Auseinandersetzungen mit der Religion, sondern darum, auf welche Weise die Kirche als Institution einen Rahmen bildet, durch den politisches und gesellschaftliches Engagement unterstützt wird. Hier trat die Funktion der Kirche als „Heterotopie" (Foucault 2005) in den Vordergrund. Einerseits wurde hier behandelt, inwiefern die Kirche den Teilnehmenden, die in der DDR erstsozialisiert wurden (Frau Lange und Herrn Schuster), ein Ort des Widerstands war. Indirekt zeigt sich dies auch in dem Interview des dritten DDR-sozialisierten Teilnehmers (Herr Emmich), der sich in der evangelischen Kirchengemeinde ebenso aufgehoben fühlt wie in der evangelischen Familie seiner Frau. Deren Verhalten stellt er seinem eigenen Aufwachsen bzw. dem Umgang in seiner Herkunftsfamilie als besonders gegenüber.

Die etymologische Bedeutung von Sinn war unter anderem „Reise", aber auch das, was beachtet wird. Der Sinn ist also in Bewegung und er stellt das dar, woran sich Menschen orientieren oder wonach sie sich ausrichten. Hier sind zwei Ebenen zu berücksichtigen. Zunächst muss davon gesprochen werden, dass die Teilnehmenden sich – wie oben dargestellt – am vergeschlechtlichten objektiven sozialen Sinn orientieren, daraus einen subjektiven Sinn ableiten und sich so zu jeweils individuellen Männer und Frauen entwickelt haben und weiter entwickeln (vgl. Kap. 2.1). Neben den Orientierungen, die eindeutig im Zusammenhang mit dem sozialen Sinn stehen muss außerdem die Ebene eines relgiösen Sinns einbezogen werden. In diesem Sinne lassen sich einige der Teilnehmenden von „Eingebungen" durch den Heiligen Geist, von Gewissheiten, wo „es langgeht", oder einfach von Emotionen in Bezug auf den Glauben leiten. Insofern ist die Religion fester Bestandteil ihres Lebenssinns. Die Art der Gottesvorstellungen reicht dabei von etwas Abstraktem wie dem *Heiligen Geist*, einer *Kraft*, einem *Hologramm* (Herr Holter, Frau Overdieck und Frau Lange) bis zu Vorstellungen einer Person, die mit der Bibel ein *Handbuch-Gebrauchsanweisung* zur Verfügung stellt und sich ansonsten nicht einmischt (Herr

Emmich). Wieder andere finden das Göttliche in der Erinnerung an ihnen wichtige Menschen (Frau Michel), über Konzentration und die Ausrichtung im Gebet (Herr Kleber) oder aber in der Gemeinschaft (Frau Grell).

Hinsichtlich der Sinnfindung zeigte sich, dass es sich um Teilnehmende handelte, die dem Lebenssinn einen hohen Wert beimessen. Fast alle finden Sinn, in dem sie die gemäß der Sinnpsychologie (Schnell 2009, 2016) stärksten Aspekte der Sinnfindung praktizieren, nämlich die der vertikalen (auf den Glauben bezogenen) und der horizontalen (auf das gesellschaftliche Engagement bezogenen) Selbsttranszendenz. Darüber hinaus waren es vor allem der Gemeinschaftssinn, das Wir- und Wohlgefühl, die Natur sowie die Selbstentfaltung. In den meisten Fällen verbanden sich verschiedene Aspekte miteinander. Teilnehmende, die über Erfahrungen vertikaler Selbsttranszendenz verfügten oder diese Ebene mit einbezogen, stellten von dort einen Bezug zur horizontalen Selbsttranszendenz, also ihrem sozialen Engagement, her. Die Beziehung zwischen vertikaler und horizontaler Selbsttranszendenz stellten sie her, indem sie von ihren Verantwortlichkeiten und ihrem Engagement berichteten. In anderen Worten folgen die Teilnehmenden der Idee der innerweltlichen Askese (Weber 1920) in ihrer post- oder spätmodernen Ausprägung, in der Evangelisch-Sein mit gesellschaftlichem Engagement verbunden wird (Ueberschär 2013).

Ebenso individuell wie die Gottesvorstellungen gestaltet sich das Engagement in der Kirche und das Wahrnehmen kirchlicher Angebote. Während einige sich in Leitungsgremien der Gemeinde und des Kirchenkreises engagieren (Frau Inthorn und Frau Overdieck) und einige den Kindergottesdienst tragen (Frau Lange), tragen andere den Gemeindebrief aus (Frau Grell), nehmen an Vater-Kind-Wochenenden oder anderen Angeboten der evangelischen Männerarbeit teil (Herr Holter, Herr Kleber und Herr Bertram), singen im Kirchenchor (Herr Schuster und Herr Matzner), bieten Veranstaltungen zum Thema soziale Gerechtigkeit an (Herr und Frau Matzner) – und/oder nutzen die Infrastruktur der Kirche zur Bearbeitung gesellschaftlicher Themen, auch ohne sich selbst als gläubige/r Christ/in zu identifizieren (Frau Matzner).

In einigen Interviews wurde auch ein Wandel der evangelischen Kirche und ihrer Wahrnehmung thematisiert. So sprach beispielsweise Frau Overdieck von einer *düsteren* Vergangenheit. Sie kann sich jetzt aber zur Kirche bekennen, da sie sich dort auch mit ihrer kritischen Haltung akzeptiert fühlt. Bezüglich der Erfahrungen im evangelischen Feld wird so ein Spannungsfeld sichtbar, das zwischen Erfahrungen repressiver Kräfte wie im Falle der Misogynie und der Homophobie einerseits und der Kirche als Heterotopie, beispielsweise als Ort alternativer gesellschaftlicher Praktiken in der DDR andererseits besteht. D. h., die untersuchte religiöse Gemeinschaft birgt immer die Möglichkeiten für beides in sich: die Repression und die Ermöglichung.

In diesem Zusammenhang wurde die Sinnfindung in verschiedenen Hinsichten mit Selbstentfaltung im Sinne emanzipativer Entwicklungen verbunden. Bemerkenswert ist, dass die vertikale Selbsttranszendenz in allen Fällen eine befreiende bzw. ermutigende Wirkung hatte. Frau Lange bewältigte so ihre Abwertung als Mädchen in der Familie und Frau Overdieck einengende apologetische Vorstellungen. Frau Lange und Herr Schuster entliehen ihrem Glauben zudem den Mut zu widerständigem Handeln in der DDR. Andere, wie Frau und Herr Matzner, befreiten sich, indem sie sich von der Kirche entfernten, obwohl Herr Matzner später wieder eintrat und sich heute beide dort engagieren.

Bezüglich der „Entunterwerfung" (Foucault 1992) hat die Untersuchung daher deutlich gemacht, dass Sinnfindung nicht in einem machtfreien Raum stattfindet, sondern von Machtstrukturen durchwoben ist. Demzufolge war eine deutlich zu unterscheidende Aneignung von Religiosität und Sinn zwischen den teilnehmenden Männern und Frauen festzustellen. So musste sich beispielsweise keiner der Männer mit der Abwertung seines Geschlechts von Seiten der Kirche befassen. Das Geschlecht gewinnt auch dadurch an Komplexität, dass es mit anderen sozialen Ungleichheiten korrespondiert. So hat es ebenso Auswirkungen auf schwule Männer wie auf lesbische Frauen, dass ihre sexuelle Orientierung inzwischen zwar auf landeskirchlicher Ebene Anerkennung findet, sich in den Gemeinden aber auch konservative gesellschaftliche Strömungen abbilden. Bei lesbischen Frauen kommt zusätzlich die Abwertung des Geschlechts hinzu, der (etwa mit feministischer Theologie) – wie im Falle von Frau Michel – aktiv entgegengetreten wird. Schließlich hat das Geschlecht und die Vergeschlechtlichung des Lebenssinns auch eine ökonomische Bedeutung. Denn eine Geschichte sozialen Aufstiegs, bei der erst am Ende des Berufslebens das gefunden wird, was man sich im Nachhinein schon früher gewünscht hätte, hat im Falle Herrn Matzners einen deutlichen Bezug zur sozialen Herkunft, da er zunächst einmal darauf abzielte, die sogenannte Normalbiografie zu erfüllen. Diese Kämpfe mit den Umständen, seien sie nun durch Geschlecht, sexuelle Orientierung, soziale Herkunft oder alle drei bedingt, wurden in den Interviews sichtbar. Sie zeigen „die Linien gesellschaftlicher Unterschiede" auf (Foucault 1994, 30). D. h., auch wenn die Diskursgruppe einiges eint, so wird sie durch diese Unterschiede nach innen differenziert.

Zusätzlich lässt sich anhand des Aspekts der „Entunterwerfung" (Foucault 1992) in verschiedener Hinsicht aufzeigen, dass die Teilnehmenden sich zwar in einer traditionellen Religionsgemeinschaft bewegen, zugleich aber dem modernen Diskurs der Individualisierung folgen, der von Gebhardt (2013) als „religiöse Selbstermächtigung" bezeichnet wird. Bei manchen waren sogar Aspekte der Figur des „religiösen Wanderers" erkennbar (Gebhardt 2016). Schließlich bettet sich die Frage nach dem Lebenssinn in gesellschaftliche Entwicklungen wie die zunehmende Individualisierung ein, die einen Begründungszwang hervorbringt, ein Umstand der neben den eigenen Erfahrungen von Selbsttranszendenz wesentlich zu Tendenzen religiöser Selbstermächtigung auch innerhalb der Gemeinden beiträgt, also auch bei Personen, die die Institution der evangelischen Kirche nicht anzweifeln, sondern sie nutzen bzw. sich für sie engagieren. D. h., dass für die Teilnehmenden dieser Studie nur ansatzweise von einer Entbettung der Konfessionalität (Wohlrab-Sahr

2016) gesprochen werden kann, selbst wenn sie eigene theologische Vorstellungen entwickeln.

Durch die individualisierten Formen wird zudem das konservative Element in Frage gestellt, welches häufig mit religiöser Zugehörigkeit assoziiert wird. Diese verliert weiter an Farbe, wenn berücksichtigt wird, dass einige der Teilnehmenden daran arbeiten, die Gesellschaft hin zu einer inklusiveren und gerechteren zu verändern. Zudem distanzieren sich einige der Teilnehmenden explizit von restriktiven religiösen Vorstellungen. So gesehen, stellt sich die Frage nach der Religiosität in ihrem Verhältnis zur Säkularität und einer unterstellten konservativen Einstellung noch einmal anders. Theoretisch gefasst werden kann diese individualisierte Art der Religiosität in dem von Yuval-Davies (2011) vorgeschlagenen Konzept der Säkularität, das nicht auf der Abwesenheit, sondern der Pluralität von Religion beruht. Darin herrscht eine Ethik der Individualität und gegenseitigen weltanschaulichen Toleranz.

2.4.4.2 Reproduktionsweisen individualisierten Lebenssinns

Im zweiten Unterkapitel 2.4.2 wurden die bereits erwähnten normativen Wirkungen des Lebenssinn-Diskurses untersucht. Insbesondere wurde danach gefragt, auf welcher Grundlage und auf welche Weise die Teilnehmenden den Lebenssinndiskurs reproduzieren und ihre Sinn-Subjektivierungen in ihn einschreiben. Berücksichtigt wurde dabei die Beziehung zwischen Lebenssinn und religiöser Zugehörigkeit bei Evangelischen (vgl. Kap. 2.4.2.1), und zwischen Elternschaft und Lebenssinn (vgl. Kap. 2.4.2.2) sowie die Kohärenz lebensgeschichtlicher Erzählungen im Hinblick auf den Lebenssinn (vgl. Kap. 2.4.2.3)

Die Ergebnisse des ersten Unterkapitels beinhalten, dass die Frage nach dem Lebenssinn eine ist, die zumindest in evangelischen Familien tradiert wird. Denn sowohl für Frau Wolf als auch Frau Michel war das Finden und Verfolgen eines Lebenssinns ein Anspruch, der von den Eltern an sie gestellt wurde. Einen Lebenssinn zu haben, war eine Aufgabe im Sinne einer Norm einer angemessenen und guten Lebensweise. Während Frau Wolf trotz ihres großen gesellschaftlichen Engagements von sich sagt, das mit dem Lebenssinn inzwischen *etwas gelassener zu sehen*, sieht Frau Michel einen starken Bezug zwischen diesem Anspruch und ihrer Berufswahl. Sie berichtet zudem davon, dass der Sinn dazu dienen sollte, die Welt zu verbessern. Dadurch knüpft sie an neuere Entwicklungen im Evangelischen an, die beinhalten, dass Christ/in zu sein bedeute, politisch zu sein, Verantwortung zu übernehmen und „sich hinzugeben" für eine lebenswerte Welt (Gutmann 2011).

Beide Familien waren sehr stark protestantisch geprägt. Entweder waren ihre Eltern oder andere Verwandte Pfarrer/innen. Daher kann es sein, dass hier ausgesprochen wurde, was in anderen Familien ‚nur' praktiziert wurde. In den anderen Interviews wurde dieser Zusammenhang zwischen der Religionszugehörigkeit und einem selbst zu findenden Lebenssinn zwar nicht so deutlich artikuliert. Doch sagt bereits die Teilnahme an dieser Studie etwas darüber aus, wie bedeutsam ihnen das Thema ist. Einen Lebenssinn zu haben, scheint integraler Bestandteil der hier untersuchten religiösen Diskursgruppe zu sein. Dieser bezieht sich zwar nicht notwendigerweise auf religiöse Inhalte. Doch findet sich in fast allen Interviews ein ausgeprägtes gesellschaftliches, politisches oder kulturelles Engagement. Die Teilnehmenden tragen daher in hohem Maße zur ‚Verbesserung‘ oder Bereicherung ihrer Umgebung bzw. der Gesellschaft bei.

Dieser Anspruch wurde auch im zweiten Unterkapitel anhand von Passagen verdeutlicht, in denen Eltern über die Erziehung ihrer Kinder sprachen. So wurde beispielsweise von Frau Matzner und Herrn Kleber ausgesprochen, dass ihnen eben dieses Engagement auch bei ihren Kindern wichtig (gewesen) sei.

Der dritte Teil behandelte schließlich den Aspekt der Lebensgeschichte als einer sinnvollen Einheit. Lebensgeschichtliche Interviews sind generell davon geprägt, dass sich die Erzählenden um Kohärenz bemühen (vgl. Scholz 2004). Dieses Bemühen wirkt sich in Erzählungen, in denen explizit nach dem Sinn gefragt wird, dahingehend aus, dass ein roter Faden konstruiert wird, der eben diesen Sinn zutage treten lässt. Die Teilnehmenden haben sich rückblickend an den Weg erinnert, den sie bis zum Zeitpunkt des Interviews beschritten haben, und haben darin nach einem roten Faden gesucht bzw. diesen roten Faden hergestellt, an welchem sie sich orientiert oder den sie auf ihrer „Reise“ entdeckt haben. Dies geschah, indem sie bestimmte Erlebnisse, Erfahrungen und Erkenntnisse zu einem kohärenten und sinnvollen Ganzen zusammengestellt haben. Damit übernahmen sie das, was für Foucault (1994) den Autor ausmacht: Zwar blickten sie nicht von außen auf ein gesamtes, von ihnen erzeugtes Werk, doch wenden sie das Prinzip der Gruppierung in ihrer lebensgeschichtlichen Erzählung an, indem sie auswählen, was ihnen dazu als zugehörig erscheint.

Einige der lebensgeschichtlichen Erzählungen enthalten einen dementsprechenden klaren Plot – sei es die Adaption der Geschichte von David, der als junger Schafhirte Goliath besiegte und dazu berufen war, König zu werden (Herr Bertram), sei es die Aneignung der ‚Heimlichtuerei‘ und der Versuch, sich davon wieder zu lösen, um zu sich zu stehen (Frau Matzner) oder die Vorbereitung auf ein politisches Amt (Herr Schuster). Dieser rote Faden bestand entweder aus einer Kette von Erfahrungen seit der Kindheit bis ins Erwachsenenalter oder aber er war ein Motto, mit dem die einzelnen Ereignisse und in Folge das Leben in der Erzählung interpretiert wurde. Dies wird anhand der Interviews mit älteren Teilnehmenden besonders deutlich, weshalb zur Darstellung des roten Fadens exemplarisch das Interview mit Herrn Schuster ausgewählt wurde, der seine Erzählung auf ein politisches Amt hin ausrichtete, das er nach der Wende innehatte. Die Zuspitzung auf das politische Amt, das er als Rentner nun nicht mehr ausübt, veranschaulicht in besonderer Weise den Anspruch, die Welt zu verbessern und zu bereichern. Das Amt war der Höhepunkt in seinem Leben, der an Sinnhaftigkeit (zumindest im Sinne einer die Welt verbessernden Aufgabe) nicht mehr übertroffen werden kann.

Die jüngeren Teilnehmenden sind teilweise noch auf der Suche. Das Ziel kann noch nicht so deutlich benannt werden, aber es zeigen sich Richtungen: z. B. nach großen persönlichen Wendepunkten wie einem lebensbedrohlichen Unfall (Herr Kleber), die Wichtigkeit des gemeinsamen Lernens mit den Kindern, das der eigenen Kindheit gegenüber gestellt wird (Frau Lange) oder das sehr individuelle tiefere Eindringen in die evangelische Kirche und den evangelischen Glauben (Frau Overdieck). So oder so (ob jünger oder älter) verleiht der Sinn auch Orientierung, indem er Kontinuität herstellt und in der lebensgeschichtlichen Erzählung Kohärenz erzeugt (Scholz 2004).

Somit konnte gezeigt werden, dass der Lebenssinndiskurs ein Diskurs ist, der normative Machtwirkungen entfaltet. Eben dies legt eine Frage für zukünftige Studien nahe, nämlich, ob es sich beim Lebenssinn wie beim Geschlecht um ein Dispositiv handeln könnte (vgl. Kap. 2.1.6): Eine als mangelhaft wahrgenommene Welt soll durch das Lebenswerk Einzelner verbessert werden. Dabei haben alle, jede_r Einzelne, die Aufgabe, hier eine ihnen jeweils am besten entsprechende Aufgabe zu finden. Daraus entsteht eine individualisierte und subjektivierte Form des Anspruchs der „innerweltlichen Askese" Webers (1947). Es geht dann nicht darum, in der gesellschaftlichen Position, in der man sich befindet, möglichst gut zu sein (Meireis 2011), sondern um eine Form von Lebenssinn, bei der die eigene Position erst gefunden und unter Umständen auch erst erarbeitet werden muss. Die Wirksamkeit der Lebenssinndiskurse zeigt sich in der Suche nach einem ebensolchen Sinn und der praktischen Erfüllung. Zudem konnte in Kapitel 2.4.3.1 anhand des Interviews mit Frau Grell gezeigt werden, dass das Empfinden eines fehlenden Sinns durchaus mit Krisen korrespondiert. Im Anschluss an diese Überlegungen zur Normalität und Normativität des Lebenssinns weisen die lebensgeschichtlichen Erzählungen der Teilnehmenden eine quasi verinnerlichte, individualisierte und damit subjektivierte Form der innerweltlichen Askese auf. Diese wird im Laufe der Erzählung entwickelt und auf sie hin wird die Lebensgeschichte zugespitzt. In diesem Sinne wählten die Teilnehmenden dieser Studie aus ihrer Erinnerung bestimmte Erlebnisse, Erfahrungen und Erkenntnisse aus, um eben diesen Sinn plausibel zu machen und/oder ihn zu reflektieren.

2.4.4.3 Verworfene Sinnlosigkeit

Damit Diskurse sich etablieren können, benötigen sie neben ihrer Situierung und Reproduktion eine Außengrenze (Foucault 1994). Und so wurde in Kapitel 2.4.3 untersucht, worin diese Grenze des Lebenssinndiskurses besteht und was in ihm verworfen wird. Pointiert ausgedrückt stellt der Tod die Grenze des Lebenssinns dar. Der Tod sowie weitere mit ihm assoziierte Aspekte wurde hier ebenso im metaphorischen wie im wörtlichen Sinne thematisiert. So ging es im ersten Unterkapitel (vgl. Kap. 2.4.3.1) um das bloße *Funktionieren* im Gegensatz zu einem als sinnvoll erlebten Leben. Die weiteren Unterkapitel behandelten die Bewusstwerdung der Begrenztheit des eigenen und des Lebens der Anderen (vgl. Kap. 2.4.3.2), die Erfahrung des plötzlichen Todes Anderer (vgl. Kap. 2.4.3.3), der keine Macht über das eigene Leben bekommen sollte (vgl. Kap. 2.4.3.4) sowie die Möglichkeit eines Weiterlebens nach dem Tod, das für Einige fraglich war, für Andere eine Gewissheit darstellte (vgl. Kap. 2.4.3.5 und 6)

Frau Grell, deren Interview im Zentrum des ersten Unterkapitel stand, begann mit der Aussage, sie *funktioniere* im Augenblick nur und habe daher gar keine *Muße*, über den Sinn nachzudenken. Selbst in den Yogastunden, in denen sie sich ganz auf sich besinnen könnte, fiele es ihr schwer, abzuschalten. Dass man lediglich *funktioniert*, entspricht dem Gegenteil von Leben. *Zu funktionieren* drückt eine gewisse Willenlosigkeit sowie Abwesenheit von Gestaltungsmacht aus und ist sinnlos. Man führt nur aus, was in einem größeren Rahmen vorgesehen ist, man ist nur ein Rädchen in einem Getriebe, das man nicht selbst entworfen hat. Zu diesen mit dem Tod assoziierten Aspekten gehören auch Charaktereigenschaften wie Geiz und Gier, die im umgangssprachlichen Sinne zu den „Todsünden" gehören und von anderen Teilnehmenden thematisiert wurden.

Fast alle Teilnehmenden sprachen über Erfahrungen mit dem Sterben anderer Menschen, seien sie ihnen nahe stehend oder nur beruflich verbunden gewesen. Dabei sprachen sie verschiedene Themen und auch Umgangsformen an. Herr Holter fand gemeinsam mit seiner Frau Halt in der Religion, als diese eine Totgeburt erlebte. Geholfen haben ihnen dabei vor allem religiöse Bilder wie die von Engeln. Frau Inthorn hingegen erlebte, wie kurz nacheinander ihre Schwiegermutter und ihre Mutter tödlich verunglückten, und ihr Vater kurz darauf verstarb. Sie entlastete sich zunächst, indem sie erst einmal Gott dafür verantwortlich machte, obwohl sie sich – wie sie an anderer Stelle sagte – bewusst war, dass Gott keine Verantwortung dafür trage, sondern es nur ein Zufall gewesen sei, wobei der Zufall einem Sinn des Lebens ebenfalls entgegensteht. Der Zufall kann nicht plausibilisiert – und damit nicht verstanden – werden, es sei denn, das, was wie ein Zufall erscheint, wird Gott oder einer anderen höheren in das menschliche Leben intervenierenden Macht zugeschrieben. Auch die Frau von Herrn Bertram verunglückte plötzlich. Er ging damit um, indem er gegen den Tod rebellierte und ihm nicht das *letzte Wort* über sein eigenes Leben überlassen wollte, sondern sich dagegenstemmte und beruflich zu seiner *Berufung* fand.

Herr Emmich grenzt sich auf eine ähnliche Weise vom Tod ab. Er hat gemeinsam mit seiner Frau ein Taxiunternehmen in einer ländlichen Region, weshalb sie viele Krankenfahrten übernehmen. Unter den Patient/innen befinden sich regelmäßig Krebspatient/innen, von denen einige unheilbar krank sind. Daher kommt Herr Emmich immer wieder mit Sterbeprozessen in Berührung. Er ist in gewisser Weise Teil jener Infrastruktur, die Menschen „sterben macht" (Schneider 2014), wenn er sie in die Palliativmedizin und auch zum letzten Mal ins Krankenhaus fährt. Er hat dadurch gelernt, seiner Familie jetzt stärkere Aufmerksamkeit zu schenken und den Augenblick des Lebens mehr zu genießen.

Herr Kleber erlebte als 17-Jähriger selbst einen schweren Unfall, aufgrund dessen er zwei Wochen im Koma lag und anschließend ein Jahr benötigte, um wieder laufen zu können. Durch dieses Erlebnis hat er zwar die Begrenztheit des Lebens erlebt, aber auch die Angst vor dem Tod verloren. Er ist sich zwar nicht sicher, ob es ein

Leben nach dem Tod gibt, glaubt aber nicht daran, dass er etwas Negatives empfinden würde, wenn es nicht so wäre. Das Leben nach dem Tod war auch ein Thema in anderen Interviews. So ist sich Frau Michel, deren Mutter früh und sehr plötzlich verstarb, nicht sicher, ob es ein Leben *nach dem Tod* gäbe oder nicht. Obwohl beide Eltern Pfarrer/innen waren, findet sie auch mithilfe der Religion keine Antwort auf diese Frage.

In dem Sample gibt es jedoch zwei Teilnehmerinnen, die sich sehr deutlich für ein Leben nach dem Tod aussprechen und damit auch die diskursive Grenze überschreiten bzw. die „Leerstelle" (Schneider 2014) füllen, die das Nicht-mehr-kommunizieren-können mit den Verstorbenen umfasst: Frau Inthorn und Frau Overdieck. Frau Inthorn berichtet von einem Erlebnis, das sie kurz nach dem Tod ihrer Mutter hatte. Sie sagt, sie habe *geträumt*, dass ihre Mutter käme, um sich von ihr zu verabschieden. Träumen darf man alles, eine Erscheinung der gerade verstorbenen Mutter würde sie allerdings in die Nähe von Menschen rücken, die für esoterisch oder schizophren gehalten werden. Zudem begibt sie sich damit nicht nur in einen religiös-spirituellen, sondern auch spiritistischen Bereich. D. h., sie berührt hier gleich zwei Grenzen, eine säkulare und eine christliche. Für Frau Overdieck hingegen gehört der Tod zum Leben, und sie ist davon überzeugt, dass es danach auf eine Weise weitergeht, von der sie keine Vorstellung hat.

Der Tod stellt somit die Grenze zum Lebenssinn dar. Er markiert den Punkt, an welchem die eigene Gestaltungsmacht endet und damit auch die Fähigkeit, sich einen Sinn zu setzen, um die Welt zu einem besseren Ort werden zu lassen, wie es als Anspruch an den Lebenssinn artikuliert wurde (vgl. Kap. 2.4.3.1). Der Tod ist also das, was im Diskurs über den Sinn des Lebens verworfen wird und das metaphorisch sowohl im Funktionieren als auch im Verschwenden oder der Gier angesprochen wird. Bei Oevermann (1995) ist es gerade das Bewusstsein von der Endlichkeit des Lebens, das die drei letzten Fragen, das „woher komme ich", „wer bin ich" und „wohin gehe ich", hervorbringt und damit die Notwendigkeit von Bewährungsmythen bewirkt. Ähnlich äußert sich auch der Philosoph Grondin (2006), der ebenfalls davon ausgeht, dass die Frage nach dem Sinn des Lebens dadurch entsteht, dass wir weder für unsere Geburt noch (in der Regel) für unseren Tod verantwortlich sind, wir als bereits Geborene aber wissen, dass er in unser aller Zukunft liegt (Benkel 2016). Der Tod bedeutet somit auch das Ende dessen, was sich Menschen als ihren Lebenssinn setzen. Sie entwickeln keine Perspektive, die darüber hinausgeht. Mit anderen Worten: Bei der Frage nach dem Sinn des Lebens spielt der Tod gerade dann keine Rolle, wenn sich die Vorstellungen des Lebens im Sinne der innerweltlichen Askese auf das hiesige Leben beziehen. Dementsprechend konnten die in den Interviews erzählten Sterbeereignisse von einigen Teilnehmenden nur schwer in die eigene Lebensgeschichte integriert werden, da sich ihnen der Sinn nicht erschloss. Sie wurden von ihnen zwar erzählt, fielen aber aus dem als sinnvoll Dargestellten heraus. Hier kann im Sinne Engelbrechts und Rosowskis (2007) nicht von „erfahrenem Sinn" in Form von Glückserlebnissen gesprochen werden. Vielmehr geht es hier um erfahrene Sinnlosigkeit.

Manchen Teilnehmenden gelang es aber, das Verworfene des Todes in ihre eigene Sinnbildung zu integrieren – sei es, dass sie ihre eigene Gewordenheit mit der Erfahrung des Sterbens von ihnen näher oder ferner stehenden Menschen erklärten oder aber sich – etwa im Rahmen einer Hospizausbildung – intensiver damit beschäftigten. In diesen Fällen trifft zu, was Oevermann und Grondin über die Sinnbildung schreiben. Der Impuls entsteht gerade aus dem Wissen um die Möglichkeit des Todes. Bei Teilnehmenden, die zusätzlich ein Leben nach dem Tod in Erwägung ziehen, ist das Verhältnis zum Lebenssinn geringfügig anders gelagert. Sie verfügen über die Möglichkeit, über das Augenblickliche hinauszudenken, auch, wenn ihnen keine konkreten Vorstellungen zur Hand sind.

Auch für das Sterben und den Tod gilt, dass sie von Menschen in einem historischen Kontext interpretiert und gestaltet werden (Böcker 2016). D.h., auch wenn Menschen immer schon gestorben sind, wenn sie metaphorisch gesprochen immer schon erleben mussten, dass sie Tätigkeiten nur ‚stumpf' ausführen und andere Menschen auch Gutes nur aus Gier vollbrachten, stellt sich eben dies in einem bestimmten historischen und gesellschaftlichen Kontext jeweils anders dar. Im Rahmen des postsäkularen Lebenssinndiskurses im untersuchten evangelischen Feld sind diese Themen die Grenzbereiche. Sie sind die Bereiche, die angesichts des Zieles, ein sinnvolles Leben zu führen, ausgegrenzt, verworfen und verdrängt werden müssen und zum Widerstand gegen die hervorgerufenen Ohnmachtsgefühle aufrufen. Zwar erweist sich die diskursive Grenz im Falle eines Glaubens an ein Weiterleben nach dem Tod etwas poröser. Doch auch diese Teilnehmenden stoßen an die Grenz ihres Vorstellungsvermögens, so dass in den lebensgeschichtlichen Erzählungen keine Perspektive über das jetzige Leben hinaus entworfen wird.

2.5 Wechselwirkungen von (religiösem wie säkularem) Lebenssinn und Geschlechterkonstruktionen: abschließende Zusammenschau des qualitativ-empirischen Kapitels

Im zweiten Kapitel wurde der Frage nach dem Zusammenhang von (religiösem) Lebenssinn und Geschlecht qualitativ-empirisch nachgegangen. Ausgangspunkt war dabei die Erkenntnis, dass sowohl Lebenssinn- als auch Geschlechterkonstruktionen als historisch wandelbar und damit sozial hergestellt betrachtet werden müssen. Im Zentrum der Studie standen zwölf lebensgeschichtliche Sinn-Erzählungen von Personen, die evangelisch sind und oder sich in evangelischen Kirchengemeinden engagieren. Diesen haben wir uns mithilfe zweier methodischer Ansätze und damit aus zwei Perspektiven angenähert. Die an Bourdieu angelehnte praxeologische Analyse erlaubte es, den Umgang mit Gegensatzpaaren und damit die sinngebenden Dichotomien und Hierarchisierungen zu analysieren (2.3). Auf diese Weise konnte anhand von drei Fallanalysen unter anderem nachvollzogen werden, inwiefern die Teilnehmenden in ihren lebensgeschichtlichen Erzählungen den bürgerlichen Geschlechterkonstruktionen folgen und inwiefern sie sich davon lösen, Alternativen entwerfen bzw. alternativen Entwürfen folgen.

Die an Foucault (1994) angelehnte Analyse der ordnenden Struktur des Lebenssinndiskurses diente dazu, die dem Diskurs innewohnenden Machtwirkungen zu untersuchen sowie die Gruppe der Diskurs-Teilnehmenden zu differenzieren und die Diskursinhalte und -verwerfungen zu ermitteln (2.4). Hier ging es um die Fragen, inwiefern der Lebenssinn selbst als eine vergeschlechtlichte Kategorie verstanden werden kann, inwiefern dem Lebenssinn eine normative Kraft innewohnt und wodurch er begrenzt wird. In beiden Teilen stellte sich somit die Frage, wie sich Religion, Lebenssinn und Geschlechterkonstruktionen verbinden, inwiefern hier progressive, auf Gleichberechtigung zielende Diskurse und inwiefern etablierte, auf Geschlechterungleichheit zielende Diskurse sichtbar werden.

Gemeinsam ist dem praxeologischen und diskursiven Ansatz die ordnende Struktur. Die Ergebnisse beider Herangehensweisen sind miteinander konsistent. Das zeigt sich in beiden Ansätzen eindrücklich an den Prozessen der „Entunterwerfung" (Foucault 1992) und der Emanzipation aus beengenden Lebensverhältnissen, Geschlechterkonstruktionen und Glaubensverständnissen. Beide Ansätze führen jedoch jeweils zu einer unterschiedlichen Akzentuierung, daher möchten wir sie abschließend noch einmal gemeinsam rekapitulieren.

Der praxeologische Ansatz ist dazu in der Lage, die Prozesse und Verläufe einer gesamten erzählten Lebensgeschichte in der Homologie und Spannung von Orientierung bietenden Gegensätzen nachzuvollziehen. Dabei zeigen die Fallanalysen, dass relativ wenige Indikatoren in Gestalt von Gegensatzpaaren genügen, um Orientierung und damit für die Akteure sinnvolle Lösungen ihrer lebenspraktisch angelegten Probleme und Herausforderungen gerade auch in einem langfristig angelegten Prozess zu erreichen. Den globalen Gegensatzpaaren sind viele spezielle Gegensatzpaare zugeordnet, die im Handlungsmodus zugleich den langen Weg der vielen kleinen Schritte zum angestrebten Ziel dokumentieren. Das praktische Wissen um die Regeln im sozialen Feld, das je nach Herkunft, Milieu, Generationenlage und Geschlecht unterschiedlich ausgestaltet ist, führt im Handlungsvollzug der Menschen zu ganz unterschiedlichen Lösungen. Die Diskursanalyse verdeutlicht darüber hinaus, dass auch die Frage des Lebenssinns einer historischen und geschlechtertheoretischen Verortung bedarf: Das, was sich als innerweltliche Askese entwickelt hat, ist längst nicht mehr auf den Beruf beschränkt, sondern hat sich zu einem Anspruch gesellschaftlichen und politischen Engagements entwickelt, der in der postsäkularen Gesellschaft seine (vergeschlechtlichten) Machtwirkungen entfaltet.

Mit dem praxeologischen Konzept von Bourdieu konnte aufgezeigt werden, was eine Biografie in spezifischen Lebens- und Generationenlagen kennzeichnet, sowohl in Bezug auf die Gegensatzpaaren innewohnende Stabilität und Kontinuität als auch auf ein dynamisches Spannungsverhältnis, das zu einer Änderung der Lebensbedingungen und des Lebensstils führen kann. Die Analyse von Gegensatzpaaren ermöglichte Rückschlüsse auf die Identitätskonstruktionen der Teilnehmenden.

So markieren die Geschlechterkonstruktionen nach wie vor ein wesentliches, das soziale Leben bestimmendes Gegensatzpaar, das aus zwei als komplementär sich gegenüberstehenden Geschlechtscharakteren konzipiert ist.

An den Lebensgeschichten der drei älteren Teilnehmenden konnte sowohl das Beharren und Festhalten an erworbenen habituellen Dispositionen nachvollzogen werden als auch der langfristige Prozess ihrer Veränderung und Überwindung. Die Lebensgeschichten aller drei Personen verweisen eindrücklich auf die Dominanz von Herkunft, Milieu, Geschlecht und Generationenlage, die den Lebensstil, den Handlungsspielraum und die Lebensperspektiven bestimmen und begrenzen. Die Prozesse der Veränderung und der Überwindung von beengenden habituellen Dispositionen und Lebenslagen vollziehen sich in allen drei Fällen über Krisen. Dabei macht es einen Unterschied, ob die Krisen in einem dichotomen Modus des Entweder-oder gelöst werden oder in einem komplementären Modus des Sowohl-als-auch.

Herr Matzner orientierte sich an einem in seiner Generation gängigen männlichen Modell der Normalbiografie und des beruflichen Aufstiegs, den er, obwohl in vielen kleinen Schritten und in einem jahrzehntelangen Kampf mit seiner prekären Lebenssituation, zu einem für ihn erfolgreichen Abschluss brachte. Die beiden Frauen befreiten sich aus den Zwängen einer zu ihrer Zeit gesellschaftlich vorgegebenen und auch kirchlich sanktionierten Geschlechterordnung in ganz unterschiedlicher Weise. Frau Matzner verfolgte das Ziel eines von männlicher Dominanz unabhängigen Lebensstils, deren Realisierung ihr in einer dichotomen Struktur im Gegenüber zu ihrem Elternhaus erst nach mehreren Versuchen und jahrzehntelanger Anstrengung gelang. Frau Inthorn hatte bessere Ausgangsbedingungen. Aufgrund einer komplementären Struktur zu ihrem Elternhaus fiel es ihr leichter, die eigene Zuordnung von Beruf und Familie in bewusstem Kontrast zu gesellschaftlich und kirchlich normierten Geschlechterzuweisungen zu realisieren. Gegen kirchliche Normierungsversuche konnte sie sich erfolgreich zur Wehr setzen.

Lebenssinn konstituiert sich aus der Lebenspraxis selbst, auf das, was Unsicherheit im Leben mindert und Lebens- und Handlungsgewissheit stärkt. Religiöser Sinn ist dabei nicht der dominante Faktor, der zu intendierten Veränderungen und zu Lebenszufriedenheit beiträgt. Auf diesen wird bei Bedarf zugegriffen, aber immer in einem Passungsverhältnis zu den das ‚Spiel‘ beherrschenden habituellen sozialen Dispositionen. Bei Herrn Matzner war das der Fall, als er angesichts einer lebensbedrohenden Krankheit seiner Frau eine Reziprozitätsverpflichtung mit der Kirche als Institution einging. Bei Frau Inthorn geschieht dies, indem sie religiösen Sinn als Optimierung der Lebensverhältnisse ‚über den Tod hinaus‘ versteht. Bei Frau Matzner kommt religiöser Sinn überhaupt nicht ins Spiel, es ist vielmehr die Kirche als Institution, die ihr ein Feld für soziales Engagement bietet. Dieses Engagement wiederum ist in einem Passungsverhältnis zu sehen mit ihrer Befreiung aus einer beengenden und für sie unzumutbaren Geschlechterordnung.

Soziales Engagement spielt in allen drei Lebensgeschichten in unterschiedlichen Ausprägungsgestalten eine bedeutsame Rolle. Es ist in Korrelation mit dem jeweils individuellen Befreiungskampf und dem Streben nach Autonomie zu sehen.

Mithilfe des diskursanalytischen Ansatzes (Foucault 1994) konnte rekonstruiert werden, inwiefern der Lebenssinn-Diskurs im evangelischen Feld Machtwirkungen entfaltet und sich diese in den lebensgeschichtlichen Erzählungen in Form eines vergeschlechtlichten subjektivierten Lebenssinns manifestieren. Im ersten Teil der Diskursanalyse wurde sowohl die Verbindlichkeit der Beziehung der Teilnehmenden zur evangelischen Kirche, ihren Gemeinden und Traditionen als auch die Binnendifferenzierung der teilnehmenden Gruppe untersucht. Diese Analyse wurde anhand von vier Themen vorgenommen, die sich im Laufe der Studie als besonders relevant erwiesen haben: (1) (religiöse) Geschlechterkonstruktionen und (2) Sexualitätskonstruktionen, (3) Elternschaft und kirchliches Engagement sowie (4) die Kirche als besonderer Ort, als „Heterotopie" (Foucault 2005). Die ersten beiden Themen betonen die Binnendifferenzierung nach Geschlecht und sexueller Orientierung. So mussten sich nur Frauen mit der im Christentum existierenden Frauenfeindlichkeit und nur sexuell gleichgeschlechtlich orientierte Personen mit christlicher Sexualmoral auseinandersetzen, wodurch diese Themen fast ausschließlich in den Interviews mit betroffenen Personen angesprochen wurden.[37]

Eine weitere Differenzierung ergibt sich aus den unterschiedlichen Herangehensweisen an die Selbsttranszendenz. Während einige Teilnehmende die „vertikale Selbsttranszendenz" (Schnell 2016) thematisieren, indem sie ihr Verständnis von Gott in die Erzählung aufnehmen, beschränken sich andere hauptsächlich auf die „horizontale Selbsttranszendenz" (Schnell 2016), indem sie ihr soziales Engagement hervorheben. Bei den meisten jedoch werden beide direkt oder indirekt miteinander verbunden und stehen zusätzlich zu Sinnaspekten wie der Selbstentfaltung und dem Wir- und Wohlgefühl in Beziehung (vgl. Schnell 2016).

Das dritte und vierte behandelte Thema berührt ebenfalls Binnendifferenzierungen. Bei der Elternschaft werden unterschiedliche Grade des Engagements für die Familien-, Sorgearbeit und Erwerbsarbeit sowie das kirchliche Engagement von Müttern und Vätern thematisiert. Hier ist festzustellen, dass alle Mütter zumindest zeitweise die ersten Bezugspersonen ihrer Kinder waren und es bis auf eine Ausnahme auch blieben, während die Interviews mit jüngeren Vätern zwar Anzeichen einer doppelten Vergesellschaftung von Männern in produktive und reproduktive Tätigkeiten sichtbar werden lassen, sich diese aber in erster Linie auf die qualitativ höherwertige Freizeitgestaltung bzw. bildende und sinnstiftende Erziehungsarbeit bezieht. Zugleich aber erwies sich Männlichkeit bei den teilnehmenden Männern

---

37 Als weitere Binnendifferenzierung in Bezug auf den Lebenssinn hätte im Rahmen der zu untersuchenden Gruppe von Interviews noch die soziale Herkunft behandelt werden können. Auch diese erwies sich als relevant, allerdings nicht im Hinblick auf die Religion, wohl aber als Teil einer individuellen lebensgeschichtlichen Sinnerzählung. Aus diesem Grund wird sie insbesondere in Kapitel 2.3.2 behandelt.

nicht mehr als fraglos gegeben, sondern wurde von ihnen unterschiedlich (in Gruppen oder alleine) bearbeitet und hinterfragt.

Das vierte Thema behandelt die unterschiedliche Verankerung von Ost- und Westdeutschen. Im Vordergrund steht bei beiden Themen jedoch die Frage der Verbindlichkeit, die in den Interviews zwischen den Teilnehmenden und ihren Kirchengemeinden zum Ausdruck kommt. Diese entsteht zum einen über die Tradierung christlichen Wissens und christlicher Werte und zum anderen durch die Funktion kirchlicher Gemeinden als „Heterotopien" (Foucault), als besondere Orte, die die Erprobung gesellschaftskritischer Praxen ermöglichen können.

Die zweite diskursanalytische Ebene, die untersucht wurde, beinhaltet die Mechanismen, durch welche der Lebenssinndiskurs reproduziert, also weitergeführt wird. Hier waren insbesondere drei Themen relevant: (1) Die Einbettung des Lebenssinndiskurses in die evangelische Religion, (2) die Erziehung und (3) das Bemühen, eindeutige, kohärente oder sogar zielgerichtete Lebenssinnerzählungen zu produzieren. Bezüglich des ersten Themas war der normative Anspruch eines die Welt verbessernden Lebenssinns deutlich geworden, der die „innerweltliche Askese" (Weber) in seiner zeitgenössischen Form zum Ausdruck bringt, die sich heute zu einem gesellschaftlichen und politischen Engagement hin entwickelt hat (Gutmann 2011). Dieser Anspruch floss – bei einigen Teilnehmenden – ebenso eindeutig in die Erziehung der eigenen Kinder ein wie in die Kohärenz der lebensgeschichtlichen Erzählung.

Der Sinnhaftigkeit liegt die Sinnlosigkeit gegenüber. Daher untersuchte der dritte und letzte Teil die Grenzen des Diskurses. Hier stach sowohl in metaphorischer als auch erlebter Hinsicht der Tod hervor. Dieser ist sowohl in der Psychologie (z. B. Schnell 2016) als auch der Philosophie (z. B. Grondin 2006) und der Soziologie (z. B. Oevermann 1995) Auslöser für die Frage nach dem Lebenssinn (vgl. Kap. 2.1). Zugleich aber erweist er sich als seine Grenze. Der Lebenssinn der *innerweltlichen* Askese, der zur Verbesserung der Welt beitragen kann, endet eben mit dem Moment, mit dem man diese Welt verlässt.

Zusammengefasst kann festgehalten werden, dass der Lebenssinn-Diskurs vergeschlechtlichte Machtwirkungen entfaltet, da die Teilnehmenden sowohl im religiösen wie säkularen gesellschaftlichen Raum auf vergeschlechtlichte Stereotype, Zuschreibungen und Anforderungen gestoßen sind. Das zeigte sowohl die praxeologische als auch die Diskursanalyse. Die Geschlechterkonstruktionen oder Geschlechterdispositive (vgl. Kap. 2.1.5) wirken sich sowohl auf die Auseinandersetzung mit der Religion als auch der gesellschaftlichen Positionierung aus. Die Teilnehmenden haben sich hier auf unterschiedliche Weise als sich in einem Übergang von traditionellen zu progressiven Geschlechterkonstruktionen Befindliche gezeigt. Bei allen zeigten sich ebenso in Bezug auf die Religiosität als auch die gesellschaftliche Verwirklichung des Lebenssinns sowohl Momente der Unterwerfung als auch Prozesse der „Entunterwerfung" (Foucault 1992). Gerade in der Kombination von Religion, Geschlecht und der Sinnfindung, die auf einer jeweils eigenen Vorstellung sozialen Engagements im Sinne der Weltverbesserung beruhte, zeigten sich Ansätze alternativer Ausdrucksformen von Geschlecht, die ebenso jenseits von Vorstellungen liegen, die mit dem traditionell Bürgerlichen verbunden werden, wie den Ausdruckformen queerer Identitäten. Von Ersterem wird sich befreit und Letzteres wird nicht angestrebt. Hier lohnen sich weitergehende Studien zur Pluralisierung von Geschlechterkonstruktionen.

Hinsichtlich der Fragen nach dem Verhältnis von Religiosität, Säkularität und Sinn lässt sich zusammenfassend feststellen, dass die Teilnehmenden weitgehend religiös selbstermächtigt sind (vgl. Gebhardt 2013). Sie zweifeln Autoritäten an und sind auf der Suche nach eigenen Deutungen bzw. thematisieren ihre religiöse Sinnsuche, in deren Rahmen sie sich ebenso mit restriktiven religiösen Momenten befasst haben und befassen wie mit emanzipativen. Bemerkenswert ist noch, dass die „vertikale Selbsttranszendenz" (Schnell 2016) – also die Ebene des Glaubens oder die Erfahrung einer spirituellen geistigen Kraft – in den Interviews mit Befreiungserfahrungen oder besonderem gesellschaftlichen Mut assoziiert wird. Diese befreienden Momente erwiesen sich nicht als vergeschlechtlicht, sie wirkten sich aber befreiend auf die vergeschlechtlichte Identität aus.

3 Geschlecht, Religion und Lebenssinn: Analysen ihrer Interdependenz anhand der Daten des ALLBUS 2012

(Friederike Benthaus-Apel/Veronika Eufinger)

3.1 Erklärungsansätze zum Gender Gap in Religiosität, Kirchlichkeit und Spiritualität und ihre Relevanz für die These der Feminisierung des Religiösen

Es ist ein häufig festgestellter Sachverhalt, dass Frauen religiöser sind als Männer (Inglehart/Norris 2003). Diese Beobachtung wurde für die christlich geprägten Kulturen Europas jüngst empirisch belegt (Klein/Keller/Traunmüller 2017) und in der religionsgeschichtlichen und theologischen Forschung unter dem Gesichtspunkt einer Feminisierung des Religiösen diskutiert (z. B. Olenhusen 2000; Scheepers 2011; Wieser 2015). Mit diesem Topos wird darauf verwiesen, dass Frauen im 19. Jahrhundert innerhalb des Christentums in den Feldern der öffentlichen und institutionalisierten Formen des Religiösen an Präsenz gewonnen haben.

Martina Kessel (2001) sieht den Grund dafür darin, dass Frauen aus den Einrichtungen höherer Bildung im 19. Jahrhundert noch weitgehend ausgeschlossen waren, während religiöse Institutionen wie Kirche und Synagoge legitime Orte geistiger Anregungen für sie darstellten. Hinzu kamen die bürgerlichen Geschlechterkonstruktionen, in denen Weiblichkeit mit Emotionalität, Irrationalität und Privatheit assoziiert wurde, während Männlichkeit mit Rationalität, Vernunft und Öffentlichkeit gleichgesetzt wurde. Frauen und Männer entwickelten im 19. Jahrhundert hierdurch jeweils ein eigenes Verhältnis zur Institution Kirche. Während sich die Männer aus der Kirche zurückzogen, nutzten die Frauen die frei werdenden Räume und engagierten sich vermehrt innerhalb der Institution Kirche, vor allem im diakonischen Bereich und in der Erziehung. In diesem Prozess wurde *Frömmigkeit zu einem integralen Bestandteil von Weiblichkeit* stilisiert (Borutta 2001 und 2011).

Dabei haben sich Frauen in der ersten und zweiten Frauenbewegung mit den institutionalisierten Formen christlicher Religion kritisch auseinandergesetzt und ihre eigenen religiösen Interessen und Lebensweisen etabliert. Im Zuge dieser Auseinandersetzungen wurden auch neue religiöse Deutungen und Praxisformen etabliert, u. a. durch die feministische Theologie (Woodhead 2017).

Im quantitativen Teil der Studie fragen wir danach, welche Bedeutung in postsäkularen Gesellschaften der sozialen Kategorie Geschlecht für die Erklärung von Religiosität, Spiritualität, Kirchlichkeit und religiösen Weltsichten zukommt. Wir nutzen die Daten des ALLBUS 2012, um dieser Frage empirisch nachzugehen, und konzentrieren uns hiermit auf die erwachsene Wohnbevölkerung in Deutschland.

Ausgangspunkt unserer Überlegungen ist, dass die höhere Religiosität von Frauen kein universelles Phänomen ist und nicht biologisch begründet werden kann, sondern als soziokulturelles Phänomen zu verstehen ist. Zu untersuchen ist, inwiefern der Gender Gap einer höheren Religiosität von Frauen durch soziokulturelle und soziostrukturelle Merkmale erklärt werden kann. Wir verstehen Geschlecht somit, wie eingangs in Kapitel 1.2 ausführlich dargestellt, als soziokulturelle Kategorie, die soziale Ordnung generiert und als Strukturkategorie soziale Differenz zum Ausdruck bringt. Entsprechend wird Geschlecht von uns in der empirischen Analyse als Geschlechterzugehörigkeit und als Geschlechterrolle operationalisiert. Unsere empirischen Analysen folgen drei zentralen Perspektiven der Erklärung:

Erstens untersuchen wir den Einfluss von Geschlechterrollen auf den Gender Gap in Religiösität. Wir gehen davon aus, dass die mit der bürgerlichen Gesellschaft entstandene Verflechtung von religiöser Orientierung und traditionell-weiblicher Sozialisation bis heute wirksam ist, dieser Zusammenhang jedoch in Auflösung begriffen ist. Anhand der Analyse gegenwärtiger Geschlechterrollenorientierungen bei Männern und Frauen werden die Pluralisierung der Geschlechterrollen aufgezeigt, ihre Zusammenhänge mit christlicher Religion untersucht und in ihrer Verflechtung mit Ost-West-Differenzen diskutiert.

Zweitens ist Geschlecht eine soziale Strukturkategorie, die im Kontext mit anderen Kategorien sozialer Differenzierung soziale Ordnung herstellt. In dieser Perspektive der Interdependenz kann die Verflechtung von Religion und Geschlecht mit weiteren soziodemografischen und sozialisationsbezogenen Merkmalen analysiert werden. Wie wirken sich diese Interdependenzen auf den religiösen Gender Gap aus?

Und drittens greifen wir die Perspektive der Sinnstiftung auf, die für die Auswertung der lebensgeschichtlichen Interviews zentral war. Wir untersuchen die Vielfalt der Typen von Sinnstiftungen in der bundesrepublikanischen Bevölkerung und fragen nach dem Zusammenhang zwischen Typen der Sinnstiftung in postsäkularen Gesellschaften und Geschlechterrollenorientierungen.

Wir wollen mit diesen drei Perspektiven, den Geschlechterrollen, der Interdependenz bzw. Intersektionalität[38] und der Typologie von Weltsichten, einen Beitrag zur Erklärung des religiösen Gender Gaps leisten und eine Antwort auf die Frage geben, inwiefern dieser als Ausdruck einer Feminisierung des Religiösen verstanden werden kann. Als „Gender Gap" wird die „Lücke" oder Kluft zwischen den Genus-Gruppen Männer und Frauen bezeichnet. Empirische Analysen zum Gender Gap richten ihr Interesse auf die Beschreibung von Unterschieden in Einstellungen und Handlungen von Männern und Frauen.[39] In der Regel zielt die Analyse des Gender

---

38 Der Begriff wurde von Kimberle Crenshaw (2013) geprägt und zielt darauf, die Kumulation verschiedener Ebenen sozialer Ungleichheit unter besonderer Berücksichtigung von Geschlecht zu verdeutlichen. Insbesondere zeigte sie die Kumulation zwischen den Ungleichheitskategorien von sozialer Klasse, Ethnie und Geschlecht auf. Im Folgenden sprechen wir zudem von Interdependenz, wenn wir die Wechselwirkungen von Geschlecht und Geschlechterrollenorientierungen in ihrer Wechselwirkung mit weiteren Kategorien sozialer Ungleichheit thematisieren (vgl. Walgenbach/Dietze/Hornscheidt/Palm 2007, 9).

39 Die Analysen zu Geschlecht fokussieren – so der kritische Einwand von Connell (2013) – in Theorie wie Empirie zu häufig auf Geschlechterdifferenz, statt den Blick systematisch

Gaps auf die Untersuchung der gesellschaftlichen Benachteiligung oder Unterrepräsentation von Frauen, etwa im Hinblick auf die ungleiche Bezahlung von Frauen bei gleicher Berufstätigkeit, den sogenannten Gender Pay Gap.

Die aktuellen empirischen Untersuchungen zum Gender Gap in Religiosität und Kirchlichkeit (Bergelt 2017; Klein/Keller/Traunmüller 2017; Voas/Mc Andrew/Storm 2013; Voicu 2009) hingegen richten ihre Aufmerksamkeit weniger auf die Beschreibung der Ungleichbehandlung von Frauen in Religion und Kirche, sondern sind daran orientiert, die höhere Religiosität und Kirchlichkeit von Frauen trotz der abnehmenden Bedeutung von Religion und Kirche in postsäkularen Gesellschaften zu erklären. Aktuelle Studien beziehen sich hierbei auf soziologische, sozialpsychologische und biologische Erklärungsansätze (vgl. Kap. 3.3.1).

Die normative Bewertung des empirisch ermittelten Gender Gaps ist *ein* Gesichtspunkt in den Diskursen zur Feminisierung des Religiösen (Scheepers 2011). Der Diskurs über die Feminisierung und Re-Maskulinisierung des Religiösen bewegt sich jedoch auf unterschiedlichen theoretischen Ebenen. Zum einen konzentrieren sich Analysen zur Feminisierung des Religiösen auf die oben benannten historischen, sozialen, kulturellen und religiösen Implikationen, die mit dem Zusammenhang von christlicher Religion und Geschlecht verbunden sind. So argumentiert Wieser in ihrer Studie zur Religiosität älterer Frauen,

> „dass die statistisch stärker durchschlagende Religiosität von Frauen als Konsequenz der sogenannten ‚Feminisierung von Religion' zu verstehen ist. […] Mit diesem von Barbara Welter geprägten Terminus", so Wieser (2015, 117), „ist der ambivalente Prozess benannt, demzufolge Männer sich im Zuge der aufklärerischen Moderne verstärkt der Politik und Ökonomie zu- und von Religion und Kirche abwandten, während Frauen die so entstehenden religiös-kirchlichen ‚Leerstellen' füllten, indem sie in die religiös konnotierten Bereiche der Gesellschaft nachrückten".

Zum anderen fokussiert die These der Feminisierung des Religiösen auf Gerechtigkeitslücken, etwa in der Repräsentation und Partizipation von Frauen in den Kirchen unter Berücksichtigung von Gerechtigkeitstheorien (Scheepers 2011; Studienzentrum der EKD für Genderfragen 2015). Eine Bewertung unserer empirischen Ergebnisse im Hinblick auf die These der Feminisierung des Religiösen bezieht sich auf die erstgenannte Perspektive der Implikationen von weiblicher Geschlechterrolle und christlicher Religion. Sie erfolgt allerdings insofern mit Vorsicht, als die Feminisierung des Religiösen eine Prozessbeschreibung darstellt, unsere Analysen aber auf repräsentativen Querschnittsdaten der Allgemeinen Bevölkerungsumfrage im Jahr 2012 fußen. Die Analyse von Entwicklungen – im Sinne einer Feminisierung von

---

auf die Ähnlichkeiten zwischen den Geschlechtern zu richten. Aus diesem kritischen Einwand von Connell lässt sich für unsere Studie lernen, dass eine sorgfältige Prüfung notwendig ist, für welche Fragestellungen die in dem theoretischen Verständnis von Geschlecht als soziokultureller Differenzkategorie angelegte „Denkrichtung" der Herstellung von Geschlechterunterschieden sachdienlich ist. Zur Diskussion der Differenzierung nach sexueller Orientierung siehe auch Kapitel 2.1.

Religion – kann mit diesen Daten somit nicht vorgenommen werden. Gleichwohl kann die situative Angemessenheit des Gender Gaps als Zustandsbeschreibung einer quantitativ stärkeren Selbst- und Fremdeinstufung von Frauen in Bezug auf Religiosität, Spiritualität, Kirchlichkeit und Weltsicht geprüft und vor dem Hintergrund der Theorie der Feminisierung von Religion diskutiert werden. Hierbei wird der Gender Gap als Ausdruck der stärkeren Selbst- und Fremdzuschreibung von Frauen für den „existenziellen Vollzug des Glaubens in den verschiedenen Formen von alltäglicher, familiärer und persönlicher Frömmigkeit" (Wieser 2015, 117) in den Blick genommen. Darüber hinaus richtet die soziologische Perspektive auf Geschlecht als soziale Kategorie die Aufmerksamkeit auch darauf, die sozialen Bedingungen für Zustimmung oder Ablehnung von (christlicher) Religiosität, Kirchlichkeit, Spiritualität und Sinnstiftung durch Frauen und Männer in gegenwärtigen Gesellschaften aufzuzeigen, mithin nach der Relevanz der Kategorie Geschlecht für Religion in Interdependenz mit anderen soziostrukturellen Kategorien zu fragen.

Die gegenwärtigen empirischen Studien zum religiösen Gender Gap (Klein/ Keller/Traunmüller 2017; Voas/Mc Andrew/Storm 2013) analysieren diesen auf der Basis christlicher Religiosität und Kirchlichkeit. Spiritualität als Ausdruck eines populären Verständnisses von Religion bleibt hierbei unberücksichtigt. Auch Unterschiede in den Weltsichten, religiösen wie säkularen, werden in diesen Studien zumeist vernachlässigt. Diese beiden Forschungslücken sollen mit der vorliegenden Studie geschlossen werden.

3.1.1 Gender Gap und Feminisierung des Religiösen

Auch wenn die These der Feminisierung des Religiösen kontrovers diskutiert wird und die historische Forschung widersprüchliche Ergebnisse zutage fördert und anmahnt, sowohl die Ambivalenzen in den Befunden zur Kenntnis zu nehmen als auch konsequent zwischen verschiedenen Ebenen (Organisation, Repräsentation, Frömmigkeit) in der Analyse zu unterscheiden (Wagner-Rau 2011), gehen wir davon aus, dass dieser Sachverhalt auch heute noch mit dazu beiträgt, den Gender Gap in der Bedeutung von Kirche und persönlicher Religiosität zu erklären. Allerdings ist seit den 1960er Jahren im Gefolge von Studentenbewegung und Bildungsexpansion und seit den 1980er Jahren durch fortschreitende Ökonomisierung und Medialisierung ein tiefgehender Wandel zu konstatieren, der zu einer Pluralisierung der Lebensformen, Lebensstile und Wertvorstellungen geführt hat. In diesem Zusammenhang haben sich auch die Einstellungen zu Kirche, Religion und religiösen Weltsichten von Männern und Frauen verändert. Sie sind vielfältiger geworden und das Feld der Religion hat sich insgesamt gewandelt, sodass in der religionssoziologischen Forschung von einem Prozess der Transformation von Kirche und Religion in der BRD gesprochen wird. Mit dem Begriff der Transformation von Religion fasst Damberg (2011) unterschiedliche Entwicklungen im religiösen Feld der BRD seit 1945: den Wandel in der medialen Berichterstattung über Kirche und Religion, also die Veränderungen in der gesellschaftlichen Kommunikation über Religion, aber auch die Veränderungen in der religiösen Sozialisation und in den religiösen Sozialformen.

> „Transformation wird hier [mit Blick auf religiöse Sozialisation, FBA] als Prozess bestimmt, in dem Individualisierung und Pluralisierung, Ökonomisierung und Rationalisierung, Verwissenschaftlichung und Neubestimmung von Sozialisationszielen (z. B. Klientenorientierung) zu einer Neuausrichtung der religiösen Kommunikation insgesamt beitrugen" (Damberg 2011, 25).

Nicht nur der Wandel der Kirche als Organisation wird hiermit bezeichnet. Vielmehr bezieht sich der wissenschaftliche Diskurs zu Transformationsprozessen des Religiösen insgesamt auf Kirche(n) und religiöse Organisationen. Sie werden als religiöse Akteure verstanden, die „Religion" auf einem religiösen Markt anbieten und über Religion kommunizieren. In diesem Zusammenhang beschreibt Hero (2011) die Entwicklung alternativreligiöser Betriebe, die als religiöse Dienstleister die Kommunikation über Religion verändern (vgl. Damberg 2011, 25). Es sind vor allem Frauen, so Hero, die als Akteurinnen in den alternativen Dienstleistungsökonomien und als religiöse Anbieterinnen fungieren und die Kommunikation über Religion in spezifischer Weise prägen. Insbesondere im Feld der individualisierten fluiden Formen des Religiösen[40], etwa mit Blick auf esoterische Glaubensformen und spirituell-körperbezogene Praxen ist festzustellen, dass Frauen hier häufiger involviert sind als Männer (Hero 2011; Woodhead 2008).

Individualisierungs- und Pluralisierungsprozesse sowie die Medialisierung, Ökonomisierung und Politisierung des Religiösen haben somit zu einem veränderten Umgang mit Religion(en) und Religiosität geführt. Hierzu gehört auch, dass mehr Menschen sich sowohl als Christen und dezidiert religiöse Personen verstehen und gleichzeitig kirchenkritische Positionen einnehmen. Diese Entwicklung hat Gebhardt (2013) als eine „Selbstermächtigung religiöser Subjekte" beschrieben, die einhergeht mit einer gesellschaftlichen Ausdifferenzierung religiöser Deutungen und Praxisformen innerhalb und außerhalb der Institution Kirche – ein Prozess, der – mit analytischer bis pejorativer Konnotation – auch mit dem Begriff der Zunahme von Patchworkreligiosität bezeichnet worden ist (Hervieu-Leger 2004; Hempelmann 2005; Frost/Brunner 2010).

Die Vielfalt von Deutungen im religiösen Feld kann mit Bourdieu (2000) jedoch auch als stetiger Kampf um die legitime Vorherrschaft beschrieben werden. Bourdieu (2000) versteht unter dem religiösen Feld einen sozialen Raum, in welchem die am religiösen Heilsgeschehen Beteiligten spezifische Funktionen einnehmen, die

---

40 Lüddeckens/Walthert (2010) haben den Begriff der „fluiden Religion" eingeführt und bezeichnen damit „das hochgradig flexible Feld nicht-institutionalisierter, gemeinschaftsunabhängiger [religiöser, FBA] Angebote im Bereich des New Age, der Esoterik bzw. der ‚Spiritualität'" (2010, 9). Mit dem Begriff beabsichtigen sie nicht, andere Begriffe wie etwa den der alternativen Religiosität oder den der diffusen Religiosität zu ersetzen, sondern zielen darauf, die häufig mit diesen Bezeichnungen verbundenen negativen Konnotationen abzustreifen und das Phänomen in seiner positiven Spezifität zu erfassen.

mit bestimmten Interessen der Akkumulierung und Enteignung religiösen Wissens verbunden sind. Wenn neue Akteure in das religiöse Feld eintreten – etwa die Akteurinnen und Akteure alternativer Religiosität in den 1960er Jahren –, so verändern sie sowohl das religiöse Feld selbst als auch die Macht- und Herrschaftsverhältnisse darin. Die Akteure und Akteurinnen im religiösen Feld stehen in einem Über- und Unterordnungsverhältnis zueinander, welches sich auch in der Definitionsmacht über legitime bzw. illegitime Formen des Religiösen – Bourdieu bezeichnet dies als Orthodoxie bzw. Heterodoxie – ausdrückt (vgl. Karstein/Benthaus-Apel 2012). Diese Kämpfe um legitime Vorherrschaft sind zudem mit Auseinandersetzungen über die Geschlechterordnung verbunden.[41] Die Auseinandersetzungen um die Anerkennung der feministischen Theologie können somit als Aushandlungsprozess über die legitimen Deutungen im religiösen Feld verstanden werden. Die feministische Theologie ist gegenwärtig Teil des „legitimen" Bestands des christlich-kirchlichen theologischen Diskurses und Teil des Prozesses der Feminisierung des Religiösen. Unter Feminisierung des Religiösen im Bereich der evangelischen Kirche fasst Scheepers (2011) folgende Entwicklungen zusammen:

> „,Feminisierung der Kirche' bedeutet für das 20. Jahrhundert einen dreifachen Prozess: erstens das Ergreifen von bis dato ausschließlich von Männern ausgeübten Berufen – z. B. Pfarrer oder Diakon, zweitens eine Veränderung der Theologie hinsichtlich des Geschlechts der Lehrenden, der Lernenden und des Inhalts – Stichwort feministische Theologie – und drittens schließlich die Rezeption dieser Entwicklungen an der sogenannten kirchlichen Basis – etwa in Form einer Auseinandersetzung mit feministischen Themen im Gemeindealltag" (Scheepers 2011, 5).

Scholz (2011) untersucht die Entwicklung einer Feminisierung der Gesellschaft im 20. Jahrhundert mit Blick auf die Partizipation von Frauen in Politik, Gesellschaft und Familie und stellt fest, „dass von einer Feminisierung der Gesellschaft im Sinne eines durchgängigen Machtzuwachses von Frauen […] nicht die Rede sein [kann]" (Scholz 2011, 13). Unter Feminisierung versteht sie zum einen die

> „Erhöhung des Frauenanteils, wenn etwa von der Feminisierung des Arbeitsmarktes oder der Feminisierung der Migration gesprochen wird. Oft wird unter Feminisierung aber auch die Verbreitung von bestimmten bisher weiblich konnotierten Mustern verstanden: Im Erwerbsbereich meint Feminisierung unter diesem Aspekt die Verbreitung weiblicher, diskontinuierlicher Erwerbsverläufe auf den männlichen Teil der Gesellschaft" (Scholz 2011, 6).

Damit weist sie auf einen wichtigen Aspekt in der Debatte der Feminisierungsthese hin: Eine zunehmende Feminisierung kann als Argument im Sinne der zunehmenden Gleichberechtigung der Geschlechter Verwendung finden, die Rede von der Feminisierung kann aber auch als antifeministisches Argument dienen, wenn

---

41 Albrecht Schöll (in diesem Band) zeigt, wie Bourdieus strukturalistische Methode der Gegensatzpaare zum Verständnis von Geschlechterordnungen beiträgt.

sich mit der Erhöhung des Frauenanteils die Arbeits- und Lebensbedingungen von Männern *und* Frauen verschlechtern, dies jedoch verkürzt den Frauen statt den sie benachteiligenden strukturellen Bedingungen angelastet wird.

Mit Blick auf das religiöse Feld sind Prozesse der Feminisierung differenziert zu betrachten. Die Feminisierung des Religiösen ist nicht als ein historisch linearer (Fortschritts-)Prozess zu denken, sondern es ist nach den konkreten Bedingungen des Zusammenhangs von Religion und Geschlecht in postsäkularen Gesellschaften zu fragen. Der Diskurs der Feminisierung von Religion bezieht sich, wie gesagt, auf sehr unterschiedliche Ebenen der Argumentation. Er meint einerseits den Prozess zunehmender Partizipation von Frauen in Führungspositionen und kirchlichen Ämtern und ihre Teilhabe an der Gestaltung unterschiedlicher Sozial- und Praxisformen christlicher Religion. Andererseits bezeichnet Feminisierung von Religion aber auch den oben beschriebenen Prozess der historisch gewachsenen Interdependenz zwischen christlicher Religiosität und einer traditionell weiblichen Geschlechterrolle (vgl. Wieser 2015). Schneider (2016, 12), ein Pionier der Debatte der Feminisierung des Religiösen im Kontext des deutschen Katholizismus, fasst die in der Forschung diskutierten vielschichtigen Bedeutungszusammenhänge der Feminisierung des Religiösen mit der Zielsetzung ihrer Präzisierung jüngst wie folgt zusammen:

„Zur Erinnerung sei nochmal vermerkt, was unter ‚Feminisierung' verschiedentlich verstanden wurde: die Umcodierung von Religion als weiblich, eine eigenständige Interpretation des Glaubens durch Frauen, ein Prozess des Rückzugs von Männern aus dem kirchlich-religiösen Raum, eine überdurchschnittliche Präsenz von Frauen im kirchlich-religiösen Leben. Solche Tendenzen sollten sich zeigen als ‚Feminisierung des religiösen Personals', als ‚Feminisierung der Gläubigen', d. h. der an den kirchlich-religiösen Angeboten Partizipierenden, als ‚Feminisierung der Frömmigkeit' und als ‚Feminisierung der religiösen Diskurse', d. h. in der diskursiven Zuschreibung von Religiosität/Frömmigkeit an das weibliche Geschlecht".

Wir stellen im Folgenden – in aller Kürze – die Teilhabe von Frauen in der evangelischen Kirche dar, um zu erörtern, ob auf der Ebene der Repräsentation und Partizipation mit Blick auf die evangelische Kirche von einer Feminisierung des Religiösen zu sprechen ist. Darüber hinaus soll – bevor wir uns in der empirischen Analyse dem erstgenannten Diskursstrang zuwenden – der Begriff der Spiritualität eingeführt werden. Denn in der gegenwärtigen Debatte zum Wandel von (christlicher) Religion ist mit der Popularisierung des Begriffs der Spiritualität die Annahme einer Feminisierung von Religion verbunden. Frauen stimmen häufiger alternativen Deutungen des Religiösen zu, sind häufiger an spirituellen Körperpraktiken beteiligt und bezeichnen sich selbst häufiger als spirituell als Männer (Hero 2011; Benthaus-Apel 2010, 176).

3.1.2 Zur Feminisierung von Religion in kirchlichen Organisationen – Geschlechter(un)gleichheit in der evangelischen Kirche?

Ob von einer Feminisierung des Religiösen auf der Ebene der kirchlichen Organisation zu sprechen ist, lässt sich wie folgt beantworten: Der aktuelle Gleichstellungsatlas der EKD, der die Anzahl der Kirchenmitglieder anhand der Gliedkirchen ausweist, zeigt, dass – entsprechend der Feminisierungsthese – auch gegenwärtig mehr Frauen Mitglieder der evangelischen Kirche sind: „Während der Frauenanteil an der Gesamtbevölkerung 51 % beträgt, liegt er unter Kirchenmitgliedern bei 55 %. Dieser Wert ist seit Jahrzehnten nahezu konstant (1987: 54 %). Er variiert in den einzelnen Landeskirchen zwischen 53 % und 61 %" (Studienzentrum der EKD für Genderfragen 2015, 10).

Auch im kirchlichen Ehrenamt sind Frauen überdurchschnittlich stark vertreten. Der Gleichstellungsatlas weist aus, dass unter den ehrenamtlich Engagierten in Kirchengemeinden der Frauenanteil bei 69 % liegt. Im gesamtgesellschaftlichen Vergleich, etwa anhand der Daten des Freiwilligensurveys 1999, ist hingegen festzustellen, dass sich über den kirchengemeindlichen Kontext hinaus mehr Männer ehrenamtlich engagieren. Ihr Engagement bezieht sich jedoch vor allem auf Sportvereine; ehrenamtliche Arbeit im Bereich von Freizeit und weniger im sozialen Bereich ist typisch für Männer (Zierau 2001, 36). Betrachtet man die durchschnittliche Beteiligung von Männern und Frauen an „ihren" Männer- und Frauenkreisen in den Kirchengemeinden, „so nehmen von 1.000 weiblichen Kirchenmitgliedern durchschnittlich 17 Frauen an Frauenkreisen teil, von je 1.000 männlichen Kirchenmitgliedern sind durchschnittlich 4 Männer in einem Männerkreis aktiv" (Studienzentrum der EKD für Genderfragen 2015, 12).

Betrachtet man die Leitung in den kirchlichen Gremien, so ist das Bild differenzierter zu zeichnen, aber auch hier trifft die Rede von der Feminisierung des Religiösen insofern zu, als Frauen in der evangelischen Kirche in kirchenleitenden Positionen anteilsmäßig dazugewonnen haben. Gleichwohl ist von gleicher Partizipation an leitenden Ämtern noch nicht zu sprechen. Der Männeranteil „steigt von 48 % in gemeindeleitenden Gremien über 58 % in Kreissynoden auf 64 % in Landessynoden (Durchschnittswerte). Die EKD-Synode mit 54 % Männeranteil folgt dieser Tendenz des steigenden Männeranteils mit steigender Hierarchieebene nicht" (Studienzentrum der EKD für Genderfragen 2015, 23). Auf verschiedenen kirchenleitenden Ebenen kann ein Trend des Zuwachses des Anteils von Frauen in kirchenleitenden Positionen festgestellt werden, sodass von einem Wandel der „Feminisierung" von Religion gesprochen werden kann, der darin besteht, dass sich Weiblichkeits- und Männlichkeitskonstruktionen hin zu einer größeren Offenheit für Frauen in Führungspositionen entwickeln. „Die evangelische Kirche in Deutschland wird heute – im Unterschied zu 1989 – auf allen Leitungsebenen von Männern wie Frauen geleitet, sowohl im Ehrenamt als auch im Hauptamt" (Studienzentrum der EKD für Genderfragen 2015, 23). Ob dies, wie in der Begriffskonnotation der Feminisierung von Religion mitschwingt, auch eine Veränderung in den Formen,

Deutungen und Praxisgestaltungen von Kirche und Religion mit sich gebracht hat, wird im Folgenden – zumindest mit Blick auf die religiöse Praxis und die Fremd- und Selbsteinstufung als religiös und/oder spirituell – zu klären sein. Es ist davon auszugehen, dass diese Entwicklung ebenso wie die feministische Perspektive auf Religion und Theologie Religion und Kirche insgesamt verändert haben, sie z.B. stärker auf eine Perspektive der Alltagsreligiosität, der Bedeutung des Körperlichen verpflichtet haben (vgl. Woodhead 2017).

3.1.3 Spiritualität – Ausdruck einer Feminisierung des Religiösen auf der Ebene religiöser Selbst- und Fremdzuschreibung?

Der Begriff der Spiritualität wurde in den 1970er und 1980er Jahren in der BRD populär (Kunz/Kohli-Reichenbach 2012; Baier 2006; Benthaus-Apel 2014). War er in den 1980er Jahren ein Begriff mit distinktiver Funktion im religiösen Feld (Knoblauch 2005; Ebertz 2005; Eitler 2007), so zeichnet ihn gegenwärtig eine positive Konnotation und eine hohe Bedeutungsbreite aus (Hanrieder 2016). Knoblauch hat den soziologischen Bedeutungsraum des Begriffes Spiritualität beschrieben und gezeigt, dass zum gegenwärtigen Begriff von Spiritualität gehört, dass die Quellen der religiösen Deutung überwiegend in nicht-hegemonialen Traditionen der Religionen gesucht werden, eine Distanz zur religiösen Dogmatik religiöser Großorganisationen besteht, die Betonung der religiösen Selbstbestimmung und des weltanschaulichen Individualismus zentral sind und eine Orientierung an der subjektiven Erfahrung eine hohe Relevanz besitzt (vgl. Knoblauch 2005, 123).

Seine Popularität verdankt der Begriff aber auch seiner Wiederentdeckung in den Berufsfeldern der Medizin, Gesundheit und Pflege. Hanrieder zeigt, dass in der internationalen Gesundheitspolitik das säkulare und modernistische System der Medizin in die Kritik geraten ist und „in den letzten Jahren zunehmend eine Neubewertung des Religiösen für den Bereich *global health* statt[findet], die das ‚Andere‘ der Religion als Ressource begreift" (Hanrieder 2016, 10). Spiritualität als eine Ressource für die Gesunderhaltung genießt in postsäkularen Gesellschaften eine hohe Aufmerksamkeit. So argumentiert auch Wieser (2015) in ihrer Untersuchung zur Religiosität älterer Frauen:

> „Wird danach gefragt, welche Ressourcen und Bewältigungsstrategien von alten Personen eingesetzt werden können, um mit Verlusten und Grenzerfahrungen ohne substanziellen und dauerhaften Verlust an Wohlbefinden und Lebensqualität umzugehen, so sind auch ‚religiöse Ressourcen‘ in diese Überlegungen miteinzubeziehen" (Wieser 2015, 122).

Wieser argumentiert, dass eine positive Wirkung nur von einer intrinsisch erworbenen Religiosität und Spiritualität zu erwarten ist. Baier (2006) macht darauf aufmerksam, dass „Spiritualität" im oben genannten populären Sinne den Gebrauch des Begriffes in der Öffentlichkeit stark prägt, gleichwohl eine starke Verengung des Begriffes Spiritualität darstellt, wenn man an die philosophischen, orthodoxen, römisch-katholischen und reformatorischen Traditionslinien denkt.

Die zunehmende Bedeutung des Begriffes der Spiritualität in der gesellschaftlichen Kommunikation über Religion kann – wie oben bereits beschrieben – mit dem Konzept des religiösen Feldes erklärt werden (Karstein/Benthaus-Apel 2012). Forschungsergebnisse zeigen, dass es vermehrt Frauen sind, die als Anbieterinnen alternativ-religiöser Angebote in das religiöse Feld eingetreten sind und die Deutungen von Religion ebenso wie die religiöse Praxis im kirchlichen wie im außerkirchlichen Bereich verändert haben (Heelas/Woodhead 2005; Hero 2011). Zu untersuchen ist dementsprechend, ob und inwieweit in der gegenwärtigen bundesrepublikanischen Gesellschaft der Gender Gap, der für Religiosität und Kirchlichkeit bereits breit belegt ist, auch für Spiritualität zutrifft.

Voraussetzung für eine entsprechende Analyse des Gender Gaps in Spiritualität ist, dass der Begriff der Spiritualität neben Kirchlichkeit und Religiosität in das Instrument der quantitativ arbeitenden religionssoziologischen Forschung aufgenommen wird. Eine Operationalisierung von Religion, die nicht nur christliche Kirchlichkeit und Religiosität, sondern auch Indikatoren für Spiritualität und alternativreligiöse Praxisformen abbildet, ist seit gut 15 Jahren in der religionssoziologischen Forschung zu konstatieren. Insbesondere mit der international vergleichenden Erhebung der Bertelsmann Stiftung zu Religion, dem sogenannten Religionsmonitor (2008), wurde ein differenziertes Konzept der Messung von Religiosität, Spiritualität und Kirchlichkeit etabliert (Huber 2003, 2009). Auch der ALLBUS 2012 operationalisiert den Begriff der „Spiritualität". Somit sind in aktuellen religionsbezogenen Surveys die Voraussetzungen gegeben, Kirchlichkeit, Religiosität und Spiritualität vergleichend zu untersuchen.

Müller/Pollack (2009) berücksichtigen Spiritualität in ihrer Untersuchung zur Entwicklung von Religiosität und Kirchlichkeit in neun europäischen Ländern. Sie benutzten die Daten des Religionsmonitors 2008. Im Fokus ihrer Untersuchungen stand der Ost-West-Vergleich. Ihre Ergebnisse bezüglich der Spiritualität zeigen, dass der Anteil jener Menschen, die sich als spirituell bezeichnen, gering ist. Deshalb warnen sie vor einer Interpretation der Wiederkehr des Religiösen in dem Sinne, dass neue populäre Formen von Religion den generellen Trend der Entkirchlichung aufwiegen könnten (vgl. Müller/Pollack 2009, 423). Bezüglich der Geschlechterunterschiede stellen die Autoren fest, dass

> „Kirchlichkeit, Religiosität und Spiritualität bei Frauen verbreiteter ist als bei Männern. Die konventionellen Formen der Religiosität finden sich darüber hinaus bei den älteren Generationen, bei den weniger Gebildeten und der Landbevölkerung häufiger als bei den Jüngeren, den hoch Gebildeten und denjenigen, die in größeren Städten leben" (Müller/Pollack 2009, 424).

Damit sind empirische Hinweise gegeben, dass der Gender Gap der Religiosität auch für Spiritualität gilt.

Siegers (2012) prüfte in seiner umfassenden empirischen Studie zu alternativen Spiritualitäten anhand der Daten der Europäischen Wertestudie 2008/2010 zum einen die Verbreitung alternativer Spiritualität in einunddreißig europäischen Ländern und fragte zum anderen nach den Gründen für die Wahl alternativer Spiritualität im Unterschied zu kirchlicher Religiosität (vgl. Siegers 2012, 16). Seine Studie ist theoretisch wie methodisch äußerst differenziert und liefert umfassende Ergebnisse zur gegenwärtigen Spiritualität, punktuell auch im Hinblick auf Geschlechterunterschiede. Siegers kann zeigen, „dass alternative Spiritualität aus dem Zusammenwirken des religiösen Bedürfnisses [religiöse Sozialisation, FBA] mit Selbstverwirklichungswerten hervorgeht" (Siegers 2012, 282).

> „Wenn Selbstverwirklichungswerte vorliegen, führt ein religiöses Bedürfnis zur Wahl alternativer Spiritualitäten. Entsprechend trägt das Geschlecht kaum zur Erklärung alternativer Spiritualität bei, wenn Selbstverwirklichungswerte abgelehnt werden. Den standardisierten Regressionskoeffizienten […] zufolge ist die religiöse Sozialisation eine stärkere Determinante des religiösen Bedürfnisses als das Geschlecht. Allerdings ist der Effekt des Geschlechts auf die Wahl atheistischer oder indifferenter Haltungen relativ groß, was die Affinität der Männer für eine Weltanschauung ohne Transzendenzbezug unterstreicht" (Siegers 2012, 285).

Die genannten Ergebnisse zu alternativen Spiritualitäten verdeutlichen die Wichtigkeit der religiösen Sozialisation, gepaart mit Selbstverwirklichungswerten für die Erklärung von Spiritualität.

3.2 Empirische Analysen zu Religion, Geschlecht und Lebenssinn: Datengrundlage, Operationalisierungen und Indikatoren

3.2.1 Die Allgemeine Bevölkerungsumfrage (ALLBUS 2012)

Die Allgemeine Bevölkerungsumfrage der Sozialwissenschaften ist eine repräsentative Bevölkerungsumfrage, die seit 1980 alle zwei Jahre durchgeführt wird. Sie erhebt Einstellungen, Verhaltensweisen und die Sozialstruktur der Bevölkerung in der Bundesrepublik Deutschland mit wechselnden Themenschwerpunkten. Das Thema Religion wird seit 1982 jeweils im Abstand von 10 Jahren erhoben. Die Befragung im Jahr 2012 erfasste mit einem differenzierten Instrument Einstellungen und Verhaltensweisen zum Themenbereich Religion und Weltanschauung. Die ALLBUS-Befragungen sind zudem mit dem International Social Survey Programme (ISSP) verbunden, welches im Jahr 2012 eine Vertiefung der Befragung zum Thema Familie und Geschlechterrollen beinhaltete. Die Stichprobe des ALLBUS 2012 umfasst 3480 Personen ab 18 Jahren.[42]

---

42 In der Erhebung sind Personen aus den neuen Bundesländern überrepräsentiert, um detaillierte Auswertungen für die neuen Bundesländer zu ermöglichen. Ein Gewichtungsfaktor ermöglicht jedoch repräsentative Datenanalysen für die gesamte BRD. Die

3.2.2 Zur Operationalisierung von Geschlecht

Das Geschlecht wird im ALLBUS als Zugehörigkeit zu den beiden Kategorien „Mann" und „Frau" erhoben. Wir übernehmen diese klassische Unterscheidung der Geschlechterzugehörigkeit und analysieren Unterschiede zwischen Männern und Frauen, möchten diese Unterscheidung aber nicht als vermeintlich „natürliche" Gegebenheit einer Zweigeschlechtlichkeit verstanden wissen. Denn diese läuft Gefahr, eine naturalisierende Sichtweise auf Geschlecht zu reproduzieren. Die in der Geschlechterforschung breit geführte Diskussion zur Unterscheidung von „Sex" als biologischem Geschlecht und „Gender" als sozialem Geschlecht hat dazu beigetragen, dass die soziale Konstruktion von „Geschlecht" inzwischen zum selbstverständlichen Wissensbestand der sozialwissenschaftlichen Geschlechterforschung gehört.[43] Im Folgenden wird auf die soziale Konstruktion von Geschlecht im Sinne von Gender Bezug genommen. Der Begriff „Gender" verweist darauf, dass das, was jeweils gesellschaftlich unter Geschlecht verstanden wird, Teil der sozialen Aushandlungsprozesse über Geschlechterordnung(en) selbst ist.

Eine weitere Möglichkeit, Geschlecht als soziale Konstruktion in der quantitativen Sozialforschung zu operationalisieren, ist es, gesellschaftliche Geschlechternormen über Geschlechterrollen und Geschlechterrollenorientierungen zu erfassen.[44] Im ALLBUS 2012 wurden Geschlechterrollen durch zwei Indikatoren ermittelt, die wir im Folgenden für unsere Analysen verwenden: Zum einen werden Einstellungen der Befragten zur Berufstätigkeit von Müttern und Vätern mit den folgenden Items[45] erhoben:

- Eine Vollzeit erwerbstätige Mutter kann zu ihrem Kleinkind normalerweise ein genauso inniges Verhältnis haben wie eine Mutter, die nicht berufstätig ist.
- Ein Kleinkind wird sicherlich darunter leiden, wenn seine Mutter berufstätig ist.
- Es ist für ein Kind sogar gut, wenn seine Mutter berufstätig ist und sich nicht nur auf den Haushalt konzentriert.
- Ein Vollzeit erwerbstätiger Vater kann sich nicht ausreichend um seine Kinder kümmern.
- Ein Vollzeit erwerbstätiger Vater kann zu seinem Kleinkind normalerweise ein genauso inniges Verhältnis haben wie ein Vater, der nicht berufstätig ist.

Entwicklung des Forschungsprogramms und die Datenaufbereitung werden von GESIS durchgeführt und Forschenden für Sekundäranalysen zur Verfügung gestellt.

43 Die Unterscheidung von Sex und Gender mag es nahelegen, den Körper als unveränderlichen Ausweis des Natürlichen zu verstehen. Dies ist hier nicht gemeint, denn auch das Körperliche ist kulturell geformt.

44 Das Konzept der Geschlechterrolle wird in Kapitel 3.4.1 vorgestellt.

45 Als Item bezeichnet man den „Bestandteil von Skalen und Fragebögen, als Frage oder Urteil (statement) formulierte Aussage, zu der ein Befragter Zustimmung oder Ablehnung in der Form ja/nein oder in verschiedenen Intensitätsstufen (auf einer Skala) äußert" (Fuchs-Heinritz et al. 1994, 320). Eine Itembatterie umfasst mehrere Statements zu ein und demselben Themenbereich.

Zum anderen werden Einstellungen zur Rollenverteilung von Mann und Frau in Beruf und Haushalt erfasst:

- Die beste Arbeitsteilung in einer Familie ist die, dass beide Partner Vollzeit arbeiten und sich gleichermaßen um den Haushalt und die Kinder kümmern.
- Es ist für alle Beteiligten viel besser, wenn der Mann voll im Berufsleben steht und die Frau zu Hause bleibt und sich um den Haushalt und die Kinder kümmert.
- Die beste Arbeitsteilung in einer Familie ist die, dass beide Partner Teilzeit arbeiten und sich gleichermaßen um den Haushalt und die Kinder kümmern.
- Auch wenn beide Eltern erwerbstätig sind, ist es besser, wenn die Verantwortung für den Haushalt und die Kinder hauptsächlich bei der Frau liegt.
- In einer Familie kann auch der Mann für den Haushalt und die Kinder verantwortlich sein, während die Frau Vollzeit erwerbstätig ist.

Die Umfrageteilnehmer und -teilnehmerinnen konnten zu jeder dieser Aussagen auf einer vierstufigen Antwortskala ihre Zustimmung oder Ablehnung angeben oder mit „weiß nicht" antworten. Unsere Faktorenanalyse der Geschlechterrollen erfolgte auf der Basis dieser Itembatterie[46]. Die andere Hälfte der Stichprobe erhielt eine kürzere Liste mit sechs inhaltlich deckungsgleichen, aber anders formulierten Aussagen zum gleichen Thema.

Geschlecht wird von uns außerdem als Strukturkategorie sozialer Ungleichheit begriffen. Diese wird in ihren Zusammenhängen mit weiteren Kategorien sozialer Differenz (Alter, Bildung, Einkommen, Lebensform) zur Erklärung des Gender Gaps in Religiosität, Spiritualität, Kirchlichkeit und Sinnstiftung herangezogen (Kap. 3.5).

3.2.3   Zur Operationalisierung von Religion

Religion ist als abstraktes Konzept nicht fassbar, wird jedoch in ihren sozialen Ausprägungen in unterschiedlichen Formen greifbar und kann durch Umfragen quantifiziert werden. Die Emergenz des Religiösen zeigt sich in verschiedenen Dimensionen, die Charles Glock folgendermaßen differenziert hat: Es gibt den Glauben, die ideologische Dimension, das Wissen über Religion, die intellektuelle Dimension, die Erfahrung, die emotionale Dimension, die Praxis, die ritualistische Dimension sowie die Konsequenz, die handlungspraktische Dimension (vgl. Glock 1972, 38 ff.). Im Zuge der Auswertung des ALLBUS 2012 haben wir einen Schwerpunkt auf die ideologische Dimension gelegt, die durch subjektive Selbsteinschätzung der eigenen Religiosität und Spiritualität gemessen wird.

- Würden Sie von sich sagen, dass Sie eher religiös oder eher nicht religiös sind?
- Einmal abgesehen davon, ob Sie sich selbst als religiöse Person bezeichnen oder nicht: Würden Sie von sich sagen, dass Sie eher spirituell oder eher nicht spirituell sind?

---

46   Sie wird im Fragebogen des ALLBUS 2012 als „Split 2" bezeichnet.

Die in zehnstufigen Skalen gemessenen Variablen wurden etwa zur Verwendung in Kreuztabellen in drei Ausprägungsstufen zusammengefasst.

Hinzu kommen unterschiedliche Aussagen zur Kosmologie und Gottesvorstellung. Diesen konnte man auf einer fünfstufigen Skala zustimmen, sie ablehnen oder aussagen, dass man über das Thema noch nie nachgedacht hat. Die latenten Variablen des Gottesbildes wurden mit Hilfe einer Faktorenanalyse bestimmt:

- Es gibt einen Gott, der sich mit jedem Menschen persönlich befasst.
- Es gibt einen Gott, der Gott für uns sein will.
- Meiner Meinung nach ist Gott nichts anderes als das Wertvolle im Menschen.
- Unser Leben wird letzten Endes bestimmt durch die Gesetze der Natur.
- Gott befindet sich nicht irgendwo da oben, er ist lediglich in den Herzen der Menschen.
- Das Leben ist nur ein Teil der Entwicklung in der Natur.

Am Schnittpunkt von kognitiver und emotionaler Dimension liegt das religiöse Weltbild, das sich im Sinne der Theorie der Religion als kulturelles System von Clifford Geertz als Symbolsystem verstehen lässt, das in den Menschen die Disposition zu bestimmten Motivationen und Stimmungen, die sich logisch in jenes Weltbild einfügen, etabliert. Die Funktion des Symbolsystems ist es, die Phänomene des menschlichen Lebens mit Sinn auszustatten. Die Religion ist nicht das einzige Sinnsystem, das dies vermag, auch der Common Sense des Alltags und die Wissenschaft können eine ähnliche Funktion erfüllen. Das Alleinstellungsmerkmal des Religiösen ist die allgemeine Seinsordnung, die das religiöse Sinnsystem impliziert (vgl. Geertz 1983, 48). Die religiöse Deutung der Welt und die religiös motivierte Sinnstiftung stellen eine weitere Komponente der Glaubensdimension von Religion dar und stehen in Relation zu säkularen Weltsichten. Die Aussagen dieses Themenkomplexes, die von uns einer explorativen Faktorenanalyse unterzogen wurden, konnten von den Befragten auf einer fünfstufigen Skala von „damit bin ich voll und ganz einverstanden" bis „damit bin ich ganz und gar nicht einverstanden" oder „darüber habe ich noch nie nachgedacht" bewertet werden.

- Das Leben hat für mich nur eine Bedeutung, weil es einen Gott gibt.
- Das Leben hat einen Sinn, weil es nach dem Tode noch etwas gibt.
- Für mich besteht der Sinn des Lebens darin, dass man versucht, das Beste daraus zu machen.
- Das Leben hat nur dann einen Sinn, wenn man ihm selber einen Sinn gibt.
- Das Leben hat meiner Meinung nach wenig Sinn.
- Meiner Meinung nach dient das Leben zu gar nichts.

Religiöse Praxis wird in ihren privaten und öffentlichen, individuellen und kollektiven Ausprägungen durch ihre subjektiv berichtete Frequenz berücksichtigt. Außerdem erfragt der ALLBUS 2012 die Teilnahme an bzw. den Wunsch nach Übergangsriten und neben den konventionellen christlichen, an die Kirchen gebundenen Formen auch Meditation als alternative Praxis.

- Wie oft gehen Sie im Allgemeinen in die Kirche? (von „mehr als einmal in der Woche" bis „nie" in sechs Stufen)
- Wie oft beten Sie? (von „täglich" bis „nie" in sechs Stufen)
- Wie oft nehmen Sie, neben dem Gottesdienst, an kirchlichen Aktivitäten oder Veranstaltungen teil? (von „mehr als einmal in der Woche" bis „nie" in sechs Stufen)
- Wie oft nehmen Sie sich Zeit zur inneren Einkehr, zur Meditation oder etwas Ähnlichem? (von „täglich" bis „nie" in sechs Stufen)
- Wünschen Sie sich eine Beerdigung durch die Kirche bzw. durch Ihre Religionsgemeinschaft? („ja", „nein" oder „ist mir gleichgültig")
- Haben Sie sich kirchlich bzw. nach den Regeln Ihrer Religionsgemeinschaft trauen lassen? („ja" oder „nein")
- Angenommen, Sie würden heute heiraten: Würden Sie sich dann kirchlich trauen lassen oder nicht? („ja", „nein" oder „weiß nicht")

Das Verhältnis zur Kirche als Ausdruck des Grades der Institutionalisierung individueller Religiosität gibt eine hierfür auf Grundlage mehrerer Items konstruierte Variable (Kirchlichkeit) wieder: Ein Punktesystem konstruiert die Kirchlichkeit auf einer Skala von null bis zehn unter Berücksichtigung der Kirchgangshäufigkeit, sonstiger kirchlicher Aktivitäten, des Vertrauens in die evangelische bzw. katholische Kirche sowie des Wunsches nach einer kirchlichen Beerdigung und der Durchführung einer kirchlichen Trauung (bzw. des Wunsches danach). Für die Teilnahme an öffentlichen kirchlichen und privaten Praktiken wurden null bis zwei Punkte vergeben und für die Teilnahme an (oder den Wunsch nach) kirchlichen Übergangsriten sowie das Vertrauen in die Institutionen null oder ein Punkt.

- Ich nenne Ihnen jetzt eine Reihe von öffentlichen Einrichtungen und Organisationen. Sagen Sie mir bitte bei jeder Einrichtung oder Organisation, wie groß das Vertrauen ist, das Sie ihr entgegenbringen. Benutzen Sie dazu bitte diese Skala („überhaupt kein Vertrauen" bis „sehr großes Vertrauen" in sieben Stufen). Wie ist das mit […]der katholischen Kirche; der evangelischen Kirche […]?

Die religiöse Sozialisation bildet einen Kristallisationspunkt, an dem institutionelle Manifestation, die Prägung emotionaler Dispositionen und Handlungsmotivationen sowie das Erlernen von Praktiken und inhaltlichem Wissen zusammenkommen.

- Bitte sagen Sie mir anhand dieser Skala jetzt, welche Rolle in Ihrem Elternhaus die religiöse Erziehung gespielt hat. (null „keine Rolle" bis zehn „sehr große Rolle")

Im Zusammenhang mit der Sozialisation steht die mehr oder weniger exklusive Zugehörigkeit zu einer Konfession. In Deutschland kann von einer religiösen Drei teilung der Bevölkerung in die beiden christlichen Konfessionen und die „anderen", also Atheisten, Konfessionslose, Muslime, Juden und andere religiöse Minderheiten ausgegangen werden. Die Stichprobe des ALLBUS hat mit 3480 Befragten zwar einen beträchtlichen Umfang, doch eine zahlenmäßig ausreichende Repräsentation religiöser Minderheiten kann trotzdem angesichts der Grundgesamtheit nicht hergestellt werden; die Stichprobe gestattet jedoch die Differenzierung in katholisch, evangelisch und konfessionslos (vgl. Fußnote zu den Angaben der Konfessionszugehörigkeit der Befragten im ALLBUS in Kap. 1.3).

- Darf ich Sie fragen, welcher Religionsgemeinschaft Sie angehören? („Der römisch-katholischen Kirche; der evangelischen Kirche (ohne Freikirchen) [...]; keiner Religionsgemeinschaft")

3.2.4   Zur Operationalisierung der Soziodemografie[47]

Um das Zusammenspiel von Religion und Geschlecht mit soziodemografischen Eigenschaften im Sinne der Intersektionalität zu analysieren, wurden die entsprechenden Items des ALLBUS 2012 herangezogen. Das Alter wird in Form des Geburtsjahrs und -monats erfragt. Mit diesen Variablen lassen sich unterschiedliche Geburtskohorten und Alterskategorien bilden. In der vorliegenden Auswertung wurden zum einen fünf Kohorten gebildet (geboren vor 1940, zwischen 1941 und 1955, zwischen 1956 und 1970, zwischen 1971 und 1985 sowie nach 1986), um die Generationen der „68er" und der „Babyboomer" abzubilden. Zum anderen wurde mit folgenden Altersgruppen gerechnet: 18 bis 29, 30 bis 44, 45 bis 59 sowie über 60 Jahre. Der Familienstand wird detailliert erfragt, ebenso wie der Grad der Erwerbstätigkeit und das Vorhandensein von Kindern.

Die Differenzierung der Sozialisationsbedingungen der alten und neuen Bundesländer erfolgte durch die Abfrage, in welchem Bundesland die Befragten ihre Jugend vorwiegend verbracht hatten. Auf dieser Basis konnte die Stichprobe für die entsprechenden Analysen anhand der Fälle geteilt werden, die angegeben hatten, in den Ländern der ehemaligen DDR bzw. BRD ihre Jugend verbracht zu haben. In den Ergebnissen zum Ost-West-Vergleich wurden die Teilnehmer, die außerhalb Deutschlands sozialisiert wurden, ausgeschlossen.

Der Bildungsgrad wurde anhand des höchsten Schulabschlusses operationalisiert. Das Haushaltsnettoeinkommen wurde direkt erfragt und ist im ALLBUS-Datensatz bereits in zwanzig Kategorien unterteilt. Im Kontext der allgemeinen wirtschaftlichen Lage Deutschlands wurde auch um eine Einschätzung der persönlichen wirtschaftlichen Lage gebeten.

---

47 Die Items zur Soziodemografie können im Anhang in Tab. A3 eingesehen werden.

3.3 Empirische Befunde zum Gender Gap in Kirchlichkeit, Religiosität, Spiritualität und Weltsichten

3.3.1 Zum Stand der Forschung

In jüngster Zeit veröffentlichte Studien zum Gender Gap in (christlicher) Religiosität und Kirchlichkeit zeigen, dass der Gender Gap trotz Säkularisierung und wachsender Geschlechtergleichheit fortbesteht (Bergelt 2017; Klein/Keller/Traunmüller 2017; Voas/Mc Andrew/Storm 2013; Voicu 2009). Die empirischen Ergebnisse dieser Studien sensibilisieren dafür, dass der Gender Gap – je nach untersuchter Dimension von Religion und Kirchlichkeit – beträchtlich variiert und insofern weder von einem linearen noch von einem eindimensionalen Geschehen zur Erklärung des religiösen Gender Gaps auszugehen ist (vgl. Voas/Mc Andrew/Storm 2013, 281; Voicu 2009, 158).

Auf der Basis der Daten des Religionsmonitors 2008 gingen Klein, Keller und Traunmüller (2017) dem Zusammenhang von Religion und Geschlecht nach. Die Autor_innen untersuchten konfessionsübergreifend die Effekte des Geschlechts auf Religiosität bezogen auf 21 Länder. Im Zentrum ihrer Untersuchung stand der Vergleich von Theorieansätzen. Sie werteten die Daten im Hinblick auf sechs religionssoziologische und -psychologische Theorieansätze mit der Methode der Mehrebenenanalyse aus.[48] Keiner der erörterten Theorieansätze konnte den Gender Gap über alle Länder hinweg vollständig erklären. Somit unterstreicht die Studie den Sachverhalt der Komplexität in den Ursachen des Gender Gaps. Aber vor allem verdeutlicht sie, dass sich Frauen zwar über alle Länder hinweg der Richtung nach für religiöser halten als Männer, der Gender Gap einer höheren Religiosität von Frauen jedoch vor allem für christlich geprägte Länder der westlichen Welt augenfällig ist. Seit der Aufklärung, so die Autor_innen, sei die wesensmäßige Verschiedenheit von Mann und Frau ein zentraler Topos und zeichne das Bild des „rationalen" Mannes und der „gefühlsbetonten" Frau, in das die christliche Religiosität in spezifischer Weise eingeflochten sei. Religiosität als gefühlsbetonter „Sinn und Geschmack fürs Unendliche" (Schleiermacher 1799, 53 in Studienausgabe 2012, 47) werde seither stärker mit der weiblichen Geschlechterrolle in Verbindung gebracht. Demnach antworteten Frauen in christlich geprägten westlichen Ländern häufiger in Übereinstimmung mit der Fremd- und Selbstzuschreibung ihrer Geschlechterrolle im Sinne einer höheren positiven Wertschätzung von Religion und persönlicher Religiosität. Dies würde auch ihre höhere Zustimmung zu neuen Formen von Religiosität erklären: das Fortbestehen der Religionsaffinität der weiblichen Geschlechterrolle auch über eine Religionszugehörigkeit hinaus (vgl. Klein/Keller/Traunmüller 2017, 128). Festzuhalten ist, dass die Ergebnisse der Studie von Klein/Keller/Traunmüller das Argument stärken, dass der jeweilige historische, kulturelle und religiöse Kon-

---

48 Getestet wurden folgende Theorieansätze: Structural Location Theory, Gender Role Socialization Theory, Gender Role Orientation, Psychoanalytische Annahmen, Theorien zu allgemeinen Persönlichkeitsunterschieden zwischen Männern und Frauen und Risk Preference Theory.

text in Rechnung zu stellen ist, um den Gender Gap einer höheren Religiosität und Kirchlichkeit zu erklären. Die Autor_innen beziehen ihre empirischen Ergebnisse somit auf die These der Feminisierung des Religiösen, wie sie eingangs in Kapitel 3.1 benannt wurde.

Die Studie von Voas/Mc Andrew/Storm (2013) geht ebenfalls der Frage nach, ob und inwiefern Frauen religiöser sind als Männer.[49] Sie knüpfen an die These von Inglehart/Norris (2003) und Trzebiatowska/Bruce (2012) an, die davon ausgehen, dass mit zunehmender Säkularisierung und Geschlechtergleichheit in modernen Gesellschaften der Gender Gap in Religiosität und Kirchlichkeit abnimmt. Dieses Argument aufnehmend, analysieren sie, ob der Gender Gap in Staaten, die durch mehr Geschlechtergleichheit und höhere Säkularität geprägt sind, geringer aus-fällt.[50] Im Ergebnis können sie die These eines abnehmenden Gender Gaps bei Zunahme der Säkularität und Geschlechtergleichheit der Richtung nach mit ihren Daten bestätigen. Darüber hinaus zeigen die Ergebnisse der Studie, dass weder Sä-kularisierung noch Geschlechtergerechtigkeit einen Einfluss auf den Gender Gap haben, wenn das nationale Einkommen im Erklärungsmodell Berücksichtigung findet. Prosperität und Modernisierung scheinen den Gender Gap zu reduzieren, aber nicht, wie angenommen, aufgrund von Geschlechtergleichheit oder Säkulari-sierung, sondern aufgrund des Wohlstands eines Landes. Der Zusammenhang von Gender Gap in Religiosität und Human Development Index bzw. nationalem Pro-Kopf-Einkommen ist sehr stark und größer als die Korrelation zwischen sozioöko-nomischer Lage und Gender Gap. Die Ergebnisse der Studie von Voas/Mc Andrew/ Storm (2013) geben somit einen wichtigen Hinweis darauf, dass der Einfluss des nationalen Wohlstands als Erklärung für den Gender Gap Berücksichtigung finden sollte. Weiterhin analysieren Voas/Mc Andrew/Storm (2013) den Einfluss, den die gewählten Indikatoren für Religiosität und Kirchlichkeit (Mitgliedschaft, Kirchen-besuch, religiöse Selbsteinschätzung und Gebet) für die Erklärung des Gender Gaps aufweisen. Ihre Untersuchungsergebnisse verdeutlichen, dass der Gender Gap für die Zugehörigkeit zur Kirche und die Teilnahme am Gottesdienst relativ gering ist, während er hinsichtlich der subjektiven Selbsteinstufung der Religiosität und für das Gebet höher ausfällt. Somit ist der Gender Gap in seiner Stärke durchaus abhän-gig von den berücksichtigten Dimensionen: Er fällt bei den öffentlichen Formen von Religiosität geringer und bei den privaten Formen höher aus.

Zusammenfassend unterstreicht die Studie von Voas/Mc Andrew/Storm (2013) erstens die Existenz des Gender Gaps in Form einer höheren Religiosität von Frau-en. Sie bestätigt zweitens, dass der Gender Gap variiert, wenn verschiedene Dimen-sionen von Kirchlichkeit und Religiosität berücksichtigt werden. Drittens offenbart

---

49 Der Studie liegen die Daten der European Values Study (EVS), des International Social Survey Programme (ISSP) und des European Social Survey (ESS) zugrunde.

50 Für die Analyse der Geschlechter(un)gleichheit benutzen sie vier Indikatoren: Gender Inequality Index (GII), Global Gender Gap Index (GGGI) 2012, Economic participation and opportunity component of the GGGI (GGGI-Econ) und den GII-LF, der den Unter-schied zwischen der Beteiligung von Frauen und Männern am Erwerbsleben misst.

sie die Bedeutung ökonomischer Faktoren (nationaler Wohlstand) für die Erklärung des Gender Gaps.

In einer dritten aktuellen Studie wurde der Gender Gap von Bergelt (2017) mit dem Ansatz der Geschlechterrolle untersucht. Er arbeitete mit den Daten der European Values Studies und fragte danach, ob der Gender Gap in Kirchlichkeit und Religiosität durch traditionelle oder moderne Geschlechterrollenorientierung zu erklären sei. Hierzu zog er die Daten von neunzehn christlich geprägten europäischen Ländern und Regionen heran. Auch die Ergebnisse dieser Studie verdeutlichen, dass der Gender Gap in Kirchlichkeit und Gottesglauben über alle 19 untersuchten europäischen Länder nachzuweisen ist. In Übereinstimmung mit den Ergebnissen der Studien von Voas/Mc Andrew/Storm (2013) und Klein/Keller/Traunmüller (2017) bestätigen seine Resultate, dass der Gender Gap im Hinblick auf die öffentlichen Formen des Religiösen geringer, im Hinblick auf die privaten hingegen stärker ausfällt. So geben Frauen in fast allen europäischen Ländern häufiger an, an Gott zu glauben, als Männer, bezogen auf die Konfessionszugehörigkeit ist der Gender Gap jedoch geringer. Die Studie von Bergelt zeigt darüber hinaus, dass dieser Effekt von den jeweiligen nationalen Kontexten überlagert wird. Denn im Vergleich der neunzehn in den European Values Studies berücksichtigten europäischen Länder bilden Italien und Polen bezüglich des Gender Gaps einer höheren Religiosität von Frauen eine Ausnahme: Besonders in Polen ist der Gender Gap gering, und dies vor allem in der ideologischen Dimension des Glaubens an Gott. Dieser Sachverhalt zeigt, dass der Gender Gap in Religiosität auch davon abhängt, welche gesellschaftliche und politische Bedeutung der Religion und der Zugehörigkeit zu einer Konfession in einem Land zugeschrieben wird. Die politische, kulturelle und soziale Funktion von Religion als Mittel der Herstellung von Differenz ist hiermit angesprochen.

Die referierten Ergebnisse beziehen sich auf Studien, die den Gender Gap in Form einer höheren Religiosität und Kirchlichkeit von Frauen in ländervergleichender Perspektive untersucht haben. Unsere Studie fokussiert hingegen die BRD und richtet damit ihre Aufmerksamkeit auf den innerdeutschen Vergleich. Für unsere Studie kann deshalb von folgenden Hypothesen ausgegangen werden:

1. Der Gender Gap, d. h. eine höhere Religiosität und Kirchlichkeit von Frauen, ist vor allem in den alten Bundesländer zu erwarten, da diese – im Unterschied zu den neuen Bundesländern – eine stärkere christliche Prägung aufweisen.
2. Der Gender Gap in Form einer höheren Religiosität und Kirchlichkeit von Frauen variiert zudem systematisch mit den Dimensionen von Religion und Kirchlichkeit. Der Gender Gap fällt im Bereich der ideologischen Dimension (der Glaubensüberzeugungen) und der privaten Formen der religiösen Praxis stärker aus, während er im Bereich der institutionellen und öffentlichen Formen von Religion (Konfessionszugehörigkeit, Kirchlichkeit) geringer ist.
3. Die politische, soziale und kulturelle Bedeutung, die der Zugehörigkeit zu einer Konfession oder Teilhabe an Formen religiöser Praxis gesellschaftlich beigemessen wird, hat Einfluss auf das Ausmaß des Gender Gaps.

Müller/Pollack/Pickel (2013, 144) konnten aufzeigen, welche Bedeutung der konfessionellen Mehrheitskultur zukommt, wenn die Entwicklung von Religiosität und Kirchlichkeit in der Bundesrepublik untersucht wird. Sie stellen fest:

> „Die deutsch-deutschen Differenzen auf dem Gebiet des Religiösen sind […] mehr als die Summe individueller religiöser Orientierungen; der Bruch sitzt tiefer, da er makrokulturell verankert ist: Während die vorherrschende Kultur in den ‚alten‘ Bundesländern nach wie vor kirchlich-christlich verfasst ist und Religion und Kirche, wenn auch immer weniger, in vielerlei Hinsicht das gesellschaftliche Leben wie auch die individuellen Wertvorstellungen und Orientierungen eines Großteils der Bevölkerung prägen, lässt sich die dominante Kultur in Ostdeutschland nicht nur als entkirchlicht, sondern als säkularisiert bezeichnen. Das Besondere an solchen Mehrheitskulturen besteht in ihrer Fähigkeit der Selbstverstärkung, indem sie als ‚atmosphärischer Druck‘ auch auf Minderheiten einwirken, sowie in ihrer ‚Trägheit‘ gegenüber Gegentendenzen bzw. in ihrem Beschleunigungspotenzial unter Bedingungen, die ihnen entgegenkommen […]. Genau dieser Effekt kommt unserer Meinung nach in der unterschiedlichen Entwicklung der religiösen Landschaft in West- und Ostdeutschland auch nach der Wiedervereinigung zum Tragen.“

Wir nehmen in den folgenden Kapiteln auf diese Ergebnisse zur Erklärung des Gender Gaps Bezug und setzen uns insbesondere mit den Ost-West-Differenzen auseinander, die eben nicht nur zwei unterschiedliche religiöse Kulturen, sondern auch zwei unterschiedliche Geschlechterkulturen umfassen. Eine Erklärung der Beharrungskraft der soziokulturellen Unterschiede zwischen Ost- und Westdeutschland liegt, so zeigen unsere Ergebnisse, in der sich wechselseitig verstärkenden Wirkung von Geschlechterordnung und religiöser Ordnung.

3.3.2 Der Gender Gap in Kirchlichkeit, Religiosität, Spiritualität und Weltsicht

Wir geben zunächst anhand der Daten des ALLBUS 2012 einen Überblick über das Ausmaß des Gender Gaps in Religiosität, Spiritualität, Kirchlichkeit und (religiöser) Weltsicht. Zu prüfen ist, ob sich auch für die BRD der signifikante Gender Gap bezüglich der privaten wie öffentlichen Dimensionen von christlicher Religion zeigt. Die Analyse der Mittelwertunterschiede (vgl. Tab. 1) verdeutlicht, dass für die bundesrepublikanische Bevölkerung ein signifikanter Gender Gap in die erwartete Richtung besteht: Frauen bezeichnen sich durchschnittlich als religiöser und spiritueller und weisen eine stärkere Kirchlichkeit auf. Die Auswertung demonstriert zudem, dass Frauen ein signifikant höheres Vertrauen in die evangelische Kirche haben, während das Vertrauen in die katholische Kirche von der Geschlechterzugehörigkeit unabhängig ist (tabellarisch nicht ausgewiesen).

Tab. 1:   Gender Gap Mittelwertvergleich I

| | Geschlecht | | | | |
| | weiblich | | männlich | | Sign. |
	M	SA	M	SA	
Religiosität	5,30	3,043	4,47	3,011	***
Spiritualität	3,44	2,774	3,13	2,567	**
Kirchlichkeit	4,51	2,636	4,18	2,673	***

Signifikanzniveaus: n. s. = nicht signifikant; * = p < 0,05; ** = p < 0,01; *** = p < 0,001.

Die Korrelationsanalyse (vgl. Tab. 2) bestätigt die These, dass der Gender Gap einer höheren Religiosität der Frauen auf der institutionellen Ebene des Religiösen (Kirchgangshäufigkeit und Häufigkeit kirchlicher Aktivitäten) geringer und auf der im Privaten ausgeübten Ebene des Religiösen, gemessen an der Häufigkeit des Gebets, stärker ausfällt.

Tab. 2:   Korrelationen zum Gender Gap

	Geschlecht
Kirchgangshäufigkeit	,081**
Häufigkeit des Gebets	,159**
Häufigkeit kirchlicher Aktivitäten	,075**

Rangkorrelationskoeffizient nach Spearman, zweiseitiger Signifikanztest.
Signifikanzniveaus: * = p < 0,05; ** = p < 0,01; *** = p < 0,001.

Mittels explorativer Faktorenanalyse[51] lassen sich Muster der Sinnstiftung aus der zugehörigen Itembatterie (vgl. Kap. 3.2.3) kondensieren (vgl. Tab. 3). Der erste Faktor bildet mit Aussagen zur Bejahung der Existenz Gottes und des Lebens nach dem Tod eine christlich-kirchliche Weltsicht ab. Der zweite Faktor hingegen verdeutlicht mit Aussagen, welche das Vorhandensein von Sinn verneinen, eine anomische Weltsicht. Die Items zur Möglichkeit eines selbst geschaffenen Sinns bilden die säkular-eigenverantwortliche Weltsicht des dritten Faktors.

Der Mittelwertvergleich in Tab. 4 zeigt, dass lediglich die christlich-kirchliche Weltsicht einen Zusammenhang zum Geschlecht aufweist: Frauen stimmen dieser Weltsicht signifikant häufiger zu, während die beiden anderen Weltsichten keinen Zusammenhang zur Geschlechterzugehörigkeit erkennen lassen. Damit fügt sich die Analyse der Weltsichten in das Gesamtbild des Gender Gaps ein, nach dem insbesondere die Dimensionen der Glaubensüberzeugung und die der privaten religiösen Praxis einen Zusammenhang mit dem (weiblichen) Geschlecht aufweisen.

---

51 Die Faktorwerte wurden mittels der Regressionsmethode berechnet und variieren daher etwa zwischen -3 und +3.

Tab. 3: Strukturmatrix der Weltsichten

	Arten der Weltsicht		
	christlich-kirchlich	anomisch	säkular-eigen-verantwortlich
Lebenssinn, weil es nach dem Tod etwas gibt	,905		
Leben hat nur Bedeutung, weil es Gott gibt	,901		
Das Leben hat für mich wenig Sinn	,	,904	
Das Leben dient zu gar nichts	,	,903	
Sinn des Lebens: das Beste daraus machen	,		,878
Dem Leben kann man nur selbst Sinn geben		,	,866
Cronbachs α	,773	,768	,681

Koeffizienten unter ,300 wurden unterdrückt.

Tab. 4: Gender Gap Mittelwertvergleich II

	Geschlecht				
	weiblich		männlich		Sign.
Weltsicht	M	SA	M	SA	
christlich-kirchlich	0,08	1,01	-0,08	1,008	***
anomisch	-0,03	0,95	0,03	1,05	n. s.
säkular-eigenverantwortlich	-0,01	1,05	0,01	0,94	n. s.

Signifikanzniveaus: n. s. = nicht signifikant; * = p < 0,05; ** = p < 0,01; *** = p < 0,001.

3.3.3 Der Gender Gap im Ost-West-Vergleich

Die Bundesrepublik weist – dies demonstrieren die Analyseergebnisse mit dem ALLBUS 2012 – auch gut 25 Jahre nach der Wiedervereinigung erhebliche Ost-West-Unterschiede in Religiosität und Kirchlichkeit, aber auch bezüglich der Geschlechterunterschiede auf: Wie Tab. 5 veranschaulicht, spiegelt die Analyse des Gender Gaps im Vergleich der Sozialisationsbedingungen in Ost und West (vgl. Kap. 3.2.4) einerseits den bekannten Unterschied einer höheren Zustimmung zu christlich-kirchlicher Religiosität, zu Spiritualität sowie zu einer christlich-kirchlichen Weltsicht bei in Westdeutschland aufgewachsenen Männern und Frauen wider. Darüber hinaus ist im Westen der Gender Gap einer höheren Religiosität der Frauen auf allen hier berücksichtigten Dimensionen signifikant. Unter den im Osten Sozialisierten hingegen weist eine christlich-kirchliche Weltsicht negative Zustimmungswerte auf und der Gender Gap einer höheren Religiosität von Frauen ist allein für die religiöse

Tab. 5: Mittelwertvergleich zum Gender Gap in West und Ost

| | West | | | | | Ost | | | | |
| | Weiblich | | Männlich | | Sign. | Weiblich | | Männlich | | Sign. |
	M	SA	M	SA		M	SA	M	SA	
Religiosität	5,7	2,835	4,81	2,93	***	3,24	2,923	2,71	2,593	**
Spiritualität	3,71	2,815	3,31	2,57	**	2,40	2,225	2,28	2,254	n. s.
Kirchlichkeit	4,97	2,453	4,55	2,535	***	2,70	2,595	2,65	2,561	n. s.
Christlich-kirchliche Weltsicht	,165	,957	,005	,974	**	-,414	,868	-,594	,849	**
Anomische Weltsicht	-,0169	,949	,022	1,052	n.s.	-,102	,88	-,0510	,901	n. s.
Säkular-eigenverantwortliche Weltsicht	-,0659	1,089	-,0572	,95	n. s.	,255	,898	,231	,85	n. s.

Signifikanzniveaus: n. s. = nicht signifikant; * = p < 0,05; ** = p < 0,01; *** = p < 0,001.

235

Selbsteinstufung und die christlich-kirchliche Weltsicht zu verzeichnen. Im folgenden Kapitel 3.4 zeigen wir ausführlich, wie sich Geschlechterrollenorientierungen und religiöse Einstellungen wechselseitig beeinflussen und in typischer Weise mit Ost-West- Unterschieden kovariieren.

3.4 Die Perspektive der Geschlechterrollenorientierung zur Erklärung des Gender Gaps in Religiosität, Kirchlichkeit, Spiritualität und (religiöser) Weltsicht im Ost-West-Vergleich

3.4.1 Der Ansatz der Geschlechterrolle

Ein Erfolg versprechender Ansatz, um den dargestellten Gender Gap in Religiosität, Spiritualität, Kirchlichkeit und Weltsichten im Ost-West-Vergleich zu erklären, ist die Analyse der Wechselwirkungen zwischen Geschlechterrollen und religiösen Einstellungen und Praxen. Geschlechterrollen lassen sich als Ausdruck gesamtgesellschaftlicher geschlechtertypischer Verhaltenserwartungen (Makroebene) verstehen. Sie weisen auf Geschlechternormen hin, die Individuen in unterschiedlicher Weise adaptieren und ausgestalten. Unter Geschlechterrollen*orientierungen* sind die persönlich angeeigneten Muster geschlechtertypischen Handelns zu verstehen (Mikroebene) (vgl. Becher/El-Menour 2014, 17). Der Vorzug dieses Ansatzes ist es, Geschlechterrollenorientierungen unabhängig von der Geschlechterzugehörigkeit der Befragten erfassen zu können.[52] Die Analyse des Zusammenhangs zwischen Geschlechterrollenorientierungen und den verschiedenen Dimensionen von Religion ist vor allem deshalb vielversprechend, weil der Diskurs zur Feminisierung des Religiösen sich explizit auf die historische Verflechtung einer traditionell weiblichen Geschlechterrolle und (christlicher) Religion bezieht. Der enge Zusammenhang zwischen traditioneller Geschlechterrolle und einer höheren Religiosität und Kirchlichkeit der befragten Männer und Frauen, die sich dieses Rollenverständnis zu eigen gemacht haben, ist zu erwarten. Wir untersuchen deshalb, welche Geschlech-

---

52 Karin Hausen untersucht in ihren Studien zur Geschlechtergeschichte, wodurch sich das komplementäre Modell der Geschlechterrollen als Ideal der bürgerlichen Geschlechterordnung etablieren konnte. Sie stellt fest: „Geschlechtscharakter', dieser heute in Vergessenheit geratene Begriff, bildete sich im 18. Jahrhundert heraus und wurde im 19. Jahrhundert allgemein dazu verwandt, die mit den physiologischen korrespondierend gedachten psychologischen Geschlechtsmerkmale zu bezeichnen. Ihrem Anspruch nach sollten Aussagen über die Geschlechtscharaktere die Natur bzw. das Wesen von Mann und Frau erfassen" (Hausen 2012, 19). Hausen weist für ihre historischen Analysen zur bürgerlichen Geschlechterordnung auf das Rollenkonzept hin, untersucht jedoch über dieses Konzept hinausgehend, „wie, von wem und mit welcher Autorität die mit den Ausführungen über ‚Geschlechtercharaktere' einsetzende Neudefinition eines Aspektes der Geschlechterrolle vorgenommen wird, und zweitens [...], wie und bei wem die Aussagen möglicherweise imstande waren, die Geschlechterrollen zu beeinflussen" (Hausen 2012, 21).

terrollenorientierungen in der BRD anzutreffen sind, und analysieren ihre Wechselwirkungen mit Religiosität, Kirchlichkeit, Spiritualität und religiöser Weltsicht.

3.4.1.1 Zum Stand der Forschung der Geschlechterrollenorientierung im Ost-West-Vergleich

Der Ansatz der Geschlechterrollen wird vor allem in der Familiensoziologie genutzt, um Geschlechterungleichheit etwa in der Aufgabenverteilung und Zeitverwendung von Männern und Frauen in Familien zu untersuchen (vgl. Scott 2006). Die Vollzeit-Erwerbstätigkeit von Müttern mit kleinen Kindern und die damit verbundene Ausgestaltung der Beteiligung der Väter an Aufgaben der Fürsorge und Haushaltstätigkeiten in der Familie sind das entscheidende Thema des Diskurses über den Wandel von Geschlechterrollen in modernen westlichen Industriegesellschaften (vgl. Braun/Scott 2008; Scheuer/Dittmann 2007; Tinklin et al. 2005). Die Forschung zu Geschlechterrollen befasst sich mehrheitlich mit dem gesellschaftlichen Wandel der Geschlechternormen, die sich im 19. Jahrhundert – wie dargestellt – als Ideal einer Komplementarität der Geschlechterrollen und Geschlechtscharaktere etabliert hatten: Dabei wiesen „traditionelle" Geschlechterrollen den Frauen die Zuständigkeit für Haushalt und Familie sowie Emotionalität und dem Mann die Zuständigkeit für die Erwerbsarbeit und Rationalität zu. „Moderne" bzw. „egalitäre" Geschlechterrollen brechen diese Vorstellung auf und orientieren sich an der Gleichheit von Mann und Frau. Die Operationalisierung zu Geschlechterrollen im ALLBUS 2012 bildet diese beiden Dimensionen einer egalitären und einer komplementären bzw. traditionellen Geschlechterrollenorientierung ab:

> „Ein ‚traditionelles' Rollenverständnis geht davon aus, dass die Frau primär zu Hause bleiben und sich um die Erziehung der Kinder und um den Haushalt kümmern soll, während der Mann für die Erwerbstätigkeit zuständig ist; die berufliche Karriere der Frau hat demnach einen geringeren Stellenwert. In einem ‚egalitären' Rollenverständnis hingegen wird nicht nach den Geschlechtern differenziert, vielmehr wird eine Rollenverteilung von Mann und Frau befürwortet" (Blohm/Walter 2016, 426).[53]

Im Folgenden stellen wir ausführlicher Ergebnisse der Studie von Scheuer/Dittmann (2007) vor, die den Wandel der Einstellung zur Vereinbarkeit von Beruf und Familie in Deutschland und Europa anhand der Daten des Eurobarometers 2006

---

53 Der Ansatz der Geschlechterrollen ist in der Geschlechterforschung nicht ohne Kritik geblieben (vgl. Opitz-Belakahl 2015, 59). Kritisiert wird, dass der Rollenbegriff dazu verleiten kann, „Gender" auf ein Bündel von Verhaltenserwartungen zu reduzieren, statt die Vielfalt und Komplexität der mit Geschlecht verbundenen historisch veränderlichen gesellschaftlichen Ordnungsvorstellungen zu analysieren. Unsere eigenen Forschungen weisen darauf hin, dass, bezogen auf die Analyse von Religiosität und Kirchlichkeit, die Indikatoren für die Erfassung der Geschlechterrollen in Itembatterien wie dem ALLBUS erweitert werden sollten (vgl. Benthaus-Apel/Eufinger 2017).

aufzeigt. Damit wird erstens eine Einordnung unserer eigenen – anhand des ALL-BUS 2012 gewonnenen – Ergebnisse der Einstellungen zu Geschlechternormen für die Bundesrepublik im europäischen Vergleich möglich. Zweitens wird die Besonderheit zweier Geschlechterkulturen, wie sie für die Bundesrepublik mit der Existenz eines hinsichtlich Geschlechternormen eher „egalitären" Ostens und eines stärker auf „Komplementarität" bzw. Neuorientierung und Pluralität ausgelegten Westens typisch ist, im europäischen Kontext aufgezeigt. Scheuer/Dittmann gehen von der These aus, dass „die Vereinbarkeit von Beruf und Familie [...] für Frauen in Deutschland ein großes und zunehmend drängendes Problem dar[stellt]" (2007, 1). Die Autor_innen unterscheiden auf der Basis von Einstellungen zu Berufstätigkeit und Kindererziehung ein „modernes" und ein „traditionelles" Rollenverständnis, deren empirisches Zustandekommen jedoch nicht näher erläutert wird. Sie zeigen, dass vor allem in Westeuropa und Skandinavien ein „modernes" Rollenverständnis überwiegt, während postkommunistische und südeuropäische Länder durch ein überwiegend „traditionelles" Rollenverständnis gekennzeichnet sind. „Ein beson-derer Fall", so die Autor_innen, sind „die Ostdeutschen, deren geringe Zustimmung zum klassischen Rollenmodell nur noch von den Dänen unterboten wird" (Scheuer/Dittmann 2007, 2). Das „egalitäre" Rollenverständnis der Ostdeutschen sehen die Autor_innen darin begründet, dass Frauen in der DDR an den notwendigen Auf-bauleistungen langfristig beteiligt waren, während in der BRD in der Nachkriegszeit relativ schnell das komplementäre Rollenbild wieder etabliert wurde. Unterschiede in den Geschlechterrollen der Frauen stellten somit eine zentrale ideologische kul-turelle Differenz der Frauen- und Familienpolitik zwischen BRD und DDR dar.[54]

Die Analysen von Scheuer/Dittmann zeigen, in hoher Übereinstimmung mit den Ergebnissen der Längsschnittuntersuchung auf der Basis der Daten des ALL-BUS von Blohm/Walter (2016), dass die Differenz zwischen Ost- und Westdeut-schen bezüglich ihrer Einstellung zur Rolle der Frau in der Familie zwischen den Jahren 1982 und 2006 sogar noch größer geworden ist. Insgesamt ist zwar von 1982 bis 2006 ein Wandel hin zu einem modernen Rollenverständnis zu verzeichnen, aber die Kluft zu den modernen Einstellungen der Ostdeutschen ist gewachsen. So stellen die Autor_innen fest, dass

„der Anteil der Westdeutschen, die eine Berufstätigkeit der Mutter für das Kind als pro-blematisch ansehen, gegenwärtig immer noch bei 60 % (1982: 88 %) [liegt]. Damit hat sich der Abstand zwischen Ost- und Westdeutschland vergrößert. Betrug er zu Beginn der 1990er Jahre 22 Prozentpunkte, sind es aktuell 35 Prozentpunkte" (Scheuer/Dittmann 2007, 4).

---

54 Martschukat/Stieglitz beschreiben in ihrer Geschichte der Männlichkeit, dass in der BRD und der ehemaligen DDR politisch unterschiedliche Männerbilder mit Blick auf die heimkehrenden Soldaten etabliert wurden: Eine „Remaskulinisierung" der deutschen Nachkriegsgesellschaft setzte demnach in Westdeutschland darauf, die ehemaligen Sol-daten wieder „familienfähig" zu machen, während in Ostdeutschland gerade nicht der Familienvater, sondern der Mann und Vater als guter Parteiaktivist und Produzent als Männerbild ideologisch etabliert wurde (vgl. Martschukat/Stieglitz 2008, 100 f.).

Deutlich ist, dass es in Westdeutschland einen gesellschaftlichen Konflikt darüber gibt, ob Mütter (von kleinen Kindern) arbeiten sollen; in Ostdeutschland wird dies fast einhellig befürwortet.

In Westdeutschland zeigt sich, dass die Einstellung zur Rolle der Frau in der Familie von Bildung und Generation beeinflusst ist. Ältere und Personen mit niedrigen Bildungsabschlüssen, das zeigen verschiedene Studien, stehen der Erwerbstätigkeit von Müttern kritisch gegenüber. Die Ergebnisse der Forschung zum Wandel von Geschlechterrollen weisen somit aus, dass egalitäre Geschlechterrollen von Personen vertreten werden, die tendenziell jünger sind und einen gehobenen Bildungsabschluss haben (vgl. Scheuer/Dittmann 2007; Braun/Scott 2008). Insbesondere der Wertwandel und die Bildungsexpansion der 1970er Jahre haben in den westlichen Industrieländern zu einem Wandel der Geschlechterrollen beigetragen. Dieser Wandel zu egalitären Geschlechterrollenorientierungen wird von Callum Brown (2007) für Großbritannien als eine Ursache für den Prozess fortschreitender Säkularisierung angesehen, da traditionelle Geschlechterrollen, Religiosität und Kirchlichkeit in einem positiven Zusammenhang miteinander stehen, egalitäre hingegen in einem negativen. Die Studie von Scheuer/Dittmann, aber auch unsere eigenen Forschungen zeigen, dass in der jüngsten Altersgruppe die Berufstätigkeit von Müttern – insbesondere von jüngeren Männern – wieder kritischer gesehen wird (vgl. hierzu ausführlich Benthaus-Apel/Eufinger 2017).

Unterschiedliche Studien zu Geschlechterrollen verdeutlichen, dass Konfessionslose der Tendenz nach egalitärer orientiert sind als konfessionell gebundene Personen. Die Konfessionszugehörigkeit steht somit in einem erkennbaren Zusammenhang mit einer traditionellen Geschlechterrollenorientierung: Helbig/Schneider können konfessionelle Unterschiede beschreiben und weisen nach, dass insbesondere Personen mit muslimischem, katholischem, freikirchlichem und protestantischem Glauben eine traditionelle Geschlechterrollenorientierung vertreten (vgl. Helbig/Schneider 2014).

Der Ansatz der Geschlechterrollen und Geschlechterrollenorientierung wurde bereits in der religionssoziologischen Forschung verwendet, um Unterschiede in Kirchlichkeit und Religiosität von Frauen und Männern zu analysieren (vgl. Ahrens 2000). Prominent ist er zudem in Arbeiten, die sich mit der traditionellen Geschlechterrollenorientierung von Muslimen befassen (vgl. Becher/El-Menour 2014, 17). Vor allem Volz (2000) und Volz/Zulehner (2009) nutzen in ihren Arbeiten zur Analyse der Unterschiede in Religiosität und Kirchlichkeit von Männern die Typisierungen der Geschlechterrollen als zentralen Erklärungsansatz. Sie unterscheiden vier Typen von Geschlechterrollen (moderne, suchende, balancierende und traditionelle Geschlechterrollentypen) und können zeigen, dass im Osten ein höherer Anteil an teiltraditionellen Männern und im Westen ein hoher Anteil an modernen und balancierenden Frauen zu verzeichnen ist. Bezogen auf die Religiosität stellen sie fest:

„Das religiöse Gesamtpotenzial von Frauen (1998: 63 %, 2008: 43 %) ist deutlich schwächer geworden, jenes von Männern ist gewachsen (1998: 37 %, 2008: 39 %). Als religiös bezeichnen sich insbesondere die teiltraditionellen Frauen (1998: 67 %, 2008: 65 %). Die Modernen (Männer 2008: 28 %, Frauen 2008: 33 %) sind ihrer Aussage gemäß am wenigsten religiös. Hinsichtlich der persönlichen Religiosität haben sich Männer und Frauen in den letzten zehn Jahren auf einem niedrigen Niveau angenähert. Auffällig ist die Zunahme der ‚überzeugten Atheisten' in den vergangenen zehn Jahren bei beiden Geschlechtern" (Volz/Zulehner 2009, 214).

Die Ergebnisse der Studie von Scheuer/Dittmann (2007) und Volz/Zulehner (2009) verdeutlichen, dass es äußerst sinnvoll ist, einerseits Differenzierungen der Geschlechterrollenorientierungen im Hinblick auf Ost-West-Unterschiede vorzunehmen. Darüber hinaus weist die Studie von Volz/Zulehner darauf hin, dass eine Interdependenz zwischen teiltraditioneller Geschlechterrollenorientierung und Religiosität besteht, insgesamt sich aber der Gender Gap zwischen Männern und Frauen verringert.

3.4.1.2 Vorläufige Ergebnisse aus dem Forschungsprojekt und Zielsetzung der weiterführenden Analysen

Wir haben bereits ausführlich an anderer Stelle Ergebnisse zum Zusammenhang zwischen Geschlechterrollenorientierung und Religion, Kirchlichkeit und Weltsicht beschrieben (Benthaus-Apel/Eufinger 2017). Dort fragten wir – in Anbetracht des oben referierten Forschungsstandes – danach, welche Muster der Geschlechterrollenorientierung nach Kohorte und Geschlecht in Ost- und Westdeutschland gezeigt werden können, und untersuchten typische Zusammenhänge zwischen Geschlechterrollenorientierungen in Ost- und Westdeutschland und Religiosität, Kirchlichkeit und Weltsichten. Zudem fragten wir nach dem Erklärungsbeitrag, den die Analyse der Geschlechterrollenorientierung für Kirchlichkeit, Religiosität und Weltsicht im intergenerationellen Wandel liefert.

Wir konnten eine Pluralisierung der Geschlechterrollenorientierungen im Westen und eine stärkere Betonung der egalitären Geschlechterrollenorientierung im Osten feststellen. Generell bestätigt sich der erwartete Zusammenhang einer egalitären Geschlechterrollenorientierung mit geringer Religiosität und Kirchlichkeit sowie einer komplementären Geschlechterrollenorientierung mit hoher Religiosität und Kirchlichkeit. Dennoch variieren die Ergebnisse systematisch mit den Ost-West-Unterschieden. Für den Westen zeigt sich, dass eine mittlere positive Einstellung zu Religiosität und Kirchlichkeit weitgehend unabhängig von der Geschlechterrollenorientierung ist, während im Osten der Zusammenhang zwischen Geschlechterrollenorientierung und Religiosität deutlicher ausfällt. Sowohl in Ost- wie in Westdeutschland hat die Geschlechtszugehörigkeit einen stärkeren Einfluss auf die Religiosität als die Geschlechterrollenorientierung. Der Einfluss der (komplementären) Geschlechterrollenorientierung ist in den neuen Bundesländern bedeutsamer, während die Religiosität in den alten Bundesländern eher von Alter, Geschlecht und Einkommen abhängig ist.

Zudem zeigten sich über die Unterschiede in ausgewählten Kohorten interessante Ergebnisse: Es deutet sich in den neuen Bundesländern ein Backlash der komplementären Geschlechterrollenorientierung in der jüngeren Generation (vor allem bei jungen Männern) an. Dieses Ergebnis lässt jedoch keine Schlussfolgerungen im Sinne einer etwaigen Retraditionalisierung der Geschlechterrollenorientierungen und daran gebundener Religiosität (von Männern) zu. Die Ergebnisse dieser Analysen haben jedoch gezeigt, dass im Ost-West-Vergleich Unterschiede in der Pluralität der Geschlechterrollen existieren, die insbesondere für die alten Bundesländer auf eine höhere Vielfalt und Ambivalenz in den Geschlechterrollenorientierungen hinweisen. Dies entspricht den Ergebnissen der Arbeiten von Scheuer/Dittmann (2007).

In den nachfolgenden Analysen konzentrieren wir uns deshalb auf die Pluralität der Geschlechterrollen und untersuchen die Interdependenzen mit Kirchlichkeit, Religiosität, Spiritualität und (religiösen) Weltsichten. Im ALLBUS 2012 stehen – wie beschrieben – zwei unterschiedliche Itembatterien zur Analyse der Geschlechterrollen zur Verfügung, die jeweils nur einer Hälfte der Befragten vorgelegt wurden (vgl. Kap. 3.4.1 und 3.2.2).

In unseren oben referierten Ergebnissen zur Analyse der Geschlechterrollen hatten wir uns dafür entschieden, die Analysen aus beiden Itembatterien zu nutzen und mit einer Zwei-Faktoren-Lösung für beide Itembatterien zu arbeiten, um den gesamten Stichprobenumfang des ALLBUS 2012 für die weiterführenden Analysen aufrechterhalten zu können (Benthaus-Apel/Eufinger 2017). Dieser Entscheidung fiel jedoch die interessante Differenzierung der Drei-Faktoren-Lösung zum Opfer, auf die wir uns im vorliegenden Beitrag konzentrieren. Wir gehen drei Fragen nach:

1. In welcher Weise pluralisieren sich Geschlechterrollenorientierungen in der BRD?
2. Welche Rolle spielen Ost-West-Unterschiede im Hinblick auf die Pluralität der Geschlechterrollenorientierung?
3. Welche Interdependenzen sind zwischen den Geschlechterrollenorientierungen in Ost- und Westdeutschland und Kirchlichkeit, Religiosität, Spiritualität und Weltsichten festzustellen?

3.4.2 Drei Arten der Geschlechterrollenorientierung

Die explorative Faktorenanalyse ergab drei Muster der Geschlechterrollenorientierung und bewegt sich somit jenseits des Dualismus von „traditioneller" und „egalitärer" Geschlechterrollenorientierung. Wir beschreiben zunächst die drei Typen der Geschlechterrollenorientierung und untersuchen sodann, in welcher Weise Ost-West-Unterschiede sowie Unterschiede in den soziostrukturellen Merkmalen diese Geschlechterrollenorientierungen erklären. Abschließend werden die Zusammenhänge zwischen den drei Geschlechterrollenorientierungen und Kirchlichkeit,

Religiosität, Spiritualität und Weltsicht dargestellt. Wir konzipieren unser Erklärungsmodell als interdependent, sodass wir die Geschlechterrollenorientierung sowohl als unabhängige wie auch als abhängige Variable betrachten. Abschließend diskutieren wir den Erklärungswert des Ansatzes der Geschlechterrollen.

Tab. 6 gibt einen Überblick über die Ausdifferenzierung der Geschlechterrollen. Mittels Faktorenanalysen wurden die Items zu drei Typen von Geschlechterrollen verdichtet, die jenseits der Dualität von „komplementärer" und „egalitärer" Geschlechterrolle eine dritte Variante zeigen, die wir als teilzeitorientiert-egalitär bezeichnen.

Tab. 6:   Strukturmatrix der Geschlechterrollenorientierung in Split 2

	Faktoren der Geschlechterrollenorientierung		
	egalitär-leistungsorientiert	teilzeitorientiert-egalitär	gebrochen-komplementär
Erwerbstätige Frau ist auch eine gute Mutter	,815		-,315
Eltern sollen *Vollzeit* arbeiten und Haushalt teilen	,695		
Ein erwerbstätiger Mann kann auch ein guter Vater sein	,729		
Berufstätige Mutter ist gut für das Kind	,572		-,549
Mann verdient Geld, Frau kümmert sich allein um Haushalt und Kinder	-,361		,792
Beide Eltern arbeiten, Frau kümmert sich allein um Haushalt und Kinder			,758
Ein voll arbeitender Mann ist ein schlechter Vater		,484	,512
Kind leidet unter Berufstätigkeit der Mutter	-,509		,699
Eltern sollen *Teilzeit* arbeiten und Haushalt teilen		,816	
Auch der Mann kann Haushalt und Kinder übernehmen		,516	-,316
Cronbachs α*	,743	,262	,717

Koeffizienten unter ,300 wurden unterdrückt.

* Während die Faktoren eins und drei über akzeptable interne Konsistenzen verfügen, ist Cronbachs α für Faktor zwei eigentlich inakzeptabel für weitere Interpretationen; allerdings ist dieser Umstand der geringen Itemanzahl geschuldet, da Cronbachs α mit der Anzahl der Items tendenziell steigt.

Faktor eins veranschaulicht eine *egalitär-leistungsorientierte* Geschlechterrollenorientierung: Leitvariablen dieses Faktors sind Einstellungen, die eine Vereinbarkeit von Erwerbs- und Familienarbeit für Mütter wie Väter positiv bewerten. Die Rolle als Mutter und Vater wird durch die Erwerbsarbeit nicht als beeinträchtigt angesehen. Im Gegenteil, die Berufstätigkeit der Mutter wird als eine positive Erfahrung für das Kind angenommen. Eine Vollzeiterwerbstätigkeit beider Elternteile wird befürwortet und entspricht somit den Leistungsanforderungen der klassischen Normalerwerbsbiografie, und dies für beide Elternteile.

Faktor zwei bezeichnen wir aufgrund der den Faktor konstituierenden Einstellung, Eltern sollten Teilzeit arbeiten und sich die Aufgaben im Haushalt teilen, als *teilzeitorientiert-egalitäre Geschlechterrollenorientierung*. Dieser Faktor bringt am stärksten eine geschlechtergerechte Arbeitsteilung zum Ausdruck und spiegelt zudem einen Wandel in der Wahrnehmung der Rolle des Vaters wider: Eine vollzeitige Berufstätigkeit des Vaters wird als negativ für das Kind bewertet und seine Mithilfe im Haushalt und bei der Fürsorge wird in besonderer Weise betont. Diese Orientierung zeigt einen Wandel in der Wahrnehmung der männlichen Geschlechterrolle an. Dieses „neue" Muster der Geschlechterrollenorientierung bringt Einstellungen zum Ausdruck, die unter dem Stichwort „neue Väter" im gesellschaftlichen Diskurs zum Wandel der Geschlechterrollen diskutiert werden, nämlich eine positive Bewertung der Mithilfe des Vaters im Haushalt und in der Fürsorge für das Kind. Zudem geht dieses Modell der Geschlechterrollenorientierung selbstverständlich von einer Berufstätigkeit der Mutter aus.

Der *dritte Faktor* bringt eine Geschlechterrollenorientierung zum Ausdruck, die *gebrochen-komplementär* ist. Die beiden Leitvariablen zeigen einerseits eine Zustimmung zu einer traditionellen Rolle des Vaters als Erwerbstätiger und der Mutter als Zuständige für Haushalt und Familie und damit die traditionell komplementäre Orientierung. Andererseits erscheint diese komplementäre Geschlechterrollenorientierung jedoch gebrochen, weil dennoch der Mutter eine Erwerbstätigkeit bei gleichzeitiger Verantwortung für Haushalt und Familie „zugemutet" wird, und dies, obwohl die Berufstätigkeit der Mutter als für das Wohl des Kindes negativ bewertet wird.

Das Ergebnis der Faktorenanalyse bestätigt insofern unsere Hypothese, dass sich nicht zwei, sondern drei Geschlechterrollen typisieren lassen, die somit eine gewisse Pluralität der Geschlechterrollen zum Ausdruck bringt. Die Analyse zeigt zudem, dass das traditionelle eindimensionale Modell der Komplementarität gebrochen ist, der strikte Dualismus einer Entscheidung zwischen dem Ideal „traditioneller" Komplementarität und „moderner" Egalität aufgebrochen ist und ein neues Verständnis, das Väter und Mütter in gleicher Verantwortlichkeit in beide Aufgabenbereiche der Erwerbs- wie der Hausarbeit involviert sieht, entstanden ist.

3.4.3 Charakterisierung der Geschlechterrollenorientierungen im Ost-West-Vergleich

Die Analyse der Geschlechterrollenorientierung im Ost-West-Vergleich zeigt (vgl. Tab. 7):[55] Wer seine Jugend in den neuen Bundesländern verbracht hat, vertritt signifikant häufiger eine starke bis sehr starke egalitär-leistungsorientierte Geschlechterrollenorientierung. Diese Geschlechterrollenorientierung wird überdurchschnittlich häufig von Frauen geteilt. Frauen vertreten auch häufiger als Männer die gebrochen-komplementäre Geschlechterrollenorientierung in starkem bis sehr starkem Maße. Dies ist typischerweise eine Orientierung, der Befragte aus den alten Bundesländern überdurchschnittlich oft zustimmen. Die Option der egalitär-teilzeitorientierten Geschlechterrollenorientierung ist typisch für die Westdeutschen. Dieser Mittelweg einer egalitär-teilzeitorientierten Geschlechterrolle, die zwischen „egalitärer" und „komplementärer" Rollenorientierung als eine neue Alternative im Aushandlungsprozess der Aufgabenaufteilung von Erwerbs- und Familienarbeit zwischen den Geschlechtern interpretiert werden kann, ist eine Geschlechterrollenorientierung, der Männer wie Frauen fast in gleicher Weise zustimmen; ein signifikanter Gender Gap zugunsten der Frauen liegt auf dem 95 %-Niveau. Unsere Analysen bestätigen somit die These, dass – auch gut 25 Jahre nach der Wiedervereinigung – in der bundesrepublikanischen Bevölkerung signifikante Unterschiede im Hinblick auf die Geschlechterrollenorientierungen existieren.

Tab. 7: Kreuztabelle der Geschlechterrollenorientierungen im Ost-West-Vergleich und nach Geschlecht

	Geschlechterrollenorientierung (starke bis sehr starke Ausprägung)								
	egalitär-leistungsorientiert			teilzeitorientiert-egalitär			gebrochen-komplementär		
	Anzahl	erwartet	Sign.	Anzahl	erwartet	Sign.	Anzahl	erwartet	Sign.
West	448	534,8	***	629	602,2	***	648	591,8	***
Ost	235	147,9		139	165,8		108	164,2	
Frau	437	384,9	***	467	438,8	*	502	434,2	***
Mann	317	369,1		392	420,2		385	452,8	

Signifikanzniveaus des Chi-Quadrat-Tests: n. s. = nicht signifikant; * = $p < 0{,}05$; ** = $p < 0{,}01$; *** = $p < 0{,}001$.

Tab. 8 weist die Korrelationskoeffizienten für die Geschlechterrollenorientierungen nach Alter, Bildung und Einkommen aus. Die Korrelationen sind nicht stark, zeigen jedoch, dass eine egalitär-leistungsorientierte Geschlechterrollenorientierung mit hö-

---

55 Zur Erstellung der Kreuztabellen wurden die Faktoren der Geschlechterrollenorientierungen in eine Rangfolge gebracht und in vier Perzentile geteilt, sodass jeder Fall auf jedem Faktor eine Ausprägung zwischen „keiner" und einer „sehr starken" Geschlechterrollenorientierung zeigt.

herem Alter und niedrigem Einkommen einhergeht. Das Muster der gebrochen-komplementären Geschlechterrollenorientierung steht in einem signifikanten Zusammenhang sowohl mit einer geringen formalen Bildung und einem niedrigen Einkommen als auch mit höherem Alter. Eine gebrochen-komplementäre Rollenorientierung lässt – basierend auf den genannten Korrelationen mit niedrigem Einkommen und Bildung sowie höherem Alter – die Interpretation zu, dass hier die wirtschaftliche Lage die Ambivalenz und Gebrochenheit dieser Einstellung erklärt: Eine Erwerbstätigkeit beider Eltern scheint notwendig zu sein, auch wenn sie dem eigenen Ideal der Geschlechterorientierung zuwiderläuft. Das „neue" Muster einer teilzeitorientiert-egalitären Geschlechterrollenorientierung weist hingegen keine signifikanten Zusammenhänge mit Alter, Bildung und Einkommen auf. Es ist somit eine Geschlechterrollenorientierung, die unabhängig von der sozialen Lage Akzeptanz genießt.

Tab. 8: Korrelation der Geschlechterrollenorientierungen mit Alter, Bildung und Einkommen

| | Geschlechterrollenorientierung | | |
	egalitär-leistungsorientiert	teilzeitorientiert-egalitär	gebrochen-komplementär
Geburtsjahr	-,137**	-,011	-,232**
Bildung	-,033	,023	-,308**
Einkommen	-,088**	-,034	-,140**

Korrelationskoeffizienten nach Pearson (Geburtsjahr) bzw. Spearman (Bildung, Einkommen).
Signifikanzniveaus: * = p < 0,05; ** = p < 0,01; *** = p < 0,001.

3.4.4 Bedingungsfaktoren der Geschlechterrollenorientierungen

In Tab. 9 werden die Ergebnisse der Regressionsanalyse ausgewiesen, in der die drei Geschlechterrollenorientierungen als abhängige Variable betrachtet werden. Wir stellen die Ergebnisse für die Gesamtstichprobe und jeweils getrennt für die Teilstichproben dar. Sie beantworten die Frage, inwieweit die Bedingungsfaktoren des Ost-West-Unterschieds, die Geschlechtszugehörigkeit, das Alter, die Bildung und das Einkommen die drei Geschlechterrollenorientierungen erklären können.

Die Ergebnisse dieses Auswertungsschrittes verdeutlichen für die egalitär-leistungsorientierte Geschlechterrollenorientierung, dass diese durch die Sozialisation im Osten, weibliches Geschlecht und hohes Alter bedingt ist. Unterschiede zwischen der Ost- und der Weststichprobe bestehen praktisch nicht.

Für das gebrochen-komplementäre Muster der Geschlechterrollenorientierung hingegen zeigt sich für die Gesamtstichprobe, dass es durch die Sozialisation im Westen, ein höheres Alter und die Zugehörigkeit zum männlichen Geschlecht erklärt wird. Ebenso bedingen ein niedriger Bildungsabschluss und ein geringes Einkommen eine gebrochen-komplementäre Orientierung. Differenziert nach Ost-

Tab. 9: Regressionsanalysen: Geschlechterrollenorientierung als abhängige Variable

| | Geschlechterrollenorientierung | | | | | | | | |
| | egalitär-leistungsorientiert | | | teilzeitorientiert-egalitär | | | gebrochen-komplementär | | |
	Gesamt	West	Ost	Gesamt	West	Ost	Gesamt	West	Ost
Ost/West	-,341***			,117***			,246***		
Geschlecht (Frau/Mann)	-,139***	-,150***	-,151**	-,077**		-,094*	,176***	,182***	,164***
Geburtsjahr	-,116***	-,118**	-,217***				-,149***	-,173***	
Bildung					0,85*		-,227***	-,243***	-,199***
Einkommen						-,137**	-,121***	-,145***	
R²	,155	,033	,063	,017	,006	,024	,220	,200	,073

Lineare Regression; standardisierte Beta-Koeffizienten. Signifikanzniveaus: * = p < 0,05; ** = p < 0,01; *** = p < 0,001.

und Weststichprobe zeigt sich jedoch, dass die Befürwortung der traditionellen Rollenorientierung im Osten im Unterschied zum Westen unabhängig von Alter und Einkommen ist.

Das „neue" Muster der egalitär-teilzeitorientierten Geschlechterrollenorientierung wird in der Gesamtstichprobe durch die Sozialisation im Westen und die Zugehörigkeit zum weiblichen Geschlecht erklärt. In der Weststichprobe ist die egalitär-teilzeitorientierte Geschlechterrollenorientierung unabhängig vom Geschlecht und durch einen höheren Schulabschluss bedingt, während in der Oststichprobe ein geringeres Einkommen und die Zugehörigkeit zum weiblichen Geschlecht die Zustimmung zu dieser Orientierung erklären.

Die Ergebnisse der Regressionsanalyse bestätigen somit erneut die Existenz der unterschiedlichen Geschlechterrollenorientierungen in den alten und neuen Bundesländern und veranschaulichen die Ausdifferenzierung der Geschlechterrollen in den alten Bundesländern. Sie zeigen in den alten Bundesländern, und hier insbesondere unter formal höher Gebildeten, eine neue Sichtweise auf die Rollenverteilung zwischen den Geschlechtern – unabhängig von der Geschlechterzugehörigkeit. Die ehemals männlich geprägte Normalerwerbsbiografie eines in Vollzeit erwerbstätigen Vaters wird zugunsten einer gemeinsam getragenen Verantwortung für Erwerbs- und Familienarbeit – zumindest auf der Ebene der Einstellungen zu den Geschlechterrollen – abgelöst. In den neuen Bundesländern hingegen weist dieses Muster eher darauf hin, dass eine angespannte soziale Lage, verursacht durch ein niedriges Einkommen, mittels Erwerbs- und Familientätigkeit beider Partner bewältigt werden soll.

Im Westen entwickelt sich somit eine Alternative zwischen der Wahl eines „egalitären" oder „komplementären" Rollenverständnisses. Dies spiegelt die sozial- und familienpolitischen Zielsetzungen der letzten Jahre wider, die Erwerbstätigkeit von Frauen und Männern und die Vereinbarkeit von Beruf und Familie zu fördern – zumindest auf der Ebene von Einstellungen. Allerdings votieren die Befragten – im Unterschied zur politischen Zielsetzung – und, so lässt sich vermuten, in realistischer Wahrnehmung der Umsetzbarkeit dieses familienpolitischen „Programms", für die Vereinbarkeit von Beruf und Familie in Form einer Erwerbstätigkeit, die auch Teilzeit für beide Elternteile vorsieht.

Welche Zusammenhänge lassen sich nun zwischen den drei Geschlechterrollenorientierungen und Religiosität, Spiritualität, Kirchlichkeit und Weltsichten feststellen? In welcher Weise bedingen die drei Geschlechterrollenorientierungen religiöse Einstellungen und kirchliche Praxis?

3.4.5 Geschlechterrollenorientierungen als Bedingungsfaktoren der Religiosität

Die Regressionsanalyse (vgl. Tab. 10) offenbart, dass in der *Gesamtstichprobe* Religiosität vor allem durch eine Sozialisation im Westen, die Zugehörigkeit zum weiblichen Geschlecht, ein gehobenes Alter und eine gebrochen-komplementäre Geschlechterrollenorientierung erklärt wird. Das Einkommen hat einen leicht positiven Einfluss, während eine teilzeitorientiert-egalitäre Geschlechterrollenorientierung einen leicht negativen Einfluss auf Religiosität zeigt. Blickt man allein auf die *Weststichprobe*, so erklären vor allem die Zugehörigkeit zum weiblichen Geschlecht und ein höheres Alter, aber auch eine gebrochen-komplementäre Geschlechterrollenorientierung Religiosität, während sich eine teilzeitorientiert-egalitäre Geschlechterrollenorientierung erneut schwach negativ auf Religiosität auswirkt. In der *Oststichprobe* hingegen hat die gebrochen-komplementäre Geschlechterrollenorientierung den stärksten Einfluss auf Religiosität, gefolgt von der Zugehörigkeit zum weiblichen Geschlecht und einem höheren Alter.

Spiritualität wird in der *Gesamtstichprobe* vor allem durch eine Sozialisation im Westen, durch eine weibliche Geschlechterzugehörigkeit und niedriges Alter erklärt. Für die *Weststichprobe* bedingen allein weibliche Geschlechtszugehörigkeit und niedriges Alter Spiritualität, während in der *Oststichprobe* ein höherer Schulabschluss einen positiven Einfluss und eine egalitär-leistungsorientierte Geschlechterrollenorientierung einen negativen Einfluss auf Spiritualität haben.

Kirchlichkeit lässt sich in der *Gesamtstichprobe* vor allem über eine Sozialisation im Westen, hohes Einkommen, hohes Alter und die Zugehörigkeit zum weiblichen Geschlecht erklären. Eine gebrochen-komplementäre Geschlechterrollenorientierung hat einen leicht positiven, während eine teilzeitorientiert-egalitäre Geschlechterrollenorientierung einen leicht negativen Einfluss auf die Kirchlichkeit hat. Bezogen auf die *Weststichprobe* tragen Einkommen, höheres Alter und Zugehörigkeit zum weiblichen Geschlecht zu Kirchlichkeit bei; die Geschlechterrollenorientierungen haben nachgeordneten Einfluss, und zwar wirkt sich eine egalitär-leistungsorientierte Geschlechterrollenorientierung leicht negativ und eine komplementär-gebrochene schwach positiv auf Kirchlichkeit aus. In der *Oststichprobe* erklären am stärksten eine komplementär-gebrochene Geschlechterrollenorientierung sowie ein höheres Einkommen Kirchlichkeit.

Die Analyse von Kirchlichkeit, Spiritualität und Religiosität wird durch eine differenzierte Betrachtung von Weltsichten abgerundet (vgl. Tab. 11). Wie eingangs dargestellt, wurden anhand von sechs Aussagen zur Bestimmung (der Abwesenheit) eines Lebenssinns faktorenanalytisch drei Weltsichten unterschieden (vgl. Kap. l 3.3.2). Im Ergebnis zeigen sich drei Weltsichten: *die christlich-kirchliche Weltsicht*, die sich durch Bezugnahme auf Gott, wie ihn die Kirche beschreibt, und ein Leben nach dem Tod auszeichnet (Cronbachs $\alpha = ,773$), eine *anomische Weltsicht*, die dem Leben jeglichen Sinn abspricht (Cronbachs $\alpha = ,768$), und die *säkular-eigenverantwortliche Weltsicht*, in der die Begründung des Lebenssinns in der Verantwortung des Einzelnen liegt (Cronbachs $\alpha = ,681$).

In welcher Weise lassen sich die christlich-kirchliche, die anomische und die säkular-eigenverantwortliche Weltsicht durch Geschlechterrollenorientierungen erklären? In die Regressionsanalyse gehen zudem die Ost-West-Unterschiede, die Geschlechterzugehörigkeit, das Alter sowie Bildungs- und Einkommensunterschiede ein.

Tab. 10: Regressionsanalysen: Geschlechterrollenorientierung als unabhängige Variable

	Religion (abhängige Variable)								
	Religiosität			Spiritualität			Kirchlichkeit		
	Gesamt	West	Ost	Gesamt	West	Ost	Gesamt	West	Ost
Ost/West	,290***			,199***			,320***		
Geschlecht (Frau/Mann)	-,148***	-,171***	-,130**	-,085**	-,111**		-,112***	-,143***	
Geburtsjahr	-,147***	-,167***	-,096*	,074*	,079*		-,152***	-,195***	
Schulabschluss						,139**			
Einkommen	,074**	,092**					,178***	,208***	,149**
egalitär-leistungsor. GRO						-,154**			
teilzeitorientiert-egalitäre GRO	-,067*	-,098**					-,059*	-,105**	
gebrochen-komplemen-täre GRO	,139***	,118**	,214***	,105***			,105***	,076**	,217***
R²	,156	,074	,059	,051	,017	,041	,186	,093	,051

Lineare Regression; standardisierte Beta-Koeffizienten. Signifikanzniveaus: * = p < 0,05; ** = p < 0,01; *** = p < 0,001.

Tab. 11: Regressionsanalysen: Geschlechterrollenorientierung als unabhängige Variable

| | Weltsichten (abhängige Variablen) | | | | | | | | |
| | christlich-kirchlich | | | anomisch | | | säkular-eigenverantwortlich | | |
	Gesamt	West	Ost	Gesamt	West	Ost	Gesamt	West	Ost
Ost/West	,200***						-,103**		
Geschlecht (Frau/Mann)	-,073*		-,128**						
Geburtsjahr		,085*							-,123*
Bildung						,119*		,118**	
Einkommen			,099*	,086**	,076**		,100**	,115**	
egalitär-leistungsor. GRO			-,145**		,089**		,087**		,257***
teilzeitorientiert-egalitäre GRO		-,075**						,075**	
gebrochen-komplementäre GRO	,227***	,168***	,207***	,145***	,162***	,132*		-,090**	
R²	,106	,049	,092	,031	,034	,034	,036	,031	,062

Lineare Regression; standardisierte Beta-Koeffizienten. Signifikanzniveaus: * = p < 0,05; ** = p < 0,01; *** = p < 0,001.

Die Regressionsanalyse (vgl. Tab. 11) lässt erkennen, dass in der *Gesamtstichprobe* eine *christlich-kirchliche Weltsicht* am stärksten durch eine gebrochen-komplementäre Geschlechterrollenorientierung erklärt wird, gefolgt von einer Sozialisation im Westen und der Zugehörigkeit zum weiblichen Geschlecht. Betrachtet man die *Weststichprobe*, hat wiederum die gebrochen-komplementäre Geschlechterrollenorientierung den stärksten Einfluss, während eine teilzeitorientiert-egalitäre Geschlechterrollenorientierung schwach negativ bzw. ein geringes Alter leicht positiv eine kirchlich-religiöse Weltsicht bedingt. Für die *Oststichprobe* zeigt sich, dass vor allem eine gebrochen-komplementäre Geschlechterrollenorientierung und Zugehörigkeit zum weiblichen Geschlecht eine christlich-kirchliche Weltsicht erklären, während eine egalitär-leistungsorientierte Weltsicht sich leicht negativ auswirkt.

Eine *anomische Weltsicht* wird in der *Gesamtstichprobe* über eine gebrochen-komplementäre Geschlechterrollenorientierung bedingt sowie schwach positiv durch das Einkommen. Für die *Weststichprobe* gilt, dass eine gebrochen-komplementäre sowie eine egalitär-leistungsorientierte Geschlechterrollenorientierung und (höheres) Einkommen eine anomische Weltsicht erklären. Im *Osten* sind dies wiederum eine gebrochen-komplementäre Geschlechterrollenorientierung und ein gehobener Schulabschluss.

Eine *säkular-eigenverantwortliche Weltsicht* wird in der *Gesamtstichprobe* vor allem durch eine Sozialisation im Osten, hohes Einkommen und eine egalitär-leistungsorientierte Geschlechterrollenorientierung bedingt. Für die *Weststichprobe* gilt, dass vor allem ein hohes formales Bildungsniveau und hohes Einkommen eine säkular-eigenverantwortliche Weltsicht erklären, während in der *Oststichprobe* dies vor allem die egalitär-leistungsorientierte Geschlechterrollenorientierung und höheres Alter sind.

3.4.6 Der Beitrag des Ansatzes der Geschlechterrollenorientierung zur Erklärung des Gender Gaps in Religiosität, Kirchlichkeit, Spiritualität und (religiöser) Weltsicht

Mit der Analyse der Geschlechterrollenorientierung konnte die Ausdifferenzierung gegenwärtiger Geschlechterrollenorientierungen aufgezeigt werden. Sie finden Ausdruck in je spezifischen dominanten Geschlechterrollenorientierungen der Befragten, je nachdem, ob die Befragten in den alten oder den neuen Bundesländern sozialisiert wurden. Befragte, die im Osten sozialisiert wurden, vertreten signifikant häufiger eine egalitär-leistungsorientierte Geschlechterrollenorientierung. Befragte, die in den alten Bundesländern sozialisiert wurden, stimmen häufiger einer komplementär-gebrochenen oder einer teilzeitorientiert-egalitären Geschlechterrollenorientierung zu. Damit zeigen sich Ost-West-Unterschiede in der Geschlechterrollenorientierung, die auch sichtbar werden lassen, dass sich im Westen Geschlechterrollenorientierungen jenseits der Dichotomie von „Egalität" und „Komplementarität" entwickelt haben: Die teilzeitorientiert-egalitäre Geschlechterrollenorientierung fokussiert auf eine geschlechtergerechte Verteilung von Erwerbs- und Familienarbeit und nimmt hierbei besonders die Väter in den Blick. Deren Rolle in der Familie und bei der Hausarbeit wird neu bestimmt.

Konzipiert man die Geschlechterrollenorientierungen als unabhängige Variablen, so demonstrieren die Regressionsanalysen, dass eine komplementär-gebrochene Geschlechterrollenorientierung dazu beiträgt, Religiosität, Kirchlichkeit sowie eine christlich-kirchliche Weltsicht zu erklären. Stärker als die gebrochen-komplementäre Geschlechterrollenorientierung trägt jedoch weibliche Geschlechterzugehörigkeit selbst dazu bei, Religiosität und Kirchlichkeit zu erklären. Hingegen wird eine christlich-kirchliche Weltsicht vor allem durch eine gebrochen-komplementäre Geschlechterrollenorientierung und eine Sozialisation im Westen bedingt.

Dies zeigt eine – sich wechselseitig verstärkende – Wirkung einer christlich-kirchlichen Weltsicht mit einer Geschlechterrolle an, die an dem Ideal der bürgerlichen Geschlechterordnung der Komplementarität von Mann und Frau ausgerichtet ist. Die gebrochen-komplementäre Geschlechterrolle umfasst damit offensichtlich noch am ehesten die Verflechtung zwischen weiblicher Geschlechterrolle und christlicher Religion, die sich im 18. Jahrhundert etabliert hat. Die Regressionsanalyse demonstriert zudem, dass in der Weststichprobe eine teilzeitorientiert-egalitäre Geschlechterrolle eine säkular-eigenverantwortliche Weltsicht positiv und eine christlich-kirchliche Weltsicht negativ bedingt. Auch dieser Sachverhalt dürfte interdependent sein und weist darauf hin, dass ein Wandel in den Geschlechterrollenorientierungen, wie ihn die teilzeitorientiert-egalitäre Geschlechterrolle darstellt, für die These einer durch den Wandel der Geschlechterrollen forcierten Säkularisierung spricht.

Die Regressionsanalyse belegt weiterhin, dass Spiritualität offensichtlich durch Bedingungskontexte zu erklären ist, die sich von jenen für Religiosität und Kirchlichkeit unterscheiden. In der Gesamtstichprobe wird Spiritualität zwar ebenfalls durch die weibliche Geschlechterzugehörigkeit erklärt, jedoch nicht in der gleichen Stärke, wie es für Religiosität und Kirchlichkeit der Fall ist. Vor allem eine Sozialisation im Westen und jüngeres Alter bedingen diese. Im Osten hingegen erklärt vor allem eine formal hohe Bildung die Selbsteinstufung als spirituell, während eine egalitär-leistungsorientierte Geschlechterrollenorientierung diese negativ bedingt. Dies lässt die Vermutung zu, dass Spiritualität in den neuen Bundesländern eine mit der dominanten Geschlechterorientierung im Kontrast stehende und somit vermutlich eher exklusive religiöse Selbstbeschreibung ist, während Religiosität und Kirchlichkeit auch im Osten durch eine gebrochen-komplementäre Geschlechterrolle erklärt wird.

Die drei Geschlechterrollenorientierungen tragen somit zu einer differenzierten Erklärung von Religiosität, Spiritualität, Kirchlichkeit und Weltsicht bei, sind aber durchaus in ihrer Erklärungskraft nicht immer die primären Prädiktoren, auch im Verhältnis zur Geschlechterzugehörigkeit. Denn primär erklären Ost-West-Unterschiede, die (weibliche) Geschlechterzugehörigkeit sowie höheres Alter christliche Kirchlichkeit und Religiosität. Unsere Regressionsanalyse demonstriert, dass das

Konzept der Geschlechterrollen durchaus Erklärungskraft hat – insbesondere für die Wechselwirkung zwischen (traditioneller) komplementär-gebrochener Geschlechterrollenorientierung und christlich-kirchlicher Weltsicht –, aber die Operationalisierung von Geschlechterrollen offensichtlich nur einen Ausschnitt der mit der Geschlechterzugehörigkeit einhergehenden Lebenswirklichkeit erfasst.

Die Erklärung religiöser Orientierungen durch Geschlechterrollen lässt im Hinblick auf die These der Feminisierung des Religiösen somit insgesamt folgende Schlussfolgerungen zu: Die gebrochen-komplementäre Geschlechterrollenorientierung ist noch ein Prädiktor für Religiosität und Kirchlichkeit, welche sich jedoch vermutlich nicht selbstläufig in der Generationenfolge reproduziert. Da die gebrochen-komplementäre Geschlechterrollenorientierung vor allem typisch für in Westdeutschland Sozialisierte und die egalitär-leistungsorientierte typisch für in Ostdeutschland Sozialisierte ist, bleibt abzuwarten, welche Geschlechterrollenorientierungen zukünftige Generationen in einem wiedervereinigten Deutschland – unter neuen familienpolitischen Rahmenbedingungen – entwickeln werden. Von einer Feminisierung des Religiösen im Sinne eines engen Zusammenhangs zwischen der – sich in Westdeutschland als Alternative zwischen egalitärer und komplementärer Geschlechterrolle herausbildenden – „neuen" teilzeitorientiert-egalitären Geschlechterrollenorientierung und Religiosität, Spiritualität, Kirchlichkeit und christlich-religiöser Weltsicht kann, dies zeigen unsere Ergebnisse, nicht ausgegangen werden.

3.5 Die Perspektive der soziodemografischen und sozialisationsbezogenen Erklärung des Gender Gaps in Religiosität, Spiritualität und Kirchlichkeit

Stand im vorangehenden Kapitel Geschlecht in der Konzeption von Geschlechterrollen zur Erklärung des religiösen Gender Gaps im Mittelpunkt der Analyse, so richtet sich die Aufmerksamkeit nun auf Geschlecht als Strukturkategorie. Damit fokussieren wir den Gesichtspunkt der Intersektionalität. Wir konzentrieren uns auf die Gesamtstichprobe (n = 3.480 Befragte) und verzichten an dieser Stelle auf eine Differenzierung nach Ost und West(-sozialisation).[56] Vielmehr rücken wir die Geschlechterzugehörigkeit im Kontext soziodemografischer Merkmale sowie der religiösen Sozialisation als unabhängige Variable und Religiosität, Kirchlichkeit und Spiritualität als abhängige Variablen in den Mittelpunkt der Analyse. Auf die Analyse der (religiösen) Weltsichten wird an dieser Stelle ebenfalls verzichtet. Denn den Wechselwirkungen zwischen (religiösen) Weltsichten, Geschlechterrollenorientierungen und soziostrukturellen Merkmalen widmen wir ein eigenes Kapitel, das unsere Analysen abschließt.

---

56 Die Analyse des Gender Gaps in der Perspektive der Intersektionalität, die zudem die Differenzen in der Sozialisation in Ost- oder Westdeutschland berücksichtigt, bleibt weiteren Untersuchungen vorbehalten.

Geschlecht als soziodemografische Kategorie

Bereits in der kirchensoziologischen Forschung der Nachkriegszeit wurden in religions- und kirchensoziologischen Studien Zusammenhänge zwischen der soziodemografischen und der sozioökonomischen Struktur sowie Religiosität und Kirchlichkeit untersucht (Allensbach 1975; Noelle-Neumann/Piel 1983). In diesen Arbeiten wird Geschlecht als ein relevantes soziodemografisches Merkmal erfasst und zu Indikatoren der Kirchlichkeit und Religiosität in Beziehung gesetzt. Die Geschlechterzugehörigkeit wird jedoch nicht als relevante soziale Kategorie problematisiert und in theoretischer Absicht in die Analysen von Kirchlichkeit und Religiosität einbezogen. Dies geschieht erst in den 1980er und 1990er Jahren, insbesondere in der qualitativ ausgerichteten Forschung.[57] Auch die quantitativ ausgerichtete Sozialforschung widmet sich in dieser Zeit stärker der Frage geschlechtertypischer Unterschiede in Kirchlichkeit und Religiosität (Ahrens 2000; Lukatis 1990; Engelhardt/Loewenich/Steinacker 1997; Kecskes 2000; Wolf 2000; Volz 2000; Volz/Zulehner 2009).

Intersektionalität: Geschlecht – Religion – Alter und Sozialisation

Auch wenn Geschlecht als eine wichtige soziale Kategorie für die Analyse von Kirchlichkeit und Religiosität vermehrt Beachtung fand, blieben die in der Geschlechterforschung bedeutsamen Ansätze der Intersektionalität und der Diversity unberücksichtigt:[58] Diese Ansätze thematisieren Geschlecht als eine Kategorie sozialer Differenz, die in ihrer Wechselwirkung mit anderen ungleichheitsrelevanten Kategorien wie Klassen- oder Schichtzugehörigkeit, Alter, Ethnie, Religion und Behinderung zu beschreiben ist. Damit werden die Wechselwirkungen von Geschlecht mit weiteren Kategorien sozialer Differenz und ihre kumulativen Effekte in den Mittelpunkt der Aufmerksamkeit gerückt. Diese Ansätze haben in die quantitativ arbeitende religionssoziologische Forschung noch kaum Eingang gefunden, sodass hier weiterer Forschungsbedarf besteht.

Wir nehmen eine mögliche Perspektive, nämlich den Zusammenhang von Geschlecht und Religion in Abhängigkeit von Merkmalen der sozialen Lage auf, ohne jedoch den kumulativen (Ungleichheits-)Effekten von Religionszugehörigkeit, Geschlecht und sozialer Lage nachzugehen. Wir berücksichtigen als Zielvariable neben Kirchlichkeit und Religiosität auch Spiritualität. Spiritualität ist, wie in Kapitel 3.2 gezeigt, in einigen wenigen Studien Gegenstand der quantitativen religionssoziologischen Forschung (Müller/Pollack 2009; Siegers 2012), aber der Zusammenhang

---

57 Diese befasst sich mit den Besonderheiten weiblicher Vorstellungen von Religion, Kirche und Glauben (Federmann 2000; Franke 2000; Sommer 2000). Es schlossen sich Untersuchungen zu Religiosität und Kirchlichkeit von Männern an (Engelbrecht/Rosowski 2007).

58 Hieran zeigt sich wie in der Einleitung dargelegt, dass das Verhältnis von Religion und Geschlecht in der Religions- und Geschlechterforschung lange Zeit in fachlich getrennten Diskursen behandelt wurde.

zwischen Geschlecht, Kirchlichkeit, Religiosität und Spiritualität wurde im Kontext soziodemografischer und sozialisationsbezogener Merkmale bislang nur in wenigen Studien (Siegers 2012) untersucht. Diese Studien zeigen den Zusammenhang von Geschlecht und Spiritualität, Religiosität und Kirchlichkeit auf, widmen sich aber nicht explizit der Frage nach den geschlechtertypischen Besonderheiten im Hinblick auf Religiosität, Kirchlichkeit und Spiritualität. Dies ist das Ziel dieses Abschnitts, der den Erklärungsbeitrag sozialdemografischer und sozialisationsbezogener Merkmale für die Erklärung des religiösen Gender Gaps in Kirchlichkeit, Religiosität und Spiritualität aufzuzeigen sucht.

Für die Analysen haben wir jene Merkmale berücksichtigt, die sich bereits als bedeutsam für geschlechtertypische Unterschiede in Religiosität und Kirchlichkeit erwiesen haben (vgl. u. a. Ahrens 2000; Dobbelaere/Gevers/Halman 2003; Engelhardt/Loewenich/Steinacker 1997; Kecskes 2000; Lois 2010, 2013; Wolf 2000; Voas/Mc Andrew/Storm 2013). Hierzu zählen Alter, Familienstand, das Leben mit Kindern, Einkommens- und Bildungsunterschiede, der Umfang der Erwerbstätigkeit und die Ortsgröße. Wir fügen diesen soziodemografischen Merkmalen zudem die Einschätzung zur persönlichen wirtschaftlichen Lage zu. Damit wird der Katalog der „harten" soziodemografischen Merkmale um das „weiche" Kriterium der Einstellung bezüglich der persönlichen ökonomischen Sicherheit erweitert.

Mittels Korrelationsanalysen wird der Zusammenhang zwischen diesen soziodemografischen Merkmalen und Religiosität, Kirchlichkeit und Spiritualität analysiert. Weiterhin untersuchen wir durch Mittelwertvergleiche, ob, bezogen auf die soziodemografischen Merkmale, ein Gender Gap in Religiosität, Spiritualität und Kirchlichkeit vorliegt. Als Drittes prüfen wir anhand von Regressionsanalysen, welche soziodemografischen Merkmale als Prädiktoren für Religiosität, Kirchlichkeit und Spiritualität wirken. Wie erwähnt, konzentrieren wir uns auf die Geschlechterzugehörigkeit und nicht auf die Geschlechterrollenorientierung. Wir führen die Regressionsanalysen deshalb sowohl für die Gesamtstichprobe als auch für die nach Männern und Frauen getrennten Stichproben durch, um zeigen zu können, ob der Erklärungsbeitrag der Merkmale je nach Geschlechterzugehörigkeit der Befragten variiert.

3.5.1 Alter

Der Einfluss des Alters auf die Religiosität und Kirchlichkeit wurde vielfach empirisch untersucht, wobei in der Regel Alters- und Kohorteneffekte dargestellt werden. Diese Studien zeichnen ein differenziertes Bild des Zusammenhangs zwischen Alter, Religiosität und Kirchlichkeit. Sie zeigen, dass der Richtung nach höheres Alter (noch) mit Religiosität und Kirchlichkeit in einem Zusammenhang steht (Ebertz 2009). Die Prozesse der Individualisierung und Pluralisierung der Lebensweisen führen jedoch auch in der Lebensphase des höheren Alters zu differenzierten Zusammenhängen zwischen Alter, Geschlechterzugehörigkeit und Religion (Ahrens 1997, 2000, 2011; Bedford-Strohm/Jung 2015). Diese Untersuchungen weisen auf die besondere Bedeutung der religiösen Sozialisation für die Erklärung von Religiosität im Alter hin. Lois (2013) untersucht die Religiosität im Lebensverlauf anhand der Daten des Sozio-oekonomischen Panels. Er stellt fest:

> „Bei der kirchlichen Religiosität handelt es sich um ein zeitlich relativ stabiles Merkmal. Im Falle der Kirchenmitgliedschaft entfällt etwa ein Drittel und bezogen auf die Kirchgangshäufigkeit nur ein Viertel der Varianz in den Daten auf Unterschiede innerhalb von Personen über die Zeit. Ein Akteur, der zu einem bestimmten Zeitpunkt entweder Kirchenmitglied und regelmäßiger Gottesdienstbesucher oder konfessionslos und ‚Nicht-Kirchgänger‘ ist, zeigt dieses Verhalten daher mit relativ hoher Wahrscheinlichkeit auch in den darauffolgenden Messzeitpunkten. Der religiösen Sozialisation kommt infolgedessen ein großer Stellenwert zu. [...] Die Kirchgangshäufigkeit erhöht sich zudem in Westdeutschland annähernd linear mit steigendem Alter. Die genannten Alterseinflüsse bleiben auch dann stabil, wenn ein konservativer Test durchgeführt wird, in dem alle zeitkonstanten Personenmerkmale, zu denen auch Kohorteneinflüsse gerechnet werden können, kontrolliert werden." (Lois 2013, 119)

In seinen Analysen verweist Lois auf einen generellen Gender Gap der höheren Religiosität von Frauen. Der Frage, wie sich der Gender Gap in kirchlicher Religiosität im Lebenslauf darstellt, geht er jedoch im Einzelnen nicht nach. Wieser (2015) dokumentiert in ihrer Studie zum religiösen Selbstverständnis älterer Frauen, dass ältere Menschen, insbesondere ältere Frauen, durchaus kritische Positionen gegenüber der Kirche als Organisation äußern, aber dennoch an ihrer Kirchenmitgliedschaft festhalten. Dieses Verhalten sei zum einen durch die stärkere religiöse Sozialisation älterer Menschen, insbesondere der Frauen, begründet. Zum anderen wirke hier aber auch

> „die Internalisierung der religiös gefärbten traditionell-weiblichen Geschlechterrolle: In höherem Ausmaß als bei jüngeren Frauenkohorten wird Bindung – zudem eine religiös-sakramental konstituierte – von älteren Frauen als verpflichtend und lebenslang aufrechtzuerhalten angesehen – ein Faktum, das ihren Verbleib in der Kirche mit erklärt" (Wieser 2015, 119).

Da wir mit den Daten des ALLBUS 2012 Querschnittsdaten verwenden, können wir keine Lebenslaufeffekte untersuchen, sondern konzentrieren uns im Folgenden auf Unterschiede im Lebensalter. Wir zeigen zunächst, inwiefern zwischen Alter, Religiosität, Spiritualität und Kirchlichkeit ein signifikanter Zusammenhang besteht. Wir analysieren sodann, inwiefern ein Gender Gap in Religiosität, Spiritualität und Kirchgangshäufigkeit in je fünf verschiedenen Altersgruppen (18–29 Jahre, 30–44 Jahre, 45–59 Jahre, 60–74 Jahre und 75 Jahre und älter) vorliegt.

Zunächst werden die Korrelationen zwischen Alter und Religiosität, Spiritualität und Kirchlichkeit beschrieben. Die Berechnung der Korrelation zwischen den Altersgruppen und Religiosität verdeutlicht, dass ein hoch signifikanter, aber nur schwach positiver Zusammenhang zwischen Alter, Religiosität ($d = 0{,}12^{***}$) und Kirchlichkeit ($d = 0{,}11^{***}$) besteht. Diese Korrelationen unterstreichen, dass der Tendenz nach Menschen mit zunehmendem Alter häufiger angeben, religiös und kirchlich zu sein. Zwischen Alter und Spiritualität hingegen besteht ein signifikanter schwach negativer Zusammenhang ($d = $ -‚12***); Personen, die jünger sind, bezeichnen sich häufiger als spirituell. Wie bereits im Kontext der Analyse zu den Geschlechterrollen dargestellt, verweisen die Begriffe Religiosität und Spiritualität auf unterschiedliche Bedeutungszusammenhänge des religiösen Selbstverständnisses, die in signifikantem Zusammenhang mit dem Lebensalter stehen.

Inwiefern jedoch lässt sich ein Gender Gap der höheren Religiosität, Spiritualität und Kirchlichkeit von Frauen in verschiedenen Altersgruppen nachweisen? Tab. 12 zeigt die Ergebnisse eines für jede Altersgruppe berechneten Mittelwertvergleichs jeweils für die drei Zielvariablen von (christlicher) Religion.[59] Die Ergebnisse demonstrieren, dass es für die Selbsteinstufung der Religiosität in allen Altersgruppen geschlechtertypische Unterschiede gibt: Frauen stufen sich selbst als religiöser ein als Männer. Bezogen auf die Selbsteinstufung, spirituell zu sein, wird deutlich, dass Unterschiede im erwarteten Sinne der stärkeren Zustimmung von Frauen nur bei den jüngeren Frauen und den Frauen mittleren Alters auftreten. Bei den Älteren (Altersgruppe der 60- bis 74-Jährigen) hingegen bestehen keine signifikanten Geschlechterunterschiede in der Spiritualität. Hier kommt vermutlich zum Tragen, dass der Begriff der Spiritualität in dieser Altersgruppe weniger geläufig ist. Auch für die Kirchlichkeit haben wir die Mittelwertunterschiede berechnet: Tab. 12 zeigt, dass signifikante Unterschiede zwischen Männern und Frauen nur in den beiden jüngeren Altersgruppen (18- bis 29-Jährige und 30- bis 44-Jährige) auftreten.

Tab. 12: Mittelwertvergleich der Religiosität, Spiritualität und Kirchlichkeit nach Alter und Geschlecht

Altersgruppe (in Jahren)	Geschlecht	Religiosität	Sign.	Spiritualität	Sign.	Kirchlichkeit	Sign.
18–29	Mann	3,84	***	3,27	*	3,48	***
	Frau	4,73		3,67		4,25	
30–44	Mann	4,14	***	3,18	**	3,76	**
	Frau	5,28		3,84		4,28	
45–59	Mann	4,59	**	3,09	***	4,18	n.s
	Frau	5,09		3,58		4,27	
60–74	Mann	4,81	***	3,04	n. s.	4,71	n. s.
	Frau	5,66		2,82		4,88	
ab 75	Mann	5,31	**	3,04	**	5,08	n. s.
	Frau	6,29		2,77		5,38	
Gesamt	Mann	4,47	***	3,13	**	4,18	***
	Frau	5,30		3,44		4,51	

Signifikanzniveaus: * = p < 0,05; ** = p < 0,01; *** = p < 0,001.

---

59 Wir haben zur Berechnung der Mittelwertunterschiede den T-Test verwendet, da dieser bei gleich großem Stichprobenumfang als robust gegenüber Verzerrungen der Normalverteilung gilt (vgl. Bortz 1989, 171 f.).

Diese Ergebnisse offenbaren, dass sich der Gender Gap bezogen auf das Alter besonders deutlich im Hinblick auf die ideologische Dimension von Religion, die religiöse bzw. spirituelle Selbsteinstufung, zeigt. Frauen weisen eine höhere Zustimmung zu Religiosität und Spiritualität in fast allen Altersgruppen auf. Für die Kirchlichkeit betrifft dies hingegen nur die Frauen in den jüngeren Altersgruppen. Hier ist – wie sich mit der Regressionsanalyse zeigen lässt (vgl. Kap. 3.5.6.2) – der Einfluss von Drittvariablen (etwa des Familienstandes) zu konstatieren.

Somit lässt sich festhalten, dass der Gender Gap einer stärkeren Religiosität, Spiritualität und Kirchlichkeit auch in den Altersgruppen der jüngeren Frauen (noch) besteht. Es ist jedoch nicht sinnvoll, diesen Sachverhalt des Gender Gaps in den jüngeren Altersgruppen überzubewerten oder gar auf zukünftige Entwicklungen zu beziehen. Denn erstens sind hier bivariate Zusammenhänge gezeigt, die durch Drittvariablen eine Modifikation erfahren. Und zweitens ist mit Lois (2013) von einem Periodeneffekt – abnehmender kirchlicher Religiosität – in allen Altersgruppen auszugehen. Unsere Regressionsanalysen (vgl. Kap. 3.5.6.1) weisen in eine ähnliche Richtung: Sie zeigen, dass das Alter für die Vorhersage von Religiosität und Kirchlichkeit in der Gesamtstichprobe keine Rolle spielt, wenn auch die religiöse Sozialisation berücksichtigt wird. Jüngeres Alter hingegen leistet – auch unter Berücksichtigung der religiösen Sozialisation – einen eigenständigen Beitrag zur Erklärung von Spiritualität. Die Ergebnisse demonstrieren, dass die Verwendung der Begriffe Spiritualität und Religiosität unterschiedliche Altersgruppen betrifft; sie zeigt eine Diversifizierung des religiösen Selbstverständnisses im Zusammenhang mit Alter auf.

3.5.2 Familienstand, Haushaltsform und Umfang der Erwerbstätigkeit

Sowohl der Familienstand als auch das Leben mit Kindern sowie der Umfang der Erwerbstätigkeit sind in der Forschung herangezogen worden, um Unterschiede in christlicher Religiosität und Kirchlichkeit zu erklären (Ahrens 2000; Engelhardt/ Loewenich/Steinacker 1997; Dobbelaere/Gevers/Halman 2003; Kecskes 2000; Lois 2013; Lukatis 1990). Nur einige Studien diskutieren die Wirkung dieser soziodemografischen Merkmale im Hinblick auf die Geschlechterzugehörigkeit. So zeigt Ahrens (2000, 106) anhand der Daten der dritten EKD-Erhebung über Kirchenmitgliedschaft, dass bei Frauen Elternschaft durchaus einen Erklärungsbeitrag für die christlich-kirchliche Nähe liefert, bei Männern hingegen Elternschaft keinen Einfluss auf die christlich-kirchliche Nähe hat. Darüber hinaus stellt sie zum Einfluss des Familienstandes fest:

> „Für Frauen, die nicht verheiratet, d. h. ledig, geschieden oder verwitwet sind, ergibt sich eine größere christlich-kirchliche Nähe als in den entsprechenden Vergleichsgruppen der Männer. Dieses Ergebnis deutet auf die Relevanz der jeweiligen Lebenssituation für das Verhältnis zu Kirche und Glauben, da Frauen augenscheinlich nur bei Fehlen einer ak-

tuellen (ehelichen) Partnerschaft eine engere Bindung an Kirche und Glauben aufweisen als Männer" (Ahrens 2000, 103).

Lois diskutiert sehr ausführlich den Effekt der Veränderung der Religiosität im Familienzyklus. Demnach begünstigen die Ehe und das Vorhandensein von (kleineren) Kindern die Religiosität, jedoch sind diese Effekte durchaus differenziert zu betrachten:

„Während sich für Westdeutschland in dieser Zeit nach der Eheschließung ein Anstieg in der Häufigkeit von Gottesdienstbesuchen zeigt, scheinen sowohl Veränderungen der Kirchenmitgliedschaft als auch der subjektiven Zentralität der Religion nicht von diesem Übergang tangiert zu werden. […] Ebenso nicht bestätigt werden kann die Annahme, dass sich die kirchliche Religiosität bei Paaren, die in nichtehelicher Lebensgemeinschaft zusammen wohnen, abschwächt. Die Ergebnisse zum Einfluss einer Scheidung auf die Religiosität fallen unterschiedlich aus. Für die Kirchgangshäufigkeit und die subjektive Wichtigkeit der Religion können in Westdeutschland signifikante Rückgänge im Zuge dieses Ereignisses festgestellt werden. Argumente, die auf moralische Konflikte und negativ religiöse Bewältigungsstrategien im Falle eines Scheiterns der Ehe abstellen (Krumrei et al. 2009), werden hierdurch tendenziell bestätigt. Eine Veränderung der Kirchenmitgliedschaft im Zuge der Scheidung ist dagegen nicht zu beobachten" (Lois 2013, 161f.).

Die unterschiedliche Einbindung von Frauen und Männern in das Erwerbsleben geht – das zeigen die EKD-Erhebungen zur Kirchenmitgliedschaft (Lukatis 1990; Engelhardt/Loewenich/Steinacker 1997, 210) – mit Unterschieden in der kirchlichen Verbundenheit einher. Eine geringe Einbindung in das Erwerbsleben ist mit einer höheren kirchlichen Bindung verbunden. Allerdings weist bereits die EKD-Studie von 1997 hier auf Veränderungen hin: „Bei den Gruppen der Vollberufstätigen sind keinerlei geschlechtsspezifische Unterschiede auszumachen" (Engelhardt/Loewenich/Steinacker 1997, 211).

Wir prüfen im Folgenden, ob ein Gender Gap in Religiosität, Spiritualität und Kirchgangshäufigkeit in Abhängigkeit vom Familienstand, dem Leben mit Kindern und dem Umfang der Erwerbstätigkeit festzustellen ist.

Tab. 13 informiert über Geschlechterunterschiede bezogen auf den Familienstand und das Leben mit Kindern im Haushalt. Sie zeigt, dass ein signifikanter Geschlechterunterschied einer höheren Religiosität und Spiritualität von Frauen nur in der Gruppe der Verheirateten oder Ledigen zu verzeichnen ist. Verwitwete und geschiedene Frauen und Männer hingegen unterscheiden sich in Religiosität und Spiritualität nicht. Bezogen auf die Kirchlichkeit unterscheiden sich Frauen und Männer nicht, wenn sie verheiratet, verwitwet oder geschieden sind. Jedoch ist in der Gruppe der Ledigen der Gender Gap in allen untersuchten Dimensionen festzustellen: Frauen weisen hier eine signifikant höhere Religiosität, Spiritualität und Kirchlichkeit auf. Interessant ist, dass der Gender Gap der höheren Spiritualität und Religiosität von Frauen sowohl bei Verheirateten als auch bei Ledigen zu verzeichnen ist, während er in der Kirchlichkeit nur bei Ledigen nachzuweisen ist. Wie die Regressionsanalysen zeigen (vgl. Kap. 3.5.6.1), wirkt jedoch der Familienstand des Verheiratetseins als Prädiktor allein für Kirchlichkeit, nicht für Religiosität und Spiritualität.

Welchen Einfluss auf Religiosität und Kirchlichkeit hat es nun, ob Kinder mit im Haushalt leben, ob diese bereits das Haus verlassen haben oder ob man überhaupt eigene Kinder hat? Mit Blick auf die Religiosität bleibt der Gender Gap in Form einer höheren Religiosität von Frauen in jeder der drei Lebenssituationen erhalten. Dies trifft – mit einer Ausnahme – auch für die Selbsteinstufung der Spiritualität zu: Männer und Frauen, deren Kinder bereits außer Haus leben, unterscheiden sich in Bezug auf die Selbsteinstufung der Spiritualität (möglicherweise aufgrund des Alters) nicht. Frauen und Männer unterscheiden sich in ihrer Kirchlichkeit dann nicht, wenn sie mit Kindern im Haushalt leben oder gelebt haben. Eine stärkere Kirchlichkeit von Frauen ist nur in der Gruppe derer zu konstatieren, die keine eigenen Kinder haben.

Tab. 13: Mittelwertvergleich der Religiosität, Spiritualität und Kirchlichkeit nach Familienstand, Kindern und Geschlecht

Familienstand	Geschlecht	Religiosität	Sign.	Spiritualität	Sign.	Kirchlichkeit	Sign.
verheiratet	Mann	4,77	***	3,06	**	4,73	n.s.
	Frau	5,67		3,43		4,93	
verwitwet	Mann	4,90	n.s	3,06	n.s	4,05	n.s
	Frau	5,64		2,36		4,54	
geschieden	Mann	4,61	n.s.	3,17	n.s.	3,36	n.s.
	Frau	4,74		3,53		3,41	
ledig	Mann	3,88	***	3,27	***	3,42	***
	Frau	4,64		3,89		4,01	

Kinder im Haushalt	Geschlecht	Religiosität	Sign.	Spiritualität	Sign.	Kirchlichkeit	Sign.
Kinder außer Haus	Mann	4,64	***	3,01	n.s	4,48	n.s.
	Frau	5,36		3,01		4,51	
Kinder im Haus	Mann	4,85	**	3,17	**	4,64	n.s.
	Frau	5,52		3,75		4,87	
keine eig. Kinder	Mann	4,09	***	3,26	**	3,60	***
	Frau	5,00		3,81		4,17	
Gesamt	Mann	4,47	***	3,13	**	4,18	***
	Frau	5,30		3,44		4,51	

Signifikanzniveaus: * = p < 0,05; ** = p < 0,01; *** = p < 0,001.

Geht man der Frage nach, ob es geschlechtertypische Unterschiede in Religiosität, Spiritualität und Kirchlichkeit nach Umfang der Beteiligung am Erwerbsleben gibt, verdeutlichen die Ergebnisse in Tab. 14, dass bei Vollzeitberufstätigen der Gender Gap einer höheren Spiritualität und Religiosität der Frauen bestehen bleibt, dies jedoch für die Kirchlichkeit nicht festzustellen ist. Schaut man sich die Gruppe der Nichterwerbstätigen an, so ist ein signifikanter Gender Gap für Religiosität und Kirchlichkeit, jedoch gerade nicht für Spiritualität festzustellen. Zu vermuten ist, dass bei der Selbsteinstufung der Spiritualität Interaktionseffekte mit dem Alter (Rentner und Rentnerinnen in der Gruppe der Nichterwerbstätigen) eine Rolle spielen. Denn Spiritualität steht mit jüngerem Alter in signifikantem Zusammenhang.[60]

Tab. 14: Mittelwertvergleich der Erwerbstätigkeit nach Geschlecht, Religiosität, Spiritualität und Kirchlichkeit

Umfang der Erwerbstätigkeit	Geschlecht	Religiosität	Sign.	Spiritualität	Sign.	Kirchlichkeit	Sign.
hauptberuflich ganztags	Mann	4,29	**	3,03	***	4,06	n. s.
	Frau	4,71		3,59		3,86	
nicht erwerbstätig	Mann	4,75	***		n.s	4,37	**
	Frau	5,64				4,76	
Gesamt	Mann	4,47	***	3,13	**	4,18	***
	Frau	5,30		3,44		4,51	

Signifikanzniveaus: * = p < 0,05; ** = p < 0,01; *** = p < 0,001.

3.5.3 Bildung

Die Kirchenmitgliedschaftsstudien der EKD prüfen seit 1972, welcher Zusammenhang zwischen Bildungsniveau und Kirchlichkeit, gemessen an der kirchlichen Verbundenheit, besteht. Die erste EKD-Erhebung über Kirchenmitgliedschaft (Hild 1975) zeigte, dass zwischen hoher formaler Bildung und Kirchlichkeit ein negativer Zusammenhang bestand. Der Prototyp des zum Austritt bereiten Kirchenmitglieds war Mitte der 1970er Jahre „der gut ausgebildete jüngere Mann". Die zunehmende Bildung, so diskutierte man, sei einerseits eine notwendige Voraussetzung für eine reflektierte aktive Kirchenmitgliedschaft, andererseits gingen mit einer zunehmenden Bildung auch Bestrebungen der Emanzipation von kirchlichen Traditionen einher: Die These vom Bildungsdilemma der Kirche war geboren (vgl. Hild 1975, 247 f.).

Die dritte Kirchenmitgliedschaftsuntersuchung blickte besonders auf die geschlechtertypischen Zusammenhänge zwischen Bildung und kirchlicher Verbundenheit und stellte fest:

---

60 Auf eine Auswertung des Gender Gaps für die hauptberuflich in Teilzeit arbeitenden Personen haben wir aufgrund der zu kleinen Fallzahl unter Männern verzichtet.

„Ein Blick auf die Austrittsneigung zeigt, daß der formale Bildungsstand auch bei den Frauen als wichtiger Faktor für die Haltung zur Kirche gelten muß; denn mit höherer Bildung ist ihre Bereitschaft zum Kirchenaustritt stärker ausgeprägt; und dies gilt auch im Zeitvergleich der Untersuchungen" (Engelhardt/Loewenich/Steinacker 1997, 216).

Die Studie demonstrierte zudem, dass die Unterschiede zwischen Frauen mit niedrigem und hohem formalen Bildungsabschluss erheblich waren und zwischen 1982 und 1992 an Gewicht gewonnen hatten, sodass der Bildungseffekt bei den Frauen 1992 ein größeres Gewicht als bei den Männern hatte.

„Aus diesen Verschiebungen resultiert für den geschlechtsspezifischen Vergleich in der höchsten Bildungsstufe ein in seiner Ausrichtung nicht erwartetes Ergebnis: Die ehedem bekannte Differenz zwischen Männern und Frauen nämlich hat sich – auch wenn der Unterschied (noch) keine statistisch relevante Größenordnung erreicht – in ihrer Richtung umgekehrt: Frauen mit Abitur zeigen eine etwas stärkere Neigung, der Kirche den Rücken zu kehren, als ihre männlichen Kollegen" (Engelhardt/Loewenich/Steinacker 1997, 217).

Mit den Daten der vierten EKD-Erhebung über Kirchenmitgliedschaft konnte diese Trendwende einer höheren Austrittsbereitschaft von höher gebildeten Frauen nicht mehr bestätigt werden. Möglicherweise hatten bereits jene Frauen, die 1992 eine hohe Austrittsbereitschaft signalisierten, im Jahr 2002 ihre Mitgliedschaft aufgekündigt. Die vierte EKD-Erhebung

„zeigt aber gleichwohl, dass auch im Jahr 2002 Männer mit Abitur weitaus häufiger als zu allen Untersuchungszeitpunkten zuvor dazu entschlossen sind, Mitglieder der Kirche zu bleiben. Dieses Ergebnis macht deutlich, dass unter höher gebildeten Männern in der Tat von einer Trendwende gesprochen werden kann" (Benthaus-Apel 2006, 27).[61]

Die dritte und die vierte EKD-Erhebung über Kirchenmitgliedschaft konzentrierte sich in ihren Analysen auf die Beschreibung des Zusammenhangs von Bildung und Kirchlichkeit, weniger auf den Zusammenhang von Bildung und Religiosität. Die Zusammenhänge zwischen Bildung, Geschlecht und Spiritualität wurden bislang dort nicht berücksichtigt.

Im Folgenden prüfen wir deshalb zunächst den Zusammenhang zwischen Bildung als unabhängiger und Religiosität, Spiritualität und Kirchlichkeit als abhängigen Variablen.

Es besteht ein signifikanter, aber äußerst schwach negativer Zusammenhang zwischen Bildung und der subjektiven Selbsteinstufung in der Religiosität ($d = -,068***$). Mit anderen Worten: Je höher die Bildung ist, desto geringer fällt der Tendenz nach die Selbsteinstufung als religiös aus. Aber wie gesagt – dieser Zusammenhang ist äußerst gering. Die gesonderte Betrachtung der Zusammenhänge nach Geschlecht zeigt keine wesentlichen Unterschiede (mehr) in den Korrelationskoeffizienten bei

---

61 Die fünfte EKD-Erhebung weist den Zusammenhang zwischen Bildung und Kirchlichkeit nicht gesondert aus (vgl. Bedford-Strohm/Jung 2015).

Tab. 15: Mittelwertvergleich der Religiosität, Spiritualität und Kirchlichkeit nach Bildung und Geschlecht

Bildung	Geschlecht	Religiosität	Sign.	Spiritualität	Sign.	Kirchlichkeit	Sign.
ohne Abschluss	Mann	4,28	**	2,93	n. s.	3,36	n. s.
	Frau	6,28		3,22		4,20	
Volks- und Hauptschul-abschluss	Mann	4,93	***	3,03	n. s.	4,53	*
	Frau	5,79		2,99		4,93	
mittlere Reife	Mann	4,02	***	2,89	**	3,76	*
	Frau	4,85		3,32		4,12	
Fach- und allg. Hoch-schulreife	Mann	4,35	***	3,46	**	4,22	*
	Frau	5,25		3,92		4,57	
Gesamt	Mann	4,47	***	3,13	**	4,18	***
	Frau	5,30		3,44		4,51	

Signifikanzniveaus: * = p < 0,05; ** = p < 0,01; *** = p < 0,001.

Männern und Frauen (Männer: d = -,08***; Frauen: d = -,06***). Zwischen Bildung und subjektiver Selbsteinstufung der Spiritualität hingegen liegt ein signifikant positiver Zusammenhang vor (d = ,11***). Der Tendenz nach zeigt sich somit, dass sich Personen desto eher als spirituell bezeichnen, je höher ihre formale Bildung ist; jedoch ist auch dieser Zusammenhang äußerst schwach. Unterscheidet man nach Geschlechterzugehörigkeit, sind geringfügig unterschiedlich starke Zusammenhänge zwischen Bildung und Spiritualität bei Frauen und Männern erkennbar: Der Korrelationskoeffizient liegt bei Männern bei d = ,085***, bei Frauen bei d = ,13***. Die Analyse der Korrelation zwischen Bildung und Kirchlichkeit hingegen zeigt für die Gesamtstichprobe keinen signifikanten Zusammenhang (d = -,029, n. s.), allein in der Teilstichprobe der Frauen ist ein schwach negativer Zusammenhang festzustellen (d = -,047*): Frauen mit niedriger formaler Bildung sind kirchlicher.

Wiederum haben wir für die einzelnen Bildungsgruppen durch die Berechnung der Mittelwertunterschiede zwischen Männern und Frauen je Zielvariable geprüft, ob ein Gender Gap besteht (vgl. Tab. 15). Für Religiosität ist in allen Bildungskategorien ein Gender Gap der höheren Religiosität von Frauen festzustellen, während für Spiritualität ein Gender Gap nur in den beiden höheren Bildungsgruppen auftritt. Spirituell zu sein ist – bezogen auf die vier Kategorien der Bildung – somit typisch für Frauen mit höherer formaler Bildung. Wie die Regressionsanalysen in Kapitel 3.5.6.1 und 3.5.6.2 zeigen, wirkt sich allerdings der Faktor Bildung für die Erklärung von Spiritualität sehr unterschiedlich aus: In der Gesamtstichprobe und in der Teilstichprobe der Männer ist höhere Bildung ein Prädiktor für Spiritualität. In der Teilstichprobe der Frauen ist nicht das höchste formale Bildungsniveau, sondern die Abgrenzung zu einem niedrigen Bildungsabschluss das Merkmal, das Spiritualität erklärt.

Die Berechnung der Mittelwertunterschiede zur Analyse des Gender Gaps in Kirchlichkeit verweist darauf, dass in der sehr kleinen Gruppe von Personen ohne Schulabschluss[62] kein Geschlechterunterschied in der Kirchlichkeit besteht. Der Gender Gap bei Personen mit Volks- und Hauptschulabschluss, mit mittlerer Reife und Abitur hingegen bleibt bestehen.

3.5.4 Einkommen und persönliche wirtschaftliche Lage

Wie eingangs beschrieben, zeigt die Studie von Voas/Mc Andrew/Storm (2013, 275 ff.), dass ein erheblicher Zusammenhang zwischen Bruttoinlandsprodukt und Verringerung des Gender Gaps in Religiosität und Kirchlichkeit in dreißig europäischen Ländern festzustellen ist. Die Untersuchung des Zusammenhangs zwischen Bruttovolkseinkommen und Indikatoren der Religiosität und Kirchlichkeit dient den Autoren dieser Studie als Indikator zur Beantwortung der Frage, inwiefern sich Modernisierungsprozesse (gemessen durch den wirtschaftlichen Wohlstand) auf die Erklärung des Gender Gaps in Religiosität und Kirchlichkeit auswirken. Dieser makrosoziologische Zusammenhang ist nicht Thema unserer Untersuchung und kann auch mit den Daten des ALLBUS nicht geprüft werden. Aber die Frage, inwieweit Einkommensunterschiede Einfluss auf die Erklärung des Gender Gaps haben, ist dennoch von Interesse. Denn in der vierten EKD-Erhebung über Kirchenmitgliedschaft wurden Einkommensunterschiede im Kontext der Lebensstil- und Milieuforschung auf ihre Zusammenhänge mit Kirchlichkeit und Religiosität untersucht. Demnach teilen Menschen mit geringen ökonomischen und bildungsbezogenen Ressourcen einen traditionsorientierten und unauffälligen Lebensstil. Personen dieses Lebensstiltypus weisen eine geringe bis mittlere Kirchenverbundenheit und Religiosität auf. Personen hingegen, die einen traditionsorientierten und hochkulturellen Lebensstil teilen, verfügen über mittlere und höhere Einkommen. Sie sind der Kirche sehr verbunden und bezeichnen sich als sehr religiös (Benthaus-Apel 2006, 214 ff. u. 229 f.). Zu erwarten ist demnach, dass mit geringem Einkommen oder einer persönlich als schlecht eingestuften wirtschaftlichen Lage die Kirchlichkeit und die Religiosität eher gering ausfallen, während mit einem höheren Einkommen Kirchlichkeit und Religiosität positiv in Zusammenhang stehen dürften. Wie sich Einkommensunterschiede auf die Spiritualität auswirken, geht aus den Lebensstilerhebungen der vierten EKD-Erhebung nicht hervor. Auch die Effekte der Geschlechterzugehörigkeit sind in der Lebensstilstudie nicht differenziert genug erfasst, um die Interdependenzen zwischen Einkommen und Geschlecht sowie Religiosität und Kirchlichkeit zu bestimmen.

Mit den Daten des ALLBUS 2012 lassen sich diese Zusammenhänge prüfen. Unsere Auswertungen zeigen, dass in der Gesamtstichprobe kein signifikanter Zusammenhang zwischen Einkommen und Religiosität besteht ($d = {,}023$, n. s.). Dies gilt der Richtung nach auch für die nach Geschlechterzugehörigkeit getrennt

---

62 Ohne Schulabschluss gesamt n = 61 (männlich: n = 28, weiblich: n = 33).

durchgeführten Analysen (Männer: $d = ,021$, n. s.; Frauen: $d = ,045^*$). Die Korrelation zwischen Haushaltsnettoeinkommen und Spiritualität hingegen weist für die Gesamtstichprobe einen schwachen, aber signifikant positiven Zusammenhang aus ($d = ,075^{***}$). In den nach Geschlecht getrennt analysierten Teilstichproben findet sich bei den Männern ein schwach negativer Zusammenhang ($d = -,060^{**}$) und bei Frauen eine positive Korrelation ($d = ,10^{**}$). Das Haushaltsnettoeinkommen wirkt sich in den Teilstichproben der Männer und Frauen somit gegensätzlich auf die Selbsteinstufung als spirituell aus. Der Zusammenhang zwischen Haushaltsnettoeinkommen und Kirchlichkeit ist schwach positiv ($d = ,11^{***}$). D. h., bei höherem Einkommen nimmt die Kirchlichkeit der Richtung nach zu. Die nach Geschlecht getrennten Berechnungen verdeutlichen, dass dieser Zusammenhang sowohl bei Männern ($d = ,11^{***}$) als auch bei Frauen ($d = ,11^{***}$) besteht.

Um den Gender Gap in den jeweiligen Einkommensgruppen nach Geschlecht zu prüfen, wurden wiederum Mittelwertvergleiche berechnet. Tab. 16 weist für Religiosität je Einkommenskategorie einen signifikanten Gender Gap aus. Auch bezüglich der Kirchlichkeit ist ein signifikanter Gender Gap einer höheren Kirchlichkeit von Frauen in allen Einkommensklassen festzustellen. In diesen Berechnungen wird deutlich, dass ein Geschlechterunterschied in der Spiritualität allein für die mittlere Einkommensklasse nachzuweisen ist. Somit trägt die Höhe des Haushaltsnettoeinkommens nichts zur Erklärung des Gender Gaps in Kirchlichkeit und Religiosität bei, verdeutlicht aber, dass der Gender Gap einer höheren Spiritualität der Frauen allein im mittleren Segment der Haushaltsnettoeinkommen festzustellen ist.

Tab. 16: Mittelwertvergleich der Religiosität, Spiritualität und Kirchlichkeit nach Haushaltsnettoeinkommen und Geschlecht

Haushaltsnetto-einkommen	Geschlecht	Religiosität	Sign.	Spiritualität	Sign.	Kirchlichkeit	Sign.
unter 1749 Euro	Mann	4,33	**	3,17	n. s.	3,66	**
	Frau	5,07		3,23		4,11	
1750 bis 3999 Euro	Mann	4,40	***	3,08	**	4,28	**
	Frau	5,30		3,54		4,61	
über 4000 Euro	Mann	4,56	**	3,36	n. s.	4,57	**
	Frau	5,34		3,82		5,07	
Gesamt	Mann	4,47	***	3,13	**	4,18	**
	Frau	5,30		3,44		4,51	

Signifikanzniveaus: $* = p < 0,05$; $** = p < 0,01$; $*** = p < 0,001$.

Die Zusammenhänge zwischen persönlich wahrgenommener Wirtschaftslage, Religiosität, Spiritualität und Kirchlichkeit sind schwach. In der Gesamtstichprobe liegt die Korrelation zwischen persönlich empfundener Wirtschaftslage und Religiosität bei $d = ,072^{***}$, in der Gruppe der Männer bei $d = ,080^{***}$ und bei den Frauen bei $d = ,084^{***}$. D. h., der Richtung nach geht bei Frauen wie Männern eine persönlich als gut wahrgenommene wirtschaftliche Lage mit einer stärkeren Selbsteinstufung als religiös einher. Auch mit Blick auf die Kirchlichkeit bestätigt sich dieser Zusammenhang, wobei er hier stärker ausfällt (d = ,175***). Dieser Zusammenhang zwischen persönlicher Wirtschaftslage und Kirchlichkeit gilt auch für die nach Geschlechterzugehörigkeit getrennten Teilstichproben und zeigt bei Männern (d = ,210***) einen stärkeren Zusammenhang als bei Frauen (d = ,160***). Zwischen der persönlich wahrgenommenen wirtschaftlichen Lage und Spiritualität (d = ,018) besteht hingegen kein Zusammenhang, dies gilt für Männer (d = ,036) wie für Frauen (d = ,014).

Die Berechnungen zum Gender Gap, bezogen auf die drei Kategorien sehr gute, mittlere und schlechte persönliche wirtschaftliche Lage, weisen aus, dass im Hinblick auf Religiosität und Kirchlichkeit in allen drei Kategorien ein Gender Gap festzustellen ist. Wenn Personen ihre persönliche wirtschaftliche Lage als mittelmäßig bewerten, dann besteht auch ein Geschlechterunterschied in der Spiritualität (vgl. Tab. 17).

Tab. 17: Mittelwertvergleich der Religiosität, Spiritualität und Kirchlichkeit nach Einschätzung der persönlichen wirtschaftlichen Lage und Geschlecht

Persönliche wirtschaftliche Lage heute	Geschlecht	Religiosität	Sign.	Spiritualität	Sign.	Kirchlichkeit	Sign.
sehr gut	Mann	4,65	**	3,16	n. s.	4,52	*
	Frau	5,47		3,39		4,79	
teils/teils	Mann	4,24	***	3,00	**	3,75	**
	Frau	5,20		3,53		4,32	
schlecht	Mann	3,81	**	3,29	n. s.	2,83	*
	Frau	4,67		3,44		3,43	
Gesamt	Mann	4,47	***	3,13	**	4,18	***
	Frau	5,30		3,44		4,51	

Signifikanzniveaus: * = p < 0,05; ** = p < 0,01; *** = p < 0,001.

3.5.5 Religiöse Sozialisation

Der Gesichtspunkt der religiösen Sozialisation stellt ein eigenständiges und wichtiges Merkmal dar, um Religiosität, Kirchlichkeit und Spiritualität zu erklären. Siegers (2012) unterscheidet in seiner Studie zu alternativen Spiritualitäten drei idealtypische Sozialisationskonstellationen, die die Religiosität, Kirchlichkeit und Spiritualität im Erwachsenenalter erklären können:

„(1) Die Eltern sind religiös und messen der Religiosität ihrer Kinder große Bedeutung zu. In diesem Fall werden sie ihre Kinder aktiv zur Religiosität erziehen. […] (2) Die Eltern sind selbst religiös, messen der Religiosität ihrer Kinder aber keinen großen Wert zu. Die Kinder werden über die Praxis der Eltern an Religion herangeführt. Dadurch kann ein religiöses Bedürfnis bei den Kindern angelegt werden. […] (3) Eltern, die selbst nicht religiös sind, messen der Religiosität ihrer Kinder keinen Wert bei. […] In diesem Fall, der auf die meisten atheistischen und religiös indifferenten Familien zutrifft, werden weder ein religiöses Bedürfnis noch religiöse Präferenzen vermittelt" (Siegers 2012, 126).

Zudem argumentiert Siegers, dass der Gender Gap der höheren Religiosität von Frauen durch den engen Zusammenhang zwischen weiblichen Persönlichkeitsmerkmalen und Religiosität erklärbar sei, und weist – wie Kecskes (2000) – auf das Argument hin, dass Frauen eine intensivere religiöse Sozialisation erführen und deshalb im Erwachsenenalter religiöser seien. Seine Analysen zeigen, dass Frauen tatsächlich eine geringere Wahrscheinlichkeit haben, eine säkulare Weltanschauung zu wählen (vgl. Siegers 2012, 126). Kecskes fragt in seiner acht europäische und angloamerikanische Länder vergleichenden Studie zur Religiosität von Männern und Frauen nach der besonderen Bedeutung der religiösen Sozialisation (vgl. Kecskes 2000, 92 f.). Er stellt fest:

„Führt man diesen Indikator [religiöse Sozialisation durch die Kirchgangshäufigkeit der Befragten im Alter von 11 bis 12 Jahren, FBA] in die Analyse ein, dann sinkt zwar in allen Ländern der Geschlechtereffekt, bleibt aber mit zwei Ausnahmen durchgehend signifikant. Die Ausnahmen sind die Kirchgangshäufigkeiten in West-Deutschland und Nordirland. In beiden Ländern ist die Geschlechterdifferenz nach Berücksichtigung des Indikators ‚Sozialisation‘ nicht mehr signifikant. Stärker als auf den Geschlechtereffekt hat die Sozialisation einen Einfluss auf den Alterseffekt" (Kecskes 2000, 93).[63]

Auch seine Hypothese ist, dass der Gender Gap in Religiosität und Kirchlichkeit über die stärkere religiöse Sozialisation von Mädchen zu erklären ist (vgl. Kecskes 2000, 95).

Wir nehmen im Folgenden das Merkmal der religiösen Sozialisation als einen zentralen eigenständigen Faktor der Erklärung des Gender Gaps in die Analyse auf. Es wird im ALLBUS über die Angaben der Befragten zur religiösen Sozialisation in der Herkunftsfamilie gemessen. Es stellt, wie sich im Folgenden zeigen wird, das weitaus tragfähigste Merkmal für die Erklärung von Religiosität, Spiritualität und Kirchlichkeit im Kontext der hier berücksichtigten soziodemografischen Merkmale dar. Die Regressionsanalysen (Kap. 3.5) demonstrieren zudem, dass die religiöse Sozialisation der mit Abstand aussagekräftigste Prädiktor auch für die nach Geschlechterzugehörigkeit getrennt berechneten Regressionsanalysen zu Religiosität, Spiritualität und Kirchlichkeit darstellt.

In der Gesamtstichprobe besteht ein hoch signifikanter und ausgeprägter positiver Zusammenhang zwischen der religiösen Sozialisation im Elternhaus und der Selbsteinstufung in der Religiosität von $r = ,57^{***}$. Dieses Ergebnis bestätigt sich für die jeweiligen Teilstichproben der Männer und Frauen. In der Gruppe der Männer liegt der Korrelationskoeffizient bei $r = ,60^{***}$ und bei den Frauen bei $r = ,56^{***}$. D. h., der Richtung nach wirkt sich die im Elternhaus erfahrene religiöse Sozialisation auf die Selbsteinstufung der Religiosität unter Männern etwas deutlicher aus.

---

63 Kecskes (2000) verwendet die Daten des ISSP 1991.

Tab. 18: Mittelwertvergleich für Religiosität, Spiritualität und Kirchlichkeit nach religiöser Erziehung im Elternhaus und Geschlecht

Religiöse Erziehung im Elternhaus	Geschlecht	Religiosität	Sign.	Spiritualität	Sign.	Kirchlichkeit	Sign.
keine Rolle	Mann	2,00	**	2,19	**	1,85	**
	Frau	2,67		2,67		2,28	
wenig	Mann	3,64	***	2,95	n.s	3,75	n.s.
	Frau	4,59		3,27		3,90	
etwas	Mann	5,49	*	3,47	n.s.	5,13	n.s.
	Frau	5,88		3,53		5,20	
sehr große Rolle	Mann	6,82	**	3,93	n.s	6,15	n.s.
	Frau	7,32		4,13		6,11	
Gesamt	Mann	4,47	***	3,13	**	4,18	***
	Frau	5,30		3,44		4,51	

Signifikanzniveaus: n.s. = nicht signifikant; * = $p < 0,05$; ** = $p < 0,01$; *** = $p < 0,001$.

Dieser Zusammenhang zeigt sich auch für die Selbsteinstufung der Spiritualität, obwohl die Stärke der Zusammenhänge deutlich weniger ausgeprägt ist: In der Gesamtstichprobe liegt der Korrelationskoeffizient bei $r = ,22$***, in der Teilstichprobe der Männer bei $r = ,25$*** und in der Stichprobe der Frauen bei $r = ,18$***. Für die Kirchlichkeit zeigt sich ebenfalls ein signifikanter und deutlich positiver Zusammenhang zwischen der im Elternhaus erfahrenen religiösen Sozialisation und Kirchlichkeit: In der Gesamtstichprobe liegt der Korrelationskoeffizient bei $r = ,56$***, in der Teilstichprobe der Männer bei $r = ,58$*** und bei den Frauen bei $r = ,54$***. Dieses Ergebnis korrespondiert somit mit den Werten für die Selbsteinstufung der Religiosität. Im Unterschied zu den Annahmen von Kecskes zeigen die Daten des ALLBUS 2012, dass die im Elternhaus erfahrene religiöse Sozialisation bei Männern stärkere Kovariationen mit allen hier berücksichtigten Dimensionen von Religion aufweist.

Betrachtet man wiederum die Mittelwertunterschiede (vgl. Tab. 18), angefangen bei Personen, in deren Elternhaus die religiöse Sozialisation keine Bedeutung hatte, bis zu den Befragten, in deren Elternhaus die religiöse Sozialisation eine sehr große Bedeutung hatte, so zeigt sich auch anhand der Mittelwerte die hohe Relevanz der religiösen Erziehung für die Selbsteinstufung der Religiosität. Beispielsweise liegt der Mittelwert der Religiosität (auf einer Skala von eins für eine sehr schwache bis zehn für eine sehr starke Ausprägung) unter Männern, bei denen die religiöse Sozialisation im Elternhaus keine Rolle spielte, bei M = 2,0 und steigt bei Männern, in deren Elternhaus die religiöse Sozialisation eine sehr große Rolle spielte, auf M = 6,8.

Der Gender Gap einer signifikant höheren Religiosität der Frauen bleibt jedoch in den vier Teilgruppen bestehen. Dies gilt hingegen nicht für die Selbsteinstufung in der Spiritualität und der Kirchlichkeit. Hier zeigt sich ein Gender Gap der höheren Spiritualität und Kirchlichkeit der Frauen nur unter jenen Personen, die angeben, dass die religiöse Sozialisation im Elternhaus keine Rolle spielte. Der Sachverhalt, dass diese Zuschreibung für das „Religiöse" gerade dann wirksam ist, wenn die Frauen keine religiöse Sozialisation im Elternhaus erfahren haben, demonstriert, dass die generalisierte an das weibliche Geschlecht gebundene Selbst- und Fremd-zuschreibung für das „Religiöse" noch wirksam ist.

3.5.6 Soziodemografische und sozialisationsbezogene Merkmale als Prädiktoren für Religiosität, Spiritualität und Kirchlichkeit

Um abschließend die Stärke des Einflusses der oben diskutierten Merkmale der Sozialstruktur sowie der religiösen Erziehung im Elternhaus auf die Selbsteinstufung in Religiosität, Spiritualität sowie Kirchlichkeit bestimmen zu können, stellen wir im Folgenden die Ergebnisse verschiedener Regressionsanalysen dar. Mit dem Verfahren der Regressionsanalyse lässt sich bestimmen, in welcher Stärke die in den vorangegangenen Kapiteln diskutierten Merkmale als Prädiktoren für Religiosität, Spiritualität und Kirchlichkeit wirken.[64] Wir haben zudem das Merkmal der Ortsgröße, das in einigen Studien ebenfalls zur Erklärung der Unterschiede in Kirchlichkeit und Religiosität herangezogen wurde (z. B. Kecskes 2000), in die Regressionsanalysen einbezogen, obwohl es in der vorangegangenen Diskussion soziodemografischer Merkmale nicht eigens thematisiert wurde. Um untersuchen zu können, ob die Merkmale der sozialen Lage und der Einfluss des sozialisationsbezogenen Merkmals für Männer und Frauen in unterschiedlicher Weise als Prädiktoren wirken, berechnen wir die Regressionsanalysen sowohl für die Gesamtstichprobe als auch nach Geschlechterzugehörigkeit getrennt.

3.5.6.1 ... in der Gesamtstichprobe

In allen Regressionsanalysen zeigt sich, dass die im Elternhaus erfahrene religiöse Sozialisation die höchste Erklärungskraft zur Bestimmung von Religiosität, Spiritualität und Kirchlichkeit besitzt. Mit anderen Worten: Wer im Elternhaus eine religiöse Sozialisation erfahren hat, bezeichnet sich mit einer hohen Wahrscheinlichkeit auch selbst als ein religiöser bzw. spiritueller Mensch und zeichnet sich durch eine hohe Kirchlichkeit aus. Wie die Regressionsanalysen zeigen, sind einige hier berücksichtigte soziodemografische Merkmale als Prädiktoren für Religiosität, Spiritualität und Kirchlichkeit ebenfalls von Bedeutung. Tab. 19 veranschaulicht, dass in der Gesamtstichprobe neben der *religiösen Erziehung im Elternhaus* (β = ,56) die Zugehörigkeit zum *weiblichen Geschlecht* (β = ,10) und der *Familienstand des Verheiratetseins* (β = ,07) die *Religiosität* bestimmen. Die aufgeklärte Varianz in diesem Modell beträgt 34,3 %.

---

64 Es wurde das Verfahren der schrittweisen linearen Regression gewählt.

Tab. 19: Regressionsanalyse der Religiosität in der Gesamtstichprobe

Modell der Religiosität	Standardisierte Koeffizienten		
	Beta (β)	t	p
Rolle der relig. Erziehung im Elternhaus	,559	37,045	,000
Geschlecht (m/w)	,100	6,662	,000
Familienstand: verheiratet	,067	4,425	,000
Schrittweise lineare Regression; R^2 = 34,3 %.			

Auch *Kirchlichkeit* (vgl. Tab. 20) lässt sich vor allem durch eine *im Elternhaus erfahrene religiöse Sozialisation* vorhersagen (β = ,54), gefolgt vom *Familienstand des Verheiratetseins* (β = ,12) und einer persönlich als *positiv eingeschätzten wirtschaftlichen Lage* (β = ,09). Ein weiterer signifikanter, aber schwacher Prädiktor ist der *Umfang der Erwerbstätigkeit*, und zwar eine nicht in Vollzeit ausgeübte Erwerbstätigkeit (β = -,053).

Tab. 20: Regressionsanalyse der Kirchlichkeit in der Gesamtstichprobe

Modell der Kirchlichkeit	Standardisierte Koeffizienten		
	Beta (β)	t	p
Rolle der relig. Erziehung im Elternhaus	,540	35,102	,000
verheiratet	,117	7,559	,000
persönliche wirtschaftliche Lage	,092	5,951	,000
Umfang der Erwerbstätigkeit: hauptberuflich ganztags	-,053	-3,419	,001
Schrittweise lineare Regression; R^2 = 35,4 %.			

Für *Spiritualität* (vgl. Tab. 21) ist ebenfalls *eine im Elternhaus erfahrene religiöse Sozialisation* der einflussreichste Prädiktor, wenngleich von seiner Stärke mit β = ,25 deutlich geringer. Weiterhin wird Spiritualität über *jüngeres Alter* (β = -,11) und *höhere Bildung* (β = ,10) erklärt. Darüber hinaus wirkt eine *hauptberufliche in Teilzeit ausgeübte Erwerbstätigkeit* (β = ,07) als schwacher Prädiktor für Spiritualität. Die aufgeklärte Varianz für die Zielvariable der Spiritualität liegt allerdings nur bei 8 % und damit weitaus niedriger als jene für Religiosität und Kirchlichkeit.

Tab. 21: Regressionsanalyse der Spiritualität in der Gesamtstichprobe

Modell der Spiritualität	Standardisierte Koeffizienten		
	Beta (β)	t	p
Rolle der relig. Erziehung im Elternhaus	,246	13,107	,000
Alter	-,108	-5,596	,000
Fachhochschul- und Hochschulreife	,095	5,047	,000
Umfang Erwerbstätigkeit: hauptberuflich halbtags	,071	3,827	,000
Schrittweise lineare Regression; R^2 = 8,2 %.			

Die Regressionsanalysen für die Gesamtstichprobe zeigen somit erstens, dass die religiöse Sozialisation ein besonders einflussreiches Merkmal für Religiosität, Spiritualität und Kirchlichkeit darstellt. Sie weisen zweitens darauf hin, dass nur für Religiosität die Zugehörigkeit zum weiblichen Geschlecht ein Prädiktor ist, für Kirchlichkeit und Spiritualität hingegen nicht. Verheiratet zu sein hingegen „erklärt" sowohl Kirchlichkeit als auch Religiosität, der Familienstand hat jedoch keinen Einfluss auf die Selbstbezeichnung als spirituell. Kirchlichkeit lässt sich zudem über eine geringe berufliche Einbindung und das – im Unterschied zum Einkommen – „weiche" Kriterium einer persönlich als positiv bewerteten wirtschaftlichen Lage vorhersagen. Im Unterschied zu Religiosität und Kirchlichkeit, für die Alter kein Prädiktor darstellt, ist (jüngeres) Alter ein Prädiktor für die Selbstbezeichnung als spirituell. Ebenso wirkt (höhere) Bildung als Einflussgröße nur auf die Selbstbezeichnung als spirituell, jedoch nicht auf Kirchlichkeit und Religiosität.

Die Regressionsanalysen veranschaulichen die unterschiedlichen lebensweltlichen Bezüge, in die Religiosität, Kirchlichkeit und Spiritualität eingebettet sind. Festzuhalten bleibt erstens, dass vor allen Dingen ein religiöses Interesse (durch eine im Elternhaus vorhandene religiöse Sozialisation) zentral für die Selbstbezeichnung als religiös und spirituell ist, und dies gilt auch für Kirchlichkeit. Dieses Ergebnis unterstützt Untersuchungsergebnisse aus der religionssoziologischen Milieuforschung, welche darauf verweisen, dass dem Interesse für milieubezogene kirchliche Angebote ein persönliches Interesse an Religion vorausgehen muss (Ahrens/Wegner 2008). Zweitens wird deutlich, dass Religiosität, Kirchlichkeit und Spiritualität sich durch unterschiedliche soziodemografisch beschreibbare lebensweltliche Bezüge auszeichnen. Während Kirchlichkeit und Religiosität durch das Verheiratetsein „erklärt" werden und damit die Wechselwirkung zwischen dem Ideal der christlich begründeten Lebensform der Ehe und der gewählten Lebensform deutlich wird, ist Spiritualität nicht an einen Familienstand, sondern an Bildung und Alter gebunden. Spiritualität ist offensichtlich vor allem Ausdruck von Religion in der jüngeren Generation. Drittens ist eine Generalisierung der weiblichen Geschlechterzugehörigkeit als Prädiktor für „alles Religiöse" nicht immer angemessen. Nur die Selbsteinstufung als religiös wird – über alle hier berücksichtigten soziostrukturellen Merkmale hinweg – von weiblicher Geschlechterzugehörigkeit erklärt, nicht jedoch Kirchlichkeit und die Selbsteinstufung als spirituell. Somit ist man gut beraten, die These einer Feminisierung des Religiösen im Sinne einer Selbst- und Fremdzuschreibung für alle Dimensionen des Religiösen kritisch zu betrachten; sie trifft in der ideologischen Dimension von Religion vor allem für die Selbstzuschreibung als religiös zu.

3.5.6.2 … in den Teilstichproben der Männer und Frauen

Wie gestaltet sich nun die Vorhersage von Religiosität, Spiritualität und Kirchlichkeit, betrachtet man allein die Teilgruppe der Männer? Die Regressionsanalyse zur *Religiosität* in der Teilstichprobe der Männer (vgl. Tab. 22) offenbart, dass die Wahrscheinlichkeit, sich selbst als religiös zu bezeichnen, vor allem von der *im Elternhaus erfahrenen religiösen Sozialisation* abhängt (β = ,59). Hinzu kommt ein *schwach negativer Einfluss eines (groß-) städtischen Wohnumfelds* (β = -,051). Männer, die nicht in Großstädten leben, bezeichnen sich also mit größerer Wahrscheinlichkeit als religiös.

Tab. 22: Regressionsanalyse der Religiosität in der Teilstichprobe der Männer

Modell der Religiosität	Standardisierte Koeffizienten		
	Beta *(β)*	t	p
Rolle der relig. Erziehung im Elternhaus	,587	27,898	,000
Ortsgröße: 100.000 Einwohner und mehr	-,051	-,2417	,016
Schrittweise lineare Regression; R^2 = 35,3 %.			

Hinsichtlich der Kirchlichkeit (vgl. Tab. 23) entsprechen die Prädiktoren in der Teilstichprobe der Männer jenen der Gesamtstichprobe. D. h., eine *religiöse Erziehung im Elternhaus* (β = ,056), *das Verheiratetsein* (β = ,12) und eine *persönlich als gut eingeschätzte wirtschaftliche Lage* (β = ,079) erklären Kirchlichkeit unter Männern.

Tab. 23: Regressionsanalyse der Kirchlichkeit in der Teilstichprobe der Männer

Modell der Kirchlichkeit	Standardisierte Koeffizienten		
	Beta *(β)*	t	p
Rolle der relig. Erziehung im Elternhaus	,565	26,516	,000
verheiratet	,122	5,642	,000
persönliche wirtschaftliche Lage	,079	3,665	,000
Schrittweise lineare Regression; R^2 = 37,5 %.			

Auch bezüglich der Spiritualität (vgl. Tab. 24) wiederholt sich für Männer das Muster der Gesamtstichprobe: *Eine im Elternhaus erfahrene religiöse Sozialisation* (β = ,276), *junges Alter* (β = ,117), *Fach- und Hochschulreife* (β = ,101) und *keine Teilzeittätigkeit im Hauptberuf* (β = ,072) sind jene sozialisationsbezogenen und soziodemografischen Merkmale, die als Prädiktoren für die Selbsteinstufung als spirituell wirken.

Tab. 24: Regressionsanalyse der Spiritualität in der Teilstichprobe der Männer

Modell der Spiritualität	Standardisierte Koeffizienten		
	Beta *(β)*	t	p
Rolle der relig. Erziehung im Elternhaus	,276	10,462	,000
Fach- und Hochschulreife	,101	3,839	,000
Alter	-,117	-,3970	,000
Umfang Erwerbstätigkeit: hauptberuflich halbtags	-,072	-,2513	,012
Schrittweise lineare Regression; R^2 = 9,0 %.			

Betrachtet man die Teilstichprobe der Frauen, sind die Einflussgrößen sowohl für Religiosität wie für Spiritualität einerseits vergleichbar mit denen für Männer, andererseits spiegeln sie jedoch auch Unterschiede zwischen männlichen und weiblichen Lebenswelten wider. Auch bei weiblicher Geschlechtszugehörigkeit erklärt die *im Elternhaus erfahrene religiöse Sozialisation* in hohem Maße Religiosität (β = ,533), Spiritualität (β = ,233) und Kirchlichkeit (β = ,516) (vgl. Tab. 25).

Weitere Prädiktoren für *Religiosität* sind in der Teilstichprobe der Frauen zudem die Lebensform des Verheiratetseins (β = ,087) und – im Unterschied zu den Männern – ein Leben mit Kindern im Haushalt (β = ,065) sowie niedrige formale Bildung (β = ,059) und höheres Alter (β = ,055). Die Regressionsanalyse demonstriert, dass für die Vorhersage der Selbsteinstufung als religiös bei Frauen nicht nur der Familienstand des Verheiratetseins, sondern auch Elternschaft bedeutsam ist. Mit den Prädiktoren höheres Alter und niedrige formale Bildung zeichnet sich zudem vermutlich hier die Vorhersage der religiösen Selbsteinstufung weiblicher Personen der älteren Generation ab.

Tab. 25: Regressionsanalyse der Religiosität in der Teilstichprobe der Frauen

Modell der Religiosität	Standardisierte Koeffizienten		
	Beta *(β)*	t	p
Rolle der relig. Erziehung im Elternhaus	,533	24,270	,000
Familienstand: verheiratet	,087	3,830	,000
Schulabschluss: ohne Abschluss	,059	2,763	,006
Lebensform: Kinder im Haus	,065	2,747	,006
Alter	,055	2,279	,023
Schrittweise lineare Regression; R^2 = 32,1 %.			

Kirchlichkeit wird in der Teilstichprobe der Frauen (vgl. Tab. 26) durch jene Prädiktoren bestimmt, die auch in der Gesamtstichprobe und – bis auf eine Ausnahme – auch bei den Männern bedeutsam sind: *die religiöse Erziehung im Elternhaus* (β = ,516), *das Verheiratetsein* (β = ,106), *eine positive persönliche wirtschaftliche Lage* (β = ,104) und – bei Frauen – *eine Erwerbstätigkeit, die nicht in Vollzeit ausgeübt* wird (β = -,075).

Spiritualität hingegen ist unter Frauen (vgl. Tab. 27) weit weniger deutlich durch soziodemografische Merkmale konturiert als in der Teilstichprobe der Männer. Die Selbsteinstufung als spirituell bestimmt sich bei Frauen vor allem negativ: Es sind *nicht* die Frauen *mit einem niedrigen Bildungsabschluss* (β = -,084) oder *verwitwete Frauen* (β = -,084), die angeben, spirituell zu sein. Und es wirkt – im Unterschied zu den Männern, für die ein junges Alter Vorhersagekraft hat – bei Frauen ein der Richtung nach *mittleres Alter als Prädiktor für Spiritualität* (β = ,095). Aber auch für diese Regressionsanalyse ist zu konstatieren, dass die aufgeklärte Varianz mit 9 % ausgesprochen gering ist.

Tab. 26: Regressionsanalyse der Kirchlichkeit in der Teilstichprobe der Frauen

Modell der Kirchlichkeit	Standardisierte Koeffizienten		
	Beta (β)	t	p
Rolle der relig. Erziehung im Elternhaus	,516	23,321	,000
verheiratet	,106	4,690	,000
persönliche wirtschaftliche Lage	,104	4,685	,000
Umfang Erwerbstätigkeit: hauptberuflich ganztags	-,075	-3,329	,001

Schrittweise lineare Regression; R^2 = 33,2 %.

Tab. 27: Regressionsanalyse der Spiritualität in der Teilstichprobe der Frauen

Modell der Spiritualität	Standardisierte Koeffizienten		
	Beta (β)	t	p
Rolle der relig. Erziehung im Elternhaus	,233	8,709	,000
Alter	,095	-3,087	,002
Bildung: Volks- und Hauptschule	-,084	-2,932	,003
Familienstand: verwitwet	-,084	-,2,927	,003

Schrittweise lineare Regression; R^2 = 07,6 %.

3.5.7 Der Beitrag der soziodemografischen und sozialisationsbezogenen Perspektive auf Religiosität, Kirchlichkeit und Spiritualität für die Erklärung des Gender Gaps

Die Auswertungen dieses Kapitels befassten sich mit der Frage, ob und inwiefern soziodemografische und sozialisationsbezogene Merkmale in ihrer Interdependenz mit Geschlecht, operationalisiert als Zugehörigkeit zum männlichen oder weiblichen Geschlecht, zur Erklärung von Religiosität, Kirchlichkeit und Spiritualität beitragen. Dabei wurden drei Auswertungsperspektiven verfolgt: Erstens wurden Korrelationen zwischen ausgewählten soziodemografischen Merkmalen und Religiosität, Kirchlichkeit und Spiritualität insgesamt und je nach Geschlechterzugehörigkeit berechnet. Zweitens wurde für ausgewählte soziodemografische und ein sozialisationsbezogenes Merkmal geprüft, ob ein signifikanter Gender Gap in Religiosität, Kirchlichkeit und Spiritualität festzustellen ist. Drittens wurde mittels Regressionsanalyse geprüft, welche soziodemografischen und sozialisationsbezogenen Merkmale als Prädiktoren für Religiosität, Spiritualität und Kirchlichkeit wirken. Die Ergebnisse können wie folgt zusammengefasst werden:

1. Die Einflüsse der soziodemografischen Merkmale für die Erklärung von Religiosität, Kirchlichkeit und Spiritualität sind gering, während der Einfluss des sozialisati-

onsbedingten Merkmals als stark zu beurteilen ist: Die in die Analyse einbezogenen soziodemografischen Merkmale Alter, Familienstand, Leben mit Kindern, Umfang der Erwerbstätigkeit, Bildung, Einkommen, Bewertung der persönlichen wirtschaftlichen Lage und – punktuell – die Ortsgröße tragen in differenzierter Weise zur Erklärung des Gender Gaps in Religiosität, Kirchlichkeit und Spiritualität bei. Insgesamt ist aber die Stärke des Einflusses soziodemografischer Merkmale zur Erklärung von Religiosität, Kirchlichkeit und Spiritualität als gering zu bewerten. Ganz anders ist dies für das Merkmal der religiösen Sozialisation zu beurteilen. Die religiöse Sozialisation ist der stärkste Prädiktor für Religiosität und Kirchlichkeit, aber auch (etwas schwächer) für Spiritualität. Festzuhalten bleibt, dass die im Elternhaus erfahrene religiöse Sozialisation stärker als die Geschlechterzugehörigkeit dazu beiträgt, Religiosität, Kirchlichkeit und Spiritualität zu erklären. Dieses Ergebnis unterstreicht die Bedeutsamkeit der religiösen Sozialisation vor der Geschlechterzugehörigkeit, die bereits in anderen Studien vermutet (Kesckes 2000) und bei Siegers (2012) und Wieser (2015) ebenfalls diskutiert und zum Teil belegt wurde.

2. *Religiosität, Spiritualität und Kirchlichkeit liegen auf unterschiedlichen Bedeutungsebenen und sind Ausdruck unterschiedlicher Trägergruppen:* Religiosität, Spiritualität und Kirchlichkeit sind nach Charles Glock verschiedenen Dimensionen von Religion zuzurechnen. Spiritualität und Religiosität sind der ideologischen Dimension von Religion – den (privaten) Glaubensüberzeugungen – zuzurechnen, Kirchlichkeit hingegen umfasst vor allem die rituelle (öffentliche) Dimension von Religion. Die Ergebnisse der soziodemografischen Analyse zeigen, ebenso wie die Analyse der Geschlechterrollen, dass Religiosität und Spiritualität offensichtlich auf verschiedenen Bedeutungsebenen der ideologischen Dimension von Religion liegen, die durch unterschiedliche soziodemografische Hintergründe erklärt werden können.

Je nachdem, ob Religiosität, Kirchlichkeit oder Spiritualität betrachtet werden, tragen die soziodemografischen Merkmale in unterschiedlicher Weise zu ihrer Erklärung bei. Im Ergebnis haben (christliche) Religiosität und Kirchlichkeit einen der Richtung nach gemeinsamen soziodemografischen Erklärungshintergrund, während Spiritualität einen anderen soziodemografischen Erklärungshintergrund hat. Dies soll am Beispiel von Alter und Bildung dargestellt werden. Die Korrelationen zwischen Alter, Religiosität, Spiritualität und Kirchlichkeit zeigen, dass ein schwacher Zusammenhang zwischen höherem Alter und Religiosität bzw. Kirchlichkeit und ein schwacher entgegengesetzter Zusammenhang zwischen jüngerem Alter und Spiritualität besteht. Hier liegt vermutlich kein Lebenslauf-, sondern ein Generationeneffekt vor: Religiosität und Kirchlichkeit sind Ausdrucksformen von Religion in der älteren, Spiritualität hingegen in der jüngeren Generation. Betrachtet man den Einfluss von Bildung, dann existiert zwischen Bildung und Religiosität ein schwach negativer, zwischen Bildung und Spiritualität ein schwach positiver und zwischen Bildung und Kirchlichkeit kein Zusammenhang. Der Einfluss von Bildung auf Religiosität und Spiritualität, beides Aspekte der ideologischen Dimension von Religion, verläuft somit in entgegengesetzte Richtungen und weist auf unterschiedliche Trägergruppen hin. Wie die Regressionsanalysen demonstrieren, trägt niedrige Bildung allein zur Erklärung von Religiosität in der Teilstichprobe der Frauen bei, hohe Bildung hingegen ist ein Prädiktor für Spiritualität sowohl in der Gesamtstichprobe als auch in der Teilstichprobe der Männer. Die Ergebnisse aus Kapitel 3.4.5 zu Geschlechterrollen zeigen zudem, dass unter Berücksichtigung der Ost-West-Differenz Spiritualität in der Gesamtstichprobe vor allem durch eine Sozialisation im Westen, durch weibliche Geschlechtszugehörigkeit und jüngeres Alter erklärt wird.

3. Der Gender Gap einer höheren Religiosität von Frauen zeigt sich in besonderer Weise für Religiosität. Für Spiritualität und Kirchlichkeit hingegen tritt der Einfluss der (weiblichen) Geschlechtszugehörigkeit gegenüber weiteren soziodemografischen Merkmalen in den Hintergrund: Die Prüfung der Mittelwertunterschiede zwischen Männern und Frauen in den soziodemografischen Merkmalen für die drei Zielvariablen Religiosität, Spiritualität und Kirchlichkeit demonstriert, dass bezogen auf die Zielvariable der Religiosität mit einer Ausnahme – bei verwitweten und geschiedenen Personen – der Gender Gap einer höheren Religiosität von Frauen stets erhalten bleibt. Der Einfluss weiblicher Geschlechterzugehörigkeit auf (die ideologische Dimension von) Religion betrifft also vor allem die Selbstbezeichnung als religiös, während der Einfluss weiblicher Geschlechterzugehörigkeit auf die Selbsteinstufung als spirituell existiert, diese aber umfassender als bei Religiosität durch weitere soziodemografische Merkmale modelliert wird. Allein für Religiosität wirkt die weibliche Geschlechterzugehörigkeit als Prädiktor.

Die These der Feminisierung des Religiösen – im Sinne einer stärkeren Selbst- (und vermutlich auch Fremd-)Zuschreibung des weiblichen Geschlechts für Religion und Kirche – betrifft also vor allem die Religiosität. Kirchlichkeit, die rituelle und eher öffentliche Dimension von Religion, wird weitaus stärker über den Familienstand des Verheiratetseins und die familiäre Lebenssituation mit Kindern erklärt. Zwar sind im Großen und Ganzen Frauen kirchlicher als Männer, aber für Verheiratete und Personen, die mit Kindern im Haushalt leben oder gelebt haben, ist *kein* Gender Gap in der Kirchlichkeit festzustellen. Die Regressionsanalyse zeigt in der Gesamtstichprobe, dass die Geschlechterzugehörigkeit kein Prädiktor für Kirchlichkeit ist. Eine stärkere Kirchlichkeit von Frauen zeigt sich nur bei Ledigen und Personen, die keine Kinder haben (also vermutlich jüngere, noch nicht verheiratete Frauen). Wenn Ahrens (2000) feststellt, dass Frauen, die ledig, geschieden oder verwitwet sind, eine *größere christlich-kirchliche Nähe* aufweisen, so können wir diese Ergebnisse mit unseren Auswertungen differenzieren: Die nach Religiosität und Kirchlichkeit getrennten Analysen demonstrieren, dass ein Gender Gap der höheren Kirchlichkeit nur bei ledigen Frauen zutrifft. Ein Gender Gap der höheren Religiosität und Spiritualität von Frauen lässt sich hingegen sowohl bei Verheirateten wie bei Ledigen nachweisen. Für Männer wie Frauen ist Kirchlichkeit neben der religiösen Sozialisation vor allem durch das Verheiratetsein und eine positiv bewertete persönliche wirtschaftliche Lage erklärt.

Die Ergebnisse zu Kirchlichkeit zeigen dennoch die starke gesellschaftliche normative Zuschreibung der Zuständigkeit der Frauen für Religion. Denn ein Gender

Gap einer höheren Kirchlichkeit von Frauen ist interessanterweise in der Gruppe der Frauen nachzuweisen, die angaben, dass sie keine religiöse Sozialisation im Elternhaus erfahren haben. Offensichtlich führt – trotz fehlender religiöser Sozialisation – die normative Erwartung der Zuständigkeit der Frauen für Religion und Kirche dazu, dass nicht-religiös sozialisierte Frauen sich im Unterschied zu nicht-religiös sozialisierten Männern als kirchlicher bezeichnen.

Dieser Sachverhalt ist auch für die Zielvariable der Spiritualität nachweisbar, wenn nach der religiösen Sozialisation differenziert wird: In jener Gruppe der Befragten, die angab, keine religiöse Sozialisation im Elternhaus erfahren zu haben, bezeichnen sich Frauen signifikant häufiger als Männer als spirituell. Bei Personen hingegen, die eine religiöse Sozialisation im Elternhaus erfahren haben, ist *kein* Gender Gap in der Spiritualität festzustellen.

4. Der Einfluss von Gender auf Religiosität, Kirchlichkeit und Spiritualität ist differenziert zu beurteilen; eine weibliche Geschlechtszugehörigkeit ist jedoch vor allem ein Prädiktor für Religiosität: Die Ergebnisse der Regressionsanalysen verdeutlichen, dass weibliche Geschlechtszugehörigkeit vor allem ein Prädiktor für Religiosität, jedoch nicht für Kirchlichkeit und Spiritualität ist. Dennoch hat die soziale Konstruktion von Geschlecht – oder anders gesagt: die durch die gesellschaftliche Geschlechterordnung verursachten Unterschiede in den Lebenswelten und Selbstkonzepten von Frauen und Männern – einen Einfluss auf Religiosität, Kirchlichkeit und Spiritualität.

Wie die Regressionsanalyse in der Teilstichprobe der Frauen demonstriert, haben auf *Religiosität* nur bei Frauen familiäre Faktoren wie Kinder im Haushalt und der Familienstand des Verheiratetseins Einfluss, bei Männern wird Religiosität (so gut wie) allein durch die im Elternhaus erfahrene religiöse Sozialisation erklärt. *Kirchlichkeit* hingegen wird bei Männern wie Frauen vor allem über das Verheiratetsein, Elternschaft und eine als persönlich gut wahrgenommene wirtschaftliche Lage erklärt, für Frauen zudem durch eine geringe Beteiligung am Erwerbsleben. Der Einfluss von Gender zeigt sich auch für *Spiritualität,* die in der Teilstichprobe der Männer durch jüngeres Alter und hohe Bildung und in der Teilstichprobe der Frauen durch mittleres Alter und eine Abgrenzung von geringen Bildungsabschlüssen erklärt wird.

5. (Keine) Feminisierung des Religiösen? Differenzierungen sind notwendig und betreffen die unterschiedlichen Dimensionen von Religion: Die These der Feminisierung des Religiösen – im Sinne einer höheren Selbst- und Fremdzuschreibung der Frauen für Religiosität, Kirchlichkeit und Spiritualität – ist differenziert zu betrachten. Die These ist nicht falsch, jedoch betrifft sie vor allem die ideologische Dimension von Religion und insbesondere die höhere Selbstbezeichnung von Frauen als religiös. Die These der Feminisierung des Religiösen spricht den sozialen Wandel in Religiosität, Spiritualität und Kirchlichkeit an. Mit den Querschnittsdaten des ALLBUS 2012 können wir hierzu streng genommen keine Aussagen treffen. Die zukünftige Entwicklung einer Feminisierung des Religiösen ist, berücksichtigt man die Querschnittsdaten des ALLBUS, zumindest mit Skepsis zu beurteilen. Denn unsere Auswertungen zeigen, dass offensichtlich die Trägergruppe der Personen, die sich selbst als religiös einstufen, in der älteren Generation anzutreffen ist. Für Kirchlichkeit hingegen ist der Gender Gap zwar festzustellen, aber viel entscheidender ist für Kirchlichkeit, dass diese für Männer wie Frauen stärker in einem familienbezogenen Kontext begründet liegt. Dies könnte man soziologisch unter dem Gesichtspunkt der traditionellen und wertrationalen sozialen Schließung diskutieren: Kirchlichkeit als Sozialform von Religion insbesondere für die Gruppe der Verheirateten und in Familie Lebenden.

Im Unterschied zu der Erwartung, dass sich insbesondere eine Feminisierung des Religiösen für Spiritualität zeigt, legen die Ergebnisse der soziodemografischen Analyse hier eine Differenzierung nahe. Die Ergebnisse demonstrieren, dass Spiritualität offensichtlich – und insbesondere für Männer – an jüngeres Alter und hohe Bildung gebunden ist. Zwar bezeichnen sich Frauen häufiger als spirituell als Männer, aber spirituell zu sein ist vor allem abhängig von Bildungs- und Altersunterschieden und, wie das Kapitel zur Geschlechterrollenorientierung zeigt, von einer Sozialisation im Westen. Eine Feminisierung des Religiösen im Sinne eines Gender Gaps der höheren Selbstbezeichnung der Frauen als spirituell ist für die Zielvariable der Spiritualität somit nicht durchgängig zutreffend. Wie unsere Analyseergebnisse zeigen, bestätigen sich damit zwar einerseits die Analysen von Müller/Pollack (2009), wonach sich Frauen häufiger als spirituell bezeichnen als Männer, aber unsere Daten zeigen darüber hinaus, dass die Geschlechterzugehörigkeit im Hinblick auf Spiritualität nicht der entscheidende Faktor der Erklärung ist, sondern jüngeres Alter und hohe Bildung, und dies insbesondere für Männer.

3.6 Die Perspektive der Muster von Sinnstiftung

In unserem letzten Auswertungsschritt konzentrieren wir uns auf die Analyse der Muster von Sinnstiftung. Damit greifen wir die Frage des qualitativen Teils der Studie nach dem Zusammenhang zwischen Sinnstiftung, Religion und Geschlecht auf und untersuchen, welche Sinndeutungen und Weltsichten typisch für die Bevölkerung der BRD sind.

Der Diversifizierung der Gesellschaft kann mit verschiedenen soziologischen Begriffen Rechnung getragen werden. Ebenso wie sich das monolithische Bild der Gesellschaft aufgelöst hat, tritt auch der Facettenreichtum von Sinnstiftungsmustern hervor. Innerhalb der groben Differenzierung religiöser und säkularer Weltdeutungen sind etwa eine Reihe von Unterscheidungen hinsichtlich der Gottesbilder, Konfessionen oder Philosophien möglich. Es gibt weder „den Christen" noch „den Atheisten" usw. Ebenso reichen die binäre Einteilung der Geschlechter und das heteronormative Verständnis von Sexualität nicht aus, um Lebensrealitäten adäquat zu beschreiben. Vielmehr besteht eine Pluralität von Lebensentwürfen, Denkmustern und Einstellungen, die leicht als nicht erfassbare Unübersichtlichkeit erscheinen kann.

Die Relation von Geschlechterrollenorientierung und den grundlegenden Tendenzen der Sinnstiftung ist, wie in den vorangegangenen Kapiteln, Gegenstand dieser Untersuchung. Der Unterschied dieses Auswertungsschrittes besteht in einer anderen Perspektive, die durch das Verfahren der Clusteranalyse ermöglicht wird: Der Zusammenhang von Merkmalsausprägungen wurde bisher im Sinne einer *Variablenorientierung* ins Verhältnis zu soziodemografischen Unterscheidungskategorien wie Geschlecht, Geburtskohorte und weitere gestellt. Im Gegensatz dazu eröffnet die *fallorientierte Analyse* die Entdeckung von Personengruppen, die sich durch eine Ähnlichkeitsstruktur auszeichnen. Die Clusteranalyse gestattet es, eine Typologie auf der Basis der vielen verschiedenen Individuen zu entwickeln, die ihre persönliche Konstellation von Sinnvorstellungen und Geschlechtermerkmalen durch die Beantwortung der Fragen zum Ausdruck gebracht haben. Die Ergänzung der vorangegangenen Kapitel besteht also darin, die Datensätze als methodisch strukturierte Repräsentation von Individuen zu nutzen, die eine sinngeleitete Einteilung offenbart, aus der sich etwa Zielgruppen für Bildungsangebote oder andere Interventionen ableiten lassen.

In Abgrenzung zu Max Webers *Idealtypus* als gedanklicher Abstraktion, die konkretes Verhalten erklärt, indem die vorgefundenen Fälle zugespitzt und auf den Punkt gebracht werden, eröffnen quantitative Methoden die Möglichkeit, *Realtypen* zu konstituieren. Der Realtypus bildet sich auf der Grundlage von Gemeinsamkeiten, die im Vergleich verschiedener Fälle hervortreten, und dient vor allem der Klassifikation. Die Betrachtung einer Person als Repräsentant eines Typus, der sich als jeweils individuelle und besondere Verkörperung typischer und allgemeiner Kombinationen von Merkmalen auszeichnet, kann als Verbindungspunkt quantitativer und qualitativer Forschungsergebnisse genutzt werden. Während die Typologie charakteristische und häufig vertretene Verbindungen von Einstellungen und Vorstellungen aufzeigen kann, sind qualitative Methoden notwendig, um das konkrete biografische Zustandekommen und die individuelle Erklärung und Sinngebung dieser Verbindungen zu verstehen. Dabei kann sich etwa erweisen, auf welche Weise die Konstellationen Gegenstand bewusster Reflexion und Teil persönlicher Narrationen sind. Umgekehrt kann eine aufgestellte Typologie dazu dienen, Gesprächspartner gezielt anhand der durchschnittlichen soziodemografischen Merkmale der Typen auszuwählen, um eine möglichst große Bandbreite von Sinnerzählungen abzudecken.

3.6.1 Religionsbezogene Typologien

Religionsbezogene Typologien finden sich als Ergebnis quantitativer ebenso wie qualitativer Studien. Die im Weiteren genannten Typologien lassen sich zwar aufgrund abweichender Datengrundlagen, Methoden und inhaltlicher Schwerpunkte nicht als Vorbilder oder Ausgangshypothesen nutzen, doch ihre Ergebnisse bilden Bezugspunkte, um die Sinnstiftungstypologie dieses Kapitels zu kontextualisieren. Prominent für religionsbezogene quantitative Typologien im deutschsprachigen

Raum sind die Mitgliedschaftserhebungen der EKD, die 2006 Typen der Religiosität und Bindung zwischen der Kirche und ihren Mitgliedern aufstellte (Huber/ Friedrich/Steinacker 2006). Im Hintergrund stand dabei die Annahme, dass relativ „festgefügte Zugänge und Distanzen" bestehen, die von der individuellen Situation der Menschen bezüglich ihrer Alltagsgestaltung und religiösen Biografie abhängig sind. Ziel war die Differenzierung der Zusammenhangsmuster zwischen der Beziehung zur Kirche und den „Erwartungen, religiösen Begründungen und Deutungen" der Laien (Höhmann/Krech 2006, 146).

Auch qualitative Studien können Typenbildungen zum Ziel haben. Gerade mit Blick auf spezifische Formen von Religiosität in der Gegenwart eignet sich diese Vorgehensweise, um verschiedene Muster religiöser Praxis und/oder Überzeugungen zum Beispiel im Rahmen von Interviewstudien zu erfassen und möglicherweise auch in einen biografischen Kontext stellen zu können. Bochinger/Engelbrecht/ Gebhardt (2009) identifizierten den Idealtypus des „spirituellen Wanderers", der ungezwungen eklektisch seinen individuellen Weg der Spiritualität sucht, diesen souverän vertritt und sich geleitet vom Grundsatz der Selbstbestimmung und Ökumene von den autoritär verwalteten Kirchen abgrenzt. Seine Praxis ist „mutig" und „lebendig", er ist in lockeren Netzwerken organisiert und orientiert sich am Ideal der Authentizität. Die Religion in Bewegung ist nach Hervieu-Léger das zentrale Charakteristikum des Pilgers, der eine individuelle, mobile, freiwillige, autonome, variable und vom Alltag abgehobene Praxis zeigt, und des Konvertiten. Letzterer zeichnet sich durch die Suche nach einer eigenen Religiosität aus, die sich in der Ablehnung der geerbten Identität, dem Neueintritt in die Welt des Religiösen oder der Revitalisierung einer rein formellen Zugehörigkeit zeigt. Gemeinsam bilden Pilger und Konvertit zwei Typen moderner, individualisierter Religion (vgl. Hervieu-Léger 2004).

3.6.2 Methodik der Typenbildung

Der ALLBUS bietet hinsichtlich der Merkmale, die in die Bildung realtypischer Muster von Sinnstiftungen und sozial konstruierten Geschlechterrollen eingehen können, vor allem die bereits vorgestellten drei Formen des Lebenssinns, der sich christlich-kirchlich, anomisch oder säkular ausprägen kann. Hinzu kommt die Geschlechterrollenorientierung, die inhaltlich als egalitär und leistungsorientiert, egalitär und teilzeitorientiert mit Betonung der Vaterrolle oder gebrochen-komplementär charakterisiert werden kann. Leider stehen keine passenden Items zur Verfügung, die eine weitere Differenzierung der anomischen und der säkularen Weltsicht zulassen. Das Vorhandensein eines personalisiert-christlichen oder humanistisch-szientistischen Gottesbildes (vgl. Tab. A4 im Anhang) hingegen kann berücksichtigt werden, um die religiöse Sinnstiftung genauer zu bestimmen.[65]

---

65 Vgl. zur Operationalisierung des Lebenssinns und der Gottesbilder Kapitel 3.2.3 und zur Operationalisierung der Geschlechterrollenorientierung Kapitel 3.2.2.

Um Sinnstiftungstypen zu konstruieren, wurde auf der Basis der genannten Variablen eine explorative Clusteranalyse berechnet, wobei mit größtmöglicher Nähe zu den Daten sowohl die Anzahl als auch die Merkmale der Cluster ermittelt werden sollten. Die Typologie stellt grundsätzlich eine Kategorisierung von Personen dar, die Individuen aufgrund von typischen Mustern der Eigenschaften oder Einstellungen in Gruppen unterteilt, auf diese Weise die Vielfalt ordnet und für Schlussfolgerungen zugänglich macht. Die Typologisierung folgt der Maxime, dass die Objekte innerhalb einer Gruppe so homogen wie möglich sind, während jene Objekte, die zwei unterschiedlichen Gruppen angehören, eine größtmögliche Heterogenität aufweisen (Bacher/Pöge/Wenzing 2010, 16). Bei dem verwendeten Verfahren handelt es sich um eine hierarchisch-agglomerative Clusteranalyse unter Verwendung des Ward-Verfahrens als Fusionierungsalgorithmus. Durch sukzessive Verschmelzung wurden überlappungsfreie Cluster, also Gruppen von Merkmalsträgern, geschaffen. Die gewählte Methode basiert darauf, möglichst homogene Kategorien zu bilden, indem diejenigen Fälle, welche die Streuung in einem Cluster so wenig wie möglich erhöhen, zusammengefasst werden. Als Distanzmaß wurde die quadrierte euklidische Distanz berechnet, um im Prozess der Clusterbildung Clusterzentren, die den Mittelwert der Fallvariablen bilden, verwenden zu können.

Die Clusteranalyse wurde mit 1100 Fällen durchgeführt, um das dreiteilige Modell der Geschlechterrollenorientierung verwenden zu können.[66] Die Sprünge in den Koeffizienten des Heterogenitätsmaßes wiesen auf zwei, drei, vier oder sechs Cluster hin. Auf der Grundlage der inhaltlichen Interpretierbarkeit fiel die Wahl auf die Einteilung in sechs Kategorien, die in der Anzahl der Fälle zwischen 284 und 83 variieren. Zur Charakterisierung der Cluster wurden zunächst Mittelwertvergleiche der Ausprägungen der drei konstituierenden Faktoren gerechnet. Um den entstandenen Typen ein deutlicheres Gesicht zu verleihen, wurden außerdem Kreuztabellen und weitere Mittelwertvergleiche mit relevanten Items des ALLBUS sowie die zugehörigen Signifikanztests durchgeführt.

3.6.3 Sechs Typen der Sinnstiftung

Wie in Tab. 28 zu sehen ist, weisen die sechs Typen sehr unterschiedliche Profile hinsichtlich ihrer Sinnkonstruktionen und Geschlechterrollen auf. Die Mittelwerte der Einstellungen jedes Typus wurden in Tab. 28 zur besseren Übersichtlichkeit mit Nullen (die Einstellung wird durch den Typus weder deutlich affirmiert noch abgelehnt) sowie zwischen einem und drei Plus- bzw. Minuszeichen kodiert, um die Richtung und Intensität des Vertretens oder Ablehnens einer Einstellung durch den Typus deutlich zu machen. Die genauen Ergebnisse können im Anhang in Tab. A1 nachgelesen werden. Die sechs gefundenen Sinnstiftungstypen lassen sich folgendermaßen benennen: Der *nicht-christliche Desinteressierte* (Typ I) zeichnet sich lediglich durch seine negative Haltung zum Christentum (und in geringerem Maße

---

66 Vgl. zur Erläuterung Kapitel 3.4.2.

zur egalitär-leistungsorientierten Geschlechterrollenorientierung) aus und bezieht zu keiner Sinn- oder Rollenfrage positiv Stellung. Als *traditioneller Christ* lässt sich Typ II bezeichnen, da er eine christliche Weltsicht sowie ein personalisiertes Gottesbild vertritt und zugleich die Säkularität, die teilzeitorientiert-egalitäre Geschlechterrollenorientierung sowie das humanistisch-szientistische Gottesbild ablehnt. Die mit Abstand größte Gruppe (Typ III) zeigt ebenfalls jene christlichen Einstellungen und lehnt die Säkularität ab. Hinzu kommen jedoch eine positive Haltung zur egalitär-teilzeitorientierten Rollenverteilung sowie die Akzeptanz komplementärer Geschlechtermodelle und humanistischer Gottesbilder. Dieses facettenreiche Profil lässt sich als *plural-christlich* zusammenfassen. Die *säkularen Humanisten* (Typ IV) bilden in jeder Hinsicht den Kontrapunkt zu den traditionellen Christen und zugleich den zahlenmäßig kleinsten Cluster: Sie besitzen eine säkulare Weltsicht, eine egalitäre Rollenorientierung und ein humanistisches Gottesbild. Der Typ V ist vor allem durch seine Einstellungen zur Geschlechterrollenorientierung charakterisierbar und lehnt die christlichen Einstellungen ab; er ist der *nicht-christliche Egalitäre*. Der letzte Cluster (Typ VI) nimmt als einziger Bezug auf die anomische Weltsicht, indem er diese entschieden ablehnt. Außerdem bekennt er sich tendenziell zur säkularen Weltsicht und lehnt die komplementäre Rollenverteilung ab. Insgesamt kann er als *Sinnlosigkeit ausschließender Säkularer* bezeichnet werden.

Ein erstes Ergebnis besteht darin, dass wie erwartet eine Pluralität der Typen hinsichtlich Rollenorientierung, Welt- und Gottesbildern besteht. Es existieren jeweils zwei christliche und zwei säkulare Typen sowie zwei Typen, deren Weltsicht sich nur durch die Ablehnung religiöser Motive auszeichnet. Die religiösen und säkularen Sinnkonstruktionen verhalten sich ausschließend zueinander, keiner der Typen ist gleichzeitig religiös und säkular. Dieses Schema wiederholt sich in Bezug auf das Gottesbild weitestgehend, wird jedoch vom Typus des pluralen Christen durchbrochen, dessen Gottesbild neben personalisierten auch szientistische Momente aufweist. Die Betrachtung der Geschlechterrollenorientierungen zeigt zum einen, dass sich die Befürwortung egalitärer und komplementärer Modelle nicht gegenseitig ausschließt, dies ist nur beim Typus des nicht-christlichen Egalitären der Fall, und zum anderen, dass in drei der gefundenen Cluster, nämlich im Fall des nicht-christlichen Desinteressierten, des säkularen Humanisten und des Sinnlosigkeit ablehnenden Säkularen, keine starken Einstellungen für oder gegen bestimmte Geschlechterrollenorientierungen gezeigt werden. Daraus lässt sich etwa die Vermutung ableiten, dass diese drei Muster der Sinnstiftung weitgehend unabhängig von Rollenorientierungen auftreten. Eine Wahlverwandtschaft zwischen Weltsicht und Rollenorientierung besteht nur partiell: Die beiden christlichen Typen etwa vertreten sehr unterschiedliche Rollenideale. Eine sehr starke inhaltliche Passung weisen hingegen Weltsichten und Gottesbilder auf: Wer eine christliche Weltsicht vertritt, hat auch ein christliches Gottesbild.

Die soziodemografischen Eigenschaften dienen der weiteren Illustration der Typen und wurden mittels weiterer Mittelwertvergleiche, Kreuztabellen und der zugehörigen Signifikanztests zur Typologie in Beziehung gesetzt. Die detaillierten

Tab. 28: Mittelwertvergleich zur Charakterisierung der Sinnstiftungstypen

| Typus | n | Weltsicht | | | Einstellung | | | | |
| | | | | | Geschlechterrollenorientierung | | | Gottesbild | |
		christlich***	anomisch***	säkular***	egalitär-leistungsor.***	egalitär-teilzeitor.***	komplementär***	personalisiert-christlich***	humanistisch-szientistisch***
I nicht-christlicher Desinteressierter	255	--	0	0	-	0	0	--	0
II traditioneller Christ	241	++	0	-	0	--	0	++	-
III pluraler Christ	284	++	0	-	-	++	+	++	+
IV säkularer Humanist	83	---	0	+++	+	0	0	---	+++
V nicht-christlicher Egalitärer	215	-	0	0	+++	+	--	--	0
VI Sinnlosigkeit ausschließender Säkularer	99	0	---	+	0	0	-	0	0

Faktorwerte variieren zwischen -3 und +3, die Mittelwerte sind in der Tabelle zur besseren Übersicht folgendermaßen kodiert: Betrag < 0,3 = 0; 0,3–0,5 = -/+; 0,6–1 = --/++; > 1 = ---/+++. Durch + und - wird die Richtung und durch die Anzahl der Zeichen die Intensität der Abweichung vom durchschnittlichen Mittelwert dokumentiert, die Angabe 0 zeigt an, dass nur eine unauffällige Abweichung besteht. Signifikanzniveau: *** = p < 0,001. Vgl. zu den detaillierten Ergebnissen des Mittelwertvergleichs Tab. A1 im Anhang.

Ergebnisse können in den Tabellen 29 und A5 (im Anhang) eingesehen werden: Der Altersunterschied ist schwach signifikant,[67] jünger als der Durchschnitt sind die Typen III, IV und V, die anderen liegen über dem Durchschnitt. Die Geschlechterverhältnisse[68] verteilen sich folgendermaßen: In Cluster I sind mehr Frauen und in Cluster V mehr Männer vertreten, besonders ausgeglichen sind die Anteile in Cluster IV. Cluster II und VI haben einen leichten Überhang an Männern, in Cluster III sind etwas mehr Frauen vertreten. Bezüglich des Einkommens liegen im Gegensatz zum Schulabschluss[69] keine signifikanten Unterschiede vor. Im Typ IV sind durchschnittlich die Personen mit der höchsten Bildung vertreten, im Typ VI die Personen mit der geringsten Bildung, I und III liegen über, II und V unter dem Durchschnitt. Die nicht-christlichen Desinteressierten sind also häufiger ältere Frauen mit höherer Bildung, während die nicht-christlichen Egalitären häufiger jüngere Männer mit geringerer Bildung sind. Die traditionellen und pluralen Christen unterscheiden sich eindeutig hinsichtlich ihrer soziodemografischen Eigenschaften. Die säkularen Humanisten sind eher jung, werden durch Frauen und Männer etwa gleich oft repräsentiert und besitzen im Schnitt die höchste Bildung. Gegenteilig sind die Sinnlosigkeit ablehnenden Säkularen aufgestellt. Insgesamt entsteht der Eindruck, dass in den drei Weltanschauungsgruppen (I und V sind nicht-christlich, II und III sind christlich und IV und VI sind säkular) jeweils zwei soziodemografische Varianten bestehen, die sich klar unterscheiden lassen. Lediglich innerhalb der säkularen Gruppe sind die Geschlechterverhältnisse in beiden Clustern weitgehend ausgeglichen.

Wie zu erwarten, unterscheiden sich die Typen stark in ihren religiösen Profilen (vgl. Tab. 29):[70] Die subjektive Religiosität der christlichen Typen ist mit Abstand die größte und variiert zwischen den beiden Clustern kaum, die säkularen Humanisten besitzen die geringsten Werte, gefolgt von den nicht-christlichen Egalitären und den Desinteressierten, die Sinnlosigkeit ablehnenden Säkularen weisen erstaunlicherweise eine mittlere Religiosität auf. In der selbst zugeschriebenen Spiritualität wiederholt sich dieses Bild weitestgehend. Auffällig ist, dass sich die nicht-christlichen und säkularen Typen stärker mit dem Begriff der Spiritualität als mit dem Konzept der Religiosität identifizieren können: Ihre durchschnittliche Selbsteinschätzung liegt hier jeweils um etwa zwei bis drei Punkte über der berichteten Religiosität.[71] Die Intensität der Kirchlichkeit verteilt sich über die Typen etwa analog zur Religiosität. Sie unterschreitet die durchschnittliche Religiosität jedoch im Cluster der traditionellen Christen und liegt in den säkularen und nicht-christlichen Clustern leicht über der Religiosität. Die Haltung zu alternativen religiösen Praktiken zeigt

---

67 ** = p < 0,01.

68 ** = p < 0,01.

69 *** = p < 0,001.

70 Religiosität***, Spiritualität***, Kirchlichkeit*** und Konfession***; überprüft mithilfe von Mittelwertvergleichen, Kreuztabellen sowie zugehörigen Signifikanztests.

71 Sowohl Religiosität als auch Spiritualität werden im ALLBUS auf einer zehnstufigen Skala angegeben.

Tab. 29: Mittelwertvergleich zu Alter, Religiosität, Spiritualität und Kirchlichkeit der Sinnstiftungstypen

Typus	n	Alter**		Religiosität***		Spiritualität***		Kirchlichkeit***	
		M	SA	M	SA	M	SA	M	SA
I nicht-christlicher Desinteressierter	240	52,50	17,76	3,34	2,48	6,00	2,89	4,23	2,33
II traditioneller Christ	237	52,22	17,57	7,15	2,15	7,64	2,14	6,86	2,16
III pluraler Christ	338	48,52	17,13	7,37	2,24	7,63	2,16	7,43	2,33
IV säkularer Humanist	78	49,62	17,41	2,55	2,68	4,55	3,03	3,37	2,72
V nicht-christlicher Egalitärer	188	48,57	15,94	3,22	2,37	5,76	2,83	4,07	2,13
VI Sinnlosigkeit ausschließender Säkularer	92	53,88	20,60	4,77	3,16	6,51	2,84	5,39	2,46

Signifikanzniveaus: * = p < 0,05; ** = p < 0,01; *** = p < 0,001.

keine signifikanten Abweichungen, steht also nicht in Zusammenhang mit den gefundenen Typen. Die säkularen Humanisten und die nicht-christlichen Egalitären weisen überdurchschnittlich häufig keine Konfession auf, die traditionellen Christen sind etwas häufiger katholisch. In Cluster I, III und V sind beide christlichen Konfessionen häufiger vertreten und in Cluster VI liegen keine besonderen Häufungen vor (ohne Abbildung).

3.6.4 Einordnung der Sinnstiftungstypen

Zur grundlegenden Frage nach dem Zusammenhang des sozial konstruierten Geschlechts mit dem Modus der Sinnstiftung lässt sich aus der Perspektive der Typologie erwidern, dass ein differenzierter systematischer Zusammenhang zwischen Geschlechterrollenorientierungen und Welt- bzw. Gottesbildern besteht. Auch die binäre Geschlechtereinteilung, die der ALLBUS abbildet, steht mit einigen der gefundenen Typen in Relation. Die soziodemografische Charakterisierung hat gezeigt, dass die Weltsichten auf jeweils typische Weisen sowohl von Männern als auch von Frauen repräsentiert werden. Wie genau die Wahrnehmung des eigenen Geschlechts mit Lebenssinn in der individuellen Biografie in Beziehung gesetzt wird, kann nur für den Einzelfall erschlossen werden.

Als weitere quantitative Perspektive stellt die Typologie eine fruchtbare Ergänzung der bisherigen Ergebnisse dar: Während die in den vorangegangenen Unterkapiteln referierten inferenzstatistischen Auswertungen grundsätzlich einen klaren Zusammenhang zwischen weiblichem Geschlecht und egalitärer sowie zwischen männlichem Geschlecht und komplementärer Rollenorientierung aufzeigten,[72] bestehen hier sowohl Typen, die diese Zuordnung bestätigen, als auch solche, die ihr widersprechen. Während die beiden christlichen Cluster diese Beziehung unterstreichen, zeigt sich etwa, dass im Cluster der nicht-christlichen egalitär Eingestellten die Männer im Gegensatz zur bisherigen Erwartung überrepräsentiert sind. Ein generelles, typenübergreifendes Verhältnis von Bildung und Geschlechterrollenorientierungen besteht nicht, doch die soziodemografischen Profile einiger Typen implizieren, im Gegensatz zu den Mittelwertvergleichen in Kapitel 3.4.3, dass die egalitären Orientierungen mit einem geringeren und die komplementären Orientierungen mit einem höheren Durchschnittsalter in Zusammenhang stehen können. Dies trifft etwa auf die beiden christlichen Typen, die nicht-christlichen Egalitären sowie die säkularen Humanisten zu.

Die bereits aufgedeckten Relationen zwischen soziostrukturellen Eigenschaften, den Einstellungen zur Geschlechterrollenorientierung und Religiosität werden durch die Typologie stärker ausdifferenziert. Die große Gruppe der pluralen Christen etwa stellt einerseits unter Beweis, dass religiöse Einstellungen nicht zwangsläufig mit der Ablehnung jeder egalitären, also der als modern und emanzipatorisch geltenden Geschlechterrollenorientierung einhergehen müssen. Andererseits demonstriert die gleichzeitige Befürwortung eines egalitären und eines komplemen-

---

72 Vgl. Kapitel 3.4.4.

tären Modells der Geschlechterordnung, dass es sich zwar statistisch betrachtet um zwei getrennte Faktoren handelt, in der konkreten Lebenspraxis jedoch eher um Optionen, die einander nicht notwendigerweise ausschließen oder in Abhängigkeit von den Lebensumständen austauschbar sind.

Die sechs gefundenen Typen bilden einen Ausschnitt gesellschaftlicher Pluralität von Einstellungen und Weltbildern ab, soweit es die im ALLBUS vorhandenen Items zulassen. Defizite der verwendeten Faktoren werden zum einen im Fall der als „nicht-christlich" definierten Typen sichtbar, die u. U. keine positive Haltung zu einem Weltbild artikulieren, da keine Fragen gestellt wurden, die auf ihre Weltdeutung Bezug nehmen. Zum anderen zeigen sich in drei Clustern keine Befürwortungen einer Geschlechterrollenorientierung. Vorausgesetzt, es handelt sich dabei um ein Thema, das große Teile der Gesellschaft nicht unberührt lässt, fehlen auch in diesem Fall Auswahlmöglichkeiten.

Die religiösen Typen des Pilgers oder des „spirituellen Wanderers" finden sich in der vorliegenden Typologie eher nicht wieder: Auf der einen Seite zeigen sich beim Interesse an alternativen spirituellen Praktiken keine signifikanten Unterschiede zwischen den Typen und auf der anderen Seite erweisen sich die beiden Cluster der christlichen Weltanschauung zugleich als die Träger der stärksten Kirchlichkeit und Spiritualität. Bezogen auf die Nähe oder Ferne der Kirchenmitglieder zur Kirche ist Typ VI, also der Sinnlosigkeit ablehnende Säkulare bemerkenswert, da er säkular eingestellt ist, keine eindeutige Position zum Gottesbild bezieht, jedoch trotzdem nach den beiden christlichen Typen die höchsten Werte der Religiosität und Kirchlichkeit zeigt. Außerdem bestätigt sich, dass Spiritualität in vielen Fällen die Religiosität der Säkularen und Konfessionslosen darstellt.

Die Typologie eröffnet insgesamt den Blick auf die Pluralität der Gesellschaft und die vorhandenen partikularen Positionen, die zwar nicht der mehrheitlichen Einstellung der Bevölkerung entsprechen und damit in der Analyse der Gesamtstichprobe nicht signifikant hervorstechen, jedoch häufig genug vertreten werden, um jeweils einen eigenen Typus auszumachen. Vor dem Hintergrund einer durch Milieus und Subkulturen strukturierten Gesellschaft profiliert sich die clusteranalytische Typologisierung als adäquate Methode, um die Vielfalt der Sinnwelten abzubilden.

3.7 Feminisierung des Religiösen? Ergebnisse der Analysen zur Interdependenz von Geschlecht, Religion und Lebenssinn

Der Ausgangspunkt unserer Auswertung bezog sich auf die Frage, welche Bedeutung der sozialen Kategorie Geschlecht für die Erklärung von Religiosität, Spiritualität, Kirchlichkeit und Sinnstiftung zukommt. Der enge Zusammenhang zwischen (weiblichem) Geschlecht und (christlicher) Religion wird in der religionssoziologischen Forschung gegenwärtig vor allem in zwei Diskursen thematisiert: Zum einen ist ein Gender Gap einer stärkeren Religiosität und Kirchlichkeit von Frauen in postsäkularen Gesellschaften zu konstatieren. Dies betrifft vor allem die christlich geprägten Länder, und die Analysen richten sich darauf, den Gender Gap im Rückgriff auf soziologische, sozialpsychologische und soziobiologische Theorien zu erklären. Zum anderen wird eine Feminisierung des Religiösen angenommen, ein Prozess der vermehrten Beteiligung von Frauen in Kirche und Religion. Dabei umfasst die These der Feminisierung des Religiösen unterschiedliche Argumentationsebenen: die Beteiligung von Frauen in kirchlichen Institutionen und Ämtern, feministische Ausdrucksformen in kirchlicher Praxis und theologischer Deutung und die enge Verflechtung der traditionellen weiblichen Geschlechterrolle mit (christlicher) Religion.

Die Analysen des Gender Gaps und die Untersuchungen zur Feminisierung des Religiösen weisen Schnittstellen auf und es stellt sich die Frage, inwiefern der Gender Gap einer höheren Religiosität und Kirchlichkeit für die These einer Feminisierung des Religiösen spricht. Wir haben im Hinblick auf die These der Feminisierung zwei Ebenen bearbeitet: Zum einen sind wir – in aller Kürze – der Frage nachgegangen, wie sich die Situation der Teilhabe und Repräsentation von Frauen in der evangelischen Kirche gegenwärtig darstellt. Die Entwicklung von mehr Teilhabe der Frauen in der Institution Kirche, als Pfarrerinnen sowie in leitenden Ämtern hat zugenommen und weist somit auf eine Feminisierung des Religiösen im Sinne einer Zunahme der Repräsentation von Frauen in kirchenleitenden Ämtern und Positionen in der evangelischen Kirche hin.

Die These der Feminisierung beschreibt zum anderen aber auch die historische Entwicklung der im 18. Jahrhundert begonnenen Verflechtung von weiblicher Geschlechterrolle und (christlicher) Religion. Dieser Aspekt der Feminisierung des Religiösen ist für unsere Analysen zur Erklärung des Gender Gaps zentral. Deshalb haben wir den Zusammenhang zwischen Geschlechterrollen und Religiosität, Kirchlichkeit, Spiritualität und Weltsichten untersucht. Mit dieser Perspektive von weiblicher Geschlechterrolle und Religion, die einen wichtigen Erklärungszusammenhang für den Gender Gap darstellt, kann jedoch eine Verengung der Forschung einhergehen, wenn ausschließlich die Besonderheit der Religiosität von Frauen in den Blick genommen wird. Wir gehen davon aus, dass durch das Konzept der Geschlechterrolle, das die Darstellung der Differenz zwischen Geschlechterrolle und Geschlechterzugehörigkeit ermöglicht, dieser Gefahr begegnet werden kann. Mit dem Konzept der Geschlechterrolle kann dargestellt werden, welche Geschlechterrollenorientierung je nach Geschlechterzugehörigkeit, Generationenlage, Sozialisationserfahrungen in Ost- oder Westdeutschland Zustimmung erfährt.

Zentrale Ergebnisse zum Gender Gap in der Gesamtstichprobe und in der Ost-West-Differenz

Die Analysen zum Gender Gap in Kirchlichkeit, Spiritualität und Religiosität zeigen für die Gesamtstichprobe eine höhere Zustimmung von Frauen in allen drei Dimensionen. Bezüglich der drei Weltsichten christlich-kirchlich, anomisch und säkular-eigenverantwortlich lässt sich eine höhere Zustimmung von Frauen allein bei der christlich-kirchlichen Weltsicht feststellen. Berücksichtigt man die Unterschiede je nachdem, ob die Befragten ihre Sozialisation in Ost- oder in Westdeutschland erfahren haben, so ist ein Gender Gap für im Westen Sozialisierte in Religiosität, Kirchlichkeit, Spiritualität und christlich-kirchlicher Weltsicht festzustellen, während für im Osten Sozialisierte der Gender Gap einer höheren Zustimmung der Frauen allein für Religiosität und christlich-kirchliche Weltsicht zu konstatieren ist. Die Ost-West-Unterschiede bestätigen somit die Überlegungen von Müller/Pollack/Pickel (2013), dass die deutsch-deutschen Differenzen auf tieferliegende makrostrukturelle Effekte verweisen, die die Besonderheiten der jeweiligen Mehrheitskultur und ihre Fähigkeit, diese profilbildend selbst zu verstärken, zum Ausdruck bringen.

Diese Effekte soziokultureller Differenzbildung betreffen beide sozialen Kategorien: Geschlecht und Religion, und dies in ihrer interdependenten (ideologischen) Wirkung.

Zentrale Ergebnisse zum Gender Gap nach Dimensionen von Religion

Bereits andere Studien (Voas/Mc Andrew/Storm 2013) haben gezeigt, dass der Gender Gap unterschiedlich stark ausfällt, je nachdem, welche Dimension von Religiosität Berücksichtigung findet. Wir haben Religion in Anlehnung an das Konzept von Charles Glock operationalisiert und die ideologische von der rituellen Dimension von Religion unterschieden. Demnach liegen Religiosität, Spiritualität und Weltsicht auf der ideologischen Dimension der Glaubensüberzeugungen, während Kirchlichkeit die rituelle Dimension betrifft. Korrespondierend dazu kann zwischen privater und öffentlicher Form des Religiösen unterschieden werden. Demnach sind Religiosität, Spiritualität und religiöse Weltsicht der privaten Dimension zuzurechnen, Kirchlichkeit der öffentlichen Dimension von Religion. Die Ergebnisse unserer Analysen zeigen, dass der Gender Gap einer höheren Zustimmung von Frauen vor allem die Selbstbezeichnung als religiös und eine christlich-religiöse Weltsicht betrifft. In der Gesamtperspektive weisen Frauen eine höhere Selbstbezeichnung als spirituell auf; differenziert man nach Merkmalen der sozialen Lage, zeigt sich jedoch, dass eine Selbstbezeichnung als spirituell vor allem durch jüngeres Alter und Bildung zu erklären ist.

Zentrale Ergebnisse zur Interdependenz von Geschlechterrollenorientierung und Religion

Wir konnten in unseren Analysen eine Pluralität der Geschlechterrollen aufzeigen, in der sich drei typische Geschlechterrollenorientierungen in der Bevölkerung der BRD abzeichnen: eine egalitär-leistungsorientierte, eine teilzeitorientiert-egalitäre und eine gebrochen-komplementäre Geschlechterrollenorientierung. Typischerweise vertreten Personen, die ihre Sozialisation im Osten erfahren haben, eine egalitär-leistungsorientierte Geschlechterrollenorientierung, während im Westen häufiger die komplementär-gebrochene und die teilzeitorientiert-egalitäre Geschlechterrollenorientierung vertreten werden. Nach Geschlecht differenziert weisen Frauen eine höhere Zustimmung zu einer egalitär-leistungsorientierten Geschlechterrollenorientierung auf, während Männer häufiger eine gebrochen-komplementäre Geschlechterrollenorientierung vertreten. Die Ergebnisse der Regressionsanalysen zur Erklärung von Geschlechterrollenorientierungen verdeutlichen, dass eine egalitär-leistungsorientierte Geschlechterrollenorientierung in der Gesamtstichprobe durch eine Sozialisation im Osten, weibliche Geschlechterzugehörigkeit und höheres Alter erklärt wird. Eine gebrochen-komplementäre Geschlechterrollenorientierung hingegen wird durch eine Sozialisation im Westen, höheres Alter und männliche Geschlechterzugehörigkeit bedingt. Eine teilzeitorientiert-egalitäre Geschlechterorientierung hingegen ist typisch für im Westen sozialisierte Personen weiblichen Geschlechts. Zu erwähnen ist, dass – berücksichtigt man nur die im Westen Sozialisierten – eine teilzeitorientiert-egalitäre Geschlechterrollenorientierung unabhängig von der Geschlechterzugehörigkeit ist.

Betrachtet man die *Geschlechterrollenorientierung als unabhängige Variable* und untersucht den Zusammenhang zu Merkmalen von (christlicher) Religion, dann sind folgende Ergebnisse zentral: *Religiosität* wird erklärt durch eine Sozialisation im Westen, eine weibliche Geschlechterzugehörigkeit, höheres Alter und eine gebrochen-komplementäre Geschlechterrollenorientierung. Eine teilzeitorientiert-egalitäre Geschlechterrolle wirkt sich leicht negativ auf die Religiosität aus. *Spiritualität* wird in der Gesamtstichprobe durch eine Sozialisation im Westen, weibliche Geschlechterzugehörigkeit und jüngeres Alter erklärt. Werden nur Personen mit Sozialisation im Westen betrachtet, erklären weibliche Geschlechterzugehörigkeit und jüngeres Alter eine Selbstbezeichnung als spirituell, während im Osten Sozialisierte sich häufiger als spirituell bezeichnen, wenn sie einen höheren Schulabschluss haben und eine egalitär-leistungsorientierte Geschlechterrollenorientierung vertreten. *Kirchlichkeit* wird in der Gesamtstichprobe durch eine Sozialisation im Westen, hohes Einkommen, höheres Alter und Zugehörigkeit zum weiblichen Geschlecht erklärt. Eine gebrochen-komplementäre Geschlechterrollenorientierung wirkt sich leicht positiv aus. Für Personen, die im Osten sozialisiert wurden, hat eine gebrochen-komplementäre Geschlechterrollenorientierung einen stärkeren Einfluss auf Kirchlichkeit.

Als zentrales Ergebnis dieses Auswertungsschrittes ist festzuhalten, dass Geschlechterrollen für im Westen Sozialisierte pluraler ausfallen und von im Osten Sozialisierten sehr viel häufiger eine egalitär-leistungsorientierte Geschlechterrollenorientierung vertreten wird. Eine christlich-kirchliche Weltsicht und eine gebrochen-komplementäre Geschlechterrollenorientierung sind interdependent. Die These der Feminisierung bestätigt sich in diesem Punkt, jedoch teilweise *unabhängig* von der weiblichen Geschlechterzugehörigkeit: Personen, die eine christlich-kirchliche Weltsicht vertreten, stimmen signifikant häufiger einer gebrochen-komplementären Geschlechterrollenorientierung zu, sind typischerweise im Westen sozialisiert und eher weiblich. Betrachtet man allein die im Westen Sozialisierten, dann wird eine christlich-kirchliche Weltsicht vor allem durch höheres Alter und eine gebrochen-komplementäre Geschlechterrollenorientierung – nicht jedoch durch die Geschlechterzugehörigkeit – erklärt, während für im Osten Sozialisierte eine weibliche Geschlechterzugehörigkeit, höheres Einkommen, eine Zustimmung zu einer gebrochen-komplementären und eine Ablehnung einer egalitär-leistungsorientierten Geschlechterrollenorientierung eine christlich-kirchliche Weltsicht erklären. Dieses Ergebnis weist auf die noch bestehenden Unterschiede in den ideologischen Orientierungen ehemaliger Bürger der DDR und der BRD hin und zeigt die Wirksamkeit von Geschlechterrollenorientierungen unabhängig von der Geschlechterzugehörigkeit auf.

Die zentralen Ergebnisse unserer Auswertungen zur *Interdependenz von Geschlecht mit Merkmalen der Soziodemografie und der religiösen Sozialisation* offenbaren, dass die Erklärungskraft von soziodemografischen Merkmalen insgesamt schwach ist, während religiöse Orientierungen vor allem durch eine religiöse Sozialisation, zum Teil unabhängig von der Geschlechterzugehörigkeit, erklärt werden. Mit anderen Worten: Ein Gender Gap in Kirchlichkeit, Religiosität, Spiritualität und christlich-kirchlicher Weltsicht ist festzustellen. Aber eine Zustimmung zu Religion ist vor allem durch eine religiöse Sozialisation zu erklären; dies betrifft alle hier berücksichtigten Dimensionen von Religion. Die Zustimmung zu Religion ist vor allem durch die religiöse Sozialisation und nachrangig durch das Geschlecht erklärt. Man kann sagen, dass eine religiöse Sozialisation ein stärkerer Prädiktor für Männer ist. Die Ergebnisse zeigen jedoch auch, dass die gesellschaftliche normative Selbst- und Fremdzuschreibung des Religiösen an das weibliche Geschlecht auch dann offenbar wird, wenn Frauen keine religiöse Sozialisation im Elternhaus erfahren haben: Auch dann bezeichnen sich Frauen häufiger als religiös als nicht-religiös sozialisierte Männer. Mit anderen Worten, die These der Feminisierung trifft insofern zu, als die normative Fremd- und Selbstzuschreibung, dass Frauen religiöser seien als Männer, gesellschaftlich gerade unabhängig von der erfahrenen religiösen Sozialisation wirksam ist.

Religiosität, das zeigen die Regressionsanalysen, wird durch eine religiöse Sozialisation erklärt und dann erst durch eine weibliche Geschlechterzugehörigkeit und das Verheiratetsein. Die These der Feminisierung des Religiösen bestätigt sich vor allem für das Merkmal der Selbsteinstufung als religiös. Für Spiritualität und Kirchlichkeit ist der Gender Gap zwar nachweisbar, aber andere soziodemografische Merkmale modellieren hier stärker die Kirchlichkeit oder die Selbsteinstufung als spirituell. *Kirchlichkeit* wird über den Familienstand des Verheiratetseins, eine (gute) persönliche wirtschaftliche Lage und eine Abgrenzung zu einer Erwerbstätigkeit in Vollzeit erklärt. Insbesondere unter Frauen ist Kirchlichkeit neben der religiösen Sozialisation vor allem über den Familienstand des Verheiratetseins und die familiäre Lebenssituation mit Kindern bestimmt, während unter Männern Kirchlichkeit – neben der religiösen Sozialisation – durch das Verheiratetsein und eine gute wirtschaftliche Lage erklärt wird. Die familiäre Lebenssituation und der Familienstand des Verheiratetseins sind zentral für Kirchlichkeit. Hier deutet sich unseres Erachtens eine Form der sozialen Schließung an. *Spiritualität* hingegen, das zeigt auch dieser Auswertungsschritt, ist durch andere soziodemografische Merkmale zu erklären. Hier spielen vor allem junges Alter und hohe Bildung eine zentrale Rolle.

Unsere Analysen demonstrieren somit, dass der Einfluss von *Gender* auf Religiosität, Kirchlichkeit und Spiritualität bedeutsam, jedoch nur im Hinblick auf die Religiosität (von Frauen) dominant ist. Hervorzuheben ist zudem der sehr enge Zusammenhang zwischen einer komplementär-gebrochenen Geschlechterrollenorientierung und einer christlich-kirchlichen Weltsicht. Hier hat die These der Feminisierung ihre Berechtigung.

Die Selbst- und Fremdzuschreibung als religiöse Person wird bei Frauen zudem durch familienbezogene Merkmale wie Kinder im Haushalt und das Verheiratetsein unterstützt. Diese familienbezogenen Merkmale erklären bei Männern hingegen nur die Kirchlichkeit, während ihre Religiosität vor allem durch die Stärke der im Elternhaus erfahrenen religiösen Sozialisation und eine geringe Ortsgröße erklärt wird. Die Selbstbezeichnung als spirituell erklärt sich unter Männern vor allem durch jüngeres Alter und höhere Bildung, während die Selbstbezeichnung als spirituell unter Frauen nicht in gleicher Deutlichkeit wie unter Männern von soziodemografischen Merkmalen abhängig ist.

Unsere Analysen weisen zudem auf eine hohe Pluralität der Weltsichten in der deutschen Bevölkerung hin.

Die sechs *Sinnstiftungstypen*, welche durch die clusteranalytische Strukturierung der Stichprobe gebildet wurden, zeigen die Vielfalt typischer Zusammenhänge von Geschlecht, Geschlechterrollen und Religiosität. Anstelle einer feminisierten Religion stehen sowohl ein tendenziell weiblicher als auch ein eher männlicher Typus des Christen. Die statistischen Relationen zwischen Geschlechteridentität und Sinnstiftungstypen unterstreichen, dass es charakteristische Muster gibt, nach denen Frauen und Männer ihre Rollen und Lebenseinstellungen verbinden, aber zugleich keine der untersuchten Rollen und Einstellungen eindeutig „gegendert" ist.

Die Ergebnisse der quantitativen Teilstudie verdeutlichen, dass die These der Feminisierung bzgl. der engen Verbindung von weiblicher Geschlechterrolle und Religiosität differenziert zu betrachten ist. Die sozialen Konstruktionen von Weiblichkeiten und Männlichkeiten wirken sich zwar auf Religiosität, Spiritualität, Kirchlichkeit sowie religiöse und säkulare Muster von Weltsichten aus. Es deuten sich vor allem im Hinblick auf typische Geschlechterrollenorientierungen neue Muster an. Die traditionell-komplementäre Geschlechterrollenorientierung ist zwar noch davon gezeichnet, dass sie Frauen selbstverständlicher eine Selbstzuschreibung für (christliche) Religiosität nahe legt. Jedoch ist diese im 18. Jahrhundert begonnene „Feminisierung des Religiösen" durch neue Muster egalitärer und egalitärteilzeitorientierter Geschlechterrollenorientierungen aufgebrochen, und diese sind unabhängig von auf Geschlecht bezogenen religiösen Zuschreibungen. Die These der Feminisierung des Religiösen trifft – dies zeigen die Ergebnisse – nicht für alle Dimensionen christlicher Religion in gleicher Weise zu: Der Gender Gap einer stärkeren Religiosität der Frauen betrifft vor allem die ideologische Dimension der Selbstzuschreibung als religiös.

4.   Abschließende Diskussion

Die übergreifende Fragestellung dieses Buchs ist der Zusammenhang von Geschlecht, christlicher Religiosität und Lebenssinn in der (post-)säkularen Gesellschaft. Diesem haben wir uns in einem integrierten Forschungsdesign sowohl qualitativ- als auch quantitativ-empirisch angenähert. So wurden für die qualitativ-empirische Studie im zweiten Kapitel zwischen 2012 und 2013 lebensgeschichtliche Interviews mit Personen geführt, die Mitglieder der evangelischen Kirche sind und/oder sich in der evangelischen Kirche engagieren, von denen zwölf für die Analyse ausgewählt wurden. Im Vordergrund stand die Frage, wie sich Evangelische in dem Diskurs über den Lebenssinn situieren und inwiefern dieser Diskurs Machteffekte, wie hierarchische Geschlechterbeziehungen aufweist. Für die quantitative Studie im dritten Kapitel nutzten wir die ALLBUS-Daten 2012, um die Zusammenhänge zwischen Geschlecht, christlicher Religiosität und Lebenssinn zu untersuchen und zu erklären. Die Aufmerksamkeit richtete sich hierbei darauf, der These der Feminisierung nachzugehen und den Gender Gap im Hinblick auf Religiosität, Spiritualität, Kirchlichkeit und Weltsicht zu untersuchen.

Die beiden Teilstudien wurden von unterschiedlichen Personen bearbeitet, die jedoch in ständigem Austausch zueinander standen. So haben wir beiderlei Ergebnisse miteinander diskutiert, um die sich entwickelnden Auswertungsschwerpunkte, die sich aus den je eigenen Logiken qualitativer und quantitativer Sozialforschung ergeben, inhaltlich zueinander in Beziehung zu setzen. Im qualitativen Teil wurde das Material aus zwei unterschiedlichen, aber miteinander kompatiblen Perspektiven analysiert, einer diskursanalytischen und einer praxeologischen Perspektive. Der Forschungsprozess führte hier dazu, dass beispielsweise die individualisierten Formen und Grade der Befreiung von apologetischen religiösen Konzepten, restriktiven (religiösen) Geschlechter- und Sexualitätskonstruktionen sowie der Konstruktion sozialer Herkunft in den Mittelpunkt der Forschungsarbeit rückten. Für die quantitative Teilstudie eröffneten sich andere Bezüge als besonders lohnend: Im Mittelpunkt standen die Feminisierungsthese, die Suche nach tragfähigen soziokulturellen und -strukturellen Erklärungen für den Gender Gap einer höheren Religiosität von Frauen und die hierbei zu konstatierende hohe Relevanz, die dem Ost-West-Unterschied in der Erklärung des Zusammenhangs von Geschlecht, Religion und Weltsicht zukommt; dieser wurde im Anschluss auf die These der Feminisierung bezogen.

Ungeachtet dieser Entwicklung unterschiedlicher Schwerpunktsetzungen haben sich im Forschungsprozess vier übergreifende Themen in den Auswertungsergebnissen herauskristallisiert. Anhand dieser vier Themen sollen die Ergebnisse der beiden Teilstudien abschließend zueinander in Beziehung gesetzt werden: Es handelt sich, erstens, um Ergebnisse, die einen Beitrag für die Diskussion der These der Feminisierung des Religiösen leisten. Zweitens eröffnen sich in beiden Teilstudien neue Perspektiven auf die Wirksamkeit religiöser Sozialisation. Drittens sind wir auf sich ergänzende Ergebnisse zur Vereinbarkeit von Beruf und Familie gestoßen und viertens ergeben sich neue Perspektiven auf die Bedeutsamkeit eines (religiösen) Lebenssinns. Die Ergebnisse beider Teilstudien zu diesen vier Themen möchten wir hier abschließend noch einmal diskutieren.

4.1   Zur These der Feminisierung des Religiösen

Moderne, von Säkularität gekennzeichnete Gesellschaften zeichnen sich dadurch aus, dass sie ihr Verhältnis zur Religion in eindeutiger Weise regeln. Religion ist in diesen Gesellschaften als ein spezifisches gesellschaftliches Teilsystem im Verhältnis zu anderen Teilsystemen wie Politik und Wirtschaft eindeutig verortet und konfessionell eingehegt (vgl. Wohlrab-Sahr 2016). In modernen westlichen Industriegesellschaften ist Religiosität zudem vor allem dem Bereich des Privaten und des privaten Bekenntnisses sowie der Familie zugeordnet, und dies trotz vielfältiger Einflussnahme der Kirchen. Religion, weniger Kirchlichkeit, ist, das haben wir gezeigt, in der traditionellen bürgerlichen Gesellschaft und der bürgerlichen Geschlechterordnung weiblich konnotiert.

Wie in der Einleitung zum Buch dargelegt, wird insbesondere im 20. Jahrhundert beobachtet, dass mehr Frauen als Männer sich religiös verorten, was unter anderem als Feminisierung des Religiösen bezeichnet wird. Dies führen wir auf historische Entwicklungen innerhalb der bürgerlichen Gesellschaft zurück, die die genannten Geschlechterkonstruktionen und deren -ordnung hervorgebracht hat. Die These der Feminisierung der Religion weist sowohl auf die mit der bürgerlichen Geschlechterordnung einhergehende Zuschreibung von Weiblichkeit und Religiosität wie auch auf die Teilhabe von Frauen an religiösen Ämtern und in der Repräsentation kirchenleitender Funktionen, zumindest was die evangelischen Kirchen anbelangt, hin.[73] Die Feminisierung des Religiösen findet zudem ihren Ausdruck in der feministischen Kritik an der Praxis theologischer Exegese und die Diskussion entsprechender Inhalte in der Gemeinde (vgl. Scheepers 2011) – alles Phänomene, die mit Modernisierung einhergehen, jedoch die (modernen) traditionell bürgerlichen Geschlechterkonstruktionen in ihrer beständigen Weiterentwicklung hinterfragen.

Die Auffälligkeit, dass mehr Frauen als Männer sich selbst als religiös identifizieren, wurde in jüngster Zeit in vielen Studien untersucht und mit einer Vielfalt an Theorien betrachtet, zu denen neben soziologischen und sozialpsychologischen auch biologisierende Perspektiven gehören. Unser Ausgangspunkt der Untersuchung dieser Fragestellung war ein soziokultureller. So wurde in der Einleitung zum qualitativen Teil dargelegt, wie Religiosität und Lebenssinn aufs engste mit den bürgerlichen Geschlechterkonstruktionen verbunden sind. Somit sind sowohl Religiosität als auch Lebenssinn als vergeschlechtlichte Lebensinhalte anzusehen. Im Rahmen der Interviewanalysen wurde deutlich, dass eben diese Geschlechterkonstruktionen nach wie vor Wirksamkeit in den lebensgeschichtlichen Erzählungen

---

73 Auf die Ambivalenz des Begriffes der Feminisierung, welcher auch eine negative Bewertung von Frauen umfassen kann, haben wir in Kapitel 3.1.1 hingewiesen.

entfalten. Die Analysen auf der Basis der Daten des ALLBUS unterstreichen dies; sie zeigen den nach wie vor bestehenden engen Zusammenhang zwischen traditioneller Geschlechterrollenorientierung und christlich-religiöser Weltsicht auf.

Bei der qualitativen Untersuchung ging es zudem darum, herauszufinden, inwiefern die evangelischen bzw. sich in der evangelischen Kirche engagierenden Teilnehmer/innen in ihren lebensgeschichtlichen Erzählungen den modernen bürgerlichen Geschlechterkonstruktionen folgen und inwiefern sie sich davon lösen (Kap. 2.3 und 2.4). Hier war insbesondere der Umstand von Interesse, dass sowohl religiöse Frauen als auch Männer an der Studie teilnahmen. Die Frage konnte daher dahingehend umgewandelt werden, dass danach gefragt wurde, inwiefern sich die oben beschriebene im Begriff der Feminisierung des Religiösen enthaltene Ambivalenz oder Gebrochenheit zwischen Progressivität und einem konservativen Festhalten an der traditionell-bürgerlichen Geschlechterordnung in den lebensgeschichtlichen Erzählungen der teilnehmenden Männern und Frauen widerspiegelt (vgl. Kap. 2.1).

Die Untersuchung offenbarte ein vielschichtiges Spannungsverhältnis in jedem einzelnen Interview. Teilweise haben sich die Teilnehmenden von den kulturellen Geschlechterkonstruktionen gelöst, teilweise waren sie ihnen verbunden. Die Geschlechterkonstruktionen wurden daher sowohl flexibilisiert als auch individualisiert. Die christliche Religion wurde dabei ebenso als Ressource für konservative wie für progressive Tendenzen thematisiert (Kap. 2.4.1). Insgesamt gesehen lässt sich anhand der Interviews, die mit Personen unterschiedlichen Alters geführt wurden, ein tiefgreifender gesellschaftlicher Wandel nachvollziehen, der seit den 1960er Jahren mit den verschiedenen sozialen Bewegungen wie der Studierenden-, Frauen- sowie Schwulen- und Lesbenbewegung assoziiert ist. So zeigte sich beispielsweise in den Interviews, dass Vorstellungen von Weiblichkeit, Männlichkeit, Mutter- und Vaterschaft flexibler geworden sind und jüngere Männer ihren Familien in ihren Erzählungen einen größeren Stellenwert einräumen als die älteren (2.4.1.3). In den Interviews mit Frauen zeigte sich durchweg ein größerer Verhaltensspielraum bei den jüngeren im Vergleich zu den älteren Teilnehmerinnen (2.4.1.1 und 3.). Einige der Männer nahmen an Männergruppen teil, was zumindest darauf hinweist, dass sie ihre Männlichkeit nicht mehr als von alleine gegeben ansehen (vgl. Meuser 2010). Obwohl die jüngeren Väter teilweise Sorgearbeiten übernahmen, sind die Geschlechterarrangements insofern erhalten, als dass es (bis auf eine Ausnahme) die Mütter waren, die den größeren Anteil der Sorgearbeit übernahmen und die Erwerbsarbeit reduzierten, solange die Kinder betreut werden mussten.

In religiöser Hinsicht zeigte sich, dass Frauen in der Vergangenheit stärker mit Restriktionen durch die Religion konfrontiert waren als Männer (2.4.1.1). So berichtete eine Teilnehmerin davon, dass sie sich dagegen zur Wehr setzen musste, als Mädchen als Strafe Gottes für die Familie empfunden worden zu sein. Eine andere Teilnehmerin berichtete davon, sich heimlich Freiheiten herausgenommen zu haben, die ihr als Frau nicht zugestanden hätten (2.3.1 und 2.4.1.1) und eine weitere davon, dass sie als Presbyterin angegriffen wurde, weil sie in Vollzeit erwerbstätig war und sich scheinbar nicht genügend um den Haushalt und ihre Kinder kümmern konnte (2.4.1.3 und 2.3.3). Während sich einige Frauen mit diesen negativen Urteilen ihnen gegenüber befassen mussten, setzten sich ein schwuler Mann und eine lesbische Frau mit dem „Anderssein" ihrer sexuellen Orientierung auseinander. Keiner der heterosexuellen Männer berichtete davon, sich bezüglich der Religion mit seinem Geschlecht oder seiner sexuellen Orientierung befasst zu haben. Eben dieser Umstand trägt zur Entwicklung jeweils unterschiedlicher Formen subjektivierten Lebenssinns bei, da sich die Personen in verschiedener Weise über Ablehnungen hinwegsetzen müssen, um gleichzeitig an der Religion bzw. ihren jeweils individuellen Deutungen der „vertikalen" (auf den Glauben an Gott bezogenen) und „horizontalen" (auf die Gesellschaft/Gemeinschaft bezogene) Selbsttranszendenz (vgl. Schnell 2016) im evangelischen Feld festhalten zu können. Das bedeutet, dass sich auch in diesem Feld die religiösen und säkularen Weltsichten ebenso pluralisiert haben wie die Lebensstile allgemein. Prozesse wie die der Säkularisierung, Individualisierung, Rationalisierung und Ökonomisierung sind also nicht als der Religiosität entgegengesetzt, sondern als diese verändernd zu betrachten. Zugleich wurde deutlich, dass die Pluralisierung durch die Selbstermächtigung gegenüber restriktiven – also Herrschaft beanspruchenden – religiösen Geschlechter- und Sexualitätskonstruktionen entsteht.

Die Pluralisierung der Geschlechterrollen, von Religiosität und Kirchlichkeit wurde auch im quantitativen Teil sichtbar. Hier zeigt sich ein deutlicher Unterschied zwischen einer gebrochen-komplementären (traditionellen) und einer leistungsorientiert-egalitären Geschlechterrollenorientierung sowie die Entstehung eines neuen Musters der Geschlechterrollen, einer teilzeitorientiert-egalitären Geschlechterrollenorientierung, in welchem vor allem die Rolle der Väter neu bestimmt ist. Bedeutsam sind zudem Ost-West-Unterschiede, die verdeutlichen, dass sich die Bundesrepublik auch gut 25 Jahre nach der Wiedervereinigung durch zwei Religions- und Geschlechterkulturen auszeichnet, die in Wechselwirkung miteinander stehen. Die Daten weisen auf einen positiven Zusammenhang zwischen gebrochen-komplementärer (traditioneller) Geschlechterrollenorientierung und Kirchlichkeit bzw. Religiosität hin, während eine egalitär-teilzeitorientierte Geschlechtsrollenorientierung in einem leicht negativen Zusammenhang mit Kirchlichkeit steht. Stärker als Geschlechterrollenorientierungen erklären jedoch die Sozialisationsbedingungen in Ost- oder Westdeutschland das Verhältnis zu Religiosität und Kirchlichkeit. Etwas anders verhält es sich mit der Spiritualität, die in der Gesamtstichprobe vor allem von jungen Frauen im Westen vertreten wird (vgl. Tabelle 10). Der soziodemographische Kontext erklärt jedoch Spiritualität stärker als dies für Kirchlichkeit und Religiosität gilt. Gehobene Bildung und junges Alter sind Prädiktoren für die Selbsteinstufung als spirituell, und dies insbesondere bei Männern. Hier offenbart sich somit ein Zusammenhang zwischen Lebensalter, sozialer und regionaler Herkunft, während die Einordnung von sich selbst als religiös stärker durch die Geschlechterzugehörigkeit bedingt ist. D. h., aus den quantitativen Daten ergibt sich, dass die Feminisierung des Religiösen zum einen in erster Linie der Selbst- und Fremdbeschreibung von Frauen im Hinblick auf ihre Selbsteinstufung als religiös entspricht, sich aber nicht gleichermaßen auf die Kirchlichkeit und Spiritualität bezieht. Was jeweils mit Religiosität und Spiritualität gemeint ist, unterliegt der individuellen Wahl und ist nicht konfessionell näher bestimmt. Zum anderen zeigen die Analysen, dass die These der Feminisierung des Religiösen insofern zutrifft, als eine deutliche Interdependenz zwischen einer komplementär-gebrochenen Geschlechterrollenorientierung und einer christlich-religiösen Weltsicht festzustellen ist (vgl. Tabelle 11). Die These der Feminisierung bestätigt sich in diesem Punkt, gerade weil sie auch unabhängig von der weiblichen Geschlechterzugehörigkeit zutrifft. Denn die Analysen zeigen, dass Männer wie Frauen, die eine christlich-kirchliche Weltsicht vertreten, signifikant häufiger eine komplementär-gebrochene Geschlechterrollenorientierung teilen (und vice versa). Aufgrund der hohen Interdependenz zwischen christlich-religiöser Weltsicht und komplementär-gebrochener Geschlechterrollenorientierung schließen wir, dass die gesellschaftlich etablierte Selbst- und Fremdzuschreibung der Zuständigkeit der Frauen für das Religiöse Teil dieses sich wechselseitig verstärkenden Zusammenhangs zwischen einer christlich-religiösen Weltsicht (traditionell orientierter Christen) und einer komplementär-gebrochenen Geschlechterrollenorientierung ist.[74] (vgl. Kap. 3.7)

4.2 Religiöse Sozialisation

In der quantitativen Teilstudie erwies sich die eigene religiöse Sozialisation als die Variable mit der stärksten Erklärungskraft für die religiöse, kirchliche und spirituelle Verortung der Befragten im Kontext verschiedener soziodemographischer Merkmale (vgl. Kap. 3.5.5). Hier wurde insbesondere deutlich, dass es in erster Linie die religiöse Sozialisation im Elternhaus ist, die die Religiosität von Männern wie Frauen bedingt, wobei diese Tendenz bei Männern ausgeprägter ist (vgl. Tabelle 22). In Bezug auf die Kirchlichkeit trifft dies ebenfalls zu, jedoch wirkt sich hier für Frauen und Männer der Familienstand des Verheiratetseins als bedeutsamer aus. Auf die Selbstbeschreibung als „spirituell" hat die im Elternhaus erfahrene religiöse Sozialisation ebenfalls Einfluss, ist aber vor allem an (jüngeres) Lebensalter und Bildung gebunden. Zudem zeigte sich, dass die historischen bürgerlichen Geschlechterkonstruktionen auch jenseits einer erfahrenen religiösen Sozialisation wirksam

---

74 Hierbei wird von uns angenommen, dass die gebrochen-komplementäre Geschlechterrollenorientierung auch Einstellungen umfasst, die gesellschaftlich den Frauen eine höhere Zuständigkeit für Religion zuweist, auch wenn wir dies mit den Daten des ALLBUS nicht explizit zeigen können. Denn die Itembatterien, die im ALLBUS zur Operationalisierung der Geschlechterrollenorientierungen herangezogen werden, beziehen sich ausschließlich auf Einstellungen zur Vereinbarkeit von Beruf und Familie und zur Rolle der Frau in der Familie. Einstellungen, die sich auf die Zuschreibung der Zuständigkeit der Frau z. B. für die religiöse Erziehung der Kinder beziehen, sind in der Operationalisierung der Geschlechterrollenorientierungen des ALLBUS 2012 nicht enthalten.

sind, da auch nicht-religiös sozialisierte Frauen eine höhere Kirchlichkeit aufweisen als nicht-religiös sozialisierte Männer.

Die Teilnehmenden der qualitativen Studie waren allesamt religiös sozialisiert. Auffällig ist, dass alle Interviews, die mit Eltern geführt wurden, die sich im Laufe ihres Lebens von der Kirche entfernt hatten, Passagen enthielten, in denen eine Wiederannäherung an kirchliche Gemeinden nach der Geburt der Kinder rekonstruiert werden konnte (2.4.1.3). Sie erwähnten beispielsweise, dass ihnen die Taufe wichtig, der evangelische Kindergarten einfach gut war oder die Christenlehre der Kinder in der Schule eine anziehende Wirkung entfaltete. Über die gewünschte religiöse Sozialisation der Kinder wurden die Eltern selber wieder religiös sozialisiert. Doch waren es – wie zuvor erwähnt – in der Regel die Mütter, die im Vergleich zu den Vätern den größeren Teil der Erziehungsarbeit übernahmen, wodurch sie auch – um noch einmal auf die Feminisierungsthese zurückzukommen – stärker in die ehrenamtliche Arbeit in den Gemeinden eingebunden wurden als die Väter. Doch auch den Männern war daran gelegen, ihren Kindern christliche Werte zu vermitteln. Zudem schlossen fast alle Teilnehmenden ihre religiöse Sozialisation und ihren späteren religiösen Werdegang in die Erzählung ein. Diese Sozialisation konnte in ihrer Erinnerung rein formal, durch Rituale wie Taufe und Konfirmation, oder aber stark inhaltlich geprägt sein, wodurch der Gottesdienst zum Erinnerungsort an familiäre Traditionen wurde. Solcherart Traditionen konnten durch die feministische Ausrichtung einer Mutter, die Pfarrerin war, einen durchaus progressiven Anklang haben (2.4.1.2).

Bezüglich der religiösen Sozialisation hat sich der Unterschied zwischen Ost-/ West-Sozialisationen als relevant erwiesen (2.4.1.4). Denn auch, wenn Kirchen und ihren Gemeinden auch im Westen die Funktion von „Heterotopien" (Foucault) zugesprochen werden kann, war diese in der DDR wesentlich ausgeprägter. Beide Teilnehmer/innen, die in der DDR aufgewachsen sind, erzählten von der Übereinkunft religiöser Identität und politischen Widerstands gegen das Regime, in die sie entweder in der Jugend- oder Studienzeit bereits hineinwuchsen. Auch bei anderen Teilnehmenden zeigte sich insofern eine Übereinstimmung zwischen vertikaler und horizontaler Selbsttranszendenz, indem sie ihr soziales und kulturelles Engagement mit dem Glauben verbanden (2.4.1). Doch war diese Beziehung für die beiden in der DDR Erstsozialisierten wesentlich stärker politisiert. In der DDR evangelisch zu sein, bedeutete eben, „anders" zu sein (2.4.1.1 und 2.4.1.4.).

Die Beziehung vertikaler und horizontaler Selbsttranszendenz erwies sich als ein wichtiges Moment der religiösen Sozialisation. In eben dieser Verbindung von Glauben oder ethischer Weltsicht und sozialem Engagement konnte eine Weiterführung der „innerweltlichen Askese" (Weber) im Beruf hin zu einem gesellschaftlichen Engagement (vgl. Ueberschär 2013; Gutmann 2011) erkannt werden. So berichteten zwei Teilnehmerinnen explizit davon, von ihren Eltern dazu angehalten worden zu sein, einen Lebenssinn zu entwickeln (2.4.2.1), der zur Gestaltung der Welt beiträgt. Auch wenn dies in anderen Interviews nicht in derselben Weise geäußert wurde, wurde auch in ihnen die normative Kraft dieses Anspruchs erkennbar. Denn in allen Interviews wurde das Bemühen ausgedrückt, sich für andere, sei es für die Familie, die

Kirchengemeinde oder die globale Gesellschaft zu engagieren und auf diese Weise einen Lebenssinn zu verfolgen. Dies war selbst bei denen der Fall, die an keiner Stelle vertikale Selbsttranszendenz erwähnten, sondern sich aus einer (tendenziell) säkularen ethischen Einstellung heraus in der Kirchengemeinde engagierten. Im Zuge der Tradierung religiöser Inhalte wurde auch deutlich, dass sich Subjekte selbst die Frage nach dem Lebenssinn nicht in einem machtfreien Raum stellen. Im Gegenteil konnte anhand der Interviews rekonstruiert werden, dass der Lebenssinndiskurs die Normativität eines Lebenssinns etabliert und somit Machtwirkungen entfaltet. Denn die Sinnfindung stellt ein Element der in den Interviews erzählten pädagogischen Interventionen von Eltern dar. D.h., der pädagogische Anspruch zur Sinnhaftigkeit und zur Subjektivierung von Lebenssinn ist aus ihnen rekonstruierbar.

4.3 Vereinbarkeit von Beruf und Familie

Ein weiteres Thema, dass sich in beiden Teilen zeigte, war die Thematik der Vereinbarkeit von Beruf und Familie. In der qualitativen Studie gab es kein Interview, in welchem diese nicht präsent war. Insbesondere in den Interviews mit den teilnehmenden Frauen wurden verschiedene Lösungsmöglichkeiten dafür gefunden. Die Bandbreite reichte dabei von Teilzeitbeschäftigung mit Übernahme der Verantwortung für die Familienarbeit bis hin zu Vollzeitbeschäftigung und Doppelbelastung oder der Rolle als Familienernährerin (Kap. 2.3.3, 2.4.1.1 und 2.4.1.3). Auch hier zeigte sich in allen Interviews die Ambivalenz zwischen egalitäreren und traditionell-hierarchisierenderen Geschlechterkonstruktionen. Bei den Interviews mit den teilnehmenden Männern wurde das Thema nur indirekt angesprochen, nämlich dann, wenn die Partnerinnen oder Kinder in die Erzählung integriert wurden. Dies geschah beispielsweise, indem die Männer von der Erwerbstätigkeit ihrer Frauen oder ihrem Zusammensein mit den Kindern sprachen. Dabei zeigte sich eine ähnliche Bandbreite an Erwerbstätigkeiten wie die in den Interviews mit den Frauen. Es bestätigt sich daher auch in unserem Projekt, dass sich die doppelte Vergesellschaftung – also die Vergesellschaftung hinsichtlich Sorge- und Erwerbstätigkeit – für Frauen als Normalität erweist (vgl. Thiessen/Villa 2008). Doch obwohl eine Teilnehmerin und ihr Mann das Verhältnis zwischen Sorge- und Erwerbstätigkeit umkehrten und in Ansätzen rekonstruiert werden konnte, dass auch Männer zunehmend doppelt vergesellschaftet werden (vgl. König 2012), erwies sich die Familienarbeit insgesamt jedoch nach wie vor als in der Verantwortung der Frauen liegend. Ein ebenfalls sichtbarer Unterschied zeigte sich zwischen den in der DDR und der alten Bundesrepublik sozialisierten Teilnehmenden: Für die beiden DDR-Sozialisierten war die Vollzeitbeschäftigung von Frauen eine größere Selbstverständlichkeit.

In der quantitativen Teilstudie konnten drei Geschlechterrollenorientierungen herausgearbeitet werden, die ein jeweils anderes Bild der Vereinbarkeit von Beruf und Familie beinhalteten: die egalitär-leistungsorientierte, die teilzeitorientierte-egalitäre und die gebrochen-komplementäre Geschlechtsrollenorientierung. Während die erste Gruppe die Vereinbarkeit von Vollzeitbeschäftigung und Familienarbeit für Väter und Mütter positiv bewertet, sieht das zweite Modell eine Teilzeitbeschäftigung beider Eltern und eine Zuständigkeit auch der Väter für die Haus- und Familienarbeit vor. Auffällig ist hier, dass Ersteres vor allem im Osten und Letzteres im Westen bevorzugt wird. Die letzte Gruppe orientiert sich an der traditionell-bürgerlichen Geschlechterordnung, billigt Frauen zugleich aber die Möglichkeit der Erwerbstätigkeit zu. Es ist damit ein Modell, das Paradoxien verdeutlicht: Entgegen dem Ideal der bürgerlichen Geschlechterordnung, das die Zuständigkeit der Frauen allein für Familie und Haushalt postuliert und positiv sanktioniert, sind Frauen für Familie und Erwerbsarbeit zuständig – eine Doppelbelastung. Die sogenannte Rabenmutter ist Teil dieses Modells, das einerseits ideologisch und praktisch negative Folgen für die Kinder durch die Erwerbsarbeit der Mütter postuliert, andererseits Frauen das Ausbalancieren der unterschiedlichen Anforderungen aus Erwerbs- und Familienarbeit, unter dem Primat ihrer Zuständigkeit für Haushalt und Kinder, überantwortet: ein Modell, das typisch für im Westen Sozialisierte ist und hier vor allem von älteren und männlichen Personen bevorzugt wird.

Beide Teilstudien demonstrieren die „Brüche" sowie die neu entstehenden Wege, wie in Paarbeziehungen der Konflikt zwischen unbezahlt zu leistender (weiblicher) Reproduktionsarbeit und (männlicher) Erwerbsarbeit vor dem Hintergrund einer globalisierten Dienstleistungsgesellschaft ausgestaltet werden. Deutlich ist, dass die mit der bürgerlichen Geschlechterordnung verbundene weibliche Reproduktionsarbeit, die – zumindest im Westen – oft mit der Zuständigkeit der Frauen für die Tradierung von Religion in den Familien einhergeht, nicht mehr selbstläufig ist.

4.4 Die Relevanz eines (christlichen) Lebenssinns

Die Frage nach dem Lebenssinn ist eine Frage der Moderne, in der die Dominanz religiöser Weltbilder durch eine säkulare, naturalistische und materialistische ausgewechselt wurde. Die quantitative Teilstudie ergab sechs Typen der Sinnstiftung (Kap. 3.6.3): nicht-christliche Desinteressierte, traditionelle Christ/innen, plurale Christ/innen, säkulare Humanist/innen, nicht-christliche Egalitäre und die Sinnlosigkeit ausschließende Säkulare. Aus der Vielfalt der in der Bevölkerung der BRD existierenden Typen der Weltsichten sind demnach lediglich zwei explizit christlich, die traditionellen und pluralen Christ/innen, und machen etwa 46 % der Stichprobe aus. Sie unterscheiden sich vor allem dadurch, dass die Traditionellen auch den traditionell komplementären Geschlechterkonstruktionen anhängen, während die Pluralen bezüglich der Gottesbilder und Geschlechterrollen (sowohl das komplementäre als auch das egalitär-teilzeitorientierte Modell sind eine Option) pluralistischer sind.

Die qualitativ-empirische Teilstudie konzentrierte sich mit Teilnehmenden aus dem evangelischen religiösen Feld auf die beiden Sinntypen der traditionellen und pluralen Christ/innen, wobei eine der Teilnehmerinnen sich zwar in der evangelischen Kirche engagierte, sich aber nicht als gläubig identifizierte (vgl. Kap. 2.3.1), und bei allen anderen der Pluralismus überwog (vgl. Kap. 2.4.1). Die Analyse hat entsprechend der historischen Verortung des Lebenssinn-Diskurses gezeigt, dass die Sinngebung für die Teilnehmenden einen wesentlichen Aspekt ihres Lebens darstellt. Dabei ging es – wie zuvor erwähnt – darum, dem Leben einen Sinn zu geben, durch den die Welt – zumindest ein kleines bisschen – verbessert werden kann (Kap. 2.4.2.1). Der Sinn soll das eigene Leben aus der Perspektive anderer sinnvoll werden lassen. Da dieser Aspekt, wie unter dem Punkt zur religiösen Sozialisation bereits gezeigt, Teil der Erziehung durch die Eltern ist, kann zudem von einer normativen Kraft gesprochen werden, die von Sinndiskursen ausgeht.

Hier offenbaren sich eindeutige Bezüge zu Webers Betrachtungen der protestantischen Ethik, in der er unter anderem beschreibt, wie „die Askese aus den Mönchszellen heraus in das Berufsleben übertragen wurde und die innerweltliche Sittlichkeit zu beherrschen begann" (Weber 1920, 203). Doch während in reformatorischer Sicht „der Alltag … das Anschauungsmaterial für die je eigene Beauftragung" (Meireis 2011, 33) bot, wählten die Teilnehmenden der Studie ihre eigenen Sinninhalte (die sie natürlich auch dem Alltagswissen entnahmen). Diese beinhalteten unter anderem den Anspruch, die Welt zu verbessern, wenn auch nur ein wenig. Eine Teilnehmerin sah ihren Beruf darauf ausgerichtet. In anderen Interviews wurde das Thema eines Lebenssinns, der zur Verbesserung der Welt beiträgt, nicht so deutlich artikuliert, aber dennoch erfüllt. So wurde es als Lebenssinn benannt, anderen zu helfen, Ungerechtigkeiten beheben zu wollen, soziale Ungleichheit auszugleichen, Verantwortung zu übernehmen, sich gemeinsam zu entwickeln, die Welt für andere zu bereichern, sich gegenseitig zu bereichern und das (Familien-)Leben jetzt wahrzunehmen. Festzuhalten ist zudem, dass sich bis auf einen Teilnehmer alle Interviewten sozial, politisch, kirchlich und/oder kulturell engagierten. Wer dies nicht im Beruf verwirklichen konnte, tat dies zumindest im Ehrenamt oder in der Familie. Dadurch kamen weitere Entwicklungen im Evangelischen ins Spiel, die beispielsweise Ueberschär (2013) als Folge der friedensbewegten Kirchentage der 1980er Jahre und Gutmann (2011) als neue Entwicklung des 21. Jahrhunderts interpretiert: Evangelische Christ/in zu sein, bedeutet, politisch zu sein, Verantwortung zu übernehmen und „sich hinzugeben" für eine lebenswerte Welt. Die Art und Weise reichte dabei von der Übernahme des Amtes als Presbyterin bis zur Rechtsberatung.

Der (christliche) Lebenssinn war darüber hinaus bedeutsam bei der Interpretation von als sinnlos empfundenen Geschehnissen. Diese beinhalten kurz gesagt alles, was dem Tod verbunden ist. Dabei konnte es ebenso um das tatsächliche Sterben wie auch um metaphorische Bezüge zum Funktionieren, zu Geldgier oder empfundener Sinnlosigkeit gehen. Diese Sinnlosigkeit stellte die Grenze des Lebenssinns dar. Dies ist insofern von Bedeutung, als die Zufälligkeit von Geburt und (meistens auch) Tod transdisziplinär als Grund für das Entstehen der Frage nach dem Lebenssinn vorausgesetzt wird. Die Frage entsteht daher an einer Grenze, die in einer säkularen Welt kaum noch mit einer darüber hinausgehenden Perspektive wie einem Leben nach dem Tod beantwortet werden kann.

Zusammenfassend lässt sich feststellen, dass sich in beiden Teilstudien ein Pluralismus sowohl an Weltanschauungen als auch Lebensweisen rekonstruieren lässt. Der qualitative Teil enthält Hinweise auf den Prototyp des „religiösen Wanderers" (Gebhardt 2016) und der damit verbundenen „Selbstermächtigung religiöser Subjekte" (Gebhardt 2013). Dies zeigt sich bei den katholischen Teilnehmer/innen der qualitativ-empirischen Studie auch in Form einer „entbetteten Postkonfessionalität" (Wohlrab-Sahr 2016), die zu einem Engagement in der evangelischen Kirche führt, aber auch zu einem Festhalten an Konfessionalität und zu einer Verbindlichkeit zu den jeweiligen Gemeinden, in denen sich die Teilnehmer/innen engagieren. Hinsichtlich der Frage nach dem Lebenssinn, die in der individualisierten postsäkularen Welt mit ihrem Begründungszwang zum Selbstverständnis für viele geworden ist, lässt sich im Zusammenhang religiöser Tradierung sagen, dass auch diese – für viele von ‚uns' existenziell verstandene Frage – als Machteffekt zu betrachten ist.

Da Subjektivierungen zudem von sozialen Differenzierungen durchdrungen sind, kann die Gruppe entlang der Achsen sozialer Kategorien wie Geschlecht und sexueller Orientierung binnendifferenziert werden. Der Lebenssinn wird dabei strikt immanent, innerweltlich konzipiert. Der Tod, der im philosophischen und psychologischen Sinne der Auslöser der Frage nach dem Sinn ist, ist damit zugleich die Begrenzung des Lebenssinns, der sich an der innerweltlichen Askese orientiert. Zudem ist entweder die Säkularisierung bzw. deren Machteffekte oder aber die religiöse Selbstermächtigung unter gläubigen Mitgliedern der evangelischen Kirche und den anderen Personen, die sich in ihr engagieren, soweit voran geschritten, dass selbst die Frage nach einem Leben nach dem Tod individuell beantwortet wird. Während nur zwei mit Sicherheit von einer über den Tod hinausgehenden Perspektive – einem Kernstück christlicher Lehre – zu sprechen wagten, schloss einer die Möglichkeit explizit aus und eine sprach davon, dass Menschen nur in den Gedanken anderer weiterlebten. Alle anderen thematisierten diese Frage entweder gar nicht oder in einer Weise, die nahelegt, dass sie sich erst selbst davon überzeugen wollten, dass es ein Leben nach dem Tod gibt (oder auch nicht) (2.4.3).

Diese Ergebnisse korrespondieren mit dem Typus der pluralen Christ/innen in der quantitativen Teilstudie. Obwohl sich religiöse und säkulare Sinnstiftungen regelmäßig ausschließend zueinander verhalten, „bricht" diese Polarität für diesen Typus auf: Die pluralen Christ/innen nehmen in ihre christlichen Glaubensüberzeugungen szientistische Elemente auf. Hier deuten sich Transformationsprozesse christlich religiöser Sinndeutungen an. Die Erfahrung der Sinnlosigkeit wird als Teil der Lebensrealität in der Befragung zwar zum Ausdruck gebracht, jedoch – dies zeigen die Auswertungen aus beiden Teilstudien – ist sie Anlass für die Aufgabe, diese positiv zu bewältigen: Der selbst gestiftete, christlich religiös geglaubte oder szientistische Ausdruck eines persönlichen Lebenssinns ist ein für Menschen in modernen westlichen Gesellschaften konstitutives Element.

Literatur

Ahrens, Petra-Angela (1997): Über Gleichheit, Differenz und Kirchenmitgliedschaft – Sind Frauen christlicher? In: Sozialwissenschaften und Berufspraxis 20. Jg., 107–127.

Ahrens, Petra-Angela (2000): Frauen in der Kirche: Spielt das Geschlecht noch eine Rolle? In: Ingrid Lukatis/Regina Sommer/Christof Wolf (Hrsg.): Religion und Geschlechterverhältnis. Opladen: Leske & Budrich, 101–114.

Ahrens, Petra-Angela/Lukatis, Ingrid (2002): Religion in der Lebenswelt von Frauen. Eine Annäherung über Ergebnisse quantitativer Forschung. In: Edith Franke/Gisela Matthiae/Regina Sommer (Hrsg.): Frauen, Leben, Religion. Ein Handbuch empirischer Forschungsmethoden. Stuttgart: Kohlhammer, 159–212.

Ahrens, Petra-Angela/Wegner, Gerhard (2008): Soziokulturelle Milieus und Kirche. Lebensstile – Sozialstrukturen – kirchliche Angebote. Stuttgart: Kohlhammer.

Ahrens, Petra-Angela (2011): Uns geht's gut. Generation 60 plus: Religiosität und kirchliche Bindung. Berlin: Lit.

ALLBUS (2012): Allgemeine Bevölkerungsumfrage der Sozialwissenschaften. GESIS Datenarchiv für Sozialwissenschaften. DVD Release 2013.7.

Asad, Talal (1993): Genealogies of Religion. Discipline and Reasons of Power in Christianity and Islam. Baltimore: John Hopkins University Press.

Asad, Talal (2003): Formations of the Secular. Christianity, Islam, Modernity. Stanford: Stanford University Press.

Assmann, Jan (2005): Das kulturelle Gedächtnis. Schrift, Erinnerung und politische Identität in frühen Hochkulturen. München: Beck.

Aune, Kristin/Sharma, Sonya/Vincett, Giselle (2008): Women and Religion in the West. Challenging Secularization. Hampshire: Ashgate.

Aune, Kristin (2011): Much Less Religious, a Little More Spiritual: the religious and spiritual views of third-wave feminists in the UK. In: Feminist Review 97. Jg., 32–55.

Avishai, Orit/Jafar, Afshan/Rinaldo, Rachel (2015): A Gender Lens on Religion. In: Gender & Society 29. Jg. H.1, 5–25.

Bacher, Johann/Pöge, Andreas/Wenzig, Knut (2010): Clusteranalyse. Anwendungsorientierte Einführung in Klassifikationsverfahren. München: Oldenburg Wissenschaftsverlag.

Baier, Karl (Hrsg.) (2006): Handbuch Spiritualität. Zugänge, Traditionen, interreligiöse Prozesse. Darmstadt: Wissenschaftliche Buchgesellschaft.

Bauer, Thomas/Höcker, Bertold/Homolka, Walter/Mertes, Klaus (2013): Religion und Homosexualität. Aktuelle Positionen. Göttingen: Wallstein.

Becher, Inna/El-Menouar, Yasemin (2014): Geschlechterrollen bei Deutschen und Zuwanderern christlicher und muslimischer Religionszugehörigkeit. Forschungsbericht 21. Berlin: Bundesamt für Migration und Flüchtlinge.

Beck, Ulrich (2008): Der eigene Gott. Von der Friedensfähigkeit und dem Gewaltpotential der Religionen. Berlin: Verlag der Weltreligionen im Insel Verlag.

Becker-Schmidt, Regina (1987): Die doppelte Vergesellschaftung – die doppelte Unterdrückung: Besonderheiten der Frauenforschung in den Sozialwissenschaften. In: Lilo Unterkircher/Ina Wagner (Hrsg.): Die andere Hälfte der Gesellschaft. Österreichischer Soziologentag 1985. Soziologische Befunde zu geschlechtsspezifischen Formen der Lebensbewältigung. Wien: Verlag des Österreichischen Gewerkschaftsbundes, 10–25.

Becker-Schmidt, Regina (2004): Doppelte Vergesellschaftung von Frauen: Divergenzen und Brückenschläge zwischen Privat- und Erwerbsleben. In: Ruth Becker/Beate Kortendiek

(Hrsg.): Handbuch Frauen- und Geschlechterforschung. Theorie, Methoden, Empirie. Wiesbaden: VS, 62–71.

Bedford-Strohm Heinrich/Jung, Volker (2015): Vernetzte Vielfalt. Kirche angesichts von Individualisierung und Säkularisierung. Gütersloh: Gütersloher Verlagshaus.

Benkel, Thorsten (2016): Die Zukunft des Todes. Heterotopien des Lebensendes. Bielefeld: transcript, 317–338.

Benthaus-Apel, Friederike (2006): Lebensstilspezifische Zugänge zur Kirchenmitgliedschaft. In: Wolfgang Huber/Johannes Friedrich/Peter Steinacker (Hrsg.): Die vierte EKD-Erhebung über Kirchenmitgliedschaft. Kirche in der Vielfalt der Lebensbezüge. Gütersloh: Gütersloher Verlagshaus, 203–269.

Benthaus-Apel; Friederike (2010): Neue Mittelschicht – Generation und alternative Religiosität. In: Klaus Tenfelde (Hrsg.): Religiöse Sozialisation im 20. Jahrhundert. Historische und vergleichende Perspektiven. Essen: Klartext Verlag, 159–192.

Benthaus-Apel, Friederike (2014): Zwischen Tabu und hohem Bedarf: (Religions-)Soziologische Perspektiven auf Spiritualität. In: Bernd Beuscher/Hildegard Mogge-Grotjahn (Hrsg.): Spiritualität interdisziplinär. Entdeckungen im Kontext von Bildung, Sozialer Arbeit und Diakonie. Berlin: Lit, 15–38.

Benthaus-Apel, Friederike/Eufinger, Veronika (2017): Geschlechterrollenorientierung in Ost- und Westdeutschland und ihre Auswirkungen auf Religiosität und Weltsichten. In: Kornelia Sammet/Friederike Benthaus-Apel/Christel Gärtner (Hrsg.): Religion und Geschlechterordnung. Wiesbaden: Springer VS, 237–269.

Bergelt, Daniel (2017): Geschlechternormen zur Erklärung des Gender Gap in der Religiosität: Überlegungen zu einer Erweiterung des Modells einer pfadabhängigen Entwicklung religiöser Unterschiede. In: Kornelia Sammet/Friederike Benthaus-Apel/Christel Gärtner (Hrsg.): Religion und Geschlechterordnung. Wiesbaden: Springer VS, 217–235.

Berger, Peter L./Luckmann, Thomas (1991): Die gesellschaftliche Konstruktion der Wirklichkeit. Frankfurt a. M.: Fischer.

Blohm, Michael/Walter, Jessica (2016): Einstellungen zur Rolle der Frau und des Mannes. In: Statistisches Bundesamt (Destatis) (Hrsg.): Datenreport 2016. Ein Sozialbericht für die Bundesrepublik Deutschland. Bonn: Bundeszentrale für politische Bildung, 426–431.

Bochinger, Christoph/Engelbrecht, Martin/Gebhardt, Winfried (2009): Die unsichtbare Religion in der sichtbaren Religion – Formen spiritueller Orientierung in der religiösen Gegenwartskultur. Stuttgart: Kohlhammer.

Böcker, Julia (2016): Frühe Tode. Verräumlichung der Trauer um Ungeborene. In: Thorsten Benkel (Hrsg.): Die Zukunft des Todes. Heterotopien des Lebensendes. Bielefeld: transcript, 317–338.

Bongaerts, Gregor (2012): Sinn. Bielefeld: transcript.

Bortz, Jürgen (1989): Statistik für Sozialwissenschaftler. 3. Aufl. Berlin: Springer-Verlag.

Borutta, Manuel (2001): Antikatholizismus, Männlichkeit und Moderne. Die diskursive Feminisierung des Katholizismus in Deutschland und Italien (1850–1900). In: AIM Gender, https://www.fk12.tu-dortmund.de/cms/ISO/Medienpool/Archiv-Alte-Dateien/arbeits bereiche/soziologie_der_geschlechterverhaeltnisse/Medienpool/AIM_Beitraege_ers te_Tagung/Borutta.pdf (abgerufen am 29.04.2015).

Borutta, Manuel (2011): Antikatholizismus, Deutschland und Italien im Zeitalter der europäischen Kulturkämpfe. Göttingen: Vandenhoeck und Ruprecht.

Bourdieu, Pierre (1987a): Die feinen Unterschiede. Kritik der gesellschaftlichen Urteilskraft. Frankfurt a. M.: Suhrkamp.

Bourdieu, Pierre (1987b): Sozialer Sinn. Kritik der theoretischen Vernunft. Frankfurt a. M.: Suhrkamp.

Bourdieu, Pierre (2000): Das religiöse Feld. Zur Ökonomie des Heilsgeschehens. Konstanz: UVK.

Bourdieu, Pierre (2005): Die männliche Herrschaft. Frankfurt a. M.: Suhrkamp.

Bracke, Sarah, 2008, „'Real' Islam in Kazan: Reconfiguring the Modern, Knowledge and Gender", in: Kristin Aune/Sonya Sharma/Giselle Vincett (Hrsg.): Women and Religion in the West. Challenging Secularization, Hampshire: Ashgate, 183–194.

Bracke, Sarah/Fadil, Nadia (2012): „Is the Headscarf Oppressive or Emancipatory?" Field Notes from the Multicultural Debate. In: Religion and Gender, 2. Jg., H.1, 36–56.

Braun, Christina von (1999, 1985): NichtIch. Logik, Lüge, Libido. Frankfurt a. M.: Neue Kritik.

Braun, Christina von (2001): Versuch über den Schwindel. Religion, Schrift, Bild, Geschlecht. Zürich: Pendo.

Braun, Christina von/Gräb, Wilhelm/Zachhuber, Johannes (Hrsg.) (2007): Säkularisierung. Bilanz und Perspektiven einer umstrittenen These. Berlin: Lit.

Braun, Christina von/Mathes, Bettina (2007): Verschleierte Wirklichkeit: Die Frau, der Islam und der Westen. Berlin: Aufbau.

Braun, Michael/Scott, Jacqueline (2008): Gender Role Egalitarianism – Is the Trend Reversal Real? In: International Journal of Public Opinion Research 21. Jg., H. 3, 362–367. https://www.researchgate.net/publication/238635652_Gender-Role_Egalitarianism-Is_the_Trend_Reversal_Real (abgerufen am 28.07.2017).

Brown, Callum G. (2007): Gendering Secularisation: Women and the Transformation of Religion in Britain since 1960. Paper to Workshop, Religion and Political Imagination, King's College, July 2007. Ms.

Bührmann, Andrea D. (1998): Die Normalisierung der Geschlechter in Geschlechterdispositiven. In: Hannelore Bublitz (Hrsg.): Das Geschlecht der Moderne. Genealogie und Archäologie der Geschlechterdifferenz. Frankfurt a. M.: Campus, 71–94.

Bührmann, Andrea D. (2004): Der Kampf um weibliche Individualität. Zur Transformation moderner Subjektivierungsweisen um 1900. Münster: Westfälisches Dampfboot.

Bührmann, Andrea D./Diaz-Bone, Rainer/Guiterrez Rodriguez, Encarnacio/Kendall, Gevin/Schneider, Werner/Tirado, Francisco J. (2007): From Michel Foucault's Theory of Discourse to Empirical Discourse Research, In: Forum Qualitative Sozialforschung 8. Jg., H.2, http://nbn-resolving.de/urn:nbn:de:0114- fqs0702305 (aufgerufen am 28.07.2017).

Bührmann, Andrea D./Schneider, Werner (2008): Vom Diskurs zum Dispositiv. Eine Einführung in die Dispositivanalyse. Bielefeld: transcript.

Bundesministerium für Familie, Senioren, Frauen und Jugend (BMBFSFJ) (2011): Neue Wege – Gleiche Chancen. Gleichstellung von Frauen und Männern im Lebensverlauf. Erster Gleichstellungsbericht. Bonn: BMBFSFJ.

Burzan, Nicole (2005): Soziale Ungleichheit. Eine Einführung in die zentralen Theorien. Wiesbaden: VS Verlag.

Butler, Judith (1991): Das Unbehagen der Geschlechter. Frankfurt a. M.: Suhrkamp.

Casanova, José (1994): Public Religions in the Modern World. Chicago: University of Chicago Press.

Connell, Robert (Rawyn) W. (2000): Der gemachte Mann. Konstruktion und Krise von Männlichkeit. Opladen: Leske & Budrich.

Connell, Raewyn (2013): Gender. Wiesbaden: Springer VS.

Crenshaw, Kimberlé (2013): Die Intersektionen von „Rasse" und Geschlecht demarginalisieren: Eine Schwarze feministische Kritik am Antidiskriminierungsrecht der feministischen Theorie und der antirassistischen Politik. In: Helma Lutz/Mariea Teresa Herrera/ Linda Supik (Hrsg.): Fokus Intersektionalität. Bewegungen und Verortungen eines vielschichtigen Konzeptes. 2. Auflage. Wiesbaden: Springer Fachmedien, 35–58.

Csikzentmihalyi, Mihaly (2010): Das flow-Erlebnis: Jenseits von Angst und Langeweile im Tun aufgehen. Stuttgart: Klett-Cotta.

Damberg, Wilhelm (2011): Kognitive Ambivalenzen: Religion und Gesellschaft in der Bundesrepublik Deutschland heute. In: Wilhelm Damberg (Hrsg.): Soziale Strukturen und Semantiken des Religiösen im Wandel. Transformationen in der Bundesrepublik Deutschland 1949–1989. Essen: Klartext Verlag, 9–35.

Dausien, Bettina (2000): „Biographie" als rekonstruktiver Zugang zu „Geschlecht" – Perspektiven der Biographieforschung. In: Doris Lemmermöhle/Dietlind Fischer/Dorle Klika/Anne Schlüter (Hrsg.): Lesarten des Geschlechts. Zur De-Konstruktionsdebatte in der erziehungswissenschaftlichen Geschlechterforschung. Opladen: Leske & Budrich, 96–115.

Dausien, Bettina (2001): Erzähltes Leben – erzähltes Geschlecht? Aspekte der narrativen Konstruktion von Geschlecht im Kontext der Biographieforschung. In: Feministische Studien, 2. Jg., 57–73.

Diaz-Bone, Rainer (2007): Die französische Epistemologie und ihre Revisionen. Zur Rekonstruktion des methodologischen Standortes der Foucaultschen Diskursanalyse. In: Andrea D. Bührmann/Rainer Diaz-Bone/Encarnacio Guiterrez Rodriguez/Gevin Kendall/ Werner Schneider/Francisco J. Tirado (Hrsg.): From Michel Foucault's Theory of Discourse to Empirical Discourse Research. In: Forum Qualitative Sozialforschung 8. Jg., H. 2, http://nbn-resolving.de/urn:nbn:de:0114-fqs0702305 (aufgerufen am 28.07.2017).

Dietze Gabriele/Hornscheidt, Antje/Palm, Kerstin/Walgenbach, Katharina (Hrsg.) (2007): Gender als interdependente Kategorie. Neue Perspektiven auf Intersektionalität, Diversität und Heterogenität. Opladen: Leske & Budrich.

Dobbelaere, Karel/Gevers, Josette/Halman, Loek (2003): Religion and the Family. In: Loek Halman/Ole Riis (Hrsg.): Religion in Secularizing Society. The Europeans Religion at the end of the 20th century. Leiden/Boston: Brill, 76–91.

Ebertz, Michael N. (1997): Kirche im Gegenwind. Zum Umbruch der religiösen Landschaft. Freiburg im Breisgau: Herder.

Ebertz, Michael N. (2005): „Spiritualität" im Christentum und darüber hinaus. Soziologische Vermutungen zur Hochkonjunktur eines Begriffs. In: Zeitschrift für Religionswissenschaft, 13. Jg, 193–208.

Ebertz, Michael N. (2009): Je älter, desto frömmer? Aspekte der Religiosität am Lebensabend der älteren Generation. In: Bertelsmann Stiftung (Hrsg.): Woran glaubt die Welt? Analysen und Kommentare zum Religionsmonitor 2008. Gütersloh: Gütersloher Verlagshaus, 655–666.

Eisenstadt, Shmuel N. (2000): Die Vielfalt der Moderne. Weilerswist: Velbrück Wissenschaft.

Eisenstadt, Shmuel N. (2013): Die neuen religiösen Konstellationen im Rahmen gegenwärtiger Globalisierung und kultureller Transformation. In: Ulrich Willems/Detlef Pollack/ Helene Basu/Thomas Gutmann/Ulrike Spohn (Hrsg.): Moderne und Religion. Kontroversen um Modernität und Säkularisierung. Bielefeld: transcript, 355–377.

Eitler, Pascal (2007): Körper – Kosmos – Kybernetik. Transformationen der Religion im „New Age" (Westdeutschland 1970–1990). In: Zeithistorische Forschungen/Studies in Contemporary History, Online-Ausgabe, 4. Jg., H. 1+2, URL: http://www.zeithistorischeforschungen.de/1-2-2007/id=4460 (aufgerufen am 28.07.20179, Druckausgabe: 116–136).

Engelbrecht, Martin/Rosowski, Martin (2007): Was Männern Sinn gibt – Leben zwischen Welt und Gegenwelt. Stuttgart: Kohlhammer.

Engelhardt, Klaus/Loewenich, Hermann von/Steinacker, Peter (Hrsg.) (1997): Fremde, Heimat, Kirche. Die dritte EKD-Erhebung über Kirchenmitgliedschaft. Gütersloh: Gütersloher Verlagshaus.

Faulstich-Wieland, Hannelore/Nyssen, Elke (1998): Geschlechterverhältnisse im Bildungssystem – Eine Zwischenbilanz. In: Hans-Günter Rolff/Karl-Oswald Bauer/Klaus Klemm/Hermann Pfeiffer (Hrsg.): Jahrbuch der Schulentwicklung Bd. 10, Weinheim: Juventa, 163–199.

Federmann, Sabine (2000): Was Kirche ist entscheide ich – Frauen in christlichen Gruppen. In: Ingrid Lukatis/Regina Sommer/Christof Wolf (Hrsg.): Religion und Geschlechterverhältnis. Opladen: Leske & Budrich, 149–155.

Fegter, Susanne (2012): Die Krise der Jungen in Bildung und Erziehung. Diskursive Konstruktion von Geschlecht und Männlichkeit. Wiesbaden: Springer VS.

Fischer, Ute Louise (2009): Anerkennung, Integration und Geschlecht. Zur Sinnstiftung des modernen Subjekts. Bielefeld: transcript.

Fischer, Dietlind/Schöll, Albrecht (1994): Lebenspraxis und Religion. Fallstudien zur subjektiven Religiosität von Jugendlichen. Gütersloh: Gütersloher Verlagshaus.

Foucault, Michel (1978): Dispositive der Macht. Michel Foucault über Sexualität, Wissen und Wahrheit. Berlin: Merve.

Foucault, Michel (1992): Was ist Kritik? Berlin: Merve.

Foucault, Michel (1994, 1974): Die Ordnung des Diskurses (L'ordre du discours). Frankfurt a. M.: Fischer.

Foucault, Michel (1997, 1983): Der Wille zum Wissen. Sexualität und Wahrheit, Bd. 1. Frankfurt a. M.: Suhrkamp.

Foucault, Michel (2005): Von anderen Orten. Schriften Bd. I–IV, Bd. IV 1980–1988, Frankfurt a. M.: Suhrkamp, 931–942.

Francis, Leslie (1997): The Psychology of Gender Differences. In Religion: A Review of Empirical Research. Religion 27. Jg., 81–96.

Franke, Edith (2000): Die Göttin als zentraler Bezugspunkt feministischer Religiosität. In: Ingrid Lukatis/Regina Sommer/Christof Wolf (Hrsg.): Religion und Geschlechterverhältnis. Opladen: Leske & Budrich, 131–138.

Friedrich-Ebert-Stiftung (2016): Feminismus und Geschlechtergerechtigkeit in der Einwanderungsgesellschaft. Eine Veranstaltungsreihe zum Frauentag 2016 im Rückblick. https://www.fes.de/de/feminismus-geschlechtergerechtigkeit-einwanderungsgesellschaft/#c22189 (aufgerufen am 25.11.2016).

Frost, Michael/Brunner, Reinhard (2010): Freiheit entdecken. Impulse für missionales Christsein und Gemeindearbeit. Berlin: Lit.

Fuchs-Heinritz, Werner/Lautmann, Rüdiger/Rammstedt, Otthein/Wienold, Hanns (Hrsg.) (1994): Lexikon zur Soziologie. 3. Aufl. Opladen: Westdeutscher Verlag.

Gabriel, Karl/Gärtner, Christel/Pollack, Detlef (2014): Umstrittene Säkularisierung. Soziologische und historische Analysen zur Differenzierung von Religion und Politik. 2. Aufl. Berlin: University Press.

Garling, Stephanie (2013): Vom Störfaktor zum Operator. Religion im Diskurs der Entwicklungszusammenarbeit. Wiesbaden: Springer VS.

Gause, Ute (2003): Dienst und Demut – Diakoniegeschichte als Geschichte christlicher Frauenbilder. In: Siri Fuhrmann/Erich Geldbach/Irmgard Pahl (Hrsg.): Soziale Rollen von Frauen in Religionsgemeinschaften. Berlin: Lit, 65–88.

Gebhardt, Winfried (2013): Die Selbstermächtigung des religiösen Subjekts und die Ent-
konturierung der religiösen Landschaft. In: Peter A. Berger/Klaus Hock/Thomas Klie
(Hrsg.): Religionshybride Religion in posttraditionalen Kontexten. Wiesbaden: Springer
VS, 89–105.

Gebhardt, Winfried (2016): Neue Formen der Spiritualität. Der „spirituelle Wanderer" als
Idealtypus spätmoderner Religiosität. In: Miriam Rose/Michael Wermke (Hrsg.): Religiöse Rede in postsäkularen Gesellschaften. Leipzig: Evangelisches Verlagshaus, 149–163.

Geertz, Clifford (1983): Dichte Beschreibung, Frankfurt a. M.: Suhrkamp.

Gerhardt, Ute (2012): Frauenbewegung und Feminismus. Eine Geschichte seit 1789. München: C.H. Beck.

Gerhardt, Volker (1992): Friedrich Nietzsche. München: Beck.

Gerhardt, Volker (2014): Der Sinn des Sinns. Versuch über das Göttliche. München: Beck.

Giddens, Anthony (1992): The Transformation of Intimacy. Sexuality, Love, and Eroticism in
Modern Societies. Stanford: Stanford University Press.

Giddens, Anthony (1995): Die Konstitution der Gesellschaft. Grundzüge einer Theorie der
Strukturierung. Frankfurt a. M.: Campus.

Glock, Charles Y. (1972): ‚On the Study of Religious Commitment'. In: Joseph E. Faulkner
(Hrsg.): Religion's Influence in Contemporary Society, Readings in the Sociology of Religion. Ohio: Charles E. Merril, 38–56.

Göle, Nilüfer (2015): Islam and Secularity. The Future of Europe's Public Sphere. Durham:
Duke University Press.

Gräb, Wilhelm (2006): Sinnfragen. Transformationen des Religiösen in der modernen Kultur. Gütersloh: Gütersloher Verlagshaus.

Grenz, Sabine (2014a): Der Zusammenhang von Geschlecht und Individualisierung (religiösen) Lebenssinns. Ein Fallbeispiel. In: Peter Schreiner/Friedrich Schweitzer (Hrsg.): Religiöse Bildung erforschen. Empirische Befunde und Perspektiven. Münster/New York:
Waxmann, 225–236.

Grenz, Sabine (2014b): Power in Feminist Research Processes. In: Ania Plomien/Clare Hem-
mings/Marsha Henry/Mary Evans/Sadie Wearing/Sumi Madhok (Hrsg.): Handbook of
Feminist Theory, London: Sage, 61–74.

Grondin, Jean (2006): Vom Sinn des Lebens. Göttingen: Vandenhoek & Ruprecht.

Gutmann, Hans-Martin (2011): sich einsetzen, sich hingeben, sich nicht hergeben. Protestantische Entwürfe zu umstrittenen Lebenshaltungen. Berlin: EBV.

Habermas, Jürgen (2001): Glauben und Wissen. Friedenspreis des deutschen Buchhandels.
http://www.friedenspreis-des-deutschen-buchhandels.de/sixcms/media.php/1290/2001_
habermas.pdf (abgerufen am 03.03.2016).

Habermas, Rebekka (2010): Wissenstransfer und Mission. Sklavenhändler, Missionare und
Religionswissenschaftler. In: Geschichte und Gesellschaft 36. Jg., 257–284.

Halbwachs, Maurice (1985): Das Gedächtnis und seine sozialen Bedingungen. Frankfurt
a. M.: Suhrkamp.

Hanrieder, Tine (2016): Die Entdeckung der Religion. Spiritualität und Glauben werden relevant für die Gesundheitspolitik. In: WZB Mitteilungen (Hrsg.): Gesundheit(s)politik,
Globale, regionale, nationale Fragen. H. 152, 10–12.

Hausen, Karin (1976): Die Polarisierung der Geschlechtscharaktere. Eine Spiegelung der Dis-
soziation von Erwerbs- und Familienleben. In: Werner Conze (Hrsg.): Sozialgeschichte
der Familie in der Neuzeit Europas. Neue Forschungen, Stuttgart: Klett-Verlag, 363–393.

Hausen, Karin (2012): Geschlechtergeschichte als Gesellschaftsgeschichte. Kritische Studien
zur Geschichtswissenschaft, Bd. 202, Göttingen: Vandenhoek & Ruprecht.

Heelas, Paul/Woodhead, Linda (2005): The Spiritual Revolution. Why religion is giving way to spirituality. Oxford: Blackwell Publishing.

Heitzmann, Daniela (2015): Männliche Herrschaft. In: Gender Glossar/Gender Glossary, URL: http://gender-glossar.de (aufgerufen am 25.07.2017).

Helbig, Marcel/Schneider, Thorsten (2014): Auf der Suche nach dem katholischen Arbeitermädchen vom Lande. Religion und Bildungserfolg im regionalen, historischen und internationalen Vergleich. Wiesbaden: Springer VS.

Hempelmann, Reinhard (2005): Einführung. In: Reinhard Hempelmann (Hrsg.): Panorama der neuen Religiosität. Sinnsuche und Heilsversprechen zu Beginn des 21. Jahrhunderts. Vollständig überarbeitete Neuausgabe. Gütersloh: Gütersloher Verlagshaus, 14–22.

Hero, Markus (2008): Auf dem Weg zum religiösen Markt? In: Markus Hero/Volkhard Krech/Helmut Zander (Hrsg.): Religiöse Vielfalt in Nordrhein-Westfalen. Empirische Befunde und Perspektiven der Globalisierung vor Ort. Paderborn: Schöningh, 166–177.

Hero, Markus (2011): Vom Guru zum religiösen Entrepreneur. Neue religiöse Experten und die Entstehung eines alternativreligiösen Marktes. In: Wilhelm Damberg (Hrsg.): Soziale Strukturen und Semantiken des Religiösen im Wandel. Transformationen in der Bundesrepublik Deutschland 1949–1989. Essen: Klartext, 55–69.

Hervieu-Léger, Danièle (2004): Pilger und Konvertiten. Religion in Bewegung. Würzburg: Ergon Verlag.

Hild, Helmut (Hrsg.) (1975): Wie stabil ist die Kirche? Bestand und Erneuerung. Ergebnisse einer Umfrage. Gelnhausen/Berlin: Burckhardt-Verlag.

Höhmann, Peter/Krech, Volkhard (2006): Das weite Feld der Kirchenmitgliedschaft. In: Johannes Friedrich/Wolfgang Huber/Peter Steinacker (Hrsg.): Die vierte EKD-Erhebung über Kirchenmitgliedschaft. Kirche in der Vielfalt der Lebensbezüge. Gütersloh: Gütersloher Verlagshaus, 143–195.

Höllinger, Frank (2009): Die Erfahrung der Präsenz des Göttlichen. Religiöse Kultur in Brasilien, den USA und Westeuropa. In: Bertelsmann Stiftung (Hrsg.): Woran glaubt die Welt? Analysen und Kommentare zum Religionsmonitor 2008. Gütersloh: Bertelsmann-Verlag, 453–480.

Honegger, Claudia (1992): Die Ordnung der Geschlechter. Frankfurt a. M.: Campus.

Hradil, Stefan (2001): Soziale Ungleichheit in Deutschland. Opladen: Springer VS.

Huber, Stefan (2003): Zentralität und Inhalt. Ein neues multidimensionales Messmodell der Religiosität. Opladen: Leske & Budrich.

Huber, Stefan (2009): Der Religionsmonitor 2008: Strukturierende Prinzipien, operationale Konstrukte, Auswertungsstrategien. In: Bertelsmann Stiftung (Hrsg.): Woran glaubt die Welt? Analysen und Kommentare zum Religionsmonitor 2008. Gütersloh: Gütersloher Verlagshaus, 17–52.

Friedrich, Johannes/Huber, Wolfgang/Steinacker, Peter (Hrsg.) (2006): Die vierte EKD-Erhebung über Kirchenmitgliedschaft. Kirche in der Vielfalt der Lebensbezüge. Gütersloh: Gütersloher Verlagshaus.

Inglehart, Ronald/Norris, Pippa (2003): Rising Tide. Gender Equality and Cultural Change around the World. Cambridge: Cambridge Press.

Institut für Demoskopie Allensbach (Hrsg.) (1975): Religiöse Strömungen. Erste Stufe einer Panel-Untersuchung über nichtinstitutionalisierte Anschauungssysteme mit einer Einführung von Prof. Dr. Gerhardt Schmidtchen. Zürich und Allensbach Institut für Demoskopie.

Karstein, Uta/Benthaus-Apel, Friederike (2012): Asien als Alternative oder Kompensation? Spirituelle Körperpraktiken und ihr transformatives Potenzial (nicht nur) für das religiöse Feld. In: Robert Gugutzer/Moritz Böttcher (Hrsg.): Körper, Sport und Religion. Zur Soziologie der religiösen Verkörperung. Wiesbaden: Springer VS, 311–339.

Kaufmann, Jean-Claude (2005): Schmutzige Wäsche: Ein ungewöhnlicher Blick auf gewöhnliche Paarbeziehungen. Konstanz: UVK.

Kaufmann, Franz-Xaver (1989): Religion und Modernität: Sozialwissenschaftliche Perspektiven. Tübingen: Mohr und Siebeck.

Kecskes, Robert (2000): Religiosität von Männern und Frauen im internationalen Vergleich. In: Ingrid Lukatis/Regina Sommer/Christof Wolf (Hrsg.): Religion und Geschlechterverhältnis. Opladen: Leske & Budrich, 85–100.

Kelle, Udo (2008): Die Integration qualitativer und quantitativer Methoden in der empirischen Sozialforschung. Theoretische Grundlagen und methodologische Konzepte. 2.Aufl., Wiesbaden: VS Verlag.

Keller, Reiner (2005): Wissenssoziologische Diskursanalyse. Grundlegung eines Forschungsprogramms, Wiesbaden: VS Verlag.

Keller, Reiner/Schneider, Werner/Viehöver, Willy (Hrsg.) (2012): Diskurs – Macht – Subjekt. Theorie und Empirie von Subjektivierung in der Diskursforschung. Wiesbaden: VS Verlag.

Kessel, Martina (2001): Langeweile. Zum Umgang mit Zeit und Gefühlen in Deutschland vom späten 18. bis zum frühen 20. Jahrhundert. Göttingen: Wallstein.

Klein, Constantin/Keller, Barbara/Traunmüller, Richard (2017): Sind Frauen tatsächlich grundsätzlich religiöser als Männer? Internationale und interreligiöse Befunde des Religionsmonitors 2008. In: Kornelia Sammet/Friederike Benthaus-Apel/Christel Gärtner (Hrsg.): Religion und Geschlechterordnung. Wiesbaden: VS Verlag, 99–131.

Kluge, Friedrich (2002): Etymologisches Wörterbuch der deutschen Sprache. Bearbeitet von Elmar Seebold. 24. bearbeitete Aufl. Berlin: de Gruyter.

Knoblauch, Hubert (2000): Populäre Religion. Markt, Medien und die Popularisierung der Religion. In: Zeitschrift für Religionswissenschaft 8. Jg., 143–161.

Knoblauch, Hubert (2005): Einleitung: Soziologie der Spiritualität. In: Zeitschrift für Religionswissenschaft, 13. Jg., 123–131.

Knoblauch, Hubert (2009): Populäre Religion. Auf dem Weg in eine spirituelle Gesellschaft. Frankfurt a. M./New York: Campus.

König, Tomke (2012): Familie heißt Arbeit teilen. Transformation der symbolischen Geschlechterordnung. Konstanz: UVK.

Kohli, Martin (1988): Normalbiographie und Individualität. Zur institutionellen Dynamik des gegenwärtigen Lebenslaufregimes. In: Hanns-Georg Brose/Bruno Hildenbrand (Hrsg.): Vom Ende des Individuums zur Individualität ohne Ende. Opladen: Leske & Budrich, 33–53.

Koppetsch, Cornelia/Burkart, Günter (1999): Die Illusion der Emanzipation. Zur Wirksamkeit latenter Geschlechtsnormen im Milieuvergleich. Konstanz: UVK.

Koppetsch, Cornelia/Speck, Sarah (2015): Wenn der Mann kein Ernährer mehr ist. Geschlechterkonflikte in Krisenzeiten. Frankfurt a.M.: Suhrkamp.

Korsch, Dietrich (2016): Antworten auf Grundfragen des christlichen Glaubens. Dogmatik als integrative Disziplin. Tübingen: Mohr Siebeck.

Korteweg, Anna/Yurdakul, Gökçe (2014): The Headscarf Debates: Conflicts of National Belonging, Stanford: Stanford University Press.

Koschorke, Albrecht (2013): ‚Säkularisierung‘ und die ‚Wiederkehr der Religion‘. Zu zwei Narrativen der Moderne. In: Ulrich Willems/Detlef Pollack/Helene Basu/Thomas Gutmann/Ulrike Spohn (Hrsg.): Moderne und Religion. Kontroversen um Modernität und Säkularisierung. Bielefeld: transcript, 237–260.

Krumrei, Elizabeth J./Mahoney, Annette/Pargament, Kenneth I. (2009): Divorce and the divine: The role of spirituality in adjustment to divorce. Journal of Marriage and the Family 71. Jg., 373–383.

Kucklick, Christoph (2008): Das unmoralische Geschlecht. Zur Geburt der negativen Andrologie. Frankfurt a. M.: Suhrkamp.

Kunz, Ralph/Kohli Reichenbach, Claudia (Hrsg.) (2012): Spiritualität im Diskurs. Spiritualitätsforschung in theologischer Perspektive. Zürich: Theologischer Verlag Zürich.

Laqueur, Thomas (1992): Auf den Leib geschrieben. Die Inszenierung der Geschlechter von der Antike bis Freud. Frankfurt a. M.: Campus.

Link, Jürgen (2013): Versuch über den Normalismus. Wie Normalität produziert wird. Göttingen: Vandenhook und Ruprecht.

Lois, Daniel (2010): Wie verändert sich die Religiosität im Lebensverlauf? Eine Panelanalyse unter Berücksichtigung von Ost-West-Unterschieden. In: Kölner Zeitschrift für Soziologie und Sozialpsychologie 63. Jg., 83–110.

Lois, Daniel (2013): Wenn das Leben religiös macht. Altersabhängige Veränderungen der kirchlichen Religiosität im Lebensverlauf. Wiesbaden: Springer VS.

Luckmann, Thomas (1991): Die unsichtbare Religion. Frankfurt a. M.: Suhrkamp.

Luhmann, Niklas (1977): Die Funktion der Religion. Frankfurt a. M.: Suhrkamp

Lüddeckens, Dorothea/Walthert, Rafael (2010): Fluide Religion. Neue religiöse Bewegungen im Wandel. Theoretische und empirische Systematisierungen. Bielefeld: transcript.

Lukatis, Ingrid (1990): Frauen und Männer als Kirchenmitglieder. In: Joachim Matthes (Hrsg.): Kirchenmitgliedschaft im Wandel. Untersuchungen zur Realität der Volkskirche. Gütersloh: Gütersloher Verlagshaus, 119–148.

Lukatis, Ingrid/Sommer, Regina/Wolf, Christof (Hrsg.) (2000): Religion und Geschlechterverhältnis. Opladen: Leske & Budrich.

Mahmood, Saba (2005): Politics of Piety. The Islamic Revival and the Feminist Subject. Princeton: Princeton University Press.

Maihofer, Andrea (1995): Geschlecht als Existenzweise. Frankfurt a. M.: Helmer.

Martschukat, Jürgen/Stieglitz, Olaf (2008): Geschichte der Männlichkeiten. Frankfurt a. M./ New York: Campus.

Matthes, Joachim (1992): Auf der Suche nach dem Religiösen. Reflexionen zu Theorie und Empirie religionssoziologischer Forschung. In: Sociologica internationalis 30. Jg., 129–142.

Meireis, Torsten (2011): Arbeit als Beruf. Eine protestantische Perspektive. Arbeitswelten. In: Jahrbuch Sozialer Protestantismus, Bd. 5. Gütersloh: Gütersloher Verlagshaus, 15–41.

Meuser, Michael (2010): Geschlecht und Männlichkeit. Soziologische Theorie und kulturelle Deutungsmuster. 3. Aufl. Wiesbaden: VS Verlag.

Mommertz, Monika/Opitz-Belakhal, Claudia (2008): Das Geschlecht des Glaubens: religiöse Kulturen Europas zwischen Mittelalter und Moderne. Frankfurt a. M.: Campus.

Müller, Olaf/Pollack, Detlef (2009): Kirchlichkeit, Religiosität und Spiritualität: West- und osteuropäische Gesellschaften in Zeiten religiöser Vielfalt. In: Bertelsmann Stiftung (Hrsg.): Woran glaubt die Welt? Analysen und Kommentare zum Religionsmonitor Gütersloh: Bertelsmann Stiftung, 411–430.

Müller, Olaf/Pollack, Detlef/Pickel, Gert (2013): Religiös-konfessionelle Kultur und individuelle Religiosität: Ein Vergleich zwischen West- und Ostdeutschland. In: Kölner Zeitschrift für Soziologie und Sozialpsychologie 65. Jg., 123–148.

Neidhardt, Friedhelm (1970): Die junge Generation. Jugend und Gesellschaft in der Bundesrepublik. 3. überarb. u. erw. Aufl. Opladen: Leske.

Noelle-Neumann, Elisabeth/Piel, Edgar (Hrsg.) (1983): Eine Generation später. Bundesrepublik Deutschland 1953–1979. Institut für Demoskopie Allensbach. München: Saur.

Oevermann, Ulrich u. a. (1979): Die Methodologie einer „objektiven Hermeneutik" und ihre allgemeine forschungslogische Bedeutung in den Sozialwissenschaften. In: Hans Georg Soeffner (Hrsg.): Interpretative Verfahren in den Sozial- und Textwissenschaften, Stuttgart: Metzler, 352–434.

Oevermann, Ulrich (1991): Genetischer Strukturalismus und das sozialwissenschaftliche Problem der Erklärung der Entstehung des Neuen. In: Stefan Müller-Dohm (Hrsg.): Jenseits der Utopie. Theoriekritik der Gegenwart. Frankfurt a. M.: Suhrkamp, 267–286.

Oevermann, Ulrich (1995): Ein Modell der Struktur von Religiosität. Zugleich ein Strukturmodell von Lebenspraxis und von sozialer Zeit. In: Monika Wohlrab-Sahr (Hrsg.): Biographie und Religion. Frankfurt a. M.: Campus, 27–102.

Oevermann, Ulrich (1996): Strukturmodell von Religiosität. In: Karl Gabriel (Hrsg.): Religiöse Individualisierung oder Säkularisierung. Biographie und Gruppe als Bezugspunkte moderner Religiosität. Gütersloh: Gütersloher Verlagshaus, 29–40.

Oevermann, Ulrich (2001): Die Struktur sozialer Deutungsmuster – Versuch einer Aktualisierung. In: Sozialer Sinn 2. Jg., H. 1, 35–81.

Olenhusen, Irmtraud Götz von (2000): Feminisierung von Religion und Kirche im 19. und 20 Jahrhundert. In: Ingrid Lukatis/Regina Sommer/Christof Wolf (Hrsg.): Religion und Geschlechterverhältnis. Opladen: Leske & Budrich, 37–48.

Opitz-Belakhal, Claudia (2015): Geschlechtergeschichte. Frankfurt a. M./New York: Campus.

Pickel, Gert (2009): Secularization as European Fate? Results from the Church and Religion in an Enlarged Europe Project. In: Gert Pickel/Olaf Müller (Hrsg.): Church and Religion in Europe – Results from Comparative Research. Wiesbaden: VS Verlag, 89–122.

Pickel, Gert (2014): Religion, Religiosität, Religionslosigkeit und religiöse Indifferenz. Religionssoziologische Perspektiven im vereinigten Deutschland. In: Miriam Rose/Michael Wermke (Hrsg.): Konfessionslosigkeit heute. Zwischen Religiosität und Säkularität. Leipzig: Evangelische Verlagsanstalt, 45–81.

Pollack, Detlef (2003): Säkularisierung – ein moderner Mythos? Tübingen: Mohr Siebeck.

Pollack, Detlef (2009): Rückkehr des Religiösen? Tübingen: Mohr Siebeck.

Pollack, Detlef (2013): Religion und Moderne: Theoretische Überlegungen und empirische Beobachtungen. In: Ulrich Willems Detlef Pollack/Helene Basu/Thomas Gutmann/Ulrike Spohn (Hrsg.): Moderne und Religion. Kontroversen um Modernität und Säkularisierung. Bielefeld: transcript, 293–330.

Pollack, Detlef (2015): Religionssoziologie in Deutschland seit 1945: Tendenzen -Kontroversen-Konsequenzen. In: Kölner Zeitschrift für Soziologie und Sozialpsychologie 67. Jg., 433–474.

Reckwitz, Andreas (1997): Kulturtheorie, Systemtheorie und das sozialtheoretische Muster der Innen-Außen-Differenz. In: Zeitschrift für Soziologie 26. Jg., 317–336.

Riesebrodt, Martin (2007): Cultus und Heilsversprechen. Eine Theorie der Religionen. München: Beck.

Röhrich, Wilfried (2013): Politische Theorien zur bürgerlichen Gesellschaft. Wiesbaden: Springer VS.

Rose, Miriam/Wermke, Michael (Hrsg.) (2016): Religiöse Rede in postsäkularen Gesellschaften. Leipzig: Evangelische Verlagsanstalt.

Rosenberger, Sieglinde/Sauer, Birgit (Hrsg.) (2013): Politics, Religion and Gender. Framing and regulating the veil. London/New York: Routledge.

Scheepers, Rajah (2011): Einführung. In: epd-Dokumentation Nr. 25/26 (Hrsg.): Die Zukunft der Kirche ist weiblich. Zur Ambivalenz der Feminisierung von Gesellschaft, Kirche und Theologie im 20. Jahrhundert. Evangelische Akademie Thüringen, Neudietendorf 24.–25.11.2011, 4–5.

Scheepers. Rajah (2016): Weibliche Diakonie als Motor der Feminisierung der evangelischen Kirche. In: Michaela Sohn-Kronthaler (Hrsg.): Feminisierung oder (Re-)Maskulinisierung der Religion im 19. und 20. Jahrhundert? Wien/Köln/Weimar: Böhlau, 199–216.

Scheuer, Angelika/Dittmann, Jörg (2007): Berufstätigkeit von Müttern bleibt kontrovers: Einstellungen zur Vereinbarkeit von Beruf und Familie in Deutschland und Europa. In: Informationsdienst Soziale Indikatoren 38. Jg., 1–5. http://nbn-resolving.de/urn:nbn:de:0168-ssoar-216357 (aufgerufen am 25.07.2017).

Schleiermacher, Friedrich (1799/1806/1821): Über die Religion. Reden an die Gebildeten unter ihren Verächtern. Studienausgabe (2012) hrsg. von Niklaus Peter/Frank Bestebreurtje/Anna Büsching. Zürich: Theologische Verlagsanstalt Zürich.

Schneider, Bernhard (2016): Feminisierung und (Re-)Maskullinisierung der Religion im 19. Jahrhundert. Tendenzen der Forschung aus der Perspektive des deutschen Katholizismus. In: Michaela Sohn Krohnthaler (Hrsg.): Feminisierung oder (Re-)Maskulinisierung der Religion im 19. und 20. Jahrhundert? Forschungsbeiträge aus Christentum, Judentum und Islam. Wien/Köln/Weimar: Böhlau, 11–41.

Schneider, Werner (2014): Sterbewelten: Ethnographische (und dispositivanalytische) Forschung zum Lebensende. In: Martin W. Schnell/Werner Schneider/Werner Kolbe (Hrsg.): Sterbewelten. Eine Ethnographie. Wiesbaden: Springer VS, 51–138.

Schnell, Tatjana (2009): Implizite Religiosität. Zur Psychologie des Lebenssinns. Lengerich u. a.: Pabst.

Schnell, Tatjana (2016): Psychologie des Lebenssinns. Berlin: Springer.

Schöll, Albrecht (1996): „Einfach das Leben irgendwie nicht verpennen". Zur Funktion religiöser Deutungsmuster in der Adoleszenz. In: Karl Gabriel (Hrsg.): Religiöse Individualisierung oder Säkularisierung. Biographie und Gruppe als Bezugspunkte moderner Religiosität. Gütersloh: Gütersloher Verlagshaus, 112–129.

Schöll, Albrecht (1998): Aussteiger, Konvertierte und Überzeugte – kontrastive Analysen zu Einmündung, Karriere, Verbleib und Ausstieg in bzw. aus neureligiösen und weltanschaulichen Milieus oder Gruppen. In: Deutscher Bundestag, Enquete-Kommission „Sogenannte Sekten und Psychogruppen" (Hrsg.): Neue religiöse und ideologische Gemeinschaften und Psychogruppen: Forschungsprojekte und Gutachten der Enquete-Kommission „Sogenannte Sekten und Psychogruppen". Hamm: Hoheneck Verlag, 159–230.

Scholz, Sylka (2004): Die narrativ-biographische Konstruktion von Selbst, Geschlecht und sozialer Welt. In: dies. (Hrsg.): Männlichkeit erzählen. Lebensgeschichtliche Identitätskonstruktionen ostdeutscher Männer. Münster: Westfälisches Dampfboot, 17–5.

Scholz, Sylka (2011): Feminisierung der Gesellschaft im 20. Jahrhundert? Die zunehmende Partizipation von Frauen in Politik, Gesellschaft und Familie. In: epd-Dokumentation Nr. 25/26 (Hrsg.): Die Zukunft der Kirche ist weiblich. Zur Ambivalenz der Feminisierung von Gesellschaft, Kirche und Theologie im 20. Jahrhundert. Evangelische Akademie Thüringen. Neudietendorf 24.–25.11.2011, 6–14.

Scholz, Sylka (2012): Männlichkeitssoziologie. Studien aus den sozialen Feldern Arbeit, Politik und Militär im vereinten Deutschland. Münster: Westfälisches Dampfboot.

Schütz, Alfred (1993): Der sinnhafte Aufbau der sozialen Welt. Frankfurt a. M.: Suhrkamp.

Schütze, Fritz (1983): Biographieforschung und narratives Interview. In: Neue Praxis 13. Jg., 283–293.

Scott, Joan W. (1986): Gender: A Useful Category of Historical Analysis. In: The American Historical Review 91. Jg., 1053–1075.

Scott, Jacqueline (2006): Family and Gender Roles: How Attitudes Are Changing. In: GeNet Working Paper No. 21.

Siegers, Pascal (2012): Alternative Spiritualitäten. Neue Formen des Glaubens in Europa: Eine empirische Analyse. Frankfurt a. M.: Campus.

Söderblöm, Kerstin (2002): Lesbische Frauen zwischen Hölle und Himmel. Zur notwendigen Unterscheidung zwischen gesellschaftlichen Deutungsmustern und deren individuellen Aneignungs- und Verarbeitungsformen anhand der Methode der strukturalen Hermeneutik. In: Edith Franke/Gisela Matthiae/Regina Sommer (Hrsg.): Frauen, Leben, Religion. Ein Handbuch empirischer Forschungsmethoden. Stuttgart: Kohlhammer.

Sommer, Regina (2000): Geschlechtsspezifische Alltagserfahrungen und Religion. Zur Funktion von Religion und Religiosität im Lebenskontext berufstätiger Mütter. In: Ingrid Lukatis/Regina Sommer/Christof Wolf (Hrsg.): Religion und Geschlechterverhältnis. Opladen. Leske & Budrich, 139–148.

Sommer, Regina (2002): „Meine Spiritualität ist langsam gewachsen …“. Möglichkeiten feministisch-theologischer Biographieforschung. In: Edith Franke/Gisela Matthiae/Regina Sommer (Hrsg.): Frauen, Leben, Religion. Ein Handbuch empirischer Forschungsmethoden. Stuttgart: Kohlhammer.

Stark, Rodney (2008): The Complexities of Comparative Research. In: Interdisciplinary Journal of Research on Religion 4. Jg., Article 4.

Statistische Ämter des Bundes und der Länder (2014a): Zensus 2011. Bad Ems. www.statistik. rlp.de (aufgerufen am 24.02.2015).

Strauss, Anselm (1991, 1987): Grundlagen qualitativer Sozialforschung. Datenanalyse und Theoriebildung in der empirischen soziologischen Forschung. München: Wilhelm Fink Verlag.

Studienzentrum der EKD für Genderfragen in Kirche und Theologie (2015): Atlas zur Gleichstellung von Frauen und Männern in der evangelischen Kirche in Deutschland. Hannover: Studienzentrum der EKD für Genderfragen in Kirche und Theologie.

Thiessen, Barbara/Villa, Paula-Irene (2008): Die „Deutsche Mutter“ – ein Auslaufmodell? Überlegungen zu den Codierungen von Mutterschaft als Sozial- und Geschlechterpolitik. In: José Brunner (Hrsg.): Mütterliche Macht und väterliche Autorität. Elternbilder im deutschen Diskurs. Göttingen: Wallstein, 277–292.

Thurnwald, Andrea K. (2010): „Fromme Männer“. Eine empirische Studie zum Kontext von Biographie und Religion. Stuttgart: Kohlhammer.

Tinklin, Teresa/Croxford, Linda/Ducklin, Aalan/Frame, Barbara (2005): Gender and attitudes to work and family roles: the view of young people at the millennium. In: Gender and Education 17. Jg., No. 2, 129–142.

Tolasch, Eva (2016): Die protokollierte gute Mutter in Kindstötungsakten. Eine diskursanalytische Untersuchung. Wiesbaden: Springer VS.

Trzebiatowska, Marta/Bruce, Steve (2012): Why are women more religious than men? Oxford: Oxford University Press.

Ueberschär, Ellen (2013): Reichen 5 Tage evangelisch? Protestanten zwischen Kirchentag und Kirchenalltag. In: Tobias Sarx/Rajah Scheepers/Michael Stahl (Hrsg.): Protestantismus und Gesellschaft. Beiträge zur Geschichte von Kirche und Diakonie im 19. und 20. Jahrhundert. Stuttgart: Kohlhammer.

Viehöver, Willy/Keller, Reiner/Schneider, Werner (Hrsg.) (2013): Diskurs – Sprache – Wissen. Interdisziplinäre Beiträge zum Verhältnis von Sprache und Wissen in der Diskursforschung. Wiesbaden: Springer VS.

Vinken, Barbara (2007): Die deutsche Mutter. Der lange Schatten eines Mythos. Frankfurt a. M.: Fischer.

Voas, David/Mc Andrew, Siobhan/Storm, Ingrid (2013): Modernization and the Gender Gap in Religiosity: Evidence from Cross-national European Surveys. In: Christoph Wolf/Matthias Koenig (Hrsg.): Religion und Gesellschaft. In: Kölner Zeitschrift für Soziologie und Sozialpsychologie, Sonderheft 53. Jg, 259–283.

Voicu, Mălina (2009): Religion and Gender across Europe. In: social compass 55. Jg., H. 2, 144–162.

Volz, Rainer (1996): Männer, Religion, Kirche. Empirische Aspekte ihres Verhältnisses. In: Friedhelm Meiners/Martin Rosowski (Hrsg.): Männerwelten. Neue Perspektiven kirchlicher Männerarbeit. Bielefeld: Luther-Verlag, 59–73.

Volz, Rainer (2000): Über die Hartnäckigkeit des ‚kleinen' Unterschieds – Religiosität und Kirchlichkeit im Vergleich der Geschlechter und ihrer Rollenbilder. In: Ingrid Lukatis/ Regina Sommer/Christof Wolf (Hrsg.): Religion und Geschlechterverhältnis. Opladen: Leske & Budrich, 115–129.

Volz, Rainer/Zulehner, Paul M. (2009): Männer in Bewegung. Zehn Jahre Männerentwicklung in Deutschland. Ein Forschungsprojekt der Gemeinschaft der Katholischen Männer in Deutschlands und der Männerarbeit der Evangelischen Kirche in Deutschland. Herausgegeben vom Bundesministerium für Familie, Senioren, Frauen und Jugend. Forschungsreihe, Bd. 6. Baden-Baden: Nomos-Verlag.

Voß, Heinz-Jürgen (2010): Making Sex Revisited. Dekonstruktion des Geschlechts aus biologisch-medizinischer Perspektive. Bielefeld: transcript.

Wagner-Rau, Ulrike (2011): Tagungsbericht: Die Zukunft der Kirche ist weiblich. Zur Ambivalenz der Feminisierung von Gesellschaft, Kirche und Theologie, 24.02.2011–5.02.2011 Neudietendorf, in: H-Soz-Kult, 15.03.2011, http://www.hsozkult.de/conferencereport/id/ tagungsberichte-3579 (aufgerufen am 28.07.2017).

Walgenbach, Katharina (2007): Gender als interdependente Kategorie. In: Gabriele Dietze/ Antje Hornscheidt/Kerstin Palm/Katharina Walgenbach (Hrsg.): Gender als interdependente Kategorie. Neue Perspektiven auf Intersektionalität, Diversität und Heterogenität. Opladen: Leske & Budrich, 23–64.

Weber, Max (1972): Wirtschaft und Gesellschaft. Grundriss der verstehenden Soziologie. Tübingen: Mohr.

Weber, Max (1947, 1920): Die protestantische Ethik und der Geist des Kapitalismus. Tübingen: Mohr.

Welter, Barbara (1981): „Frauenwille ist Gotteswille". Die Feminisierung der Religion in Amerika, 1800–1860. In: Claudia Honegger, Barbara Heintz (Hrsg.): Listen der Ohnmacht. Zur Sozialgeschichte weiblicher Widerstandsformen. Frankfurt a. M.: Europäische Verlagsanstalt, 326–355.

Wernered, Yvonne Maria (2011): Studying Christian masculinity. An introduction. In: dies. (Hrsg.): Christian Masculinity. Men and Religion in Northern Europe in the 19th and 20th Centuries. Leuven: Leuven University Press, 7–17.

Wernet, Andreas (2000): Einführung in die Interpretationstechnik der Objektiven Hermeneutik. Opladen: Leske & Budrich.

Wetterer, Angelika (2003): Rhetorische Modernisierung. Das Verschwinden der Ungleichheit aus dem zeitgenössischen Differenzwissen. In: Gudrun-Axeli Knapp/Angelika Wetterer (Hrsg.): Achsen der Differenz. Gesellschaftstheorie und feministische Kritik. Münster: Westfälisches Dampfboot, 286–319.

Willems, Ulrich/Pollack, Detlef/Basu, Helene/Gutmann, Thomas/Spohn, Ulrike (Hrsg.) (2013): Moderne und Religion. Kontroversen um Modernität und Säkularisierung. Bielefeld: transcript.

Winkel, Heidemarie (2010): Christliche Religion und ihre Sinnformen der Selbstbeschreibung. Mission und Ökumene als Grundpfeiler des Wandels religiöser Wissensformen. In: Geschichte und Gesellschaft 36. Jg., 285–316.

Winker, Gabriele/Degele, Nina (2010): Intersektionalität. Zur Analyse sozialer Ungleichheit. Bielefeld: transcript.

Wieser, Renate (2015): Alte Frauen und ihre Religiosität: Intersektionalitäten zwischen „Alter(n)“, „Geschlecht“ und „Religion“. In: Cornelia Brunnauer/Gabriele Hörl/Ingrid Schmutzhart (Hrsg.): Geschlecht und Altern. Interdisziplinäre Betrachtungen, Wiesbaden: Springer VS, 113–133.

Wohlrab-Sahr, Monika (2009): Das stabile Drittel: Religionslosigkeit in Deutschland. In: Bertelsmann-Stiftung (Hrsg.): Woran glaubt die Welt? Analysen und Kommentare zum Religionsmonitor 2008. Gütersloh: Bertelsmann-Verlag, 151–168.

Wohlrab-Sahr, Monika (2011): Forcierte Säkularität oder Logiken der Aneignung repressiver Säkularisierung. In: Gert Pickel/Kornelia Sammet (Hrsg.): Religion und Religiosität im vereinigten Deutschland. Zwanzig Jahre nach dem Umbruch. Wiesbaden: Springer VS, 145–164.

Wohlrab-Sahr, Monika (2016): Forcierte Säkularität und Postsäkularität oder: Das Postsäkulare ist das Postkonfessionelle. In: Miriam Rose/Michael Wermke (Hrsg.): Religiöse Rede in postsäkularen Gesellschaften. Leipzig: Evangelisches Verlagshaus, 37–54.

Wohlrab-Sahr, Monika/Schmidt-Lux, Thomas/Karstein, Uta (2008): Secularization as Conflict. In: social compass 55. Jg. H.2, 127–139.

Wohlrab-Sahr, Monika/Karstein, Ute/Schmidt-Lux, Thomas (2009): Forcierte Säkularität. Religiöser Wandel und Generationendynamik im Osten Deutschlands. Frankfurt a. M.: Campus.

Wohlrab-Sahr, Monika/Burchardt, Marian (2012): Multiple Secularities: Toward a Cultural Sociology of Secular Modernities. In: Comparative Sociology 11. Jg., 875–909.

Wolf, Christof (2000): Zur Entwicklung der Kirchlichkeit von Männern und Frauen 1953–1992. In: Ingrid Lukatis/Regina Sommer/Christof Wolf (Hrsg.): Religion und Geschlechterverhältnis. Opladen: Leske & Budrich, 69–84.

Wolf, Christof (2007): Kein Anzeichen für ein Wiedererstarken der Religion. Analysen zum Wandel von Konfessionszugehörigkeit und Kirchenbindung. Fowid Textarchiv TA-2007.

Wolf, Christof/Koenig, Matthias (Hrsg.) (2013): Religion und Gesellschaft. Sonderheft der Kölner Zeitschrift für Soziologie und Sozialpsychologie 53. Wiesbaden: Springer Verlag.

Woodhead, Linda (2008): Gendering Secularization Theory. In: social compass, 55. Jg., 187–193.

Woodhead, Linda (2017): Wie der Feminismus die Religionsforschung revolutioniert hat. In: Kornelia Sammet/Friederike Benthaus-Apel/Christel Gärtner (Hrsg.): Religion und Geschlechterordnungen. Wiesbaden: Springer VS, 37–48.

Yuval-Davies, Nira (2011): My travels/troubles with religion — some autobiographical reflections. In: Feminist Review, Religion & Spirituality 97. Jg., 130–141.

Zierau, Johanna (2001): Genderperspektive – Freiwilligenarbeit, ehrenamtliche Tätigkeit und bürgerschaftliches Engagement bei Männern und Frauen. In: Sybille Picot (Hrsg.): Freiwilliges Engagement in Deutschland: Frauen und Männer, Jugend, Senioren und Sport, Bd. 3. Stuttgart/Berlin/Köln: Kohlhammer, 15–110.

Zulehner, Paul M./Volz, Rainer (1998): Männer im Aufbruch. Wie Deutschlands Männer sich selbst und wie Frauen sie sehen. Ein Forschungsbericht. Ostfildern: Schwabenverlag.

Tab. A1: Detaillierter Mittelwertvergleich zur Charakterisierung der Sinnstiftungstypen

Typus	n	Einstellung															
		Weltsicht						Geschlechterrollenorientierung						Gottesbild			
		christlich***		anomisch***		säkular***		egalitär-leistungs-or.***		egalitär-teilzeitor.***		komple-mentär***		personali-siert-christ-lich***		humanis-tisch-szien-tistisch***	
		M	SA	M	SA	M	SA	M	SA	M	SA	M	SA	M	SA	M	SA
I nicht-christlicher Desinteressierter	255	-,67	,70	,33	,31	-,24	,66	-,47	,58	-,26	,88	,05	1,05	-,62	,71	-,22	1,04
II traditionel-ler Christ	241	,71	,53	,23	,47	-,38	,52	,29	1,11	-,68	,10	-,17	1,04	,77	,53	-,39	,65
III pluraler Christ	284	,76	,57	,16	,65	-,37	,54	-,33	,80	,55	,80	,39	,82	,78	,67	,33	1,01
IV säkularer Humanist	83	-1,00	1,01	,24	,53	2,47	1,05	,45	,90	-,01	1,08	-,18	,87	-1,23	,81	1,03	,98
V nicht-christlicher Egalitärer	215	-,55	,87	,14	,56	,12	,67	1,11	,67	,31	,94	-,70	,75	-,75	,64	,03	,87
VI Sinnlosig-keit aus-schließender Säkularer	99	-,46	,90	-2,70	1,31	,37	1,11	,05	,89	-,28	,79	-,61	1,05	-,12	,83	-,14	,96

Signifikanzniveau: *** = p < 0,001.

Tab. A3: Items zur Soziodemografie

Item	Antwortmöglichkeiten
Sagen Sie mir bitte, in welchem Monat und in welchem Jahr Sie **geboren** sind?	-
Welchen **Familienstand** haben Sie?	Sind Sie verheiratet und leben mit Ihrem Ehepartner zusammen/… getrennt; verwitwet, geschieden, ledig
Nun weiter mit der **Erwerbstätigkeit** und Ihrem Beruf. Was von dieser Liste trifft auf Sie zu?	Hauptberufliche Erwerbstätigkeit, ganztags/… halbtags; nebenher erwerbstätig; nicht erwerbstätig
Haben Sie eigene (leibliche) **Kinder**, die nicht hier in Ihrem Haushalt leben, sondern woanders?	Ja, eigene Kinder, die nicht im Haushalt leben; nein, nur Kinder, die im Haushalt leben; nein, keine eigenen (lebenden) Kinder
Wo haben Sie während Ihrer **Jugendzeit** vorwiegend gelebt? Im Gebiet des heutigen Deutschlands, und zwar …	Liste der Bundesländer mit Unterscheidung Berlin-West und -Ost; frühere deutsche Ostgebiete; sonstiges Land
Welchen allgemeinbildenden **Schulabschluss** haben Sie?	Liste von „noch Schüler" über „Schule beendet ohne Abschluss" bis „Abitur bzw. Hochschulreife"
Wie hoch ist das **monatliche Netto-Einkommen** IHRES HAUSHALTES INSGESAMT? Ich meine dabei die Summe, die nach Abzug der Steuern und Sozialversicherungsbeiträge übrigbleibt.	-
Und Ihre eigene **wirtschaftliche Lage** heute?	fünfstufige Skala von „sehr gut" bis „sehr schlecht"

Tab. A4: Strukturmatrix der Gottesbilder

	Arten des Gottesbildes	
	personalisiert-christlich	humanistisch-szientistisch
Gott befasst sich persönlich mit Menschen	,848	
Es ist ein Gott, der für uns sein will	,797	,345
Gott ist nur das Wertvolle im Menschen		,813
Letztlich bestimmen Naturgesetze das Leben	-,615	,441
Gott ist lediglich in den Herzen der Menschen		,837
Das Leben ist nur Teil der Naturentwicklung	-,747	,361
Koeffizienten unter ,300 wurden unterdrückt		

Tab. A5: Kreuztabelle Geschlecht der Sinnstiftungstypen

Typus	Frau		Mann	
	Anzahl	Erwartete Anzahl	Anzahl	Erwartete Anzahl
I nicht-christlicher Desinteressierter	151	125,6	103	128,4
II traditioneller Christ	108	118,7	132	121,3
III pluraler Christ	146	139,9	137	143,1
IV säkularer Humanist	44	41,5	40	42,5
V nicht-christlicher Egalitärer	91	106,3	124	108,7
VI Sinnlosigkeit ausschließender Säkularer	41	49	58	50
Chi-Quadrat nach Pearson 19,790, df = 5, p = ,001.				